**农业农村部中国绿色食品发展中心资助项目**

项目名称：中国地理标志农产品的品牌化研究

**国家自然科学基金资助项目**

项目批准号71673243

项目名称：基于区域化、网络化视角的农业品牌价值体系建构与管理策略研究

GI

BRAND

# 原型·文脉·现代化
## 中国地理标志农产品的品牌化

胡晓云　万　琰◎著

ZHEJIANG UNIVERSITY PRESS
浙江大学出版社
·杭州·

**图书在版编目（CIP）数据**

原型·文脉·现代化：中国地理标志农产品的品牌
化 / 胡晓云，万琰著. -- 杭州：浙江大学出版社，
2025.4. -- ISBN 978-7-308-26125-8

Ⅰ. F326.5

中国国家版本馆 CIP 数据核字第 2025N168H6 号

**原型·文脉·现代化：中国地理标志农产品的品牌化**

胡晓云　万　琰　著

| | | |
|---|---|---|
| **责任编辑** | 李海燕 | |
| **责任校对** | 黄伊宁 | |
| **封面设计** | 雷建军 | |
| **出版发行** | 浙江大学出版社 | |
| | （杭州市天目山路 148 号　邮政编码 310007） | |
| | （网址：http://www.zjupress.com） | |
| **排　　版** | 杭州好友排版工作室 | |
| **印　　刷** | 杭州宏雅印刷有限公司 | |
| **开　　本** | 710mm×1000mm　1/16 | |
| **印　　张** | 31.5 | |
| **字　　数** | 516 千 | |
| **版 印 次** | 2025 年 4 月第 1 版　2025 年 4 月第 1 次印刷 | |
| **书　　号** | ISBN 978-7-308-26125-8 | |
| **定　　价** | 168.00 元 | |

# 前　言

### 品牌赋能,促进地理标志农产品的现代化发展

　　本书所指的地理标志农产品,指的是经过地理标志商标注册、专用标志登记使用的农产品。地理标志农产品,因其拥有独特的区域生态特征、人文历史特征以及由前述两大特征而形成的产品特征,可申请并得到相关法规的注册、登记,拥有特殊的知识产权保护。

　　有关地理标志的制度设计与产权保护,源于法国,普及于欧盟,并延伸向其他区域与国家。目前,国际上有关地理标志保护的双边协定、区域协定等,已充分说明地理标志保护问题在全球贸易中的重要性以及地理标志产品在消费市场中的受欢迎程度。

　　在我国,经过原质监局、原农业部、原市监局,现国家知识产权局等前赴后继的努力,已经登记、注册了近万个地理标志农产品。截至 2022 年底,我国已有 3510 个地理标志农产品;截至 2024 年 8 月底,我国累计认定地理标志保护产品 2523 个,以地理标志作为集体商标、证明商标注册 7385 件;截至 2024 年底,我国累计认定地理标志产品 2544 个,核准地理标志为集体商标、证明商标注册 7402 件。① 这些地理标志产品中,占比 90％以上是地理标志农产品。

---

① 王子涵.国家知识产权局:中国累计认定地理标志标志产品 2544 个[EB/OL].北京日报客户端.(2025-01-20)[2025-02-01]. https://baijiahao.baidu.com/s? id＝1821722055894821574&wfr＝spider&for＝pc.

自 20 世纪末开始，我国开展了商标战略、品牌战略、地理标志产品、农产品地理标志、地理标志证明商标、地理标志集体商标注册与登记等战略部署和知识产权保护工作，通过推动地理标志农产品的发展，促进了我国农业产业的发展，推进了中国农业的产业化、品牌化进程。21 世纪以来，地理标志农产品成为我国农产品区域公用品牌、农产品精品品牌创建的坚实基础。

2021 年 3 月 1 日，《中华人民共和国政府与欧洲联盟地理标志保护与合作协定》正式生效，设定了高水平的保护规则，我国 275 项具有地区特色的地理标志产品，涉及酒类、茶叶、农产品、食品等，进入保护名录，其中绝大多数为茶叶、农产品、食品。

上述数以万计的地理标志农产品，在我国乡村脱贫的过程中，以产业支撑区域经济发展，为乡村脱贫作出了重大贡献。在未来的乡村振兴道路上，如何进一步借助地理标志农产品，实现"产业兴旺"基础上的乡村振兴的"二十字"方针，值得进一步研究。在品牌消费、品牌竞争、品牌经济的"3B"时代，地理标志农产品如何经过品牌化过程，进一步赢得消费市场的关注与消费，获得更好的品牌溢价？在国际化进程、年轻化过程中，如何借助品牌化对接国际市场，获得更高的世界性的品牌价值，为全球消费者提供更多的消费价值？一系列问题，均需要我们去进行深层次、多视角的研究。

本书以"品牌赋能，促进地理标志农产品的现代化发展"为立足点，通过 16 章内容，分别对相关问题进行深入阐述与探讨，呈现了作者与团队近二十年的相关研究成果。

第一章，阐述了"地理标志的独特构成及多元价值"，从地理标志的含义、构成、地域性特征、属性特征等方面，对地理标志的构成特色进行了描述性研究，并从地理标志的市场价值、区域发展价值、生物多样性价值等方面，阐述了地理标志的特殊性价值。

第二章，阐述了"地理标志与注册商标"的异同关系，并对地理标志与商标注册的冲突及冲突类型、冲突原因、典型案例、解决方案等进行了研究表述。

第三章，阐述了"地理标志保护的国际公约"，站在国际层面、采用国际视角，对涉及地理标志保护的国际条约，如《巴黎公约》《马德里协定》《里斯本协定》《与贸易有关的知识产权协定》等进行了研究分析，并对地区性的条约，如双边协定、区域性协定、中欧地理标志协定等，进行了条分缕析，以提供地理标志农产品的有关法条依据。

第四章,阐述了"欧美典型的地理标志保护制度",重点分析了法国、欧盟、美国等的地理标志保护法规、方法与应用,并提出针对欧美典型的地理标志保护制度的应对方法与策略。

第五章,阐述了"欧美地理标志品牌化的典型模式",以法国、美国地理标志农产品的品牌化制度、品牌营销策略、品牌传播方法、数字化管理、符号传播营销等为典型进行深入解剖,并阐明了欧美地理标志农产品的品牌化启示。

第六章,阐述了"中国的地理标志保护模式及其发展趋势",从地理标志登记制度的演化,到地理标志保护工程的启动与延续,到地理标志立法的探索等,对我国数十年的地理标志农产品保护历程进行了回顾与展望,并提出了"地理标志专门法"立法的重要性价值。

第七章,阐述了"中国地理标志农产品的品牌化基础与可行性",从基本特征和核心特征两个层面,多层级分析了我国地理标志农产品的品牌化基础,并从立足区域性、借助独特性、打造文脉品牌、建立区域联合品牌机制等方面,提供了品牌化的可行性分析。

第八章,阐述了"地理标志农产品品牌的治理主体及其路径",站在国际视野的高度,进行了地理标志农产品品牌的治理主体、相关利益者、四种现存的治理路径及治理内涵的分析,提供了有关治理主体与路径的研究成果。

第九章,阐述了"地理标志农产品品牌的治理模式及其策略",分析了国际上三种不同类型的治理模式,并提出了治理策略的结构、机制等提升策略。

第十章,阐述了"地理标志农产品的符号化"问题,对地理标志农产品符号化的理论基础、四种不同的理论模型进行了分析研究,并根据目前我国地理标志农产品的符号化现状,对符号化设计的基本前提、基本方法论展开研究。

第十一章,阐述了"原型品牌:地理标志农产品品牌的人格化"问题,从原型理论进入,探讨原型理论的品牌化实践问题,并提供了"中国地理标志农产品品牌的原型设计"的神话原型与品牌设计表达案例分析与研究。

第十二章,阐述了"文脉品牌:地理标志农产品品牌的文化溢价"问题,分析了文脉与文脉品牌打造的概念性问题,并提供了"文脉品牌"塑造的方法论、着力点与案例探索。

第十三章，阐述了"地理标志农产品品牌的品牌代言者选择"问题，以品牌代言者的类型及其符号特征、不同代言者的代言适用性为前提，提出了品牌代言人选择的元素提取法则与代言策略要求。

第十四章，阐述了"地理标志农产品品牌的特色传播模式"，从地理标志农产品独特信息源的构成结构、传播价值入手，推出基于对地理标志农产品品牌的消费者洞察的"品牌八识"特色沟通模型。

第十五章，阐述了"地理标志农产品品牌的声誉缔造"研究成果。品牌声誉是品牌未来的制胜法宝。本章以有关"声誉及品牌声誉"的相关研究及理论模型为前提，推出针对"地理标志农产品"的品牌声誉评价指标、评价应用，为地理标志农产品品牌的品牌声誉缔造提供了评价标准与应用启示。

第十六章，阐述了"地理标志农产品的品牌文化力指数评价"研究成果。地理标志农产品拥有独特的文化特质，其品牌文化力是提升地理标志农产品品牌价值的重要因素。本章提供了品牌文化力评价指标、指标评价的权重体系、实证研究的结论。

地理标志农产品的品牌化，担负着我国乡村振兴的重大责任，同时，在我国区域特色产品、特色文化的国际化和年轻化上，也体现着独特的差异化价值。对该问题的研究，需要复合型的知识结构、聚合的研究力量。本研究课题的提出、研究课题的开展、研究成果的发布等，由胡晓云担纲；品牌声誉、品牌文化力、原型研究部分得到了魏春丽、张琦、李彦雯、陈清爽的大力支持；最终的书稿撰写，由胡晓云、万琰两人完成；全书的校对工作，由朱越完成。

长期以来，我与团队有关中国农产品品牌化研究、地理标志农产品品牌化研究，特别是将地理标志农产品通过品牌化转型为具有强大品牌竞争力的区域公用品牌的研究，得到了众多前辈、专家、朋友、家人的支持，得到了浙江大学出版社李海燕女士的大力支持，在此深表感谢；本研究同时得到了国家知识产权局知识产权运用促进司、农业农村部绿色食品发展中心、浙江大学中国农村发展研究院、浙江大学传媒与国际文化学院、全国各地各农产品区域公用品牌管理与运营等政府相关职能部门与学术机构的大力支持，在此一并表示感谢。

# 目录

CONTENTS

# 地理标志的独特构成及多元价值

## 第一节　地理标志的含义与构成

### 一、地理标志的含义

地理标志作为知识产权的一种类型,在国际社会已有上百年的保护历史。但是,地理标志概念的形成并非一蹴而就,而是在演化与继承中不断发展的结果。在不同语境当中,地理标志这一词语所代表的含义也有所差异。

indication of source(货源标记,也曾译为来源地标识、产地标记等)、appellation of origin(原产地名称,也曾译为原产地标识等)和 geographical indication(地理标志,也曾译为地理标识等)是与地理标志概念密切相关、互有交叉而又不尽相同的三个概念。其中,Indication of Source 首次出现于 1883 年《保护工业产权巴黎公约》(以下简称《巴黎公约》)的文本之中。作为最早涉及货源标记的国际条约,《巴黎公约》第 1 条第 2 款规定,将货源标记与原产地名称作为工业产权的保护对象。第 10 条针对虚伪标记,规定公约的成员国"对标有虚伪的原产地或生产者标记的商品在进口时予以扣押"。作为表明产品来源的法律术语,indication of source 得到了世界知识产权组织（World Intellectual Property Organization，以下简称 WIPO）的认可与正式使用。

1891 年签署的《制止商品来源虚假或欺骗性标记马德里协定》（以下简称《马德里协定》）沿用了《巴黎协定》中 indication of source 一词，并且明显提高了对其的保护力度与水平。但是与《巴黎协定》一样，《马德里协定》也未对 indication of source 的含义作出明确界定。

受法国原产地名称保护制度的影响、于 1958 年 10 月 31 日缔结的《保护原产地名称及其国际注册里斯本协定》（以下简称《里斯本协定》），对原产地名称（appellation of origin）概念作出了界定。虽然根据《巴黎协定》第 1 条第 2 款的内容来看，"或"字似乎表明货源标记与原产地名称之间是一个选择关系，是两个相互独立的概念①，但在实际适用上，每个原产地名称都会构成货源标记。《里斯本协定》第 2 条第 1 款指出："原产地名称系指一个国家、地区或地方的地理名称（the geographical denomination），用于指示一项产品来源于该地，其质量或特征完全或主要取决于地理环境，包括自然和人为因素。"第 2 条第 2 款指出："原属国系指其名称构成原产地名称而赋予产品以声誉的国家或者地区或地方所在的国家。"

之后，世界知识产权组织（WIPO）的前身、国际保护知识产权联合局（BIRPI）在其 1966 年 11 月 11 日出台的《发展中国家商标、商号和禁止不正当竞争行为示范法》第 1 条第 1 款第 5 项和第 6 项中，分别对货源标记和原产地名称作出规定。前者指用来表示源于特定的某国家，一批国家、地区或地方的商品或服务的说明标志；后者指一个国家、地区或地方的地理名称，用来指明来源于该地的产品，产品的质量和特点纯粹或主要取决于地理环境，其中包括自然和人为的因素。

1975 年公布的《发展中国家原产地名称和产地标记示范法》第 1 条第 1 款规定，原产地名称"指一个国家、地区或特定地方的地理名称，用于指示一项产品源于该地，该产品的质量特征完全或主要取决于地理环境，包括自然因素、人为因素或两者兼有。任何不是一个国家、地区或特定地方的名称，当用于某种产品上时如果与特定的地理区域有联系，也视为地理名称"。第 1 条第 2 款规定，货源标记"指用于指示一项产品或服务来源于某个国家、

---

① 苏平. 与地理标志相关的法律术语语境考辨[J]. 重庆工学院学报（社会科学版），2007，1：94-98；123.

地区或特定地方的标识或标记"。

由上述法律条文可以看出,原产地名称与货源标记是一组既相关又有别的概念,原产地名称是货源标记的子集,两者的根本区别在于货源标记仅仅指示产品的地理来源,并不具有传递质量信号的功能。

《与贸易有关的知识产权协定》(Agreement on Trade-Related Aspects of Intellectual Property Rights,以下简称 TRIPs 协定)第 22 条第 1 款将地理标志(geographical indications)定义为:"表明某货物来源于某成员的领土或领土内的某个地区或地方的任何标志,该货物所具有的特定质量、声誉或其他特征主要取决于其地理来源。"

与《里斯本协定》中原产地名称的定义相比,地理标志一词的含义显然宽泛了许多。首先,原产地名称必须是一个国家、地区或地方的地理名称,而地理标志是一种标志(indications),非地理名称的标志也可以构成地理标志。例如"Feta",其名称的字面含义是切割、切下的薄片(slice)。如今作为欧盟受保护的原产地名称(PDO),指原产于希腊的一种奶酪产品;其次,在指示的商品与来源地之间的关系上,地理标志增加了"声誉"这一考量因素,并且只要质量、声誉或其他特征三者之间有一项主要归因于地理来源即可;再者,地理标志的定义中没有对"主要归因于"的证明作出规定,也没有标明"货物"一词囊括的范围,即保护的产品范围。定义中的"地理来源"一词与原产地名称定义中"地理环境,包括自然和人为因素"的表述相比,标准更为灵活,提高了地理标志的可适用性。但同时,这也使地理标志的确定、评估以及保护条款的实施受到了一定程度的阻碍,并由此引起了学者们的观点分歧。

自此,地理标志(geographical indication)与货源标记(indication of source)、原产地名称(appellation of origin)并列成为正式的国际法律术语,三者之间形成层层嵌套的关系,即,原产地名称是地理标志的子集,地理标志是货源标记的子集,货源标记的外延最宽。

另外,与地理标志相关的非法律术语还有 specific quality products[①]、

---

① Lassaut B, Sylvander B. Producer-consumer relationships in typical products supply chains: where are the theoretical differences with standard products? [C]//Arfini F, Mora C. Typical and Traditional Productions: Rural Effect and Agro-industrial Problems. 52nd EAAE Seminar, Parma, Italy, 1997. Parma: Istituto di economia agraria e forestale, Facoltà di economia, Università di Parma, 1998: 239-255.

typical products[①]、origin products[②]、local/regional speciality food products (SFPs)[③]、indications of geographical origin(IGOs)[④]等,在相关文献中常作为地理标志及其产品的同义/近义词交替使用。它们的含义十分接近,均可以表示与特定地理区域相关的优质产品,强调产品的特定质量与原产地之间的密切关联。"如果同样的产品转移到另一种环境中生产,则会失去它的特异性。"[⑤]当指示对象是农产品和食品时,通常表示产品独特的质量是当地环境特性(气候、水土等)、遗传资源(动植物品种、微生物等)以及人类特性(当地生产者的专业知识和传统技能)互相作用的结果。

## 二、地理标志的构成

通常而言,地理标志由区域名称+品类/产品名称组合而成,例如龙井茶;或以单独的地理名称作为地理标志,例如香槟(Champagne)等。无论是国家、省、区、市、县等行政区划名称,还是自然地名、历史地名等非行政区划名称,只要是真实存在的、非虚构的,能够在公众意识中将产品与特定区域构成关联的,即使该地理名称经由历史沿革发生了变化,或者现已不复使用,也可作为地理标志产品的名称予以登记或注册保护。上述两种命名构成中,以前一种方式较为普遍。

(一)TRIPs 协定下的地理标志构成

根据 TRIPs 协定第 22 条的定义,地理标志是用于表明所指示货物的地理来源的任何标识(indications),因此与《里斯本协定》中原产地名称的命名方式不同。原产地名称只能是某个国家、地区或地方的地理名称,而地

---

① Vecchio R, Annunziata A. The role of PDO/PGI labelling in Italian consumers' food choices[J]. Agricultural Economics Review, 2011, 12(2):80-98.

② Belletti G, Marescotti A. Origin products, geographical indications and rural development [M]//Barham E, Sylvander B. Labels of Origin for Food: Local Development, Global Recognition. Wallingford, UK: CABI, 2011: 76-77.

③ Brian, Ilbery, et al. Producer constructions of quality in regional speciality food production: A case study from south west England[J]. Journal of Rural Studies, 2000, 16(2): 217-230.

④ Das K. International protection of India's geographical indications with special reference to "Darjeeling" tea[J]. Journal of World Intellectual Property, 2006, 9(5): 459-495.

⑤ Boyazoglu J. Genetically modified organisms (GMOs) and specific quality products (PDO, PGI, etc.), with special reference to Europe and the Mediterranean basin[J]. Medit, 1999, 4:4-7.

理标志的命名并不局限于标示地区的名称。在特殊情况下,品种名称、传统名称等非地理名称也可用于地理标志产品的命名,只要能标示出产品的质量、声誉或其他特征与特定的地理区域相关即可。在有些国家,符号、颜色组合、象征图形等可视性标志也可作为地理标志使用。

(二)欧盟地理标志的构成

欧盟条例第 1151/2012 号规定了原产地名称(designation of origin,DO)和地理标志(geographical indication,GI)两个概念。原产地名称是用于标示一种农产品或食品的名称,该农产品或食品来源于特定地方、地区或国家,其质量或特征主要或完全归因于特殊的地理环境,包括固有的自然和人为因素,并且所有的生产步骤都在规定的地理区域内进行。[①] 地理标志是用于标示一种农产品或食品的名称,该农产品或食品来源于特定地方、地区或国家,其特定质量、声誉或其他特征主要归因于该地理来源,并且至少其中一个生产步骤在规定的地理区域内进行。[②] 获得注册的原产地名称或地理标志分别使用相应的 PDO(见图 1-1)或 PGI(见图 1-2)认证标签。

图 1-1　受保护的原产地名称(PDO)认证标签

---

① 欧洲议会和理事会.欧盟条例第 1151/2012 号第 5 条(1)[EB/OL].(2012-11-21)[2021-01-25].https://eur-lex.europa.eu/legal-content/EN/TXT/? uri＝CELEX％3A32012R1151.

② 欧洲议会和理事会.欧盟条例第 1151/2012 号第 5 条(2)[EB/OL].(2012-11-21)[2021-01-25].https://eur-lex.europa.eu/legal-content/EN/TXT/? uri＝CELEX％3A32012R1151.

图 1-2  受保护的地理标志(PGI)认证标签

与 TRIPs 协定相比，欧盟条例详细列举了不能注册为地理标志的名称：

(1) 通用术语不得被注册为受保护的原产地名称 (protected designation of origin，PDO)或受保护的地理标志 (protected geographical indications，PGI)。① 通用术语是指产品的名称在欧盟国家已成为产品的通用名称，尽管该名称与产品最初生产或销售的地方、地区或国家有关。

(2) 如果名称与植物品种或动物品种的名称相冲突，并且可能会误导消费者有关产品的真实来源，则不得将其注册为原产地名称或地理标志。②

(3) 申请注册的名称如果与第 11 条下已注册的名称完全或部分同名，可能无法注册。除非该名称与现有名称在使用传统、当地情况、外观展示的实践中具有充足的差异，同时考虑保证公平对待有关生产者，消费者不致产生误解。③

(4) 导致消费者误以为产品来自另一地区的同名名称，即使该名称所涉

---

① 欧洲议会和理事会. 欧盟条例第 1151/2012 号第 6 条(1)[EB/OL]. (2012-11-21)[2021-01-25]. https：//eur-lex. europa. eu/legal-content/EN/TXT/？uri＝CELEX％3A32012R1151.

② 欧洲议会和理事会. 欧盟条例第 1151/2012 号第 6 条(2)[EB/OL]. (2012-11-21)[2021-01-25]. https：//eur-lex. europa. eu/legal-content/EN/TXT/？uri＝CELEX％3A32012R1151.

③ 欧洲议会和理事会. 欧盟条例第 1151/2012 号第 6 条(3)[EB/OL]. (2012-11-21)[2021-01-25]. https：//eur-lex. europa. eu/legal-content/EN/TXT/？uri＝CELEX％3A32012R1151.

产品的真实来源地域是准确的,也不予注册。①

(5)考虑到商标的声誉以及使用时间,如果申请注册的原产地名称或地理标志名称可能会误导消费者有关产品的真实身份,则不予通过。②

值得注意的是,由于条例中没有对申请注册的名称(name)类型予以限制,因此原产地名称和地理标志不一定以地名命名。只要农产品或食品的名称符合相关要求,那么无论它是否为地理名称,都可以被注册为PDO或PGI。在特殊情况下,几种"不同的产品(distinct products)"能够使用相同的注册名称,但每个产品必须符合各自的注册要求,并且在投放市场时被区别对待,或被消费者视为不同的产品。③

(三)我国地理标志的构成

我国地理标志总体以农产品为主,命名方式多为区域名称+品类/产品名称的组合。不过,由于我国地理标志分别处于不同的法律规章保护之下,所以在标志类型、命名方式、认证标志上仍存在一定差异。

**1. 地理标志类型及命名方式**

我国目前存在三种地理标志类型,分别是"地理标志商标""地理标志产品"以及"农产品地理标志"。

(1)作为集体商标或者证明商标申请注册的地理标志

《中华人民共和国商标法》(2019年修正)(以下简称《商标法》)在第一章第十六条明确提出:"地理标志是指标示某商品来源于某地区,该商品的特定质量、信誉或者其他特征,主要由该地区的自然因素或者人文因素所决定的标志。"《中华人民共和国商标法实施条例》第一章第四条规定,地理标志可以依照商标法和本条例的规定,作为证明商标或者集体商标申请注册。

(2)地理标志保护产品/地理标志产品

原国家质量监督检验检疫总局发布的《地理标志产品保护规定》(2005年7月15日起施行)第一章第二条规定:"地理标志产品是指产自特定地

---

① 欧洲议会和理事会. 欧盟条例第 1151/2012 号第 6 条(3)[EB/OL]. (2012-11-21)[2021-01-25]. https://eur-lex.europa.eu/legal-content/EN/TXT/? uri=CELEX%3A32012R1151.

② 欧洲议会和理事会. 欧盟条例第 1151/2012 号第 6 条(4)[EB/OL]. (2012-11-21)[2021-01-25]. https://eur-lex.europa.eu/legal-content/EN/TXT/? uri=CELEX%3A32012R1151.

③ 欧洲议会和理事会. 欧盟实施条例第 668/2014 号第 5 条[EB/OL]. (2014-06-13)[2021-01-25]. https://eur-lex.europa.eu/legal-content/en/ALL/? uri=CELEX%3A32014R0668.

域,所具有的质量、声誉或其他特性本质上取决于该产地的自然因素和人文因素,经审核批准以地理名称进行命名的产品。地理标志产品包括:(1)来自本地区的种植、养殖产品;(2)原材料全部来自本地区或部分来自其他地区,并在本地区按照特定工艺生产和加工的产品。"

(3)农产品地理标志

原农业部发布的《农产品地理标志管理办法》(2008年2月1日起施行)第一章第二条规定:"农产品地理标志是指标示农产品来源于特定地域,产品品质和相关特征主要取决于自然生态环境和历史人文因素,并以地域名称冠名的特有农产品标志。"

2018年3月,《深化党和国家机构改革方案》出台,不再保留国家工商行政管理总局、国家质量监督检验检疫总局,将国家知识产权局的职责、国家工商行政管理总局的商标管理职责、国家质量监督检验检疫总局的原产地地理标志管理职责整合,重新组建国家知识产权局,由国家市场监督管理总局管理。同时不再保留农业部,通过职责整合,组建中华人民共和国农业农村部,统筹研究和组织实施"三农"工作。① 虽然地理标志的主管部门发生了调整,但先前颁布的法律规章仍持续有效。

2.地理标志认证标志

2019年10月17日,国家知识产权局发布《关于发布地理标志专用标志的公告(第332号)》,确定地理标志专用标志的官方标志。2020年4月3日,国家知识产权局发布《地理标志专用标志使用管理办法(试行)》,对地理标志专用标志的术语和定义、合法使用人及相应义务、使用要求与标示方法等内容作出规定。原相关地理标志专用标志使用过渡期至2020年12月31日。在2020年12月31日前生产的使用原标志的产品可以继续在市场上流通。

在该办法规定的过渡期结束之前,市场流通的地理标志认证标志分别为:(1)原国家工商行政管理总局商标局发布的地理标志产品专用标志(GI);(2)原国家质量监督检验检疫总局发布的地理标志保护产品专用标志(PGI);(3)原农业部发布的农产品地理标志公共标识(AGI)。

过渡期结束后,我国地理标志的认证标志分别为"地理标志专用标志

---

① 中国共产党中央委员会.深化党和国家机构改革方案[EB/OL].(2018-02-28)[2021-01-25].http://www.gov.cn/xinwen/2018-03/21/content_5276191.htm#1.

(GI)"和"农产品地理标志公共标识(AGI)"。

(1)地理标志专用标志(GI)

地理标志专用标志(以下简称专用标志)是适用在按照相关标准、管理规范或者使用管理规则组织生产的地理标志产品上的官方标志。[①] 专用标志的合法使用人包括下列主体[②]:①经公告核准使用地理标志产品专用标志的生产者;②经公告地理标志已作为集体商标注册的注册人的集体成员;③经公告备案的已作为证明商标注册的地理标志的被许可人;④经国家知识产权局登记备案的其他使用人。

专用标志整体为圆形,颜色以红、金为主,以经纬线地球为基底,以长城及山峦剪影为前景,采取透明镂空的设计。下半部分环绕着舒展的稻穗,象征着丰收。中文为"中华人民共和国地理标志",英文为"GEOGRAPHICAL INDICATION OF P. R. CHINA",均采用华文宋体。GI 为国际通用的"geographical indication"缩写名称,采用华文黑体(见图 1-3)。[③] 国家知识产权局对专用标志予以登记备案,并纳入官方标志保护。

图 1-3 地理标志专用标志(GI)

---

① 国家知识产权局.地理标志专用标志使用管理办法(试行)第二条[EB/OL].(2020-04-03) [2021-01-25]. https://www.gov.cn/gongbao/content/2020/content_5522554.htm.

② 国家知识产权局.地理标志专用标志使用管理办法(试行)第五条[EB/OL].(2020-04-03) [2021-01-25]. https://www.gov.cn/gongbao/content/2020/content_5522554.htm.

③ 中华人民共和国国家知识产权局.国家知识产权局公告第三三二号[EB/OL].(2019-10-16)[2021-01-25]. http://www.cnipa.gov.cn/20191017141135571468.pdf.

（2）农产品地理标志公共标识（AGI）

农产品地理标志实行公共标识与地域产品名称相结合的标注制度。[①] 符合《农产品地理标志管理办法》第十五条规定条件的标志使用申请人可以向登记证书持有人提出标志使用申请。[②]

农产品地理标志的公共标识基本图案由中华人民共和国农业农村部中英文字样、农产品地理标志中英文字样和麦穗、地球、日月图案等元素构成。公共标识基本组成色彩为绿色（C100Y90）和橙色（M70Y100）。公共标识基本图案如图1-4所示。

图1-4　农产品地理标志专用标志（AGI）

# 第二节　地理标志的特殊性

由于法律理念、立法历史、文化背景、经济发展等原因，不同国家与地区的地理标志概念不尽相同，但总体而言，地理标志具有如下两方面的核心特殊性。

## 一、地理标志具有鲜明的地域性

地理标志作为指示产品来源的标志，与某一国家、地区或特定地域之间

---

① 农产品质量安全监管司.农产品地理标志使用规范第二条[EB/OL].（2008-08-01）[2021-01-25].http://www.jgj.moa.gov.cn/rzde/202103/t20210318_6364011.htm.

② 农产品质量安全监管司.农产品地理标志使用规范第三条[EB/OL].（2008-08-01）[2021-01-25].http://www.jgj.moa.gov.cn/rzde/202103/t20210318_6364011.htm.

具有密切的联系。该地区可以是具体的行政区划,例如作为国家名称的澳大利亚(Australia)、瑞士(Swiss/Switzerland),也可以是自然地名或历史地名等非行政区划名称,只要该名称是目前或曾经真实存在,非人为捏造的,即可申请登记、注册。例如我国的地理标志保护产品长白山天然矿泉水与龙峰茶,即是以山川名称予以命名。又如意大利奶酪 Parmigiano Reggiano(帕马森·雷加诺),这种奶酪的名称由历史悠久的帕尔马(Parma)和雷焦-艾米利亚(Reggio-Emilia)的意大利语形容词组成,两者均属于意大利的艾米利亚-罗马涅地区(Emilia-Romagna region)。地理标志所使用的地理名称与产品的产区范围有时也并非一一严格对应,例如我国的祁门红茶、龙口粉丝等。

另外,植物品种、动物品种、传统名称等非地理名称在特定情况下也可登记、注册为地理标志,例如作为茶树品种名称的凤凰单枞、作为中药植物和中药材名称的川芎、作为牲畜品种名称的 Abondance(法国阿邦当斯奶酪)、作为传统名称[①]的 Feta(菲达奶酪)等。这些名称虽然无法从命名上直接识别产品地理来源,但具有指向产品真实地理来源的能力。

事实上,无论地理标志的名称如何选择,由于地理标志所标示的产品,其质量、声誉或其他特征主要是由某一区域的自然因素或人文因素所决定的,地理标志必然具有明显的地缘指向性。为了维护地理标志的产品特性与具体地理区域的关联性,多数采取地理标志注册保护的国家,其申请者都要在证明材料中以详尽、准确的方式明确界定受保护的地理标志区域,相关部门机构也将以真实、客观的标准划定地理标志的产区范围,并对其施以严格的区域限制加以保护。通过登记、注册,意味着产品区域的真实性得到了认证,不仅产品指向的地理来源是具有明确边界的真实地区,产品的特异性与区域之间的关联性也是真实、客观存在的。同时,只有在客观真实的区域范围内种植、生产或加工的产品,才能获得地理标志相关法律、法规及行政规章的保护。只有在特定区域范围内从事产品种植、生产或加工的生产者,才具有申请使用特定地理标志的资格,其生产范围受到严格的地域限制,否则将被取消地理标志使用权。

---

① 世界知识产权组织. Traditional Cultural Expressions[EB/OL]. [2022-02-25]. https://www.wipo.int/tk/en/folkLove/.

## 二、地理标志具有独特的属性特征

根据 TRIPs 协定可知，地理标志产品主要因其地理来源而被赋予特定质量、声誉或其他特征。因此，地理标志的存在传递了双重信号，不仅表明了产品的地域来源，同时也揭示出产品具有与其地理来源相关的独特属性。

不过，尽管 TRIPs 协定明确界定了地理标志的含义，却并没有对其中"特定质量""声誉""其他特征"等术语进行准确定义。

### （一）特定质量

质量是一个复杂、反复无常且备受争议的概念，其含义由社会建构，故可能因特定产品、参与者身份、个人感知以及社会、经济、文化、教育、宗教、地区等因素而异。[①]

简单来说，食品质量是在维持生产者和购买者之间稳定关系的背景下，由市场领域内的不同参与者以不同方式构建和自我调节的概念，所以质量的确认与维护不仅有赖于生产消费关系所存在的政治、经济与社会文化环境，还将涉及众多参与者，并且他们对什么是质量以及如何衡量质量持有不同的观点。[②③] 例如，生产者强调产品的原材料和生产方法，监管机构关注食品卫生标准等相对客观的质量指标，而消费者对更为主观的质量指标感兴趣，例如质地、口味、外观等。

与普通食品和农产品一样，地理标志产品提供了一系列产品属性，具有多个质量维度。对于不同国家、地区以及产品或标签类型，地理标志质量的平均值也有差别。

首先，地理标志产品的"质量"离不开安全、卫生和产品成分信息等可以直接衡量与描述的基本信息；其次，受不同偏好与需求影响的消费者，对地理标志产品的感知质量有所不同；在此之上，地理标志产品的特殊之处在于

---

① Bowbrick P. The Economics of Quality Grades and Brands [M]. London：Routledge，1992：8-16.

② Watts M, Goodman D. Agrarian questions：Global appetite, local metabolism：Nature, culture and industry in fin-de-siècle agro-food systems [M]//Goodman D, Watts M. Globalizing Food：Agrarian Questions and Global Restructuring. London：Routledge, 1997：14-15.

③ Belletti G, Marescotti A. Origin products, geographical indications and rural development [M]//Barham E, Sylvander B. Labels of Origin for Food：Local Development, Global Recognition. Wallingford, UK：CABI, 2011：76-77.

与原产地"风土"(terroir)①相关联的特定质量,以及对质量标准实施控制的组织与机制。综上,笔者将地理标志的质量概念拆解为"质量确认""质量监管"与"质量营销"三个维度,并结合欧盟地理标志保护制度逐一分析。

1. 质量认证

确定地理标志具备和遵守的"产品—产地"关联条件,欧盟称之为产品规格书(Product Specification)。②

地理标志产品的利益相关者对说明书的内容达成共识,是获得地理标志认证的重要前提。不过,统一产品标准与设立使用门槛实际上是"一体两面"的关系。一方面,地理标志产品的质量标准是由当地生产者和加工者联合起来,根据产品所处的自然环境(气候、水土、生物、微生物等)、农艺环境(专有的生产知识、技能与经验等)以及社会环境(习俗惯例、地方传统、历史文化等)"量身定制"的成果。各参与主体既是标准的"制定者",也是共同的"接受者"与"执行者"。但另一方面,产品标准作为"准入壁垒",代表着对再生产的限制和垄断。当参与者身份明显异质化,在规模、实力、立场、诉求等方面皆为不同时,产品规格书的制定难免会引起分歧和争议,伴随着多方角力与斡旋的过程。③④

要解决谁有权生产(大型集团还是个体农民)、以何种方式生产(工业标准化还是坚守传统)、使用哪里的原材料(严格限制还是灵活调整)等关乎产品质量、垄断使用与未来发展的问题,不仅需要对产品差异化目标以及市场需求的理性分析,更受制于利益相关者之间的协商与协作水平。⑤⑥ 在矛盾难以化解的情况下,主管当局可以作为中立的调解人,对产品规格书的起草

① 有关"风土"概念的阐释详见本书第四章第一节。

② 欧洲议会和理事会. 欧盟条例第 1152/2012 号[EB/OL]. (2012-11-21)[2021-01-25]. https://eur-lex.europa.eu/eli/reg/2012/1152/oj。

③ Galtier F, Belletti G, Marescotti A. Factors constraining building effective and fair geographical indications for coffee: Insights from a dominican case study[J]. Development Policy Review, 2013, 31(5): 597-615.

④ Marie-Vivien D, Biénabe E. The multifaceted role of the state in the protection of geographical indications: A worldwide review[J]. World Development, 2017, 98: 1-11.

⑤ Quiñones-Ruiz X F, Penker M, Belletti G, et al. Why early collective action pays off: Evidence from setting protected geographical indications[J]. Renewable Agriculture and Food Systems, 2016, 1(2): 1-14.

⑥ Gangjee D S. Proving provenance? Geographical indications certification and its ambiguities [J]. World Development, 2017, 98: 12-24.

施加干预。①

产品规格书提交后,还将依次受到成员国国家(公共)机构的实质审查以及欧盟委员会的形式审查。不过,除非在国家层面受到正式质疑,否则产品规格书起草的过程通常不在认证机构的审查范围内。②

2. 质量控制

通过组织化、制度化、程序化的公共干预,对地理标志产品的质量进行控制。

从历史发展的角度看,官方认证不一定是区分和维持地理标志产品的必要手段。然而,随着国际贸易的迅速扩张,地理标志的区域经济价值以及随之而来的社会、生态效益日渐显现,大量频发的地理标志滥用、模仿、引发联想等行为对产品的典型性也造成了极大威胁。另外,许多地理标志处于偏远地区的中小企业(small and medium-sized enterprise,SME)网络中③,如果没有公共政策的支持,仅凭自身难以获得广泛的认可。

据此,欧盟通过对产品质量进行合规性控制,为地理标志的保护和发展注入一针强心剂。具体可分为"对内"和"对外"两个层面的核查监管。"对内"指的是由官方主管部门或指定的第三方控制机构验证投放市场前的地理标志产品质量符合产品规范要求。欧盟条例第 1152/2012 号第 5 部分第 36 条(1)规定,根据欧盟委员会第 882/2004 号条例,成员国应指定一个或多个主管当局负责实行官方控制,以核实与本条例规定的质量计划相关的法律要求的遵守情况;第 39 条(1)规定,主管当局可以根据欧盟委员会第 882/2004 号条例第 5 条,将与质量计划官方控制有关的具体任务委托给一个或多个控制机构。对于地理标志产品的合规性检验,条例第 37 条(1)明确提出对于受保护的原产地名称(PDO)、受保护的地理标志(PGI)和传统特色保证(TSG),在产品投放市场之前,应由上述主管当局和/或控制机构验证对产品规格书的遵守情况。此举的目的在于防止"搭便车"、挪用、模仿

---

① Tregear A, Arfini F, Belletti G, et al. Regional foods and rural development: The role of product qualification[J]. Journal of Rural Studies, 2007, 23(1):12-22.

② 欧洲议会和理事会. 欧盟条例第 1152/2012 第 4 章[EB/OL]. (2012-11-21)[2021-01-25]. https://eur-lex. europa. eu/eli/reg/2012/1152/oj.

③ Babcock B A, Clemens R. Geographical Indications and Property Rights: Protecting Value-Added Agricultural Products[J]. Center for Agricultural and Rural Development, 2003, 9 (4): 1-3.

等机会主义行为以及随之而来的"公地悲剧",损害地理标志产品特征的一致性(uniformity)与一贯性(consistency)①,破坏地理标志声誉。

"对外"指的是依靠行政手段对地理标志注册名称的使用进行市场监督。根据欧盟第 1152/2012 号条例第 5 部分第 36 条(3)规定,官方控制应包括验证地理标志产品是否符合相应的产品规格书,以及监测地理标志注册名称的市场使用情况。第 38 条规定,成员国应根据风险分析,对地理标志注册名称的市场使用进行检查,以确保遵守本条例的要求,如果发生违规,成员国应采取一切必要措施。

此举的目的在于防止第三方对地理标志注册名称的侵权与滥用,维护地理标志的独特性与根本价值。

3. 质量营销

针对地理标志本身和具体的产品开展相关宣传、推广工作。

质量作为一个社会建构的概念,其含义既可以通过"PDO""PGI"等地理标志专用标签予以传递和表达,也能够借助"健康""安全""真实""本土""传统"等同样被建构的概念,并由消费者在特定环境下依据自身体验、经验进行主观判断与理解。

在欧盟国家,地理标志的质量营销可以按照实施主体的差异大致分为两类,前者来自欧盟/各成员国官方层面的宣传与推广,目的在于提高整个社会对欧盟/本国地理标志系统的一般认知,向消费者解释地理标志标签的具体含义,以及帮助欧盟/本国的地理标志产品开拓市场。

欧盟委员会每年投入约 5000 万欧元,用于在欧盟和世界范围内推广以地理标志产品(PDO,PGI)为首的优质产品②,提高公众对地理标志的识别度与认知度,并通过新闻宣传、广告、促销、技术支持、参加展览、举办研讨会

① Barjolle D, Sylvander B. Some factors of success for origin labelled products in agri-food supply chains in Europe: market, internal resources and institutions[C]//Sylvander B, Barjolle D, Arfini F. The Socio-economics of Origin Labelled Products in Agri-food Supply Chains: Spatial, Institutional and Co-ordination Aspects. 67th EAAE Seminar, Le Mans, 1999. Paris: Institut national de la recherche agronomique(INRA), Actes et Communications, 2000: 45-72.

② 欧盟委员会. 2021 工作计划附录[EB/OL]. (2020-10-19)[2021-01-23]. https://ec. europa. eu/info/sites/default/files/food-farming-fisheries/key _ policies/documents/commission-decision-c2021-8835-annex_en. pdf.

等多种方式,阐明和宣传欧盟地理标志认证的高标准,提升地理标志产品形象。①

后者则是针对某一地理标志产品的具体质量营销,通常来自民间的社会团体/组织,目的在于向消费者展示该地理标志的质量信息,创造产品独特的吸引力,进而增强消费者对该地理标志产品的质量感知与购买意愿。与地理标志产品质量相关联的地方性自然与人文因素,既可以影响产品的物理组成部分,也可以影响其无形价值与象征意义。② 无论是特定气候、土壤、品种,还是专门技艺、人文景观、历史渊源,又或是地方消费习惯、农事节庆、文化习俗等,都可以被用于挖掘消费者的潜意识需求,增加地理标志产品的附加价值,通过恰当的产品设计与营销活动,凸显产品质量的差异化,提高消费者对地理标志产品质量的认知与信任。

例如,法国的波尔多葡萄酒行业协会(Conseil Interprofessionneldu Vin de Bordeaux,简称 CIVB)是专门致力于推广波尔多葡萄酒的行业协会组织。它创建于 1948 年,受法国农业部和财政部的联合监管,由波尔多葡萄酒领域三大行业代表,即葡萄酒种植及酿造者、葡萄酒经纪人以及贸易经销商(酒商)合作建立。CIVB 承担着为波尔多葡萄酒拓展消费市场、制定传播策略、提高消费者认知等重要的营销使命,由其定期组织举办的波尔多葡萄酒节(Bordeaux Fête le Vin)不仅是展示波尔多区域形象、葡萄酒文化以及产区、酒庄多样性的综合平台,也为消费者品尝波尔多葡萄酒、了解其品质承诺与价值主张提供了沉浸式体验的机会。

(二)声誉

根据消费者获取信息的方式,可以将产品划分为搜寻品(search goods)、经验品(experience goods)和信任品(credence goods)三类。③ 其中搜寻品是指在购买前能够通过考察了解质量状况的产品;经验品是在购买

① 欧盟委员会.欧盟委员会向欧洲议会和理事会提交的报告——欧洲议会和理事会(EU)第1144/2014 号条例在内部市场和第三国实施的有关农产品信息提供和推广措施的应用[EB/OL].[2021-02-11]. https://eur-lex. europa. eu/legal-content/EN/TXT/? uri ＝ COM％3A2021％3A49％3AFIN。

② Belletti G，Marescotti A，Touzard J M. Geographical indications，Public goods，and sustainable development：The roles of actors' strategies and public policies[J]. World Development，2017，98：45-57.

③ Nelson P. Information and consumer behavior[J]. Journal of Political Economy，1970，78(2)：311-329.

前无法了解、只能在购买使用后才能知晓质量的产品;信任品则是即使使用后也无法知晓其质量的产品。

对于地理标志而言,其产品大多属于食品或农产品,属性上偏向于经验品和信任品的类型。譬如,原产地(风土)就是消费者无法验证的"信任属性"。如果"原产地—质量"的关联性使产品拥有了可区分的感官质量,那么原产地就可以成为一种"体验属性"。①

在经验品和信任品市场,消费者既无法根据价格完美预测产品质量,也很难如同处于供应链前端的生产加工者一样,掌握有关产品质量的详细信息,信息不对称的情况时有发生,并且无法自发消除。在人的有限理性的驱使下,极易引发逆向选择、道德风险等市场失灵现象。②

在此情况下,声誉机制可以成为降低信息不对称风险的有效方式。声誉是消费者日积月累形成的对某一实体(公司或产品)的价值判断的结果,并随着时间的推移产生影响。③ 在重复购买的环境中,消费者借助商标、公司名称或特定的生产地区(地理标志)等特殊标志,确认产品来源的一致性。嵌入在某一特定标志内的声誉可以传达同一来源产品的过往质量表现,并作为预期质量水平的指标,从而节省消费者的信息搜索成本。④

可见,质量和声誉是一组虽不等同却相互关联的概念。前者受后者以及许多其他因素的影响,后者则反映出由同行或消费者所评估的预期质量。

得益于信息搜索成本的降低,声誉被视为一种独特的无形资产,不仅可

① Tauber R, Anders S, Langinier C. The economics of geographical indications: Welfare implications[R]. Structure and Performance of Agriculture and Agri-products Industry (SPAA), 2011.

② Akerlof G A. The market for "lemons": Quality uncertainty and the market mechanism[J]. The Quarterly Journal of Economics, 1970, 84(3): 488-500.

③ Belletti G. Origin labelled products, reputation and heterogeneity of firms[C]//Sylvander B, Barjolle D, Arfini F. The Socio-economics of Origin Labelled Products: Spatial, Institutional and Co-ordination Aspects. 67th EAAE Seminar, Le Mans, 1999. Paris: Institut national de la recherche agronomique(INRA), Actes et Communications, 2000: 239-260.

④ Andersson F. Pooling reputations[J]. International Journal of Industrial Organization, 2002, 20(5): 715-730.

以区分商品的来源,还能够吸引消费者回购并愿意为之支付明显的溢价。①② 在重复购买的情况下,由声誉带来的溢价通常高于从"低质产品高价售卖"中获得的短期利益。③ 所以作为回应,生产商将在预期高利润率的激励下,以声誉为抵押,持续履行生产高质量产品的承诺。④

地理标志的声誉建立在产品的特异性之上,不单单是产品质量的反映,还具有高度的地方嵌入性和群体垄断性,呈现出集体资产的特征。⑤⑥

基于"区域指向性"和"集体指向性"的双重特征,地理标志的声誉可以进一步分解为原产地声誉和集体声誉两个维度。

### 1. 基于产地来源的声誉

原产地是地理标志声誉不容忽略的构成要素。一方面,地理标志指向某一产品的特定地理来源。许多地理标志产品,例如香槟(Champagne)、波尔多(Bordeaux)、勃艮第(Bourgogne)等,其产区的地理名称与产品命名完全相同。区域内独特的自然风光、历史古迹、文化遗产、风俗习惯等公共资源要素,能够为地理标志声誉增添独有的"地理联想"。⑦

另一方面,地理标志的声誉有赖于产品的特异性,后者是原产地区域内自然与人为因素交织的结果。"橘生淮南则为橘,生于淮北则为枳",生动地揭示出原产地光照、气温、降雨、土壤、水文等物理资源和动物、植物、微生物有机体等生物资源对产品质量特征的影响。同时,地理标志也离不开本土生产实践的积累与沉淀。"一方水土养一方人"意味着原产地社区内世代传承的专业技术与传统知识根植于地方风土,是人们在长时间与自然斗争和

---

① Eberl M, Schwaiger M. Corporate reputation: Disentangling the effects on financial performance[J]. European Journal of Marketing, 2005, 39(7/8): 838-854.

② Roberts P W, Dowling G R. Corporate reputation and sustained superior financial performance[J]. Strategic Management Journal, 2002, 23(12):1077-1093.

③ Klein B, Leffler K B. The role of market forces in assuring contractual performance[J]. Journal of Political Economy, 1981, 89(4):615-641.

④ Rogerson W P. Reputation and product quality[J]. The Bell Journal of Economics, 1983, 14(2): 508-516.

⑤ Akerlof G A. The market for "lemons": Quality uncertainty and the market mechanism [J]. The Quarterly Journal of Economics, 1970, 84(3): 488-500.

⑥ Costanigro M, McCluskey J J. Collective versus brand reputations for geographical indication labelled foods[J/OL]. [2022-02-25]. http://idei.fr/sites/default/files/medias/doc/conf/inra/papers_2007/mccluskey.pdf.

⑦ Peñalver E M. Land virtues[J]. Cornell Law Review, 2009, 94(4): 821-888.

社会互动中形成的劳动智慧结晶,带有深刻的"地方烙印"。产品特质与产地风土相关联的事实,奠定了地理标志声誉的地方性渊源。

在学术领域,实证研究经常将原产地声誉用作地理标志集体声誉的载体。[①] 在实践领域,以原产地为要素的营销活动也已经是屡见不鲜。譬如,生产商以加入区域性行业组织、区域性联合营销、区域内部的技能分享等方式,提高自身的地理依附性声誉(geographically based reputation),并在时间的推移下,进一步影响该地区产品实际和感知的平均质量,从而强化已有的价格偏差。[②] 又或者在某些知名地区,当地的自然景观、人文建筑、文化习俗以及区域整体形象赋予了其地理名称一定的"光环效应",使之成为表明产品良好质量的指标。[③] 托斯卡纳橄榄油(Tuscan Extra-virgin Olive Oil)的生产商就曾表示,他们使用地理标志的原因之一是获得"托斯卡纳"地名的声誉,将其产品与竞争对手的区分开来。[④]

由此可见,地理标志声誉具有显著的地域特征和丰富的关联度。原产地(声誉)可以作为提高地理标志声誉的一种手段及其载体。[⑤] 并为区域内的生产经营者提供带有地理依附性的"声誉租金"。[⑥]

**2. 基于集体维度的声誉**

地理标志名称(GI name)和地理标志产品(GI product)都是地理标志

① Schamel G, Anderson K. Wine quality and varietal, regional and winery reputations: Hedonic prices for Australia and new zealand[J]. The Economic Record, 2003, 79(246):357-369.

② Bicknell K B, Macdonald I A. Regional reputation and expert opinion in the domestic market for New Zealand wine[J]. Journal of Wine Research, 2012, 23(2): 172-184.

③ Belletti G, Marescotti A, Scaramuzzi S. Paths of rural development based on typical products: A comparison between alternative strategies[C]//5th IFSA Symposium: Farming and Rural System, Research and Extension, Local Identities and Globalization, Florence, Italy. 2002: 384-395.

④ Belletti G, Burgassi T, Manco E, et al. The roles of geographical indications (PDO and PGI) on the internationalisation process of agro-food products[C]//105th EAAE Seminar "International Marketing and International Trade of Quality Food Products", Bologna, Italy. 2007: 517-539.

⑤ Livat F. Individual and collective reputations in the wine industry[M]//Ugaglia A A, Cardebat J M, Corsi A. The Palgrave Handbook of Wine Industry Economics. Cham, Switzerland: Palgrave Macmillan, 2019: 463-485.

⑥ Pacciani A, Belletti G, Marescotti A, et al. The role of typical products in fostering rural development and the effects of regulation (EEC) 2081/92[C]//73rd EAAE Seminar "Policy Experiences with Rural Development in a Diversified Europe", ANCONA, 2001:1-17.

系统(GI system)的产物,后者指的是通过自发的个人或有组织的集体行动,有效参与价值创造和提高地理标志产品的战略营销地位的一组行动者,以及那些参与地方资源(自然资源、知识、社会资本)活化和再生产的行动者。① 这些地方资源赋予了地理标志产品的特异性。

事实上,地理标志自诞生以来就与地方社区中特定的生产经营集体牢牢绑定在一起。随着历史的推移,在生产者群体内发展、积淀形成的生产技术与专有知识为其商品带来了可观的声誉,这些资源也成为这一地区几代人的特征。

地理标志的使用权不限于单个生产者,而是面向全域,所以地理标志声誉具有集体属性,是当地生产经营主体集体行动与个体行动共同作用的结果②③,属于(部分)不可复制、不可转让、难以再生的地理性集体资产④。

作为个体声誉的集合,集体声誉代表着该生产者集体过去的平均质量。⑤ 所以,地理标志的声誉会受到集体内单一个体的行为(例如诚实、推卸、欺诈等)影响,当前的生产者也会受到自身行为以及过往集体行为的影响。⑥ 地理标志的消费者通常依赖集体声誉和个体声誉(某一企业/个体生

---

① Belletti G, Marescotti A, Allaire G, et al. SINER-GI strengthening international research on geographical indications: From research foundation to consistent policy. Instrument: Specific targeted research or innovation project. Thematic priority: Priority 8. 1. Policy-oriented research (SSP). D12-GI Strategies and policy recommendations[R/OL]. [2022-02-25]. https://hal. inrae. fr/hal-02821770.

② Gergaud O, Livat F. Team versus individual reputations: A model of interaction and some empirical evidence[J/OL]. (2004-02-17)[2022-02-25]. https://halshs. archives-ouvertes. fr/halshs-03280777.

③ Perrouty J P, d'Hauteville F, Lockshin L. The influence of wine attributes on region of origin equity: An analysis of the moderating effect of consumer's perceived expertise [J]. Agribusiness, 2006, 22(3):323-341.

④ Marty F. Which are the ways of innovation in PDO and PGI products? [C]// Arfini F, Mora C. Typical and Traditional Productions: Rural Effect and Agro-industrial Problems. 52nd EAAE Seminar, Parma, Italy, 1997. Parma: Istituto di economia agraria e forestale, Facoltà di economia, Università di Parma, 1998: 41-58.

⑤ Winfree J A, Mccluskey J J. Collective reputation and quality[J]. American Journal of Agricultural Economics, 2005, 87(1): 206-213.

⑥ Tirole J. A theory of collective reputations (with applications to the persistence of corruption and to firm quality) [J]. The Review of Economic Studies, 1996, 63(1): 1-22.

产者过去产出的质量），来预测该企业/个体生产者的未来行为。①②

地理标志的声誉具有特定范围内的公共性与溢出效应，由声誉带来的产品差异化、价格溢价、交易成本下降以及其他附加价值可以惠及区域内每一个生产者。在欧盟地理标志认证的框架下，"即使是小型的生产者团体也能从原产地名称良好的声誉中受益"。③ 通过策略性的捆绑、创建组织网络并分工协作，可以帮助原本生产规模较小、难以独立应对市场的中小型企业建立私人声誉。④ 并且与只有私人商标可用的情况相比，引入地理标志认证不仅能够减少在信息不对称的市场中建立高质量声誉的成本，维护声誉作为质量保证机制运作的能力，还会增加整体的福利效应，例如促进行业良性竞争、规避逆向选择、改善社会福利等。⑤

但另一方面，地理标志声誉共享共用的集体性质也代表着它极易受到投机、欺诈行为的损害，并由溢出效应波及区域整体，造成"一损俱损"的悲剧场面。

针对这个问题，欧盟要求生产者必须建立一个地方性的集体组织，例如行业协会、生产者联盟等，负责地理标志的注册申请、使用管理和市场营销。该组织通常以一系列正式（例如组织的既定规则）和非正式规则（例如合作惯例）约束集体行动，并经过集体协商，达成一致的质量承诺（产品规格书）作为限制地理标志名称使用"进入壁垒"和共享集体声誉的"最低质量标准"。⑥ 此举能够有效遏制区域内部以次充好、榨取声誉的投机倾向，防止外部经济主体对地理标志的侵权使用，进而保障只有遵守产品规范的生产经营者才能够从集体声誉中获益。

① Loureiro M L. Rethinking new wines：Implications of local and environmentally friendly labels-ScienceDirect[J]. Food Policy，2003，28(5-6)：547-560.

② Landon S，Smith C. The use of quality and reputation indicators by consumers：The case of bordeaux wine[J]. Journal of Consumer Policy，1997，20(3)：289-323.

③ Bureau J C，Valceschini E. European food-labelling policy：Successes and limitation[J]. Journal of Food Distribution Research，2003，34(3)：70-76.

④ Castriota S，Delmastro M. The economics of collective reputation：Evidence from the wine industry[J]. American Journal of Agricultural Economics，Agricultural and Applied Economics Association，2015，97(2)：469-489.

⑤ Menapace L，Moschini G C. Quality certification by geographical indications，trademarks and firm reputation[R]. Iowa State University，Department of Economics，2010.

⑥ 欧洲议会和理事会. 欧盟条例第 1152/2012 号[EB/OL]. (2012-11-21)[2021-01-25]，https://eur-lex. europa. eu/eli/reg/2012/1152/oj. 31.

此外，来自国家机关、地方当局以及第三方认证机构等的外部监管对维护地理标志集体声誉也是极为必要的。[①] 集体组织将与之一同创建灵活、高效的协作网络，以控制地理标志名称的使用，监督产品供应链各环节参与者的合规情况，对滥用、模仿地理标志的不法行为予以法律制裁。凭借强有力的公共干预机制、长效联动的协同机制以及合理的组织、制度结构，维护、营销并监测地理标志集体声誉，最大限度降低潜在的道德风险。因此，欧盟PDO、PGI等地理标志认证体系被认为是"集体声誉制度化"的结果，能够有效保护产品原产地声誉的收益专有权。[②]

（三）其他特征

在国际社会有关地理标志的法律条文中，未曾对"其他特征"（other characteristics）的具体内涵予以解释说明。在学术文献中，研究者们大多将关注重点落脚于对地理标志"特定质量"和"声誉"的探讨，又或是不作明确区分，而是以"质量特性"为表述一概论之。

我国相关法律与部门规章也没有对地理标志的"其他特征"提出特定要求或标准。《地理标志产品保护规定》第十七条规定："拟保护的地理标志产品，应根据产品的类别、范围、知名度、产品的生产销售等方面的因素，分别制订相应的国家标准、地方标准或管理规范。"在国家标准《质量管理体系——基础和术语》（GB/T 19000—2016）中，质量被定义为客体的一组固有特性满足要求的程度。[③] 其中，"固有"是指存在于客体中，其对应的是"赋予"。[④]客体是可感知或可想象到的任何事物，包括产品、服务、组织、资源等。[⑤]通常认为，地理标志的"特定质量"特指那些可以实际测量的特征，

① Josling T. What's in a Name? The economics, law and politics of geographical indications for foods and beverages[R/OL]. (2005-11-11)[2022-02-25]. https://www.tcd.ie/triss/assets/PDFs/iiis/iiisdp109.pdf.

② Belletti G, Marescotti A, Scaramuzzi S. Paths of rural development based on typical products: A comparison between alternative strategies[C]//5th IFSA Symposium: Farming and rural system, research and extension, local identities and globalization, Florence, Italy. 2002: 384-395.

③④⑤ 中华人民共和国国家质量监督检验检疫总局,中国国家标准化管理委员会.质量管理体系——基础和术语(GB/T 19000—2016)3.6.2[EB/OL]. (2016-12-30)[2021-01-25]. https://max.book118.com/html/2019/0517/8132121142002023.shtm.

而"其他特征"则是风味、质地、色彩等不可实际测量的特征。[①]

由此看来,地理标志的"其他特征"是一个较为模糊的概念,可以理解为是产品与地理来源相关并足以与同类产品明显区分的特有属性。与"质量"相比,它不是产品的物理特征,难以用数字指标进行客观的测量或评价。

如果说质量通常被理解为一种积极的属性,声誉通常被理解为一种良好的印象,那么"其他特征"则可能意味着商品具有诸如颜色、质地或香味等更为中立甚至不受欢迎的消费者认知[②],又或是指某些由产地赋予的、具有社会文化维度的特殊性质,例如贡品、传统特产、文化遗产等,甚至可能延伸为由广告创造的某种产品价值,例如保健、养生等强调能带给消费者好处的独特性状。

"其他特征"的范围具有一定的灵活性,但无论如何,只要它主要来源于特定的地理区域,能够建立起产品与产地之间的"联系",就赋予了该产品名称受地理标志法律保护的权利。

# 第三节　地理标志的多元价值

## 一、地理标志的市场价值

(一)消费者信息支持价值

在经济学理论中,信息的获取被视为经济主体进行消费、投资决策等经济活动的关键要素之一,也是使资源达到最佳配置的前提条件。[③]

消费者会根据产品的外部线索和内部线索来评价产品质量。内部线索与产品本质相关,是无法改变的物理属性,如味道、大小、颜色等;外部线索则与产品的功能无关,是消费者在购买前考虑的信息,如价格、品牌、口碑、包装、原产地等。内部线索比外部线索更能准确传达产品质量信息,但是当

---

① 周元春,高芳,张梦飞等.论欧盟农产品地理标志质量控制制度及政策建议[J].世界农业,2014,2:6;1-5.

② UNCTAD-ICTSD. Resource book on TRIPs and development[M]//UNCTAD-ICTSD Project on IPRs, Sustainable Development. New York: Cambridge University Press, 2005: 290-291.

③ 王笑冰.地理标志的经济分析[J].知识产权,2005,5:20-26.

内部线索难以获得时,消费者会倾向选择利用外部线索提供的信息评价产品质量。①

地理标志产品大多属于食品和农产品范畴,其质量属性通常难以通过事先观察得知,只能在购买使用后才被知晓,部分特征甚至可能在使用后也无法得到确定,例如产品的制作工艺、成分指标、酒类的酿造年限等。因此,涉及地理标志产品的购买决策时,消费者需要借助外部线索提供的信息判断产品质量。

欧盟将地理标志视为食品质量政策的重要组成部分。通过相关法律条例,欧盟规定地理标志产品的质量、声誉或其他特性与地理来源之间必须具有关联性,对地理标志的产地、产品规格书以及使用规范等进行明确且严格的限定,并通过公共当局和/或第三方认证机构执行严密的质量控制计划。因此,欧盟框架下的 PDO、PGI 是一种可靠的质量标签,获得认证的地理标志在指示与区分产品来源的同时,也向消费者传达了有关产品质量的特定信息。

如果地理标志缺少类似上述的质量标签认证,或在远离原产区域的异地市场、国际市场进行销售时,建立独特的"声誉"可以成为地理标志实现商业化价值的方式与依托。

地理标志所承载和凝聚的声誉来源于集体行动,在一定程度上代表了生产者团体/产品的过往表现。当消费者掌握的内外部线索不足以判断产品质量时,地理标志的声誉可以作为一种差异化信号和质量指标,缓解信息不对称问题,吸引消费者重复购买。立足于声誉机制,美国、加拿大、澳大利亚等国家以一般商标制度中的特殊类别,即集体商标和证明商标,对地理标志施以法律保护。

由此可见,无论选择上述何种保护与发展模式,地理标志都能够作为一种差异化工具和市场营销策略,向消费者传递一定的质量信号与外部线索,从而达成以下目的:(1)方便消费者的区分与识别,减少混淆的可能性;(2)节省搜索成本,有利于消费者形成消费决策;(3)降低因信息不对称导致"柠檬市场"的可能性,维护市场竞争秩序和消费者利益。另外,地理标志还迎合了部分消费者的心理需求与价值倾向,例如重视历史传统和文化遗产、

---

① 符国群,佟学英.品牌、价格和原产地如何影响消费者的购买选择[J].管理科学学报,2003,6;79-84.

审美喜好、营养偏好、对地方的归属感、对食品安全的担忧等。[①][②]

不过,需要注意的是,由于欧盟特殊制度与商标保护制度对"产品—产地"关联性,以及产品质量的要求不同,具有差异化产品质量偏好度的消费者在两种制度下的获益程度有所出入。[③]

(二)对地方生产者的意义

地理标志的市场价值还体现在对地方生产者的意义。地理标志可以逐步发展形成不受大公司竞争影响的利基市场(niche market),产生稳定、可观的产品溢价,从而改善当地从事地理标志产品生产经营的劳动者、企业、组织机构的经济收入与福利待遇,激励他们持续投资生产质量稳定的产品。[④][⑤] 同时,使生产者相对于下游运营商的议价能力得到加强,并为生产者集体和整个供应链带来更公平的价值分配。[⑥][⑦] 尤其对于小农和其他势力较小的行为者来说,地理标志可能是一种更有效的保护形式,因为商标更容易被强大的经济主体垄断和吸收。[⑧]

大量研究证实了地理标志在发达国家与发展中国家的溢价能力。根据统计数据分析的结果显示,与 PGI 相比,遵守更严格生产协议的 PDO 产品

① Reviron S, Thevenod-Mottet E, El Benni N. Geographical indications: Creation and distribution of economic value in developing countries[R]. NCCR Trade Working Paper, 2009.

② Teuber R. Consumers' and producers' expectations towards geographical indications: Empirical evidence for a German case study[J]. British Food Journal, 2011, 113(7): 900-918.

③ Menapace L, Moschini G C. Quality certification by geographical indications, trademarks and firm reputation[J]. European Review of Agricultural Economics, 2012, 39(4): 539-566.

④ Rangnekar D. The socio-economics of geographical indications[J]. UNCTAD-ICTSD Project on IPRs and Sustainable Development, Issue Paper, 2004, 8: 13-15.

⑤ Bramley C, Biénabe E, Kirsten J. The economics of geographical indications: Towards a conceptual framework for geographical indication research in developing countries[J]. The Economics of Intellectual Property, 2009, 1: 109-141.

⑥ Zografos D. Geographical Indications and Socio-Economic Development[R]. IQsensato Working Paper No. 3, 2010.

⑦ 欧洲议会和理事会. 欧盟条例第 1308/2013 号第 139 条[EB/OL]. (2013-12-20)[2021-01-25]. https://eur-lex.europa.eu/legal-content/EN/TXT/? uri=CELEX:32013R1308.

⑧ Bowen S. Development from within? The potential for geographical indications in the global south[J]. The Journal of World Intellectual Property, 2010, 13(2): 231-252.

获得了更高的市场溢价。[1][2]

不过，地理标志与产品溢价之间的因果关系并不是绝对的。对于某些知名度较低或产品质量较差的地理标志来说，可能无法取得显著的溢价效果。[3] 所幸的是，获得注册的地理标志凭借对先前因模仿而失去的市场份额（部分或全部）的"回收"，也很有可能提高地理标志权利人的实际收入。[4]

在农业和食品行业中，产品同时使用地理标志和私人商标并不稀奇。[5] 由于地理标志承载的是来源于某一地区的集体声誉，由该地区内全体生产者共建共享，所以个体生产者能够借助良好的地理标志集体声誉，攫取高于正常利润的"声誉租金"[6]，迅速打响自有品牌的知名度。对实力弱小的企业而言，与独自创建一个新品牌相比，使用已具有一定声誉的地理标志也能够在明显降低营销成本的同时，获得品牌化的成效与相应收益。

## 二、地理标志的区域发展价值

### （一）创造区域独特的差异竞争优势

作为人类居住的在地空间，地方（place）与人类活动互相建构。它是人类生活生计的来源，也是文化的要素以及知识、认知的一个方面，因而具有充沛的"生命力"（vitality）[7]。

对"地方"概念的重视与推崇，是地理标志使用与受法律保护的原动力，

---

① Oana D，Costanigro M，Souza Monteiro D M，et al. What Determines the success of a Geographical Indication? A price-based meta-analysis for GIs in food products[R]. The Agricultural & Applied Economics Association's 2011 AAEA & NAREA Joint Annual Meeting，2011.

② Deselnicu O C，Costanigro M，Souza-Monteiro D M，et al. A Meta-analysis of geographical indication food valuation studies：What drives the premium for origin-based labels? [J]. Journal of Agricultural and Resource Economics，2013，38(2)：204-219.

③ Loureiro M L，McCluskey J J. Assessing consumer response to protected geographical identification labeling[J]. Agribusiness：An International Journal，2000，16(3)：309-320.

④ Das K. Socioeconomic Implications of Protecting Geographical Indications in India[J/OL]. (2009-08-01)[2022-02-25]. https://papers. ssrn. com/sol3/papers. cfm? abstract_id=1587352.

⑤ Bramley C，Kirsten J F. Exploring the economic rationale for protecting geographical indicators in agriculture[J]. Agrekon，2007，46(1)：69-93.

⑥ 杨鹏程，周应恒.农产品地理标志的声誉衰退及治理策略[J]. 现代经济探讨，2014，3：47-51.

⑦ Rangnekar D. Remaking place：The social construction of a Geographical Indication for Feni[J]. Environment and Planning，2011，43(9)：2043-2059.

也催生了欧盟农业政策的"质量转向"以及一系列具有地方关联性的质量认证标签,例如 PDO、PGI、TSG 等的推广应用。地理标志为所在地区的生产者提供了一种有别于大规模机械化生产的发展模式,同时,也成为振兴地方经济、对抗全球化负面影响的有效策略。[①] 尽管具体产品案例之间可能存在较大差异。

过往研究表明,地理标志产品通常起源于现代化和标准化渗透性较低的生产系统,或者赋予了产品某些特定特征的传统农业系统[②],大多位于经济欠发达的偏远地区,其生产者主要是个体农户、手工业者和中小企业,遵循传统的小规模生产。在部分国家,产品供应链的底层参与者同样也是社会的底层弱势群体,长年被笼罩在低收入、无保障的不安感之中。[③]

地理标志的注册保护为产品创造并巩固了显著的差异化竞争优势。基于特定的"产品—产地"关联、充分的质量控制以及严格的监督保护,地理标志的生产经营者在规避区域内集体行动困境、维护地理标志产品特异性的同时,也从根本上排斥来自地理标志限定地区外,模仿、盗用、伪造地理标志名称及专用标志的侵权行为,阻止外部竞争者进入市场,从而建立起有效的区隔壁垒,以维持竞争垄断优势。

在此条件下,地理标志能够基于原产地和独特的产品质量产生"经济租金",为产品生产过程中使用的特定生产要素,例如劳动力、生产技能、土地所有权、知识产权等资产提供报酬,带来原产地土地租金与现金流上涨、劳动收入与就业机会增多、产业链延伸和产业集聚发展等社会经济收益。[④]

(二)提高区域内建立伙伴合作关系的可能性

再者,地理标志鼓励甚至要求地方生产经营者创建具有代表性的团体、

---

①　Murdoch J, Marsden T, Banks J. Quality, nature, and embeddedness: Some theoretical considerations in the context of the food sector[J]. Economic Geography, 2000, 76(2): 107-125.

②　欧盟委员会. 欧盟委员会向欧洲议会和理事会提交的报告——欧洲议会和理事会(EU)第 1144/2014 号条例在内部市场和第三国实施的有关农产品信息提供和推广措施的应用[EB/OL]. (2021-2-11) [2021-08-23]. https://eur-lex. europa. eu/legal-content/EN/TXT/? uri = COM% 3A2021%3A49%3AFIN.

③　Larson J. Relevance of geographical indications and designations of origin for the sustainable use of genetic resources [J/OL]. [2022-02-25]. http://www. nuscommunity. org/ fileadmin/templates/nuscommunity. org/upload/documents/IFAD-EU _ NUS _ Project/IFAD-EU-CCAFS_Launch/gi_larson_lr. pdf.

④　Landon S, Smith C. The use of quality and reputation indicators by consumers: The case of Bordeaux wine[J]. Journal of Consumer Policy, 1997, 20(3): 289-323.

机构或组织以及相应的行为准则,以便做好产品和质量标签的管理与推广。这提高了区域内各利益相关者建立伙伴关系与合作网络的可能性。实际上,由于地理标志的使用者具有地域限定性,其经济和社会活动的距离一般较为邻近,彼此之间很可能遵循某些既有的社会规范、惯例,也更容易进行沟通,培养信任关系。地理标志的统一引导与营销获利,不仅推动了合作社、协会、联盟等组织机构的建立,促进区域内不同利益相关者的凝聚、团结与集体行动①②,有助于巩固当地社会资本③,降低地理标志集体内部的交易成本,也有利于在供应链中创造和分配价值,改善生产经营个体的地位,加快形成产业集群效应,优化产业结构布局,推动地方经济可持续发展④⑤。

此外,凭借与地方资源的多维关联,地理标志也能够以间接方式对区域经济发展产生正向的外部影响。⑥ 作为某一区域资源禀赋与劳动实践的综合体现,地理标志的形成汇集了一系列相互关联的地方要素,既包含与生产有关的特定资源,例如生产技术、土壤和气候条件、品种/物种等,也涉及该地区的一般资源,例如自然与人文景观、历史传说、习俗惯例等。这些资源能够在市场营销中作为宝贵的差异化要素,不断强化地理标志的"产品—产地"关联性,凸显产品的独特性,并建立丰富的品牌联想,进一步满足和增添

① Williams R M. Do geographical indications promote sustainable rural development? Two UK case studies and implications for New Zealand rural development policy[D]. Lincoln: Lincoln University, 2007.

② Bowen S. The importance of place: Re-territorialising embeddedness[J]. Sociologia Ruralis, 2011, 51(4): 325-348.

③ Chiffoleau Y, Touzard J M. Understanding local agri-food systems through advice network analysis[J]. Agriculture & Human Values, 2014, 31(1): 19-32.

④ Paus M, Réviron S. Crystallisation of Collective Action in the Emergence of a Geographical Indication System [C]//116th EAAE Seminar "SPATIAL DYNAMICS IN AGRIFOOD SYSTEMS: IMPLICATIONS FOR SUSTAINABILITY AND CONSUMER WELFARE", Parma, Italy, 2010:1-18.

⑤ 胡铭. 基于产业集群理论的农产品地理标志保护与发展[J]. 农业经济问题, 2008, 5: 26-31.

⑥ Bramley C. A review of the socio-economic impact of geographical indications: Considerations for the developing world [C]//WIPO Worldwide Symposium on Geographical Indications, Lima, Peru, 2011, 22: 1-22.

消费者购买的"非物质维度",提升其支付意愿与产品溢价。[1][2]

与此同时,这也可能反向激活区域内与各项资源相关的经济社会活动,带动地理标志所在地,尤其是农村地区的社会经济各组成部分,围绕地理标志建设进行整合与多样化发展。其中,在旅游和美食领域通常会产生最明显的协同作用。[3]

地理标志系统的行动者(actors)能够基于特定产品,将当地相关资源整合为"一篮子商品和服务"(the basket of goods and services)。通过对篮子中各资源之间关系的梳理编排,加之合理的规划设计,将资源与地理标志产品串联在一起,形成某种"产品路线"(product routes)。[4]

波尔多葡萄酒就采取了这种策略。在每偶数年举办一次的波尔多葡萄酒节(Bordeaux Fête le Vin)中,游客的行程涵盖了游览加龙河畔的"葡萄酒之路",品尝美酒和地道美食;参观知名酒庄与酒窖;欣赏音乐会、展览和艺术表演;参加庆典游行、宴会舞会和加龙河帆船比赛等。另外,当地建有专门的波尔多葡萄酒博物馆,并在全球多个国家开设了特色主题酒吧(CIVB Wine Bar)和波尔多葡萄酒学校(L'Ecole Du Vin de Bordeaux)。[5] 可以看出,依托于波尔多葡萄酒,当地社区在取得经济收益与社会效益的同时,也实现了区域资源的可持续再生产。

---

① Evans Jr L E. A primer on trademarks and service marks[J]. St. Mary's Law Journal, 1986, 18(1): 137-162.

② McCluskey J J, Loureiro M L. Consumer preferences and willingness to pay for food labeling: A discussion of empirical studies[J]. Journal of Food Distribution Research, 2003, 34(3): 95-102.

③ Riccheri M, Görlach B, Schlegel S, et al. Impacts of the IPR Rules on Sustainable Development. Workpackage 3-Assessing the Applicability of Geographical Indications as a Means to Improve Environmental Quality in Affected Ecosystems and the Competitiveness of Agricultural Products[R/OL]. [2022-02-25]. https://econpapers.repec.org/scripts/redir.pf?u=http%3A%2F%2Fwww.esocialsciences.org%2FDownload%2FrepecDownload.aspx%3Ffname%3DDocument12422007580.6685755.pdf%26fcategory%3DArticles%26AId%3D847%26fref%3Drepec;h=repec:ess:wpaper:id:847.

④ Livat F. Individual and Collective Reputations in the Wine Industry[M]//Ugaglia A A, Cardebat J M, Corsi A. The Palgrave Handbook of Wine Industry Economics. Cham, Switzerland: Palgrave Macmillan, 2019: 463-485.

⑤ 法国波尔多葡萄酒行业协会. 开启一段波尔多之旅[EB/OL]. [2022-02-25]. http://m.bordeaux.com.cn.

### 三、文化与生物多样性价值

（一）地域文化传承价值

正如"风土"（terroir）一词的定义所述，地理标志产品是特定地区的文化实践、生产集体的专有技术以及生态资源长期互动与共同进化的结果。因此，地理标志通常与许多"非经济"的地方资源密切相关，例如生物多样性、地方环境的其他组成部分（土壤、景观等）以及文化和社会资本等。[①]

在特定条件与发展框架下，来自原产地传统和生物多样性的部分价值，可以转化为地理标志产品的附加价值。[②] 相应地，获得市场溢价的地理标志也能够助力于所在地区社会与环境的可持续性发展。例如，欧盟就已在相关法规的序言中表明，地理标志的保护与战略发展可能会对当地文化或生物多样性的组成部分产生正面影响，并以此作为支持地理标志的政策论据。[③] 但是，以美国为首的商标法保护模式没有对与地理标志产品生产方法、生物资源等相关的标准进行特别评估，也没有制定如欧盟"产品规格书"类似的实践准则，所以在保护地方传统与生物多样性方面的作用可能较为有限。

（二）多样性兼容关系形成价值

从文化多样性角度出发，地理标志产品的生产不仅是一种经济活动，还是当地社区重要的文化表现形式。地理标志与地方传统知识、传统文化表现形式具有高度的关联性和契合性，形成了"你中有我、我中有你、互为表里"的兼容关系。[④][⑤]

传统知识（traditional knowledge，TK）是在一个社群内部的长期生产

① 中华人民共和国国家知识产权局.2011年第63号关于批准对洛克福（奶酪）实施地理标志产品保护的公告[EB/OL].(2011-05-10)[2021-08-23].https://dlbzsl.hizhuanli.cn:8888/Product/Detail/222.

② Livat F. Individual and collective reputations in the wine industry[M]//Ugaglia A A，Cardebat J M，Corsi A. The Palgrave Handbook of Wine Industry Economics. Cham，Switzerland：Palgrave Macmillan，2019：463-485.

③ 欧洲议会和理事会.欧盟条例第1151/2012号序言第1条、第23条[EB/OL].(2012-11-21)[2021-01-25].https://eur-lex.europa.eu/legal-content/EN/TXT/?uri=CELEX%3A32012R1151.

④ 李祖明.传统知识视野下的地理标志保护研究[J].知识产权，2009,1:10-15.

⑤ 郭玉军，唐海清.论非物质文化遗产知识产权保护制度的新突破——以地理标志为视角[J].海南大学学报（人文社会科学版），2010,28(3):48-54.

生活中,创造、维系与传递下来的技术、经验、方法的总称,包括与农业、健康或生物多样性有关的知识,通常构成人们文化和精神认同的一部分。① 目前在国际上虽尚无公认的传统知识定义,但广义上讲,传统知识一般包括传统社区(包括土著和地方社区)的知识性和非物质文化遗产,以及具体的实践和知识体系;狭义上则指的是在传统语境下,由智力活动产生的知识,包括专门知识、实践、技能和创新。在农业知识、科学知识、技术知识、生态知识与医学知识等内容中,都可以找到属于传统知识的部分。②

传统文化表现形式(traditional cultural expressions,TCEs)是用以表达传统文化的各种形式,可以是舞蹈、歌曲、手工艺品、设计、仪式、故事或许多其他艺术或文化表现形式,可以是物质的或非物质的,但最常见的是二者相结合。③传统文化表现形式构成了当地社区的文化、社会认同与文化遗产,体现了地方的信仰与价值观,并能够随着使用与维护而不断演化、发展与再创造。

获得地理标志认证的产品通常是某一地方社区运用长期积累、发展与世代相承的传统知识和特定生产技术,遵循集体劳动实践的结果,并且深受当地历史文化、传统民俗、日常惯例、思维认知的浸润。因此,地理标志凝结着区域内独特的非物质文化与艺术遗产,并且能够体现出其中的某些特征元素。④在特定条件下,某些传统文化表现形式,例如本土化名称和传统名称、标志和符号,即使没有直接的地理意义,也可能作为地理标志受到保护。⑤

尽管地理标志没有直接涉及对传统知识或传统文化表达保护的法律条款,但在客观层面,对地理标志的保护一定程度上也是在维护、传承和发展与之相关的传统知识与传统文化表现形式。例如,可以在地理标志的产品规格书,即实践准则中,加入对相关传统知识和制作流程的描述,使生产者不能随意偷换、更改产品的生产方式。这不仅是维护地理标志典型特征的合理举措,也是在对抗全球农产品"去领土化"以及连带的文化同质化趋势,抵御农产品工业化生产对地方文化和传统多样性的侵蚀。⑥

---

①②③④⑤　世界知识产权组织. Traditional Knowledge[EB/OL]. [2022-02-25]. https://www.wipo.int/tk/en/tk/.

⑥　世界知识产权组织. Traditional Cultural Expressions[EB/OL]. [2022-02-25]. https://www.wipo.int/tk/en/folklore/.

　　另一方面,地理标志不仅涉及感官和享乐维度,还与环境和社会特征有关。[①] 地理标志产品的特异性常由特定地方的生物资源所决定,并且可能建立在复杂的生态系统之上,涉及动物种类、植物品种、景观和微生物生态系统,并与地方知识、实践和调节措施的积累相适应。各种因素的结合,支撑并促成了不同层次的生物复杂性。[②]

　　因此,地理标志的发展过程能够促使人们基于地方资源多样性的考虑,制定环境友好的产品规范书,以保护与地理标志相关的生物资源及其使用。

　　地理标志的产品规范书能够对生物多样性的总体三个层面,即遗传/同物种的、物种/种间的、生态系统,以及家养和野生生物资源均产生影响。[③] 具体来说,可以通过以下两种不同的评估方式,分析地理标志如何作用于特定地区的生物多样性与可持续发展。[④]

　　(1)"影响"评估:依据当地遗传性资源、传统生产方法和内部环境的可持续性,评估地理标志产品规范对环境的影响。此方式被越来越多地应用于欧洲地理标志。

　　(2)"关系"评估:采用更广阔的地域乃至全球视角,评估环境与产品规范书之间的关系。这可能会得出不应鼓励某种地理标志产品开发的结论,因为该产品偏向于单一文化生产,而不是更多样化的农业生态,又或者会对有限的资源施加太大压力。

　　在实践领域,孔泰奶酪(Comté)是地理标志成功保护地方生物多样性的典型正面案例。它产于法国东部弗朗什孔泰地区靠近瑞士边境的汝拉山脉,于1958年被授予PDO,是第一个获此类标签的法国奶酪。孔泰奶酪在PDO产品规格书中限制了农业集约化,广泛的耕作方式意味着牧场很少

---

① Belletti G, Marescotti A, Sanz-Cañada J, et al. Linking protection of geographical indications to the environment: Evidence from the European Union olive-oil sector[J]. Land Use Policy, 2015, 48: 94-106.

② Bérard L, Marchenay P. Local products and geographical indications: Taking account of local knowledge and biodiversity[J]. International Social Science Journal, 2006, 58(187): 109-116.

③ Lockie S, Carpenter D. Agriculture, biodiversity and markets[M]//Lockie S, Carpenter D. Agriculture, biodiversity and markets: Livelihoods and agroecology in comparative perspective. London: Earthscan, 2010: 3.

④ Thévenod-Mottet E. Geographical indications and biodiversity[M]//Lockie S, Carpenter D. Agriculture, Biodiversity and Markets: Livelihoods and Agroecology in Comparative Perspective. London: Earthscan, 2010: 207.

施肥,因此保留了丰富的植物多样性和广阔的牧场、林地景观。① 同时,由PDO带来的利润增长有助于维持当地的传统畜牧业,从而限制了牧场的缩减。从1988年到2000年,PDO地区的草地面积下降了7%,而非PDO地区的草地面积下降了18%。②

然而,同为地理标志的龙舌兰酒在很大程度上却未能对当地生态环境产生有益影响。龙舌兰(Tequila)是一种典型的墨西哥酒精饮料,只有以蓝色韦伯龙舌兰(Agave)为原料生产的酒精饮料才能叫作龙舌兰酒。它不仅是欧洲以外最古老的地理标志,还被公认为经济上最成功的非欧洲地理标志之一。

龙舌兰酒的生产以持续的过剩和短缺循环为特征,并由几家龙头企业掌握了过半的市场份额,当地的小农失去了对龙舌兰酒行业的控制。③ 在此背景下,当地农民按照龙舌兰酒公司合同规定的"技术指导"(实践准则),逐渐放弃了手动修剪叶子以控制杂草、将龙舌兰与玉米或豆类间作、在种植周期之间让土地休耕等传统知识,杀虫剂、除草剂和杀菌剂的应用不断增加。龙舌兰酒行业也更倾向于重视由受过培训的工程师规定的化学应用,而非未受过教育但经验丰富的农民的专业知识。

这些实践操作不仅导致与产品相关的传统知识、手工生产实践淡化消失,也严重威胁了产品的特异性,使龙舌兰酒逐渐向一种通用的、大规模生产的酒类产品演变,更造成区域内生态环境与生物资源的破坏,使当地雨季植被覆盖减少,加剧了土壤侵蚀和土壤板结的长期风险。④

由此不难看出,地理标志的注册和市场成功不一定会带来地方生态环境的可持续发展,它的影响可能是积极的,也可能是消极的,这取决于如何编写产品的实践准则。

---

① Sautier D, Van de Kop P. Conclusions and agenda for action and research[M]//Van de Kop P, Sautier D, Gerz A. Origin-based Products: Lessons for Pro-poor Market Development. Amsterdam: The Royal Tropical Institute-KIT, 2006: 89-96.

② Sautier D, Van de Kop P. Conclusions and agenda for action and research[M]//Van de Kop P, Sautier D, Gerz A. Origin-based Products: Lessons for Pro-poor Market Development. Amsterdam: The Royal Tropical Institute-KIT, 2006: 89-96.

③ Benni N E, Reviron S. Geographical Indications: Review of Seven Case-studies World Wide[R]. NCCR Trade Working Papers, 2009.

④ Bowen S, Zapata A V. Geographical indications, terroir, and socioeconomic and ecological sustainability: The case of tequila[J]. Journal of Rural Studies, 2009, 25(1): 108-119.

# 地理标志与注册商标

## 第一节　地理标志与商标的异同点

### 一、地理标志与商标的相同点

商标属于传统的知识产权范畴,而地理标志是通过 TRIPs 协定被正式引入知识产权领域的。虽然地理标志作为一种独立的知识产权,受到法律保护的时间并不太长,但却与商标[①]有着诸多的相似之处。

（一）历史渊源与原始功能

地理标志与商标具有悠久的发展历史,本质上都是一种商业标记,在市场竞争中具有指示和区分的功能。

早在人类文明初始阶段,古埃及、古罗马、古希腊、古代中国、小亚细亚等地的工匠们就在其产品上标注名字、作坊、制造地点与

---

① 　如未特殊说明,本章所指的商标是除集体商标和证明商标以外的普通商标。

日期,部分还会附加独特的标志或图案,以表明制造者的身份与产品来源。①②

在古希腊,出现了科林斯葡萄酒(Corinthian wine)、纳克索斯杏仁(almond of Naxos)等将产品品质与其原产地相关联的专门术语③,产自希腊 Chios 岛的葡萄酒被誉为昂贵的奢侈品。④ 对地理原产地标记(indications of geographical origin,IGO)的监管也始于这一时期的葡萄酒贸易。⑤ 虽然这些标志、术语距离现代意义上的地理标志与商标还相差甚远,但已经具有了指示产品来源的功能并获得了广泛的使用。

进入商品经济快速发展的中世纪,在欧洲大陆,无论是商人们用于证明货物所有权的"商人标识",还是行会组织用于控制生产、追究责任、垄断市场的"强制性标记",都在客观上奠定了指示商品的来源与出处为商标最原始的功能。⑥ 随着自由贸易的确立,到中世纪后期,商人越来越主动积极地使用商业标识指示商品的来源。

几乎是同一时期,我国也出现了用于指示商品来源的商标,即北宋山东"济南刘家功夫针铺"使用的"白兔儿"商标。这是我国历史上最早的商标,而用于印刷该商标的铜板是目前已知世界最早的商标广告实物,其上方标明店铺字号"济南刘家功夫针铺",正中为"白兔捣药"的图案,并注明"认门前白兔儿为记",下方广告文辞称:"收买上等钢条,造功夫细针。不误宅院使用,转卖兴贩,别有加饶,谓记白。"⑦由此可见,"白兔捣药"的标识不仅与店铺商号相区分,并且在商业使用中能够起到指示商品来源的识别作用,已经具有现代意义上的商标雏形。

---

① 郑成思. 商标与商标保护的历史[J]. 中国工商管理研究,1998,2:17-18.

② Rogers E S. Some historical matter concerning trade-marks[J]. Michigan Law Review,1910,9(1):29-43.

③ Bertozzi L. Designation of origin:Quality and specification[J]. Food Quality and Preference,1995,6(3):143-147.

④ 世界知识产权组织(WIPO). 地理标志:概述[EB/OL]. [2022-02-25]. https://www.wipo.int/edocs/pubdocs/zh/wipo_pub_952.pdf.

⑤ Allaire G,Casabianca F,Thevenod-Mottet E. Geographical origin:A complex feature of agro-food products[M]//Barham E,Sylvander B. Labels of Origin for Food:Local Development,Global Recognition. Wallingford,UK:CABI,2011:1-12.

⑥ 孙敏洁. 商标的早期历史追溯[J]. 求索,2012,3:246-248.

⑦ 大众网. 中国最早商标归根"白兔"重回济南[EB/OL]. (2011-11-02)[2022-02-25]. http://www.dzwww.com/dldc/jnbtsb_1/.

进入近现代社会,在工业革命、资本主义发展以及国际贸易活动持续扩张的时代背景下,曾经的商人标识、行会标记逐渐演化成为现代意义上的商标与地理标志。① 相关法律法规也相继出台,进一步确定了二者指示来源与产品区分的功能,并为其正当、合理使用提供保护与支撑。

法国是最早对地理标志予以法律保护的国家之一。洛克福奶酪(Roquefort)是法国历史上第一个奶酪原产地名称(AO)。早在 1411 年,查理六世就颁布法令,赋予了苏尔宗河畔洛克福村(Roquefort-sur-Soulzon)的村民(30 户人家)制作洛克福奶酪的专利权,这一做法在其继承者那里得到传承。②③ 此举的出发点在于保护因地理来源而被赋予独特性的产品不被模仿,同时也不失为一种对地理标志指示与区分功能的肯定。

直至今天,无论是法国的原产地名称保护法,还是欧盟关于农产品和食品质量体系的第 1152/2012 号条例、第 668/2014 号实施条例等,都明确规定申请地理标志需要准确的地理区域界定,需要证实和阐明产品与来源地之间的关联,并采取相应控制措施以保证产品的生产、加工或开发只在规定的地理区域内进行。

对于商标而言,TRIPs 协定第 15 条(1)规定,"任何标记或标记的组合,只要能够将一企业的货物和服务区别于其他企业的货物或服务,即能够构成商标"。我国商标法规定,"任何能够将自然人、法人或者其他组织的商品与他人的商品区别开的标志……均可以作为商标申请注册"④;"申请注册的商标,应当有显著特征,便于识别,并不得与他人在先取得的合法权利相冲突"。⑤ 由此可见,商标标示企业商品或服务出处并使之区别于其他企业之商品或服务的属性,即显著性(distinctiveness),是商标法正常运行的

① Jay T, Taylor M. A case of champagne:A study of geographical indications[J]. Corporate Governance eJournal,2013,29:1-31.

② 中华人民共和国国家知识产权局.2011 年第 63 号关于批准对洛克福(奶酪)实施地理标志产品保护的公告[EB/OL].(2011-05-10)[2021-01-25]. https://dlbzsl. hizhuanli. cn:8888/Product/Detail/222.

③ 洛克福奶酪官网.Tranche d'histoire[EB/OL].[2022-02-25]. https://www. roquefort. fr/1re-aop-de-lhistoire/.

④ 《中华人民共和国商标法》第八条[EB/OL].(2020-12-24)[2022-02-26]. https://www. gov. cn/guoqing/2020-12/24/content_5572941. htm.

⑤ 《中华人民共和国商标法》第九条[EB/OL].(2020-12-24)[2022-02-26]. https://www. gov. cn/guoqing/2020-12/24/content_5572941. htm.

枢纽,也是商标赖以存续的根本。①

总的来说,指示产品或服务的来源称得上是地理标志与商标最原始的功能。不过,无论是地理标志强调的"产品—产地"关联性还是商标的显著性,都有可能因使用管理不当而逐渐淡化,从而使地理标志、商标沦为"通用名称"。

(二)基本功能与经济效用

地理标志与商标都具有品质担保、积累声誉的基本功能,以及引导刺激消费、拓展溢价空间的经济效用。

地理标志是具有特定地理来源,并因该来源而拥有某些品质或声誉的产品所使用的标志。在欧盟,申请 PDO/PGI 认证的地理标志必须递交详细的产品规格书(product specification),说明产品名称、原材料、产地信息、生产方法以及产品的质量、声誉或其他特性与来源地之间的联系等内容,并且指定官方部门或第三方权威机构对地理标志的使用进行严格的控制。这意味着欧盟框架下的地理标志是满足某种最低质量标准的特殊标签,能够向消费者传达商品的地理来源与品质特征的双重信息,并且强调二者之间存在紧密的,甚至是客观、实质上的联系。②

继续以洛克福奶酪(Roquefort)为例。作为 PDO,Roquefort 这一名称识别的是法国西南部苏尔宗河畔洛克福村附近区域制作的一种特色蓝纹奶酪。它以未经加工的拉科讷(Lacaune)羊全脂羊奶为原料,在生产过程中,需要加入来自当地天然洞穴土壤中的洛克福青霉菌(Penicillium roqueforti)。经过沥干、腌制后的奶酪将被运往洛克福村,在克姆巴罗山(Mont Combalou)石灰岩峭壁下的岩石洞穴中熟成至少 14 天,之后还需在天然洞穴外继续熟成至少 90 天。③

不难看出,洛克福地区独特的农场、窖藏、土壤等自然环境,以及饲养方式、传统方法、制作步骤、专业知识等人为因素,共同赋予了洛克福奶酪优越的风味和口感。作为 PDO 的"洛克福"不仅指示了产品的地理来源,还代表产品具有与来源相关的独特品质。

---

① 彭学龙.商标显著性传统理论评析[J].电子知识产权,2006,2:20-23.

② Biénabe E, Marie-Vivien D. Institutionalizing geographical indications in southern countries: Lessons learned from Basmati and Rooibos[J]. World Development, 2017, 98: 58-67.

③ 洛克福奶酪官网. L"affinage, tout en affinités"[EB/OL]. (2022-02-25)[2022-02-26]. https://www.roquefort.fr/les-engagements-du-collectif/.

对于商标而言，早在其萌芽时期就已成为国家与组织机构进行商品质量控制、检验、追责的标签与工具。进入现代商业社会，消费者对商标功能的要求也从基本的指示来源，转向为对品质担保的愈发依赖。[①] 对此，我国商标法在第 1 条就明确指出，立法之目标在于"加强商标管理，保护商标专用权，促使生产、经营者保证商品和服务质量，维护商标信誉，以保障消费者和生产、经营者的利益，促进社会主义市场经济的发展"。

然而，商业贸易的快速发展与生产技术的迭代革新加剧了消费市场中信息不对称的问题。食品行业，尤其是农产品消费市场，更是处于信息不对称的高发地带，这为投机行为提供了充足的生存空间。

为尽可能降低由信息不对称带来的负面影响，声誉机制被认为是对抗市场失灵的有效方式。商家以商标为载体，通过不断重复向市场提供品质可靠的产品与服务，以及采取销售、广告、公关等更为积极主动的市场营销方式，逐渐积累声誉[②]，从而保障商标的质量信号传递机制良好运行，有效减少因信息不对称而造成的逆向选择与道德风险问题。在此情况下，消费者需要投入的购买决策成本明显降低，预示着商品溢价能力、购买频率、复购率以及销售量的提升。[③] 商家在逐利的驱动下，将加大对商标声誉的投资力度，保持产品质量的稳定，同时进一步塑造自身形象、获得竞争优势、拓展市场规模。[④][⑤]

由上述分析可知，商标不仅发挥了引导刺激消费的经济效用，也同时提高了商品的未来溢价空间。

与商标一样，地理标志也是声誉的载体，凝结着特定地理区域内生产经营主体共享的集体声誉（collective reputation），能够有效缓解商家与消费者之间信息不对称的弊病，在节省消费者信息搜寻成本的同时，也一定程度

---

① Menapace L, Moschini G C. Quality certification by geographical indications, trademarks and firm reputation[J]. European Review of Agricultural Economics, 2012, 39(4): 539-566.

② Cabral L M B. Stretching firm and brand reputation[J]. RAND Journal of Economics, 2000, 31(4): 658-673.

③ Stigler, G. J. The economics of information [J]. Journal of Political Economy, 1961, 69(3): 213-225.

④ Carl S. Consumer information, product quality, and seller reputation[J]. The Bell Journal of Economics, 1982, 13(1): 20-35.

⑤ Carl S. Premiums for high quality products as returns to reputations[J]. Quarterly Journal of Economics, 1983, 98(4): 659-679.

上保障了商家对产品质量的投入能够获得相对公平的回报。①

在此过程中,地理标志也向消费者传达了有关产品增值属性的明确信息。近年来多项研究均表明,消费者愈加关注并重视商品的产地及其传达的质量线索与象征意义,并愿意为之支付额外的费用。②

根据法国国家原产地名称研究所(INAO)的统计数据显示,2020 年法国所有 AOP 产品的营业额高达 229.4 亿欧元。其中,农业食品类 AOP 占比约 10%,为 23.7 亿欧元。葡萄酒和烈酒 AOC/AOP 的营业额为 206 亿欧元,占据了整体市场交易量的 74.6%。③

由此可见,地理标志早已不是单纯的产品来源标记与质量标签,更是值得深度开发的营销要素,具有广阔的溢价空间。

(三)均为知识产权保护对象

商标与地理标志均被 TRIPs 协定纳入知识产权的范畴之下,因而均具有私权属性,在使用上也都具有排他性和利己性。

基于商标和地理标志的共同点,以美国为代表的部分国家并没有给予地理标志专门立法,而是利用商标法体系对地理标志进行规范保护。虽然有不少学者对此类地理标志保护模式提出质疑,认为商标主管部门对地理标志申请审核的力度与严谨性不足,大多只是作形式审查,而不对地理标志产品特异性与原产地之间的关联进行实质审查,从而不利于地理标志的长久保护。④ 但不可否认的是,商标法和地理标志保护都是基于两个相同的目的,即保护消费者和保护生产者的声誉。⑤

商标法地理标志保护模式在诸多具有完备的商标法制度的国家运行良

---

① OECD. Appellations of Origin and Geographical Indications in OECD Member Countries: Economic and Legal Implications [R/OL]. [2022-02-25]. https://www. oecd. org/officialdocuments/publicdisplaydocumentpdf/? cote＝COM/AGR/APM/TD/WP%282000%2915/FINAL&doclanguage＝En.

② Bramley C, Biénabe E, Kirsten J. The economics of geographical indications: Towards a conceptual framework for geographical indication research in developing countries [J]. The Economics of Intellectual Property, 2009, 1: 109-141.

③ INAO. Appellation d'origine protégée/controlee (AOP/AOC) [EB/OL]. [2022-02-25]. https://www. inao. gouv. fr/Les-signes-officiels-de-la-qualite-et-de-l-origine-SIQO/Appellation-d-origine-protegee-controlee-AOP-AOC.

④ 方兴顺. TRIPS 协定下地理标志保护的法律问题研究[D]. 上海:华东政法大学,2010.

⑤ Beresford L. Geographical indications: The current landscape[J]. Fordham Intellectual Property Media & Entertainment Law Journal, 2007, 17(4):979-997.

好,是目前国际社会对地理标志予以法律保护的重要途径之一,具有资源投入度少、内部冲突度低、应用效率度高等明显优势。我国现行法律允许地理标志通过注册集体商标或证明商标的方式获得法律确认与保护,这在一定程度上体现出我国立法部门对地理标志与商标之间共性的认可与把握。

在商标注册方面,我国《商标法》第三条规定,"集体商标是指以团体、协会或者其他组织名义注册,供该组织成员在商事活动中使用,以表明使用者在该组织中的成员资格的标志";"证明商标是指由对某种商品或者服务具有监督能力的组织所控制,而由该组织以外的单位或者个人使用其商品或者服务,用以证明该商品或者服务的原产地、原料、制造方法、质量或者其他特定品质的标志"。同时,申请以地理标志作为集体商标注册的团体、协会或者其他组织,应当由来自该地理标志标示的地区范围内的成员组成,并具有监督使用该地理标志商品的特定品质的能力。[①] 申请证明商标注册的,应当附送主体资格证明文件并应当详细说明其所具有的或者其委托的机构具有的专业技术人员、专业检测设备等情况,以表明其具有监督该证明商标所证明的特定商品品质的能力。[②]

《商标法》第十六条对特殊情况予以说明:"对于商标中有商品的地理标志,而该商品并非来源于该标志所标示的地区,误导公众的,不予注册并禁止使用;但已经善意取得注册的继续有效。"对于已在我国商标局获得注册或已提出注册申请并被受理的地理标志集体商标或证明商标,在符合相关要求后,可以申请在马德里联盟成员国间办理该商标的国际注册。[③]

在商标使用方面,商品符合使用该地理标志条件的自然人、法人或者其他组织可以要求参加以该地理标志作为集体商标注册的团体、协会或者其他组织,该团体、协会或者其他组织应当依据其章程接纳为会员。[④] 不要求参加以该地理标志作为集体商标注册的团体、协会或者其他组织的,不可以

① 国家知识产权局.集体商标、证明商标注册和管理办法(2003)第四条[EB/OL].(2019-07-30)[2021-01-25]. https://www.gov.cn/guoqing/2020-12/24/content_5572941.htm.

② 国家知识产权局.集体商标、证明商标注册和管理办法(2003)第五条[EB/OL].(2019-07-30)[2021-01-25]. https://www.gov.cn/guoqing/2020-12/24/content_5572941.htm。

③ 中华人民共和国国务院.中华人民共和国商标法实施条例第三十六条[EB/OL].(2014-04-30)[2021-01-25]. https://www.gov.cn/zhengce/2014-04/30/content_2670953.htm.

④ 中华人民共和国国务院.中华人民共和国商标法实施条例第四条[EB/OL].(2014-04-30)[2021-01-25]. https://www.gov.cn/zhengce/2014-04/30/content_2670953.htm.

使用集体商标<sup>①</sup>，但可以正当使用该地理标志，该团体、协会或者其他组织无权禁止。<sup>②</sup>

以地理标志作为证明商标注册的，其商品符合使用该地理标志条件的自然人、法人或者其他组织可以要求使用该证明商标，控制该证明商标的组织应当允许。<sup>③</sup> 不过，证明商标的注册人不得在自己提供的商品上使用该证明商标。<sup>④</sup>

值得注意的是，虽然地理标志是一种私权，可以通过商标法予以保护，但在现实中却经常带有鲜明的公权力色彩，例如地理标志的权利主体可以是能够代表原产地生产者集体利益的国家行政主管部门。在部分国家和地区，地理标志的申请核查、许可使用以及日常监管由专门的公共行政机构负责执行，例如，法国的国家原产地名称研究所（INAO）即是下属于法国农业、食品和林业部，负责管理法国地理标志的官方部门。所以长期以来，有关地理标志"公权"与"私权"的争论引发了诸多学者们的关注与思考。不过公权力的介入，并不会改变地理标志属于私权的本质，并且知识产权的保护，也往往离不开行政、司法力量的帮扶。

## 二、地理标志与商标的差异点

虽然地理标志与商标具有不可忽略的共性特征，但两者之间的差异也同样有目共睹，甚至在原则上存在明显的冲突与排斥。

### （一）构成要素与指示对象不同

地理标志和商标在本质上都是一种商业标记。在构成要素方面，地理标志通常是由地理名称或地理名称＋品类/产品名称组合而成，其构成要素是描述性而非人为原创的图形或文字。然而与地理标志相比，商标显然宽

---

① 国家知识产权局.集体商标、证明商标注册和管理办法第十七条[EB/OL].（2023-12-29）[2024-01-25]. https://www.gov.cn/gongbao/2024/issue_11226/202403/content_6940044.html。

② Bramley C. A review of the socio-economic impact of geographical indications：Considerations for the developing world［C］//WIPO Worldwide Symposium on Geographical Indications，Lima，Peru，2011，22：1-22.

③ Bramley C. A review of the socio-economic impact of geographical indications：Considerations for the developing world［C］//WIPO Worldwide Symposium on Geographical Indications，Lima，Peru，2011，22：1-22.

④ 国家知识产权局.集体商标、证明商标注册和管理办法第二十条[EB/OL].（2023-12-29）[2024-01-25]. https://www.gov.cn/gongbao/2024/issue_11226/202403/content_6940044.html。

泛得多。TRIPs协定第15条规定,"任何具有显著性的标记或标记的组合都能构成商标,特别是单词,包括人名、字母、数字、图案的成分和颜色的组合以及任何此类标记的组合,均应符合注册为商标的条件"。

因此,纯粹基于人为想象与创造力而生的词汇,例如"可口可乐(Coca-Cola)"、耐克(Nike)等,完全可以作为商标使用,并且越是原创、新颖的名称,其作为商标的显著性越高,越能受到高强度的保护。但仅描述产品来源的地理名称一般不能被注册为商标,因为这不符合商标对于"显著性"特征的要求。

以商标"Sony"为例。"Sony"这一名称既不是来自电子行业有关的任何东西,也与公司两位创始人的名字无关,是完全由人的主观意志后天创造而生的。单词的构成源自拉丁语的"sonus(意为声音)"和当时流行的"sonny boy"(可爱男孩)中的"sonny(小男孩)"[①]。联合创始人盛田昭夫和井深大共同构思并推敲出了这个名字,因为它在任何语言中都很容易发音和阅读,并且读音简短活泼,与井深大在公司创始章程中强调的自由、开放精神相吻合。[②]

在市场竞争中,商标与地理标志都具有指示和区分来源的功能。但是,商标指向的是某一具体的生产经营者,用以标示商品或服务来源于"谁",从而实现与其他同类产品或服务生产经营者的区分。所以,商标不受任何地域联系的限制,可以指定或授权给世界上的任何人、任何地方使用。

地理标志在定义和感知上则较为复杂,它指向的是特定的地理来源,用以标示商品或服务来源于"哪里",而非某一具体的商业来源。通过表达地理标志产品的质量、声誉或其他特征与其地理来源之间的关联性,进一步强化对商品或服务不同地理来源的区分。由于其与原产地的联系,地理标志不能被指定或授权给该地区之外的人,或是不属于获得授权的生产者团体的人使用。这种"产品—产地"关联性是地理标志概念的核心,并且不会因消费者认知的改变而转移。

例如,消费者在选购香槟酒(Champagne)时,首先考虑的是它的产地

---

① 日经中文网."SONY"的名称是这样来的[EB/OL].(2021-04-01)[2022-02-25]. https://weibo.com/ttarticle/x/m/show/id/2309404621079250338213? _wb_client_=1.

② 索尼官方网站. History[EB/OL].[2022-02-25]. https://www.sony.com/en/SonyInfo/CorporateInfo/History/.

(法国香槟省),以及商品因原产地的土壤、气候等自然资源和生产方法、传统知识等人为因素而获得的独特品质。

(二)核心概念不同

具有原产地识别性或带有地名的产品被认为是特殊的(peculiar)、特定的(specific)或典型的(typical),这种不可复制的属性特征来源于产品和原产地之间强有力的联系。[①] 地理标志的定义进一步表明,产品的特定(specific)质量、声誉或其他特征主要取决于其地理来源。[②] 一旦地理标志"产品—产地"之间的关联性被稀释,地理标志将面临沦为通用名称(generic terms)的风险。

因此,产品的特异性(specificity)是地理标志的立足之本与核心价值所在。它是同一类商品中的其他产品所不具备的独有特征,由以下三个相关的维度决定:(1)当地资源的特殊性,它既来源于所在地区的土壤条件、气候特征、遗传资源等自然环境,也与人们的育种、种植、处理、加工等实践活动有关;(2)生产技术、专业知识以及当地的历史、文化、消费传统,地理标志的参与者会依据地方知识和科技水平,采取相应的技术工艺,以适应所在地区的社会经济、环境和文化背景,随着时间的推移,特定知识和技术的演化将修改、调整产品的特异性;(3)官方公共政策、商业贸易发展以及地方社区和生产者组织的行动,产品的特异性是当地生产者之间、当地社区的生产者和消费者之间,以及当产品抵达更远的消费市场时,地方(local)系统和非本土(non-local)的消费者和公民之间,一个复杂演变的协商过程。[③]

地理标志产品的特异性可以通过编写实践准则(code of practice,CoP)的方式获得集体确认、官方认可和法律保护。在欧盟地理标志认证框架下,PDO/PGI的申请人需要递交由当地生产经营者共同制定的产品规格书,在其中对产品的原材料以及特征(主要的物理、化学、微生物或感

---

① Teuber R. Consumers' and producers' expectations towards geographical indications: Empirical evidence for a German case study[J]. British Food Journal, 2011, 113(7): 900-918.

② 商务部世界贸易组织司. TRIPs 协定第 22 条(1)[EB/OL]. (2017-01-23)[2021-01-25]. https://sms.mofcom.gov.cn/smzzwjzl/art/2017/art_e5d1e879fbcb4e12a661287af86d6c6e.html.

③ Vecchio R, Annunziata A. The role of PDO/PGI labelling in Italian consumers'food choices[J]. Agricultural Economics Review, 2011, 12(2):80-98.

官特征)进行描述①,并且应侧重于描述拟注册名称的产品的特异性,使用计量单位和通用或技术比较术语,不包括该类型所有产品固有的技术特征和适用于该类型所有产品的相关强制性法律要求。② 同时,产品规格书需要接受来自国内(公共)机构的实质审查与欧盟委员会的形式审查。③ 在注册通过后,产品规格书将自动成为地理标志的生产和使用标准。此外,地理标志还将持续受到来自国内公共当局和/或第三方产品认证机构的质量控制,检验产品是否符合相应的产品规格书,以及监控地理标志在市场上的使用情况。④

对于商标而言,虽然与地理标志一样具有质量担保的基本功能,但决定其"生死存亡"的关键点却并不是独特的质量特征,而是"显著性",即商标表明商品或服务的来源并将之区别于他人的属性。它是商标得以注册的基本条件,也是决定商标受法律保护强度的核心要素。⑤

1976 年,美国 Friendly,J 法官在审理 Abercrombie & Fitch Co. v. Hunting World,Inc. 一案时,按照标记"显著性"由高到低的标准,将之划分为随意性或臆造性标记(arbitrary or fanciful marks)、暗示性标记(suggestive marks)、描述性标记(descriptive marks)和通用名称(generic terms)。⑥

美国最高法院对此分类结果给予了支持,并适当地将原本的"随意性或臆造标记"分离为单独的两类。⑦ 自此,商标五分法得以形成,迄今仍被视为权威的商标分类方式。

商标的显著性可以是固有的(inherently),即在语义上具有独特性

① 欧洲议会和理事会. 欧盟条例第 1152/2012 号第 7 条(1)[EB/OL]. (2012-11-21)[2021-01-25]. https://eur-lex. europa. eu/eli/reg/2012/1152/oj.

② 欧洲议会和理事会. 欧盟实施条例第 668/2014 号第 7 条(1)[EB/OL]. (2014-06-19)[2021-01-25]. https://eur-lex. europa. eu/legal-content/en/ALL/? uri = CELEX% 3A32014R0668.

③ 欧洲议会和理事会. 欧盟条例第 1152/2012 号第 49 条、第 50 条[EB/OL]. (2012-11-21)[2021-01-25]. https://eur-lex. europa. eu/eli/reg/2012/1152/oj.

④ 欧洲议会和理事会. 欧盟条例第 1152/2012 号第 36-39 条[EB/OL]. (2012-11-21)[2021-01-25]. https://eur-lex. europa. eu/eli/reg/2012/1152/oj.

⑤ Naresh S. Incontestability and rights in descriptive trademarks[J]. The University of Chicago Law Review, 1986, 53(3): 953-992.

⑥ Abercrombie & Fitch Co. v. Hunting World, Inc. , 537 F. 2d 4, 9 (2d Cir. 1976).

⑦ Two Pesos, 505 U. S. at 768.

(linguistics uniqueness)，也可以经过长期的商业使用后获得（acquired），即在消费市场获得认可（consumer recognition）。①

随意性标记、臆造性标记以及暗示性标记都是具有"固有显著性"(inherent distinctiveness)的标记。其中，随意性或臆造性标记都与其标识的产品没有任何关系，但臆造性标记通常是不为人知、不具有含义的词汇或完全不常用的单词②，例如用于彩色胶卷商标的柯达（Kodak）、运动品牌耐克（Nike）等，是基于商标使用的目的而被新创造、杜撰出来的词汇(neologisms)。③

随意性标记则是具有字典含义的、非虚构的常见词汇（common words），但被用于特定产品或服务时却不具有语义关联（semantic connection），即与指示的产品或服务的内在属性没有联系④，例如将"苹果（Apple）"一词作为电脑的商标。

暗示性标记由常用词构成，它不直接描述其所附产品或服务的特征，而是通过隐喻、暗示的方法进行表达，需要消费者动用一定的想象、思考与感知能力⑤，例如运动品牌"李宁"。

通用名称一般被消费者认为是某种产品或服务的常用名或类别名称(common or class name)，既不具备固有显著性，也难以通过使用获得"第二含义"，因此无法作为注册商标受到法律的保护。⑥

描述性标记是对产品或服务本身性质或特征的直接描述，它可以是地

---

① Larrimore，Ouellette，Lisa. The google shortcut to trademark law[J]. California Law Review，2014，102(2):351-407.

② United States Patent and Trademark Office. Trademark Manual of Examining Procedure (TMEP): 1209. 01(a) Fanciful，Arbitrary，and Suggestive Marks[EB/OL]. [2022-02-25]. https://tmep. uspto. gov/RDMS/TMEP/Oct2012♯/Oct2012/TMEP-1200d1e7036. html.

③ Evans Jr L E. A primer on trademarks and service marks[J]. St. Mary's Law Journal，1986，18(1): 137-162.

④ Beebe B，Hemphill C S. The scope of strong marks: Should trademark law protect the strong more than the weak? [J]. New York University Law Review (1950)，2017，92(5): 1339-1398.

⑤ Economides N. forthcoming in the New Palgrave Dictionary of Economics and the Law[J/OL]. [2022-02-25]. http://neconomides. stern. nyu. edu/networks/trademarks. pdf.

⑥ United States Patent and Trademark Office. Trademark Manual of Examining Procedure (TMEP):1209. 01(c) Generic Terms[EB/OL]. [2022-02-25]. https://tmep. uspto. gov/RDMS/TMEP/Oct2012♯/Oct2012/TMEP-1200d1e7132. html.

理描述性术语,也可以是描绘商品大小、色彩、口味等其他特征的词汇。然而,只有被承认在市场具有了"第二含义"(secondary meaning),即消费者将该描述性标记用于识别和区分商品的来源或出处,而非其原本含义时,才可注册为商标。①

虽然商标显著性存在固有显著性和获得显著性两类,分别对应"语义关联"和"商业使用"两种来源,但后者才是判断商标强弱的决定性因素,因为固有显著性高的商标在商业实践中可能遭遇消费者认知"滑铁卢",而固有显著性低的商标通过后天努力也可以成为知名商标②,例如通用电气(General Electric)。

基于地理标志、商标在核心概念上的差异,国际社会在地理标志保护方式的选择上至今仍存在很大分歧。

(三)声誉的来源不同

地理标志的特异性来源于特定区域的自然环境与人为因素,故地域(territory)作为地理标志的立身之本,也是其声誉的源头活水。③ 嵌入在地理标志中的声誉,是原产地域内所有生产经营者历经几代人,投入精力、资本、劳动智慧并精心维护的集体成果,具有"原生"的集体属性,承载着由当地生产者社区过往表现构成的"集体声誉"。

以欧盟为首的特殊地理标志制度(Sui Generis System)认可了地理标志的集体权利。④ 一旦地理标志注册成功,区域内通过产品规格书验证的生产经营者都能够获得该地理标志的使用权。⑤

根据欧盟质量认证计划规定,地理标志名称的注册申请只能由使用该

———————————

① Two Pesos, 505 U. S. at 768-69.

② Shull M C. Biting the hand that feeds: How trademark protection might threaten school spirit[J]. Marquette Sports Law Review, 2011, 21(2): 641-665.

③ Livat F. Individual and collective reputations in the wine industry[M]//Ugaglia A A, Cardebat J M, Corsi A. The Palgrave Handbook of Wine Industry Economics. Cham, Switzerland: Palgrave Macmillan, 2019: 463-485.

④ O'Connor B. Sui generis protection of geographical indications[J]. Drake Journal of Agricultural Law, 2004, 9: 359-387.

⑤ 欧洲议会和理事会. 欧盟条例第 1152/2012 号第 46 条[EB/OL]. (2012-11-21)[2021-01-25]. https://eur-lex. europa. eu/eli/reg/2012/1152/oj.

地理标志名称的生产经营团体递交。① 该团体有权:(1)监督地理标志名称在贸易中的使用,以确保其产品的质量、声誉和真实性;(2)采取行动,为地理标志以及与其直接相关的知识产权提供充分的法律保护;(3)开展旨在向消费者宣传产品增值属性的信息和促销活动;(4)开展与确保产品符合其规格相关的活动;(5)采取行动提升质量计划的绩效,包括培养经济专业知识、进行经济分析、传播有关计划的经济信息以及向生产者提供建议;(6)采取措施以提高产品的价值,并在必要时采取措施以预防或应对任何损害或可能损害产品形象的行为。②

从市场表现来看,此举可谓收效显著。一项来自帕尔马地区的地理标志——帕尔马·雷加诺奶酪和帕尔马火腿的调研数据表明,作为第三方中介组织的生产者联盟(consortium)已成为区域内全体生产者的公开形象代表(public face)。当购买地理标志产品时,绝大多数消费者寻求的是组织机构的标志,而非私人/公司的标签(商标)。超过7成的消费者记不住该产品的生产商名称。③

因此,地理标志集体声誉具有原产地、区域内所有的个体生产经营者和特定的组织机构三个维度与来源。其中,个体的声誉既是集体声誉的组成部分,也会受到集体内其他成员行为的影响。然而,商标本质上属于私人物品,其使用权归单个实体或公司私有,所以商标的声誉源自某一特定的商业个体,而非集体组织和地理区域。

得益于地理标志"产品—产地"关联性与声誉的溢出效应,地理标志能够带动区域产业集聚,形成规模效应,增加就业机会与经济收入,同时,提升原产地的知名度、文化遗产保护力度以及旅游观光等相关行业的发展,使整个区域,尤其是农村地区持续受益。④

---

① 欧洲议会和理事会. 欧盟条例第 1152/2012 号第 49 条(1)[EB/OL]. (2012-11-21)[2021-01-25]. https://eur-lex. europa. eu/eli/reg/2012/1152/oj.

② 欧洲议会和理事会. 欧盟条例第 1152/2012 号第 45 条(1)[EB/OL]. (2012-11-21)[2021-01-25]. https://eur-lex. europa. eu/eli/reg/2012/1152/oj.

③ Rangnekar D. Demanding Stronger Protection for Geographical Indications: The Relationship between Local Knowledge, Information and Reputation [J/OL]. [2022-02-25]. https://www. merit. unu. edu/publications/discussion-papers/2004-11. pdf.

④ Dogan B, Gokovali U. Geographical indications: The aspects of rural development and marketing through the traditional products[J]. Procedia-Social and Behavioral Sciences, 2012, 62: 761-765.

但另一方面,地理标志也难免会遭遇因集体声誉而引发的投机行为的挑战。为此,欧盟制定了周密的官方质量控制计划,以有效降低生产者"搭便车"、榨取声誉的不良倾向,保护地理标志免受滥用(misuse)、模仿(imitation)、引起联想(evocation)等误导消费者做法的影响。① 并且,通过税收、补贴或欧洲农村发展农业基金(EAFRD)集中资助等方式,为地理标志名称、地理标志缩写(PDO/PGI)以及认证标签,提供推广、注册、检测以及行政、法律等方面的财政支持。②

与地理标志相比,普通商标仅作个人商业性使用,其声誉不具有公共性质与公益价值,自然不会受到额外的外部干预与质量控制,全凭个体行为的选择。消费者可以通过抵制购买等方式惩罚声誉不良的商家,但在极端情况下,由于消费者无法通过观察得知商标所有权的归属,一旦商标声誉彻底破灭,生产商可以再次以新商标进入市场。地理标志则没有这样的试错机会,如果声誉受损,只能尽力挽救、弥补,没有以"替代品"从头再来的可能。

(四)权利主体与特征不同

在权利主体方面,商标是属于某一特定主体专有的私有财产,所以它的权利主体是固定的,享有商标的使用垄断权。但是,地理标志的所有权与使用权却通常无法由某一单独的生产经营者完全占有,其权利主体具有集体属性以及某种程度上的动态性。具体来说,尽管地理标志与商标同样具有排他性,可实际上,地理标志只阻止位于地理标志指定地区之外的同类产品生产者或集体组织使用地理标志。在产地区域内,地理标志是所有生产者共同拥有的集体财产,可以通过许可或授权,供区域内所有符合产品生产标准的自然人、法人或组织使用。地理标志的申请者无权阻止,而是负责对地理标志使用进行监控、管理与维护。

因此,与商标注册人享有的绝对排他性所有权相比,地理标志的排他性使用受到了一定的限制,表现为一种集体专有权与个体共有权的结合体。③地理标志的权利主体存在名义上的主体,即抽象的生产经营者集体,和真正

---

① 欧洲议会和理事会.欧盟条例第 1152/2012 号第 13 条[EB/OL].(2012-11-21)[2021-01-25].https://eur-lex.europa.eu/eli/reg/2012/1152/oj.

② 欧洲议会和理事会.欧盟条例第 1152/2012 号第 44 条(2)[EB/OL].(2012-11-21)[2021-01-25].https://eur-lex.europa.eu/eli/reg/2012/1152/oj.

③ 王肃著.集体专有与个体共有:地理标志制度的权利配置[J].商场现代化,2009,4:293-294.

的主体,即原产地区域内的每一个地理标志产品的生产经营者。[①]

在权利特征方面,商标在保护期限以及权利转让方面与地理标志有明显差异。商标只在法律规定的一定期限内受到保护,地理标志受到保护的时间却并无限制,可以无限续展,甚至在某些国家和地区享受永久保护。从理论上讲,只有地理标志没有了源于特定地域的产品特异性,地理标志名称失去了显著性,地理标志才不再具有受法律保护的依据。商标可以自由转让,但是地理标志除非在极其特别的情况下,否则不得被转让。这是由于地理标志具有明显的区域指向性,随意转让不仅可能对消费者造成欺骗、混淆与误导,也极易割裂地理标志"产品—产地"之间的关联性,使之丧失在品质、声誉或其他特征上的独特性,沦为"通用名称",失去受法律保护的资格。

另外,与商标相比,地理标志是一项集体性权利,具有较强的公权色彩。地理标志的所有权可以属于区域内的生产者集体,例如行业协会、专业合作社、产业联盟等组织,也可以是能够代表生产者利益的国家行政部门,甚至完全由国家控制和管理。在许多国家和地区,地理标志的产生、认证、批准、监管背后,都少不了来自国家公权力以及特殊法律、制度的介入和参与。地理标志可以作为一种公共政策的工具,而不仅仅是中立的知识产权。[②]

因此,尽管 TRIPs 协定明确指出了地理标志的私权属性,但人们普遍认为,地理标志与经典知识产权的"财产"含义并不完全相同。[③] 譬如,地理标志作为一种财产权是"中空"的,因为它不能被购买、出售、转让或许可。[④] 法国的原产地名称(AOC)被视作一种不可转让且没有指定所有权人的财产,"它永远不能为私人所有,这就是 AOC 法与知识产权法的不同之处"。[⑤]

① Bowen S. The importance of place: Re-territorialising embeddedness [J]. Sociologia Ruralis, 2011, 51(4): 325-348.

② Belletti G, Marescotti A, Paus M, et al. The effects of protecting geographical indications: Ways and means of their evaluation[M]. Berna: Swiss Federal Institute of Intellectual Property, 2011.

③ Belletti G, Marescotti A, Paus M, et al. The effects of protecting geographical indications: Ways and means of their evaluation[M]. Berna: Swiss Federal Institute of Intellectual Property, 2011.

④ Gangjee D. Quibbling siblings: Conflicts between trademarks and geographical indications [J]. Chicago-Kent Law Review, 2007, 82(3): 1253-1291.

⑤ Lorvellec L. You've got to fight for your right to party: A response to professor Jim Chen [J]. Minn. J. Global Trade, 1996, 5: 65-80.

作为与法国 AOC 极为相似的原产地名称，美国葡萄酒产区（AVA）——"Napa Ridge""Rutherford Vintners"和"Napa Creek Winery"也被该国法院裁定为不是私有财产权的对象。法院认为，此类标签受到国家的严格监管，并且仅拥有传统上构成财产的一系列权利中的一部分，因此不是私有财产。①

由此可见，虽然地理标志与商标同被纳入知识产权的法律范畴之中，并且均含有私有财产权的客体性质，但在权利主体与特征方面却与商标大不相同，也很难彻底融入私有财产的类别。

客观地说，地理标志可以被理解为一种"有限公共财产"，一种将某些资源作为一群"内部人"之间的公共资源的制度，是针对"外部人"的专有权利。② 也有观点认为，作为知识产权法监管的结果，地理标志名称由不受监管的公共物品，转变成为一种"俱乐部"产品（club goods），因为它具有对外的排他性（基于满足预定条件的需要）和对内的非竞争性（其他参与者使用地理标志不会直接影响其他成员的使用）。③④

## 第二节　地理标志与商标的冲突及解决

### 一、冲突的类型、原因及典型案例分析

（一）因权利主体关系引发的冲突及典型案例分析

基于上述对地理标志与商标的异同点分析，不难发现，一个标志可能既是商标，又是地理标志。在特殊情况下，还可能涉及沦为通用名称的争议。

---

① 《中华人民共和国商标法》第 8 条［EB/OL］.（2020-12-24）［2021-01-25］. https://www.gov. cn/guoqing/2020-12/24/content_5572941. htm.

② Rose C M. The several futures of property: Of cyberspace and folk tales, emission trades and ecosystems[J]. Minnesota Law Review, 1998, 83(1): 129-182.

③ 欧盟委员会. 欧盟委员会向欧洲议会和理事会提交的报告——欧洲议会和理事会（EU）第 1144/2014 号条例在内部市场和第三国实施的有关农产品信息提供和推广措施的应用［EB/OL］.（2021-02-11）［2022-02-26］. https://eur-lex. europa. eu/legal-content/EN/TXT/? uri ＝ COM％3A2021％3A49％3AFIN.

④ Thiedig F, Sylvander B. Welcome to the club? An economical approach to geographical indications in the European Union[J]. Agrarwirtschaft, 2000, 49(12): 428-437.

因此在商标与地理标志之间,不可避免会出现法律冲突问题。

当商标权利人与地理标志权利人为同一主体时,会发生权利的重叠。例如,中国贵州茅台酒厂(集团)有限责任公司既是"贵州茅台""贵州茅台酒"的商标权人,又是"贵州茅台酒"地理标志保护产品的唯一权利人。[①] 虽然此举有效避免了因不同权利人持有商标与地理标志而可能产生的矛盾与冲突,但显然,也偏离了地理标志产品保护的初心以及相关法律条文的立法宗旨。在某些特殊情况下,权利的重叠还会导致不正当竞争行为的发生,例如2001年12月,"水井坊"酒成为国家原产地域保护产品,然而在当时,四川全兴股份有限公司作为"水井坊"的商标所有人,为达到独占"水井坊"酒原产地名称的目的,迅速将该产品保护范围内的地皮尽数买下。[②]

当不同主体对同一标记分别提出商标和地理标志的权利主张时,两者就会发生矛盾和冲突,具体可以划分为以下三种情况:

(1)不同的当事人将同一标记分别作为商标和地理标志用于相同的产品或商品上;

(2)不同的当事人将同一标记分别作为商标和地理标志使用于不同的商品上,该标记作为商标而驰名,或者作为地理标志而知名;

(3)由地理名称构成的注册商标已经存在很长时间且已经驰名,但商标权利人并不知道有一个与该名称同名之地区的存在。[③]

事实上,某一地理标志产品可以在相当一段时间内,在不同地区以商标和地理标志两种形式、分属于不同权利人而同时存在,任何一方也都可以在不依赖对方声誉的情况下,独立发展自己的商誉。由于长期以来商标法并没有严格禁止将地理标志注册为普通商标,加之历史遗留与殖民扩张等因素的影响,放眼国际社会,已有相当一部分地理标志被富有市场嗅觉的经营者们注册成为普通商标,从而在法律意义上取得了独占地位。

然而,随着经济全球化进程的不断加快,各国繁荣的贸易往来也将原本徘徊在不正当竞争法和商标法原则之间的地理标志问题带到了聚光灯下。

---

① 茅台酒地理标志产品保护地域面积为15.03平方公里,全部位于中国贵州茅台酒厂(集团)有限责任公司总部的占地范围内。

② 王连峰.地理标志与地名商标的冲突及法律适用[J].河南省政法管理干部学院学报,2004,1;19;103-106.

③ O'Connor B. The law of geographical indications[J]. Economic & Political Weekly, 2013, 40(42): 4545-4550.

虽然国际商标制度长期以来在概念上和制度上都得到了很好的发展，但商标的独占性与地理标志的公共产品属性在本质上仍是相冲突的关系。对于那些缺乏有效法律保护的地理标志来说，更是面临着沦为通用名称的极大风险，从根本上丧失其优势与价值。目前在实践应用领域已涌现诸多有争议的地理标志与商标冲突案例，其中印度的 Basmati 大米案即是在国际上影响较大的案例之一。它不仅使印度意识到了地理标志保护的重要性，更进一步促成了其《1999 年商品地理标志注册与保护法》的颁布。

"Basmati"一词源自印地语，含义是"充满香气的"（full of aroma）[①]，指一种形状细长、质地柔软的香米，是喜马拉雅山南麓印度和巴基斯坦交界处的传统产物，主要种植于旁遮普（Punjab）哈里亚纳邦（Haryana），北方邦（Uttar Pradesh）西部和临近拉贾斯坦邦（Rajasthan）地区。从印度北方邦出土陶器中的碳化谷粒证实了 Basmati 大米的种植可能溯源至公元前8000 年前。[②] 当地人历代以来通过传统的生产方法与不断实践，开发出了多个品种的 Basmati 大米。

Basmati 大米在国际与国内市场都享有盛誉，深受消费者喜爱。据统计，Basmati 大米的经济回报（每吨 800 美元至 1200 美元）是非 Basmati 大米（每吨 200 至 400 美元）的三倍。[③] 作为世界上对优质大米需求度最高的地区，欧洲对印度 Basmati 大米实行了实质性的减税措施，这使其竞争力大幅度提升。[④] 但在 1999 年前，印度一直没有专门的地理标志保护法，地理标志主要受普通法假冒诉讼的保护[⑤]，这为此后长达五年的 Basmati 大米案埋下了纷争的隐患。

1997 年 9 月 2 日，美国得克萨斯州一家名为 Rice Tec 的大米公司（以下简称 R 公司）获得了一项名为"Basmati rice lines and grains"的专利（美

---

① Alaric Francis Santiaguel. Basmati, the queen of perfumed rice[EB/OL]. (2019-07-22) [2022-02-25]. https://ricetoday. irri. org/basmati-the-queen-of-perfumed-rice/.

② 消费者之声. 中粮研究院实验室：米饭的香气从何而来？[EB/OL]. (2021-11-19)[2022-02-26]. http://www.360doc.com/content/21/1119/09/34040545_1004824238. shtml.

③ Krishniah K, Rani N S. New avenues for augmenting and sustaining rice exports from India[J]. International Rice Commission Newsletter, 2000, 49: 42-51.

④ Bhattacharjee P, Singhal R S, Kulkarni P R. Basmati rice: A review[J]. International Journal of Food Science & Technology, 2002,37(1):1-12.

⑤ 王笑冰. 印度对地理标志的保护[J]. 中华商标,2004,4:42-44.

国专利第 5663484 号）①，该公司早在 1985 年就开始生产和出口一种名为
"Texmati"的印度香米。② 印度政府在获知该消息后，经过两年多的艰苦努
力收集多方数据，并于 2000 年 4 月，由印度农业和加工食品出口发展局
（APEDA）向美国专利商标局（USPTO）提交了一份请愿书，要求对这一专
利重新审查。③

　　在这个问题上实际包含了双重争议：第一，专利授予是否有效；第二，R
公司能否以"Basmati"的名义销售大米。针对专利授予问题，R 公司认为其
专利涵盖了新的 Basmati 生产线与谷物类型，这是对先前品种的改良。对
于地理标志 Basmati 大米的使用问题，R 公司辩称 Basmati 是一种香米的
通用名称，而非产自指定地区的某一特定大米类型，因为该术语已经在数十
年中，以通用的方式描述该品种的其他来源，例如美国 Basmati、得克萨斯
Basmati、泰国 Basmati 等。印方则指出，Basmati 虽然不是一个地理区域的
名称，但该产品的声誉却与其原产地，即印度次大陆有着千丝万缕的联系，
因此 Basmati 符合 TRIPs 协定予以地理标志保护的标准。④ 英国和沙特阿
拉伯认同 Basmati 作为地理标志产品的主张，提出只有来自印度和巴基斯
坦（印度次大陆）的长粒香米才能贴上 Basmati 大米的标签。

　　进一步，印方提出 R 公司使用的 Texmati、Kasmati 和 Jasmati 商标与
Basmati 具有相似性，在非指定地区生产的稻米产品的标识以及有关广告
中使用 Basmati（包括美国 Basmati）构成了虚假使用，从而对消费者造成了
误导与损害。但 R 公司抗辩称，即使该术语在某一时间点符合了 TRIPs 协
定的地理标志定义，如今它也已经进入了公共领域，因在国际上缺乏保护举
措而变为通用名称。

　　在 APEDA 提出质疑后不久，R 公司放弃了专利中绝大多数权利要求，
只保留了三株自行研究、且与 Basmati 明显不同的新杂交品种的狭义专利，

　　①　Chavan R S. Legal protection of geographical indications: National and international perspective[J]. Journal of Experimental Biology, 2013, 210(16): 2912-22.

　　②　Mulik K, Crespi J M. Geographical indications and the Trade Related Intellectual Property Rights Agreement (TRIPs): A case study of Basmati rice exports[J]. Journal of Agricultural & Food Industrial Organization, 2011, 9(1): 1-19.

　　③　Ilbert H, Petit M. Are geographical indications a valid property right? Global trends and challenges[J]. Development Policy Review, 2009, 27(5): 503-528.

　　④　The Economic Times. One-upmanship over basmati[EB/OL]. (1998-09-19)[2022-02-25]. https://grain.org/fr/article/entries/1950-india-updates-on-basmati-patent.

尽管 R 公司声称其能够生产与印度 Basmati 大米类似甚至品质特性更好的稻米品种。①

美国专利商标局的官员表示，R 公司可以使用 Basmati 名称，因为它并不是一个商标名称，也不是一个地理标志，对此美国联邦委员会和美国稻联持赞同意见。② 2001 年 5 月，美国农业部和联邦贸易委员会拒绝了印度的要求，确认 Basmati 是一个通用名称，"美国 Basmati 大米"这种用法不构成对消费者的误导。③ 美国专利商标局禁止了专利持有人使用通用名称 Basmati，在出售大米时只能使用"Texmati"或任何其他清楚告知消费者该大米并非原产于南亚地区的名称。这样的判决结果对于将 Basmati 视为地理标志的印度和巴基斯坦而言，显然依旧有悖其利益主张。

美国和印度关于 Basmati 大米的争端表明，地理标志保护不仅会与商标权发生冲突，对于某些国家的传统地理名称而言，其保护的困难与分歧还可能来源于通用性特征的阻碍。

（二）因注册时间顺序引发的冲突及典型案例分析

如果从时间顺序而非权利主体的视角重新审视，按照提出注册申请的时间顺序排列，商标与地理标志冲突的类型大致可分为以下两种。

1. 在先商标和在后地理标志之间的冲突

该冲突发生的前提是，某一具有地理标志属性的标识在受到相关专门法的保护之前，已经按照商标法被注册为商标，抑或是包含某一具有地理标志属性标识的商标经过长时间的使用，已经获得了声誉。

以我国为例，1982 年颁布的《商标法》并未禁止地名商标，市场主体可以将具有地理标志特点的地名，以及"地名＋产品名称"等注册为普通商标。这种情况直至 1993 年修改后的《商标法》实行才得以解决，但也导致在 1982 年至 1993 年期间，许多地名商标通过了注册。自我国 1999 年对地理标志开始施以专门保护后，就出现了在同一种产品上普通商标与地理标志

---

① 国家知识产权局. 集体商标、证明商标注册和管理办法（2003）第四条[EB/OL]. (2019-07-30)[2022-02-26]. https://www.gov.cn/guoqing/2020-12/24/content_5572941.htm.

② 严永和. 论传统知识的地理标志保护[J]. 科技与法律，2005，2：107-110.

③ Federal Trade Commission. Announced Actions for May 15, 2001[EB/OL]. (2001-05-15)[2022-02-25]. https://www.ftc.gov/news-events/press-releases/2001/05/announced-actions-may-15-2001.

并存的现象。当商标和地理标志的权利人不是同一主体时,两者之间的冲突随即发生。例如,"金华火腿"案就是我国首例涉及商标权与地理标志权冲突的案例。

金华火腿产于浙江省金华市,其独特的地貌特征与气候特征,为金华火腿的生产提供了得天独厚的条件。金华火腿以金华"两头乌"的后腿为原料,当地民间千年形成的独特腌制和加工方法,使金华火腿皮薄亮黄、肉红似火、风味浓郁,具有典型的地域特点[①],是名副其实的地理标志产品。

1979 年 10 月,原浙江浦江县食品公司申请注册了"金华"火腿商标。1983 年 3 月,浙江省食品公司以"统一经营、统一调拨、统一核算(三统一)"的行政关系为由,将金华火腿的注册商标无偿转移到了自己的名下,成为商标的合法所有人,并获国家工商局商标局核准。1984 年,浙江省撤销食品行业"三统一"管理体制,食品企业下放给了县、市管理,但省食品公司只下放企业,却没归还注册商标。金华方面开始要求归还商标,纠纷由此而生。1992 年,"金华"火腿商标注册期满。国家工商局商标局在两次推迟浙江省食品公司申请后,继续批准了其对商标的持有权,矛盾进一步激化。[②] 2000 年 10 月,商标注册人变更为浙江省食品有限公司。

自从"金华"火腿的商标权"旁落他人",围绕该商标的纠纷与争议便未曾停歇。金华地区的火腿企业与生产厂家不愿向浙江省食品有限公司缴付商标使用费,纷纷注册自己的商标,并在产品上标注"××(商标)金华火腿"。而浙江省食品有限公司为维护自身商标权,多年来不断举报、起诉此类侵权行为。2002 年 8 月 28 日,国家质量监督检验检疫总局通过了对金华火腿原产地域产品保护申请的审查,批准对以原金华府辖区为准的现东阳、永康等 15 个县、市(区)行政区域范围内生产的金华火腿,实施原产地域产品保护。2003 年 9 月 24 日,国家质量监督检验检疫总局批准 55 家原产地企业使用"金华火腿"原产地域产品保护专用标志。但是,浙江省食品有限公司依然以商标侵权为由同时起诉和举报了多家金华火腿企业,坚持商标法是上位法,而原产地保护只是部门规章。2003 年 1 月 7 日,金华市提出注册金华火腿证明商标的申请,因与浙江省食品有限公司的商品商标冲

---

① 中华人民共和国国家质量监督检验检疫总局. GB 19088-2003 原产地域产品 金华火腿[EB/OL]. (2003-09-24)[2021-01-25]. http://www.doc88.com/p-5781214101366.html.
② 谢云挺."金华"火腿商标纷争的是是非非[J].中国质量万里行,2000,2:28-30.

突而被驳回。同年 11 月,金华市以金华火腿证明商标保护委员会办公室名义,再次申请注册证明商标,最终商标局于 2004 年 4 月通过初审,并予以公告。浙江省食品有限公司随即向商标局提出异议,但商标局裁定异议不能成立。2005 年 1 月,浙江省高院二审维持原判杭州市中级人民法院对"浙江省食品有限公司状告金华两家火腿生产企业商标侵权、违约案"作出的一审判决,判定省食品公司拥有的只是"金华牌"商标的注册权,金华两家企业在自己产品前冠以"××牌"金华火腿,不构成侵权。2007 年 7 月,"金华市金华火腿"证明商标被国家工商行政管理总局商标局核准注册,浙江省食品公司作为"金华"火腿商品商标的持有人没有提出复审。自此,这场持续 20 多年的商标纷争基本平息。2018 年 1 月 19 日,随着股权转让协议的签订,金华市现代服务业投资发展有限公司(简称金华服投公司)获得"金华"火腿商标权利人——浙江省金华火腿有限公司 100% 的股权,"金华"火腿最终回归原产地,也为"金华火腿"的商标纠纷案画上了句号。

由上述事实可以看出,按现行的《商标法》规定,1979 年 10 月原浙江浦江县食品公司申请注册的"金华"火腿商标是不能获得普通商标注册的,而是应注册为地理标志证明商标。由于注册当时我国法律规定的缺陷以及之后 1983 年"金华"火腿商标权的转让,含有地理标志的商标流落于原产地之外,致使地理标志权与商标专用权的矛盾愈加凸显和复杂。"金华火腿"案所暴露的,是典型的在先商标和在后地理标志之间的冲突问题。

2. 在先地理标志和在后商标之间的冲突

该冲突发生的前提是,某一具有地理标志属性的标识已经被所在区域内的生产经营者长期使用,但未被注册为任何商标类型(普通商标、集体商标或证明商标)。之后,由某一生产经营主体将标识注册为普通地理商标,该主体可能是地理标志所在区域外的企业或生产厂家。由于我国长期采取商标、地理标志产品保护、农产品地理标志三种并行的保护模式,因此早期在各地不时出现在先地理标志与在后商标的冲突纠纷。

迈入地理标志的国际保护领域,由于国际贸易和经济全球化的迅速发展,原本同名地理标志和商标在不同国家"各自为政"的局面被打破。在历史演变、政策差异、利益分配等诸多因素的介入下,在先地理标志和在后商标之间的冲突变得愈加复杂,不仅一度成为国家间地理标志保护争议的焦点,更是一个极为现实且迫切需要解决的法律问题。其中,"帕尔玛火腿案"

是典型的冲突案例。①

　　Prosciutto di Parma（帕尔马火腿）产自意大利北部的艾米里亚—罗马涅区（Emilia-Romagna）的帕尔玛（Parma）省内的南部山区，其中的prosciutto 一词来自拉丁语"perexsuctum"，意为"干的"，体现出帕尔玛火腿的纯度与古老的历史渊源。公元前 100 年，古罗马审查官卡托（Cato the Censor）最早记录下"在意大利帕尔马地区，空气里飘散着腌火腿的非凡气息"的文字。② 在公元前 5 年的伊特鲁里亚河谷（the Etruscan Po River Valley），盐腌的猪肉腿已出现在意大利国内以及与希腊之间的贸易活动中。③ 此后数个世纪以来，帕尔玛火腿的品质与风味一直为美食家们所赞誉。

　　1992 年之前，欧盟尚未统一建立适用于全境地理标志监管保护的制度，但早在 1963 年，23 个帕尔玛火腿生产商就共同成立了专门的火腿协会——The Consorzio del Prosciutto di Parma，旨在捍卫帕尔玛火腿产品的版权、悠久的传统以及"帕尔玛"所蕴含的形象。在帕尔玛火腿生产厂家的一致要求下，1970 年，意大利政府颁布了第一部关于帕尔玛火腿的法律，规定了帕尔玛火腿的产地范围、质量、生产流程与工艺检验标准。④ 例如法律规定，用于制作帕尔玛火腿的猪在屠宰时必须至少 9 个月大、拥有 140 千克的重量，这是帕尔玛火腿与其他一般火腿的重要区别之一。此后，帕尔玛火腿协会成为了负责监督、保护和促进"帕尔马火腿"原产地名称使用的官方机构，法律规定帕尔玛火腿只能在帕尔玛附近的山区里腌制，但即使产自法定区域内，如果产品达不到帕尔玛火腿协会的要求，也不能被印上官方认证标志——帕尔玛皇冠，不能被授权命名为帕尔玛火腿。目前，该协会已扩大至 156 个生产商成员。⑤ 1996 年，帕尔玛火腿成为最初被授予欧盟 PDO 地位的肉类产品之一。

　　然而，当帕尔玛火腿协会于 1984 年向美国递交申请"Parma Ham"

　　① Consorzio del Prosciutto di Parma v. Parma Sausage Products Inc. , 23 U. S. P. Q. 2d (BNA) 1894，1992 WL 233379 (T. T. A. B. 1992).

　　② 帕尔玛火腿历史[EB/OL]. [2022-02-25]. http://www. prosciuttodiparma. cn/lishi/.

　　③ Prosciutto di Parma[EB/OL]. [2022-02-25]. https://www. prosciuttodiparma. com/en/preparation-of-parma-ham/.

　　④ 朱国城. 从帕尔马火腿看意大利的原产地域保护[J]. 中国质量技术监督，2002,4:14.

　　⑤ 帕尔玛火腿协会[EB/OL]. [2022-02-25]. http://www. prosciuttodiparma. cn/xiehui/.

"Prosciutto di Parma"和带有公爵皇冠设计的"Parma"三个证明商标的注册申请时,却发现 PARMA BRAND 一词及其相关设计已于 1969 年注册,用于"肉类产品(meat products),即香肠(sausage),萨拉米香肠(salami),意大利大号肉肠(capicollo),意大利熏火腿(prosciutto)和午餐肉(lunch meat)",并在当时由一家位于宾夕法尼亚州的公司 Parma Sausage Products(帕尔玛香肠产品公司)所拥有。事实上,由于 20 世纪 60 年代后期非洲猪流感暴发,美国政府禁止了从意大利进口猪肉产品,该禁令直至 1989 年才得以解除,这使得帕尔玛火腿试图在美国建立声誉的努力遭受到了无法预料的挫折。另一方面,帕尔玛香肠产品公司成立于 20 世纪 50 年代中期,其所有人从意大利帕尔玛地区移民至美国,以 PARMA BRAND 作为名称正是为了纪念他的家乡,尽管事实上所有猪肉产品都是在美国生产,并且由源自美国的肉制成的。①

遗憾的是,尽管双方达成协议,将 Prosciutto 一词从被诉人在 PARMA BRAND 下注册的产品组合中删除,并且一致认为该安排不会造成任何混乱,但审查员还是基于《兰哈姆法》第 2 部分(d)条的规定,根据先前商标的注册,拒绝了帕尔玛火腿协会对证明商标的申请。这使协会别无选择,只能挑战先前商标,提出 PARMA BRAND 在《兰哈姆法》第 2 部分(a)条的意义上具有地理欺骗性,因为被诉人使用商标的目的在于欺骗公众,使之相信产品的原产地为意大利帕尔玛。然而,想要证明这一观点却难度极高。第一点,帕尔玛火腿协会需要证明先前注册商标是"在地理上欺骗性误描述",即注册商标传达了已知且具体的地理来源,在相关公众的心智中存在着商品与该原产地之间的关联,并且商品在实际上并非来源于此地。第二点,错误描述具有实质性,即很可能会影响消费者的购买决策。鉴于帕尔玛火腿协会重新进入美国市场,帕尔玛火腿与意大利的联系会不可避免地增加,从而使商标愈加趋于欺骗性,因此,此案的关键问题取决于确定地理欺骗性的时间点,即商标注册发布或审理的日期。

由于帕尔玛火腿协会没有足够的证据证明其产品在 1989 年前就已建立起商品与原产地之间的联系,美国商标审判和上诉委员会(TTAB)认为,确认地理欺骗性的有效期应为商标的注册日期,即 1969 年 8 月 26 日。因

① 《中华人民共和国商标法》第八条[EB/OL]. (2020-12-24)[2021-01-25]. https://www.gov.cn/guoqing/2020-12/24/content_5572941.htm.

此自该日期起,商标便不具有欺骗性。

委员会坦言了解决此案件的难度:"一方面,帕尔玛火腿协会长期致力于推广帕尔玛火腿并为其建立了良好的全球声誉,同时,还广泛使用和推广了包含 PARMA 字样的证明商标,但在美国却因被诉人而无法注册证明商标。帕尔玛火腿已经离开美国市场长达 22 年之久,这不是被诉人的错,事实上面对'缺席'的情况,帕尔玛火腿致力于寻求改变。另一方面,被诉人使用 PARMA BRAND 商标已有 35 年以上,注册该商标已有 20 年以上,并且在采用和注册商标时,PARMA BRAND 与设计既没有在地理上具有欺骗性误描述,也没有地理欺骗性。"①

尽管委员会的结论认为在这种情况下支持被诉人将更为公平,最终,帕尔玛火腿协会还是成功注册了其商标 PROSCIUTTO DI PARMA(Reg. No. 2014629)、PARMA HAM(Reg No. 2014628),而被诉人的商标也继续存在于美国商标注册簿之中(PARMA BRAND,Reg No. 0875721)。由此可见,地理标志与商标冲突可以同时具有两方主张的合法性,特殊情况下,地理标志证明商标与普通商标的并存也不失为在商标注册制度下解决在先地理标志与在后商标冲突的一种可行之举。

综合上述国内外典型案例可以看出,商标与地理标志产生冲突的原因较为复杂。不过,前文提到的异同特征、历史问题、殖民扩张、经济全球化等固然是引发冲突的导火索,地理标志与商标保护的客体重叠性是法理层面上不容忽视的重要因素。进一步,各国对商标和地理标志采取的差异化保护模式与立法规则也是导致两者冲突的必然因素,但在这背后,不同国家对于如何平衡地理标志保护的利益主张,才是造成商标与地理标志冲突的根本原因。

### 三、地理标志与商标冲突的解决

#### (一)冲突解决的模糊地带

由前文分析可见,地理标志与商标的关系大体而言可以分为三个层次:(1)作为普通商标的地理名称;(2)作为集体商标或证明商标的地理标志;

---

① 参见 PROSCIUTTO DI PARMA (Reg. No. 2014629);PARMA HAM (Reg No. 2014628),注册商标时没有地理欺骗性和地理欺骗性误描述的判断是基于五年商业使用后不可抗辩的标准。

(3)受到专门立法保护的地理标志与商标的关系。[①] 其中,前两个问题属于商标法的范畴。

根据 TRIPs 协定第 16 条第 1 款规定,"注册商标的所有权人享有专有权,以阻止所有第三方未经该所有权人同意,在贸易过程中对与已注册商标的货物或服务的相同或类似货物或服务使用相同或类似标记,如此类使用会导致混淆的可能性。在对相同货物或服务使用相同标记的情况下,应推定存在混淆的可能性",并且,"商标权不得损害任何已有的在先权,也不得影响成员依使用而确认权利的可能"。可见,TRIPs 协定采纳的是"时间在先,权利在先"的原则,保护在先商标的排他性权利。

然而,TRIPs 协定并没有对在先权的范围、享有条件、法律效力等问题作出规定,而是交由各成员国自行解决。我国学界一般认为,在先权利包括在先著作权、在先外观设计专利权、公民肖像权或者姓名权、商号权、在先商标权、驰名商标、有一定影响的未注册商标、地理标志、依《商标法》第 15 条规定的有关权益。[②] 学者郑思成先生认为,"在《巴黎公约》的修订过程中和一些政府间工业产权国际组织的讨论中以及在世界知识产权组织的示范法中,对在先权达成了比较一致的意见,在先权至少应包括以下权利:(1)已受保护的商号权;(2)已受保护的工业品外观设计权;(3)版权;(4)已受保护的地理标志权;(5)姓名权;(6)肖像权;(7)商品化权"。[③] 在对于在先权利规定较为详尽的法国与德国,在先注册商标或驰名商标也均在其范围内。因此,前两个问题的处理一般适用于"时间在先,权利在先"的原则。

第三种情况则是真正涉及商标与地理标志的冲突问题。由于商标与地理标志之间的冲突较为复杂,加之各国在缔结或修订条约以解决冲突时,在很大程度上是以维护自身最大利益为终极目标,因此,针对是否能够依靠在先原则处理商标与地理标志冲突这一问题,目前在国际社会并没有形成统一的观点。

---

① 王笑冰. 时间在先,权利在先? ——论地理标志与商标的冲突及其解决途径[J]. 电子知识产权,2006,1:23-28.

② 李扬. 商标法中在先权利的知识产权法解释[J]. 法律科学·西北政法学院学报,2006,5:41-50.

③ 郑成思. 从"入世"与知识产权保护说到民商法的现代化[C]//中国法学会世界贸易组织法研究会 WTO 法与中国论坛文集——中国法学会世界贸易组织法研究会年会论文集(一). 北京:当代中国出版社,2002:279-303.

（二）强调地理标志优越性

主张地理标志高水平保护的欧盟认为,在与商标的冲突中,地理标志具有特定的优越性,不应与商标平等保护,给予在先商标的优先性与排他性权利有悖于地理标志保护的宗旨。欧盟第1151/2012号条例规定了处理商标与地理标志冲突的三种情形。

（1）地理标志优先原则。该条例第14条第1款规定:"依照本法规,如果商标注册申请提交日期晚于相关原产地名称或地理标志申请提交欧盟委员会日期,则视为违背第13条(1)规定,商标注册应被拒绝。"这意味着,在先注册的原产地名称或地理标志对在后的商标具有排他性。

（2）商标与地理标志共存原则。该条例第14条第2款规定:"在不违背第6条第4款的情况下,在向欧盟委员会提交原产地名称或地理标志申请之前,或第13条第1款之外的商标已申请注册并在联盟内有良好诚信,只要不属于2009年2月26日关于集体商标的第207/2009号或第2008/95号法规规定的无效或撤销情况,即便该产品已被注册为原产地名称或者地理标志,该商标仍可继续使用和续展。"这表示如果在先商标是出于善意申请、注册或通过使用得以确立,那么即使在后注册的地理标志中包含商标中的地理名称,两者可以共存。相应的,商标权利人也不能阻止其他人按照诚实商业惯例使用与该商标近似的地理标志。

（3）例外。该条例第6条第4款规定:"如果原产地名称或地理标志的注册是基于某商标的知名度与长期信誉,并可能对消费真实性产生误导,这种情况也不得注册。"该条款指出的是地理标志被拒绝注册的特殊情况。

然而,美国并没有给予地理标志如此高度的重视,而是通过将地理标志注册为商标的方式,基本解决了商标与地理标志的冲突问题。也正因如此,美国在与智利签订自由贸易协定时,表达了对在商标和地理标志中采用"时间在先,权利在先"原则的认同,在美澳自贸协定的第17.2(4)条中更明确适用了这一原则。

（三）在先商标获得优先权

鉴于各国不同的立法与保护主张,国际组织以及相关国际公约在解决商标与地理标志冲突时也存在着欠缺、模糊与分歧。下面以TRIPs协定与《里斯本协定》为例进行简要阐述。

TRIPs协定第22条第3款规定:"如一商标包含的或构成该商标的地

理标识中所标明的领土并非货物的来源地，且如果在该成员中在此类货物的商标中使用这一标识会使公众对其真实原产地产生误解，则该成员在其立法允许下可依职权或在一利害关系方请求下，拒绝该商标注册或宣布注册无效。"第 23 条第 2 款规定："对于一葡萄酒商标包含识别葡萄酒的地理标识或由此种标识构成，或如果一烈酒商标包含识别烈酒的地理标识或由此种标识构成，一成员应在其立法允许的情况下依职权或应一利害关系方请求，对不具备这一来源的此类葡萄酒或烈酒，拒绝该商标注册或宣布注册无效。"这显示了 TRIPs 协定对于在先地理标志的独占保护。

对于在先商标是否同样享有独占保护这一问题，TRIPs 协定在第 16 条第 1 款中虽然表明了对于"时间在先、权利在先"原则的认同，并且给予了在先商标排他性权利，但对于其中"相同或类似标记"是否包括地理标志，即是否允许在后地理标志与在先商标并存的问题，TRIPs 协定并没有明确解答，在学界也存在一定争论。

协定第 24 条第 4 款、第 5 款和第 7 款规定了不予地理标志保护的例外。其中，第 4 款是针对葡萄酒或烈酒地理标志"十年使用"与"善意使用"的问题；第 5 款是实体性规则，为善意获得商标权的例外；第 7 款是程序性规定，为不利使用的例外。[①]

第 4 款规定："如果某成员国其国民或居民在相同或有关的货物或服务上，在该成员领土内，在 1994 年 4 月 15 日前已连续使用该地理标志至少有 10 年，或者在上述日期之前的使用是善意的，则本节的任何规定均不得要求该成员阻止其任何国民或居民在货物或服务方面，继续以类似方式使用另一成员识别葡萄酒或烈酒的一特定地理标志。"因此，只要满足"十年使用"与"善意使用"任一情形，葡萄酒和烈酒地理标志即可享受此类例外。由于"善意使用"的确认标准并不明朗，因此在时间的推移下，本款规定实际上是为"在先使用"提供了绝对保护。这是 TRIPs 协定对国际地理标志保护历史的"不否定继承"，但却与欧盟秉持的地理标志保护宗旨相悖，后者显然更希望纠正过去的疏漏，例如美国等移民国家对其地理标志的"滥用"，为地理标志提供专属保护。

第 5 款规定："如果一商标的申请或注册是善意的，或如果一商标的权利是在以下日期之前通过善意的使用取得的：(a)按第六部分确定的这些规

---

① 陈有辉.地理标志与普通地理商标冲突研究[D].兰州:兰州大学,2020.

定在该成员适用之日前;或(b)该地理标识在其起源国获得保护之前;为实施本节规定而采取的措施不得因一商标与一地理标识相同或类似而损害该商标注册的资格或注册的有效性,或商标的使用权。"此款(a)指在 TRIPs 协定对该成员适用日期之前。这一条款确定了当在先使用或注册的商标与地理标志产生矛盾时,TRIPs 协定将为在先善意的商标提供保护,并且此商标在与地理标志同类或不同类的商品上均可以使用。对于过去没有建立起地理标志保护制度的国家,或者地理标志保护制度较为薄弱的国家而言,如果其地理标志在他国已经被注册为商标,那么 TRIPs 协定所提供的保护就极为有限了,这一点在第 24 条第 9 款中也有鲜明体现。地理标志取得国际保护的首要前提,是在其来源国取得国内法律制度的保护,以免进入公有领域。

第 7 款规定:"一成员可规定,根据本节提出的关于一商标的使用或注册的任何请求必须在对该受保护标志的不利使用已在该成员境内广为人知后 5 年内提出,或者,如果商标在一成员中的注册日期早于上述不利使用在该成员中广为人知的日期,或如果商标在一成员中的注册日期早于上述不利使用在该成员中广为人知的日期,只要该商标在其注册之日前已公布,则该请求必须在该商标在该成员中注册之日起 5 年内提出,前提是该地理标志未被恶意使用或注册。"此条款为地理标志和商标的注册使用冲突作出了一个时间上的限定,期限为五年。如果地理标志权利人没有在与之冲突的商标被广为人知使用后的五年内,提出拒绝注册或撤销的请求,或者该商标在其广为人知前即已注册,但地理标志权利人没有在该商标已被公布和注册后的五年内,提出拒绝注册或撤销的请求,则地理标志权利人将不再享有此项权利。因此,如果某一含有地理标识或由其构成的商标(与地理标志近似的商标)不是恶意使用或注册,那么在一定的条件或者期限内,该商标可以继续使用或注册。这为地理标志注册为商标提供了可能的条件。

由上可见,TRIPs 协定采用"时间在先,权利在先"的原则处理商标与地理标志的冲突,并且,无论商标权利是通过申请、注册还是使用获得,只要是基于善意,那么在先商标将获得优先性。

《里斯本协定》则给予了原产地名称优于商标在先权利的保护。《里斯本协定》第 5 条第 3 款规定:"各国主管机关可以声明对通知注册的某个原产地名称不予保护,但声明应在收到注册通知之日起一年之内通知知识产权国际局,并说明理由,而且此种声明不得影响该名称所有人在有关国家可以依据上述第四条①对原产地名称要求的其他形式的保护。"在此期间内,与原产地名称相冲突的在先商标不受《里斯本协定》的保护。

第 5 条第 6 款规定:"根据国际注册通知,一个原产地名称已在一国取得保护,如果该名称在通知前已为第三方在该国使用,该国的主管机关有权给予该第三方不超过两年的期限,以结束其使用,条件是须在上述第 3 款规定的一年期限届满后三个月内通知知识产权国际局。"与第 3 款规定相比,此规定更加直接地表明了地理标志权利优于商标权,即当某一在先商标与在后地理标志发生冲突时,商标持有者只能够在满足特定条件下,维持不超过两年的在先利益。规定期满后,其商标便退出使用。显然,《里斯本协定》没有遵循"时间在先,权利在先"的原则,这也是其作为地理标志保护水平最高的国际公约的特征所在。

---

① 第 4 条规定,本协定各条款不排除特别联盟各国依照其他国际文书,如 1883 年 3 月 20 日《保护工业产权巴黎公约》及其后的修订本和 1891 年 4 月 14 日《制止商品产地虚假或欺骗性标记马德里协定》及其后的修订本,或者根据国家法律或法院判决已经给予原产地名称的保护。

## 第三章

# 地理标志保护的国际公约

作为具有丰富、潜在的商业价值与社会、文化价值的一类知识产权客体,地理标志及其国际保护始终是国际社会广泛关注的重要议题,至今已走过一百余年。其中,以欧盟为代表的"旧世界"奉行以专门法为主的地理标志"强保护"模式,而以美国、澳大利亚等为代表的"新世界"则主张以商标法对地理标志实行"弱保护"模式。虽然两者均对地理标志国际保护体系的形成与完善提供了重要的依据与参考,但是保护理念与保护模式的差异一直并存于两大法系的不同国家之中。这背后,伫立着两者在地理标志保护对象、范围、标准等问题上难以调和的理念差异与严重的利益冲突。

与双边和区域性协定相比,国际公约通常涉及参与的国家数量较多,覆盖范围更广泛,对国际贸易的影响也更为显著,但由于新旧世界之间的纷争不断,致使与地理标志相关的国际公约在制定与签署上频频受阻,综合影响力亦有待提升。

## 第一节　涉及地理标志保护的国际条约

### 一、《巴黎公约》

最初,地理标志是在有限地理范围内,由国内法或地方性法律施以保护。早在 1824 年,法国就已通过专门立法,对个人虚假标示其商品原产地的行为给予严厉的刑事处罚[①]，这被视为法国保护地理标志的萌芽。但是，随着国际贸易的发展与产品仿冒现象频出，仅依靠国内法已无法为地理标志提供足够的保护。在此背景下，《巴黎公约》于 1883 年 3 月 20 日在巴黎签订，旨在为专利、商标、地理标志（货源标记或原产地名称）等工业产权提供有效的国际保护。自此，《巴黎公约》开启了国际社会共同保护地理标志的先河，并成为国际知识产权保护制度的支柱之一。截至目前，该公约缔约方总数已达 178 个国家。[②]

其中，国民待遇原则是《巴黎公约》重要的实质性条款之一。国民待遇原则指在保护工业产权方面，由《巴黎公约》成员国组成的联盟中任何国家的国民，在该联盟所有其他国家内，应享有各国法律现在授予或今后可能授予各该国国民的各种利益，应和各该国国民享有同样的保护，对侵犯他们的权利享有同样的法律上的救济手段。[③] 该联盟以外各国的国民，如在该联盟某一个国家的领土内设有住所或有真实有效的工商业营业所的，也应享有与联盟国家国民同样的待遇。[④]

对于地理标志的保护而言，国民待遇原则使各成员国能够在各自相关立法存在较大差异的情况下，为成员国国民以及一定情况下非成员国国民的地理标志提供有效的跨国共同保护。不过，由于国民待遇原则提供的是其成员国国内地理标志保护的水平，因此对于某一成员国而言，如果另一成员国没有保护地理标志的法律或者其对地理标志的国内保护水平较弱，那么即使享有国民待遇，对其地理标志在该国内的保护也没有实际意义。

《巴黎公约》第 10 条规定"对标有虚伪的原产地或生产者标记的商品在进口时予以扣押"，但并没有对如何构成虚假描述作出具体界定，并且该条款要在成员国法律准许扣押时方可实现。因此从本质上看，第 10 条规定并

---

① Lindquist L A. Champagne or Champagne? An examination of U. S. failure to comply with the geographical provisions of the TRIPs Agreement[J]. Georgia Journal of International & Comparative Law, 1999, 27(2): 309-344.

② 世界知识产权组织. WIPO-Administered Treaties: Contracting Parties＞Paris Convention [EB/OL]. (1979-09-22)[2021-01-25]. https://www. wipo. int/treaties/en/ShowResults. jsp? lang ＝en&treaty_id＝2.

③ 《保护工业产权巴黎公约》第 2 条第 1 款[EB/OL]. (1979-09-28)[2021-01-25]. http://ipr. mofcom. gov. cn/zhuanti/law/conventions/wipo/1/Paris_Convention. html.

④ 《保护工业产权巴黎公约》第 3 条[EB/OL]. (1979-09-28)[2021-01-25]. http://ipr. mofcom. gov. cn/zhuanti/law/conventions/wipo/1/Paris_Convention. html.

没有给予地理标志比国民待遇原则更高的保护力度。

在第 10 条第 2 款,《巴黎公约》规定了联盟成员国有义务对各国该国国民保证给予制止不正当竞争的有效保护。凡在工商业事务中违反诚实的习惯做法的竞争行为,即构成不正当竞争的行为,并罗列了特别应予以制止的三项:

(1)具有不择手段地对竞争者的营业所、商品或工商业活动造成混乱性质的一切行为;

(2)在经营商业中,具有损害竞争者的营业所、商品或工商业活动商誉性质的虚伪说法;

(3)在经营商业中使用会使公众对商品的性质、制造方法、特点、用途或数量易于产生误解的表示或说法。

此条规定被视为开启了利用反不正当竞争法保护地理标志的先河。[①]但是,由于在美国的坚持下,条款中使用的是商品的"性质"(characteristics)一词而非"原产地"(origin),因此《巴黎公约》实际上仅能制止虚假地理来源的商品进口,而不适用于仅误导或可能会误导公众的地理标志产品进口。

综上可以看出,虽然《巴黎公约》是第一个对货源标记与原产地名称提供保护的多边协议,对 TRIPs 协议的诞生也产生了不容忽视的影响,但整体上仍存在较为明显的缺陷,不仅对地理标志的保护条款太过模糊,提供的保护力度也极为有限。另外,公约必须借助成员国的国内法才能得以实施,这在一定程度上更增添了地理标志在第三国获得保护的外交压力。

## 二、《马德里协定》

《马德里协定》对《巴黎公约》的成员国开放,是在其框架下制定的第一个规范虚假和欺骗性产地标记的专门性公约,于 1891 年 4 月 14 日在马德里签订,1892 年 7 月 15 日生效。

《马德里协定》对地理标志的保护由虚假标记扩大至欺骗性标记,其第 1 条规定:"凡带有虚假或欺骗性标志的商品,其标志系将本协定所适用的国家之一或其中一国的某地直接或间接地标作原产国或原产地的,上述各国应在进口时予以扣押,在使用虚假或欺骗性产地标志的国家或者在已进口带有虚假或欺骗性产地标志的商品的国家也应实行扣押。"

虚假性标记意味着该商品所标示的地理名称绝不可能是其真实的原产

---

① 冯寿波.论地理标志的国际保护[D].上海:华东政法大学,2007.

地,而欺骗性标志则有可能指示该商品真实的原产地名称,尽管这种"字面上的真实"依旧具有一定的公众误导性。例如,两个不同国家具有两个名称相同但地理区域截然不同的地方,假设前者被用于特定商品的地理标志,那么如果后者在同样商品上标注使用其地理名称,就会对公众产生该商品生产于前一地理区域的误导性,这即是欺骗性使用,利用的是前一地理区域在该商品上形成的声誉。

《马德里协定》禁止在销售、展示和推销商品中,使用任何具有宣传性质并且能够欺骗公众商品来源的标志,也不得出现在标牌、广告、发票等任何商业信息传递中。① 同时,《马德里协定》第 4 条规定:"各国法院应根据其通用性质确定不适用于本协定条款的名称。但是,有关葡萄产品来源的地区性名称不包括在本条规定之内。"虽然某一地理标志是否为通用名称的问题,应当由申请保护的国家而非提供保护的国家决定,并且该规定在实际操作上仍受到严格限制(例如标志中"型"或"式"等词语的使用),但是客观上,这给予了地理标志更为具体的保护。其次,葡萄产品的地区性产地名称不受本条款的约束,意味着《马德里协定》禁止成员国把葡萄酒地理标志作为通用词语,进而扩大了地理标志的保护范围。

由此可见,《马德里协定》对地理标志的保护水平超过了《巴黎公约》,不仅规定了更为具体、详细的地理标志保护,而且扩大了地理标志的保护范围。但遗憾的是,协定并没有对"货源标记"的概念进行明确界定,缺少强制性执行条款,也如同《巴黎公约》一样要依靠成员国的国内法得以实行。同时,正因协定对地理标志的保护标准较为严格,《马德里协定》的缔约方一直不多②,这使协定的影响力与重要性均极为有限。经过近年发展,已有 115 个成员所涵盖的 130 个国家申请保护。③

此外,1981 年签署的《商标国际注册马德里协定》与 1989 年签署的《商标国际注册马德里协定有关议定书》共同构建了商标国际注册马德里体系,

---

① 《马德里协定》第 3 条第 2 款[EB/OL]. (1979-09-28)[2022-02-25]. 来自 https://www.wipo.int/wipolex/zh/treaties/textdetails/12599.

② 世界知识产权组织. WIPO-Administered Treaties: Contracting Parties＞Madrid Agreement [EB/OL]. [2022-02-25]. https://www.wipo.int/treaties/en/ShowResults.jsp? lang＝en&treaty_id＝3.

③ 世界知识产权组织. 马德里体系—国际商标体系[EB/OL]. [2025-03-14]. http://www.wipo.int/zh/web/madrid-system/

该制度使商标可以通过国际注册的方式获得保护。由于地理标志能够以由集体商标和证明商标的方式获得保护,因此商标国际注册马德里体系也为地理标志国际保护提供了另一条可行的发展道路。

### 三、《里斯本协定》

《里斯本协定》于 1958 年 10 月 31 日缔结,是当年里斯本外交会议在《巴黎公约》和《马德里协定》框架内,为寻求更高的地理标志国际保护水平而取得的改进性成果。《里斯本协定》对《巴黎公约》的成员国开放,在《巴黎公约》的基础上建立了一个保护工业产权的特别联盟——里斯本联盟,并与其 2015 年的最新版本《原产地名称和地理标志里斯本协定日内瓦文本》(简称《日内瓦文本》)共同构成了原产地名称和地理标志国际注册里斯本体系,为原产地名称或地理标志提供了在联盟成员国内获得保护的渠道。

《里斯本协定》对货源标记和原产地名称分别作出了概念界定,并表明,如果原产地名称得到了原属国的承认和保护,并在《建立世界知识产权组织公约》所指的知识产权国际局(以下简称“国际局”)取得国际注册,那么联盟所有其他国家在其领土内有义务对该原产地名称提供保护。① 各国主管机关可以声明对通知注册的某个原产地名称不予保护②,但声明应在收到注册通知之日起一年之内通知国际局,并说明理由。在一年期限期满后,联盟各国的主管机关不得提出此种声明。③ 其次,协定禁止任何假冒和仿冒原产地名称的情形与行为,即使标明了产品的真实来源,或者使用名称的翻译形式,或附加“类”“式”“样”“仿”字样或类似字样。④ 再者,根据协定第 6 条规定,根据第 5 条规定的程序在联盟一国受到保护的原产地名称,即通过国际局注册的原产地名称,只要在原属国作为原产地名称受到保护,就不能在该国被认定为通用名称。

---

① 《保护原产地名称及其国际注册里斯本协定》第 1 条第 2 款[EB/OL]. (1979-09-28)[2021-01-25]. https://www.wipo.int/wipolex/zh/treaties/textdetails/12586.

② 但这不会影响该名称所有人在有关国家可以依据协定第 4 条对原产地名称要求的其他形式的保护。

③ 《保护原产地名称及其国际注册里斯本协定》第 5 条第 3 款;第 4 款[EB/OL]. (1979-09-28)[2021-01-25]. https://www.wipo.int/wipolex/zh/treaties/textdetails/12586.

④ 《保护原产地名称及其国际注册里斯本协定》第 3 条[EB/OL]. (1979-01-26]. https://www.wipo.int/wipolex/zh/treaties/textdetails/12586.

此外,虽然协定没有直接提及商标与原产地名称发生冲突的解决方案以及条款设置的原因依据,但实际上在此框架内原产地名称的权利是优于商标权的,例如协定第 5 条第 6 款规定:"根据国际注册通知,一个原产地名称已在一国取得保护,如果该名称在通知前已为第三方在该国使用,该国的主管机关有权给予该第三方不超过两年的期限,以结束其使用,条件是须在第 5 条第 3 款规定的一年期限届满后三个月内通知国际局。"这鲜明体现出《里斯本协定》在解决商标与原产地名称权利冲突时的倾向性。

显然,与前述两个公约不同,《里斯本协定》在原产地名称的保护范围与保护水平方面均有显著提高,对原产地名称给予了绝对优先权与防止通用化的高度保护。不过,联盟要求成员国之间必须提供"同样"的保护,加之协定本身不符合实际的高标准与缺乏灵活性的高要求,导致诸多采取商标法、不正当竞争法和消费者保护法等非专门法保护地理标志的国家,或地理标志保护历史较短、保护水平较低的国家自觉难以接受,协定无法获得广泛的国际支持。截至 2022 年,《里斯本协定》的缔约国只有 30 个,里斯本联盟成员国 32 个,限制了国际影响力的发挥。[①] 截至 2025 年 3 月,里斯本联盟成员已达 44 个缔约方,73 个国家,但依然比较少。[②]

## 四、《与贸易有关的知识产权协定》(TRIPs 协定)

### (一)TRIPs 协定的谈判历史

TRIPs 协定是目前在知识产权领域最具综合性的多边协定。同时,由于 WTO 的成员均为协定的成员国,因此 TRIPs 协定也被视为在地理标志国际保护领域影响力最具广泛效力的多边协议。TRIPs 协定中有关地理标志保护的规定,是以美国和欧盟为首的一些国家之间历经多次斡旋后妥协、让步的产物。在此过程中,关贸总协定与乌拉圭回合谈判作为两个关键节点,对 TRIPs 协定的最终达成意义重大。

第二次世界大战之后,世界经济贸易蓬勃发展,建立便捷、通用的贸易

---

① 世界知识产权组织. WIPO-Administered Treaties:Contracting Parties > Lisbon Agreement[EB/OL].(2007-12-13)[2021-01-25]. https://wipolex. wipo. int/en/treaties/ShowResults? search_what=C&treaty_id=10.

② 世界知识产权组织.里斯本—国际原产地名称和地理标志体系[EB/OL].[2025-03-14]. https://www.wipo.int.

规则与秩序成为各国际贸易主体共同的利益诉求。在此背景下,《关税贸易总协定》(General Agreement on Tariffs and Trade,GATT)于 1947 年 10 月 30 日在日内瓦签订,中国和英、美、法、加、澳等 23 个国家为关贸总协定的创始缔约国。实际上,"关贸总协定"一词具有两个含义:第一是指具体的国际贸易协议文本,即《关税贸易总协定》;第二是指在该协议基础上建立的国际组织机构 GATT,其现已不存在,取而代之的是世界贸易组织(WTO)。遗憾的是,由于未能达到规定的生效条件,《关贸总协定》从未正式生效,自 1948 年 1 月 1 日起一直通过《临时适用议定书》的形式产生临时适用的效力。

　　《关税贸易总协定》自建立起先后进行了七轮关税减让与消除非关税壁垒的谈判,顺应了贸易全球化的发展趋势,并取得了有目共睹的成绩,"发达国家的平均关税水平由 1948 年的 40% 左右降至 5% 左右,发展中国家的关税也降至目前的 12% 左右,世界贸易量增长了 10 倍多"。[①] 但是,随着世界经济格局的演变与贸易环境的变化,国际经济交往活动与技术文化交流日益深入,国与国之间在与贸易有关的知识产权领域的问题愈加突出,例如假冒商品贸易等,大量矛盾与纠纷相继产生。虽然《关税贸易总协定》在理论上也涉及了知识产权的保护问题,但具体的条款与内容十分有限,对地理标志也仅限于要求缔约方制止原产地名称滥用的行为[②],这显然无法满足发达国家保护其知识产权海外利益的需求,以及背后大型跨国公司分割世界市场、攫取垄断利润的野心。因此,将知识产权国际保护列入多边谈判的议题成为以欧美发达国家为首的一批国际贸易主体极力主张的利益诉求,第八轮全球多边贸易谈判,即乌拉圭回合谈判随之而来。

　　1986 年 9 月,在乌拉圭埃斯特角城举行的关贸总协定缔约国部长级会议上,发起了新一轮多边贸易谈判,即乌拉圭回合谈判。此次谈判议题的数量、涉及范围与谈判方数量都远超以往,美国与欧共体在农产品补贴问题上的互不相让,是制约谈判顺利进行的"重大瓶颈",并且此次谈判的原则与接受方式是"一揽子"模式——《乌拉圭回合部长宣言》指出,"谈判结果的发

---

　　① 高卢麟.对关贸总协定乌拉圭回合关于与贸易有关的知识产权谈判的初析[J].知识产权,1993,1:74-82.

　　② 《关税贸易总协定》第 9 条[EB/OL].(1947-10-30)[2021-01-25].http://images.policy.mofcom.gov.cn/gjty/200809/TIMY000001.pdf.

布、执行与落实应被视为一项单一任务的组成部分"①,即缔约方不可对协议规定内的权利与义务选择性签署参加,对于最后的文件要么全部接受,要么全部拒绝。在众多因素的叠加下,乌拉圭回合谈判多次延期,总历时长达7年半之久。最终,包括我国在内共有123个国家参与其中。这不仅是有史以来规模最大的贸易谈判,也带来了自关贸总协定(GATT)成立以来世界贸易体系的最大改革。②

在地理标志保护的问题上,1990年,欧共体、美国、瑞士、日本以及中国、印度、巴西等发展中国家代表各提出了五个草案③,其中欧共体草案对地理标志的保护水平最高;美国草案提出应以将地理标志注册为证明商标或集体商标的方式予以保护,但在美国已成为通用或半通用的他国地理标志并不能受到保护;瑞士的草案涵盖了对"地理标志"与"原产地名称"更为明确的定义,并包括对服务类地理标志的保护;日本的草案建议成员遵守《马德里协定》保护地理标志;发展中国家的草案对地理标志作出了界定,并提出在地理标志混淆/误导性使用的问题上,成员有义务保护包括原产地名称在内的地理标志。在此基础上,1990年7月由TRIPs谈判主席Lars Anell起草了"向GNG提交的有关TRIPs谈判工作情况的主席报告"(Anell文本),对非正式协商过程中产生的法律承诺的选项进行了收集与汇编,以作为进一步谈判的基础,并提出七种知识产权类型,其中第3节为地理标志,包括原产地名称在内。④ 随后,Anell文本被调整为"与贸易有关的知识产权,包括假冒商品的贸易",用于同年12月在布鲁塞尔举行的部长

---

① GATT. Ministerial Declaration on the Uruguay Round[EB/OL].[2022-02-25]. https://docs. wto. org/gattdocs/q/GG/GATTFOCUS/41. pdf.

② WTO. The Uruguay Round[EB/OL].[2022-02-25]. https://www. wto. org/english/thewto_e/whatis_e/tif_e/fact5_e. htm.

③ WTO. The Making of the TRIPS Agreement:Personal Insights from the Uruguay Round Negotiations[EB/OL].[2022-02-25]. https://www. wto. org/english/res_e/publications_e/trips_agree_e. htm.

④ Group of Negotiations on Goods(GATT). Negotiating Group on Trade-Related Aspects of Intellectual Property Rights, including Trade in Counterfeit Goods: Status of Work in the Negotiating Group, Chairman's Report to the GNG[EB/OL].(1990-07-23)[2022-02-25]. https://docs. wto. org/gattdocs/q/UR/GNGNG11/W76. PDF.

级会议,故又称"布鲁塞尔文本"①。它保留了 Anell 文本对知识产权的界定,其内容与最终的 TRIPs 协定已经十分相似。但遗憾的是,由于此次会议在农业补贴问题上的严重分歧难以调和,致使乌拉圭回合谈判未能按原定计划结束。

1991 年 12 月 20 日,GATT 总干事 Arthur Dunkel 将谈判结果综合为一份草案协定,即"乌拉圭多边贸易谈判结果最终草案",又名"Dunkel 文本",其中与知识产权有关的内容和之前的文本相比没有进行实质性的改动,第 3 节仍然是地理标志。② 最终的 TRIPs 协定文本基本沿用了 Dunkel 文本的内容,未作大幅修改。③ 1994 年 4 月,在摩洛哥的马拉喀什部长级会议上,乌拉圭回合谈判宣告结束。在达成的《乌拉圭回合最终文件》中,TRIPs 协定作为乌拉圭回合一揽子协议的一部分,将地理标志(GI)纳入其中,作为与商标、专利平等的独立知识产权类别予以保护。自此,宣告了地理标志保护议题从国内、双边领域正式走上了国际舞台。

(二)TRIPs 协定对地理标志的保护

TRIPs 协定共计 71 个条款,涵盖了所有主要的知识产权类型,并在第 3 节对地理标志保护作出了一般性规定,分别是:(1)地理标志的定义与范围;(2)地理标志的最低保护标准/一般保护;(3)商标与地理标志冲突的解决办法;(4)对葡萄酒和烈酒地理标识的附加保护;(5)地理标志保护的例外。

TRIPs 协定第 22 条第 1 款将地理标志(Geographical Indications)定义为:"表明某货物来源于某成员的领土或领土内的某个地区或地方的任何标志,该货物所具有的特定质量、声誉或其他特征主要取决于其地理来源。""地理标志"一词是在面对多方利益集团争斗与错综复杂的历史渊源的情况

①　Trade Negotiations Committee. DRAFT FINAL ACT EMBODYING THE RESULTS OF THE URUGUAY ROUND OF MULTILATERAL TRADE NEGOTIATIONS Revision:Trade-Related Aspects of Intellectual Property Rights, including Trade in Counterfeit Goods[EB/OL]. (1990-12-03)[2022-02-25]. https://docs. wto. org/gattdocs/q/UR/TNC/W35R1. PDF.

②　Trade Negotiations Committee. DRAFT FINAL ACT EMBODYING THE RESULTS OF THE URUGUAY ROUND OF MULTILATERAL TRADE NEGOTIATIONS:AGREEMENT ON TRADE-RELATED ASPECTS OF INTELLECTUAL PROPERTY RIGHTS, INCLUDING TRADE IN COUNTERFEIT GOODS[EB/OL]. (1991-12-20)[2022-02-25]. https://docs. wto. org/gattdocs/q/UR/TNC/WFA. PDF.

③　张乃根. TRIPS 协定:理论和实践[M].上海:上海人民出版社,2005:59.

下创制的一个全新概念，最早出自世界知识产权组织（WIPO）的前身国际保护知识产权联合局（BIRPI），在其 1966 年 11 月 11 日出台的《发展中国家商标、商号和禁止不正当竞争行为示范法》第 51 节的注释中，明确表述"货源标记和原产地名称两者都是地理标志"。

协定第 22 条第 2 款为除葡萄酒和烈性酒以外的所有地理标志，提供了最低的保护标准／一般保护标准："就地理标识而言，各成员应向利害关系方提供法律手段以防止：（a）在一货物的标志或说明中使用任何手段标明或暗示所涉货物来源于真实原产地之外的一地理区域，从而在该货物的地理来源方面使公众产生误解；（b）构成属《巴黎公约》（1967）第 10 条之二范围内的不公平竞争行为的任何使用。"

第一个条件显然针对的是地理标志虚假使用和欺骗性使用的情况，但判定依据的是公众是否会受到标志的误导，这使得条款的保护情况产生了不确定性。因为对于公众是否受到误导的问题，不仅法官们可能会作出不同判决，在不同地区和不同情况下，不同个体对误导的认知也存在一定的差异。如果公众没有产生误解，则该标志仍然可以通过"搭便车"而从中获益，并且可能逐渐淡化或直接危害地理标志的声誉。第二个条件则是从地理标志生产者、销售者而非消费者的角度出发，对地理标志予以保护。

第 22 条第 3 款和第 4 款的内容是对第 2 款的补充。其中第 3 款规范了商标与地理标志之间的关系，对后者采取独占保护，但前提是需要对商标的误导性进行证明与评估。第 4 款在此基础上，进一步扩大了地理标志保护范围，即如果某一地理标志"虽在文字上表明货物来源的真实领土、地区或地方，但却虚假地向公众表明该货物来源于另一领土"，则也将适用于第 22 条前 3 款的保护规定。该条款是针对具有欺骗性的"同形异义"（或"同音异义"）地理标志所作出的限制性规定。

TRIPs 协定为地理标志提供了共同保护。第 24 条第 3 款规定："在实施本节（第 3 节）时，一成员不得降低《WTO 协定》生效之日前已在该成员中存在的对地理标志的保护。"第 9 款规定："各成员在本协定项下无义务保护在起源国不受保护或已停止保护，或在该国中已废止的地理标志。"由此可见，地理标志的国际保护也依赖于国内保护的持续性。

除上述最低保护标准与共同保护之外，TRIPs 协定还规定了对葡萄酒和烈酒地理标志的额外保护与地理标志保护的例外。协定第 23 条第 1 款规定:"每一成员应为利害关系方提供法律手段,以防止将识别葡萄酒的地理标志用于并非来源于所涉地理标志所标明地方的葡萄酒,或防止将识别烈酒的地理标志用于并非来源于所涉地理标志所标明地方的烈酒,即使对货物的真实原产地已标明,或该地理标志用于翻译中,或附有种类'类型''特色''仿制'或类似表达方式。"显然,此条款对葡萄酒和烈性酒的额外保护要比前文提供的一般保护要严格许多,并且没有强调将误导公众作为判断地理标志虚假使用或欺骗性使用的依据,从而减轻了地理标志权利人证明侵权的举证负担。

在葡萄酒、烈性酒地理标志与商标之间的关系问题上,协定第 23 条第 2 款规定:"对于一葡萄酒商标包含识别葡萄酒的地理标志或由此种标志构成,或如果一烈酒商标包含识别烈酒的地理标志或由此种标志构成,一成员应在其立法允许的情况下依职权或应一利害关系方请求,对不具备这一来源的此类葡萄酒或烈酒,拒绝该商标注册或宣布注册无效。"该条款同样去掉了普通地理标志保护中对"误导公众"这一限定条件的要求,进一步将对葡萄酒、烈性酒地理标志的保护与普通地理标志进行了区分。

第 23 条第 3 款和第 4 款是专门针对葡萄酒(不含烈性酒)所作出的特殊额外规定。第 3 款针对的是葡萄酒地理标志同名(同形异义)的情况,据此协定指出:"在遵守第 22 条第 4 款规定的前提下,应对每一种标志予以保护。每一成员应确定相互区分所涉同名标识的可行条件,同时考虑到保证公平对待有关生产者且使消费者不致产生误解的需要。"此规定意味着,如果两个同形异义的葡萄酒地理标志能够相互区别,不会使消费者产生混淆,并且相关葡萄酒生产者能够在市场上受到公正、平等的待遇,则两个不同地区的葡萄酒地理标志是可以共存并行的,这是葡萄酒地理标志保护有别于普通地理标志的特别规定。

同时,考虑到葡萄酒地理标志保护的特殊性,第 23 条第 4 款提出"应在TRIPs 理事会内,通过谈判建立关于葡萄酒地理标志通知和注册的多边制度,使之能够在参加该多边制度的成员中获得保护"。2001 年 11 月 4 日通过的《多哈部长宣言》第 18 条,将烈酒地理标志的保护也纳入了该多边制度之中,并提出就建立一个葡萄酒和烈酒地理标志通知和注册的多边制度问题进行谈判。

TRIPs 协定第 24 条是基于过往已有的地理标志保护历史、相关保护条约以及欧盟和美国两大利益主体的斗争与让步所作出的对地理标志保护的例外规定，某种程度上可被视为对地理标志权的限制，即在特殊情况下对地理标志不予保护。其中有关地理标志与商标冲突的内容详见第一章第五节的分析，在此不赘述。

针对地理标志"通用名称"的问题，第24条第6款将对通用名称的例外规定划分为两种情形，前一种针对普通地理标志产品，后一种针对葡萄酒地理标志："如任何其他成员关于货物或服务的地理标志与一成员以通用语文的惯用术语作为其领土内此类货物或服务的普通名称相同，则本节的任何规定不得要求该成员对其他成员的相关标志适用本节的规定。如任何其他成员用于葡萄酒产品的地理标志与在《WTO协定》生效之日一成员领土内已存在的葡萄品种的惯用名称相同，则本节的任何规定不得要求该成员对其他成员的相关标志适用本节的规定。"据此可以认为，在《WTO协定》生效后，葡萄酒产品的地理标志不得成为通用名称。

## 第二节　涉及地理标志保护的地区性条约

由于新旧世界在地理标志保护历史、理念、制度等方面存在较大差异，以及TRIPs协定下诸多未尽的事宜、WTO体制在地理标志保护方面的争议搁置以及后续谈判裹足不前等一系列问题，长期以来，各国难以在地理标志保护的具体问题上达成共识，由此催生了种种地理标志国际保护的新举措与新趋势。其中，最具有代表性的当属通过签订双边、多边协定以及区域性自由贸易协定的方式，对地理标志予以国际保护。

### 一、双边协定

双边协定一般特指由不同的国家、地区，通常是两个主权国家，就彼此之间的经济、政治、文化等领域的关系，在各自利益考量的基础上，本着互惠互利的原则，缔结并一对一签订的书面协议，以确保双方应履行的权利与义务。与多边和区域性协定相比，双边协定的内容较为灵活，缔约方只有两个，因此更容易在彼此关注的事项上作出妥协。若出现重大争议，也可随时进行谈判或停止双边协定的签署。然而多边协定通常是一揽子协定，想要加入的成员国往往不能讨价还价，只能选择接受哪怕是对己方不利的规则。

在地理标志国际保护的历史上,双边协定在促进双边主体之间的地理标志贸易及解决纠纷、促进区域性协定、国际公约的形成等方面发挥了重要作用,即使在 TRIPs 协定生效后的今天,依旧扮演着不可替代的重要角色。

自由贸易协定(Free Trade Agreement,以下简称 FTA)通常指特定国家与区域间降低或废除物品关税、贸易壁垒等协定。FTA 知识产权国际保护体制是以自由贸易协定规范知识产权国际保护标准,宣示缔约方知识产权国际保护义务的运行机制,是典型的双边体制,尤其以协商推进和以点带面的方式,循序渐进地改变国际知识产权规则。[①]

以 FTA 对地理标志实行保护是欧盟一项重要的国际贸易战略与政策,目的在于使其地理标志在对方国家以及相关第三国得到尊重,从而保持和提高欧盟成员国地理标志产品的竞争力,提高地理标志国际保护的力度与水平。[②] 尽管有观点认为,FTA 体制形成的背后,是以欧盟为首的地理标志强势利益方为推动地理标志"强保护"所作出的积极援用,以求满足其在地理标志保护方面的利益最大化需求,维持自身国际贸易优势[③],但实际上,通过考察 FTA 的既有实践可以发现,该模式目前已被其他发达国家广泛学习效仿,并且在诸多发展中国家中也被接受并得到了支持。

随着经济全球化的发展、国际利益格局的变化调整以及发展中国家在 WTO 贸易谈判中地位的提升,自 2003 年起,美国的对外贸易政策进一步转向并强化了通过签订双边、多边以及区域自由贸易协定,保护地理标志在内的知识产权的策略。

作为一个同时注重全球贸易与区域贸易的经济大国,美国目前已与 12 个国家签订了地理标志保护双边自由贸易协定(FTA),并均加入了知识产权——地理标志有关章节,对地理标志的保护提出要求。不过值得注意的是,与欧盟强化地理标志国际保护力度的出发点不同,美国等新世界国家更偏向以商标法模式对地理标志进行保护,并且在保护程度上整体弱于专门法模式。

总的来说,尽管 TRIPs 协定规定了地理标志的最低保护标准,但双边

---

① 梅术文.FTA 知识产权国际保护体制探析[J].现代经济探讨,2015,4:20-24.

② 那力,魏德才.论 FTA 中的地理标志与中国的选择[J].江淮论坛,2013,4:120-125.

③ 孙智.地理标志国际保护新发展的路径分歧及我国选择[J].知识产权,2019,215(1):89-97.

协定可以保护缔约方感兴趣的特定地理标志产品，从而与多边协定、区域性协定之间形成互补关系，并同时对 TRIPs 协定进行补充，推动 TRIPs 协定的实施进程，这是地理标志国际保护体制中不容忽略的一股力量。

## 二、区域性协定

区域性协定源自区域贸易的影响，通常是位于同一区域内的国家，基于某些共同的政治、经济、军事、文化等利益所达成的书面性协议。区域性协定在区域贸易中较为受欢迎，也是地理标志国际保护中不可忽视的重要途径。

例如，以美国为首的新世界国家在积极效仿欧盟签订 FTA 的同时，也在努力寻找包括地理标志在内的知识产权国际保护发展新路。《班吉协定》、《安共体第 486 号决议》、《反假冒贸易协定》（ACTA）、《跨太平洋伙伴关系协定》（TPP）和北美自由贸易协定（NAFTA）等区域性自由贸易协定即为例证，其对地理标志的国际保护产生了不容小觑的影响。

其中，《跨太平洋伙伴关系协定》（Trans-Pacific Partnership Agreement，以下简称 TPP）前身为《跨太平洋战略经济伙伴关系协定》（Trans-Pacific Strategic Economic Partnership Agreement，简称 TPSEP，又称 P4 协议），是由亚太经济合作组织（APEC）成员国中的新西兰、新加坡、智利和文莱四国于 2005 年 5 月共同签署发起。该协议采取开放态度，无论是否属于 APEC 成员均可加入，因此在 2008 年美国的参与下，澳大利亚、秘鲁也宣布加入 P4 协议的后续谈判。2009 年 11 月 14 日，美国总统奥巴马在参加新加坡 APEC 领导人会议途经东京时，宣布美国将正式加入 TPSEP，年底 TPSEP 更名为 TPP。自此，TPP 协议的影响力开始进入快速发展壮大时期，成员数目也进一步扩大。

2016 年 2 月 4 日，美国、日本、澳大利亚、文莱、加拿大、智利、马来西亚、墨西哥、新西兰、秘鲁、新加坡和越南共 12 个国家在新西兰奥克兰正式签署了跨太平洋伙伴关系协定（TPP）。新西兰首先公布了 TPP 的官方正式文本，知识产权内容位于协议的第 18 章，共计 74 页，包含 83 个条款以及 6 个附件。虽然只有一个章节，但 TPP 协定有关知识产权的内容丰富，架构完整，TPP 协定的自身标准也大幅超出以往国际上 FTA 水平。[①]

---

① 杨华.《跨太平洋伙伴关系协议》知识产权条款研究[D].上海：上海交通大学，2018：14-16.

与 TRIPs 协定相比,TPP 协定为知识产权保护设置了更高水平的保护标准与原则、更加全面的保护内容与类别范围、更加详细的保护规则与法律条款以及更加严格的执法措施与处罚规定。但不可否认的是,虽然历经十多年的反复谈判,美国目前也已宣布退出 TPP,但 TPP 协定是以美国提供的草案为基础框架的,具有鲜明的"美国血统"与"美国意志",反映了类似于美国法律对知识产权的保护标准,体现了美国所倡导的保护原则。然而,由于发达国家与发展中国家在国际经济水平、知识产权发展水平、知识产权贸易水平上存在巨大差距,因此针对知识产权保护问题,两者之间不可避免存在分歧与争议。

因此客观上讲,TPP 协定顺应的是以美国为首的发达国家、知识产权类产品出口国对利益的追求,高水平的知识产权保护标准也无疑为发展中国家在知识产权经济发展、技术创新进步、知识产权国际贸易等前行道路上蒙上了一层厚重的阴影。据此有学者一针见血地指出,在 TPP 成员国中的发展中国家以及一些非成员国看来,TPP 磋商的部分内容特别是新议题,就是不加掩饰的保护主义或是将它们社会政策中的缺陷作为限制贸易的借口。①

## 三、中欧地理标志协定

中欧地理标志协定是《中华人民共和国政府与欧洲联盟地理标志保护与合作协定》的简称,可说是中国对外商签的第一个全面的、高水平的地理标志保护双边协定。

该协定文本共 14 条和 7 个附录,对地理标志设定了高水平的保护规则,并在附录中纳入了双方各 275 项具有各自区域特色的地理标志产品。协定将为双方的地理标志提供高水平的保护,有效阻止假冒地理标志产品,使双方消费者都能吃上、用上货真价实的高品质商品。② 该协定谈判于 2011 年启动,共历时 8 年。2020 年 7 月 20 日,欧盟授权正式签署中欧地理标志协定。③ 9 月 14 日,中欧正式签署《中欧地理标志协定》,2021 年 3 月 1

① I. M. 戴斯勒. 美国贸易政治(第四版)[M]. 王恩冕,于少蔚,译. 北京:中国市场出版社,2006:253-270.
② 新华社. 商务部:中欧地理标志协定将为双方地理标志提供高水平保护[EB/OL]. (2019-11-7)[2021-01-25]. https://www.gov.cn/xinwen/2019/11/07/content_5449903.htm.
③ 中国知识产权资讯网. 欧盟授权正式签署中欧地理标志协定[EB/OL]. (2020-07-27)[2021-01-25]. http://ipr.mofcom.gov.cn/hwwq_2/chn_eu_gi/index.html.

日起，中欧双方签署的《中欧地理标志协定》正式生效。

保护分两批进行，第一批，双方互认的各约 100 个地理标志（见表 3-1），于协定生效日起开始保护；第二批，双方各 175 个地理标志，将于协定生效后四年内完成相关保护程序。

在 275 个中国地理标志产品中，农产品占了绝大部分，其中 59 个是中国茶叶地理标志。可见，茶叶地理标志是获得中欧保护与合作最多的。

表 3-1　进入《中欧地理标志协定》的 100 个中国地理标志[①]

| | 注册名称 | 拉丁音译 | 拉丁意译 |
|---|---|---|---|
| 1 | 安吉白茶 | Anji Bai Cha | Anji White Tea |
| 2 | 安溪铁观音 | Anxi Tie Guan Yin | Anxi Tie Guan Yin |
| 3 | 保山小粒咖啡 | Baoshan Xiao Li Ka Fei | Baoshan Arabica Coffee |
| 4 | 赣南脐橙 | Gannan Qi Cheng | Gannan Navel Orange |
| 5 | 霍山黄芽 | Huoshan Huang Ya | Huoshan Yellow Bud Tea |
| 6 | 郫县豆瓣 | Pixian Dou Ban | Pixian Bean Paste |
| 7 | 普洱茶 | Pu'er Cha | Pu'er Tea |
| 8 | 山西老陈醋 | Shanxi Lao Chen Cu | Shanxi Aged Vinegar |
| 9 | 烟台苹果 | Yantai Ping Guo | Yantai Apple |
| 10 | 坦洋工夫 | Tanyang Gong Fu | Tanyang Gongfu Black Tea |
| 11 | 白城绿豆 | Baicheng Lü Dou | Baicheng Mung Bean |
| 12 | 肇源大米 | Zhaoyuan Da Mi | Zhaoyuan Rice |
| 13 | 婺源绿茶 | Wuyuan Lü Cha | Wuyuan Green Tea |
| 14 | 福州茉莉花茶 | Fuzhou Mo Li Hua Cha | Fuzhou Jasmine Tea |
| 15 | 房县香菇 | Fangxian Xiang Gu | Fangxian Mushroom |
| 16 | 南丰蜜橘 | Nanfeng Mi Ju | Nanfeng Sweet Orange |
| 17 | 苍山大蒜 | Cangshan Da Suan | Cangshan Garlic |
| 18 | 房县黑木耳 | Fangxian Hei Mu Er | Fangxian Black Fungus |
| 19 | 凤冈锌硒茶 | Fenggang Xin Xi Cha | Fenggang Zinc Selenium Tea |

① 中华人民共和国商务部. 中欧地理标志协定[EB/OL]. (2020-07-27)[2021-01-25]. http://ipr. mofcom. gov. cn/hwwq_2/chn_eu_gi/index. htm.

续表

| | 注册名称 | 拉丁音译 | 拉丁意译 |
|---|---|---|---|
| 20 | 库尔勒香梨 | Ku'erle Xiang Li | Korla Pear |
| 21 | 邳州大蒜 | Pizhou Da Suan | Pizhou Garlic |
| 22 | 安岳柠檬 | Anyue Ning Meng | Anyue Lemon |
| 23 | 正山小种 | Zhengshan Xiao Zhong | Lapsang Souchong |
| 24 | 兴化香葱 | Xinghua Xiang Cong | Xinghua Chive |
| 25 | 六安瓜片 | Lu'an Guapian | Lu'an Melon-seed-shaped Tea |
| 26 | 宜宾芽菜 | Yibin Ya Cai | Yibin Bean Sprout |
| 27 | 静宁苹果 | Jingning Ping Guo | Jingning Apple |
| 28 | 安丘大姜 | Anqiu Da Jiang | Anqiu Ginger |
| 29 | 建宁通心白莲 | Jianning Tong Xin Bai Lian | Jianning White Lotus Nut |
| 30 | 松溪绿茶 | Songxi Lü Cha | Songxi Green Tea |
| 31 | 罗平小黄姜 | Luoping Xiao Huang Jiang | Luoping Yellow Ginger |
| 32 | 苍溪红心猕猴桃 | Cangxi Hong Xin Mi Hou Tao | Cangxi Red Kiwi Fruit |
| 33 | 庆元香菇 | Qingyuan Xiang Gu | Qingyuan Mushroom |
| 34 | 长寿沙田柚 | Changshou Sha Tian You | Changshou Shantian Pomelo |
| 35 | 凤凰单丛 | Fenghuang Dan Cong | Fenghuang Single Cluster |
| 36 | 涪城麦冬 | Fucheng Mai Dong | Fucheng Ophiopogon japonicus |
| 37 | 狗牯脑 | Gou Gu Nao | Gougunao Tea |
| 38 | 武夷山大红袍 | Wuyishan Da Hong Pao | Mount Wuyi Da Hong Pao |
| 39 | 晋州鸭梨 | Jinzhou Ya Li | Jinzhou Pear |
| 40 | 吐鲁番葡萄干 | Turpan Pu Tao Gan | Turpan Raisin |
| 41 | 安化黑茶 | Anhua Hei Cha | Anhua Dark Tea |
| 42 | 嵊泗贻贝 | Shengsi Yi Bei | Shengsi Mussel |
| 43 | 辽中玫瑰 | Liaozhong Mei Gui | Liaozhong Rose |
| 44 | 横县茉莉花茶 | Hengxian Mo Li Hua Cha | Hengxian Jasmine Tea |
| 45 | 蒲江雀舌 | Pujiang Que She | Pujiang Que She Tea |
| 46 | 峨眉山茶 | Emeishan Cha | Mount Emei Tea |

续表

| | 注册名称 | 拉丁音译 | 拉丁意译 |
|---|---|---|---|
| 47 | 朵贝茶 | Duobei Cha | Duobei Tea |
| 48 | 五常大米 | Wuchang Da Mi | Wuchang Rice |
| 49 | 福鼎白茶 | Fuding Bai Cha | Fuding White Tea |
| 50 | 吴川月饼 | Wuchuan Yue Bing | Wuchuan Mooncake |
| 51 | 兴隆咖啡 | Xinglong Ka Fei | Xinglong Coffee |
| 52 | 绍兴酒 | Shaoxing Jiu | Shaoxing Rice Wine |
| 53 | 贺兰山东麓葡萄酒 | Helanshan Dong Lu Pu Tao Jiu | Wine in Helan Mountain East Region |
| 54 | 桓仁冰酒 | Huanren Bing Jiu | Huanren Icewine |
| 55 | 烟台葡萄酒 | Yantai Pu Tao Jiu | Yantai Wine |
| 56 | 惠水黑糯米酒 | Huishui Hei Nuo Mi Jiu | Huishui Black Glutinous Rice Wine |
| 57 | 西峡香菇 | Xixia Xiang Gu | Xixia Mushroom |
| 58 | 红崖子花生 | Hongyazi Hua Sheng | Hongyazi Peanut |
| 59 | 武夷岩茶 | Wuyi Yan Cha | Wuyi Rock Tea |
| 60 | 英德红茶 | Yingde Hong Cha | Yingde Black Tea |
| 61 | 剑南春酒 | Jian Nan Chun Jiu / Jian Nan Chun Chiew | Jian Nan Chun Liquor |
| 62 | 高炉家酒（高炉酒） | Gao Lu Jia Jiu / Gao Lu Jiu | Gao Lu Jia Liquor / Gao Lu Liquor |
| 63 | 扳倒井酒 | Ban Dao Jing Jiu | Ban Dao Jing Liquor |
| 64 | 沙城葡萄酒 | Shacheng Pu Tao Jiu | Shacheng Wine |
| 65 | 茅台酒（贵州茅台酒） | Moutai Jiu （Kweichow Moutai Jiu） / Moutai Chiew (Kweichow Moutai Chiew) | Moutai Liquor / Kweichow Moutai Liquor |
| 66 | 五粮液 | Wu Liang Ye | Wuliangye Liquor |
| 67 | 盘锦大米 | Panjin Da Mi | Panjin Rice |
| 68 | 吉县苹果 | Jixian Ping Guo | Jixian Apple |

续表

| | 注册名称 | 拉丁音译 | 拉丁意译 |
|---|---|---|---|
| 69 | 鄂托克阿尔巴斯山羊肉 | Etuoke Aerbasi Shan Yang Rou | Otog Arbas Goat Meat |
| 70 | 扎兰屯黑木耳 | Zhalantun Hei Mu Er | Zhalantun Black Fungus |
| 71 | 岫岩滑子蘑 | Xiuyan Hua Zi Mo | Xiuyan Pholiota Nameko |
| 72 | 东港大黄蚬 | Donggang Da Huang Xian | Donggang Surf Clam |
| 73 | 东宁黑木耳 | Dongning Hei Mu Er | Dongning Black Fungus |
| 74 | 南京盐水鸭 | Nanjing Yan Shui Ya | Nanjing Salted Duck |
| 75 | 千岛银珍 | Qiandao Yin Zhen | Qiandao Rare Tea |
| 76 | 泰顺三杯香茶 | Taishun San Bei Xiang Cha | Taishun Three Cups of Incense Tea |
| 77 | 金华两头乌猪 | Jinhua Liang Tou Wu Zhu | Jinhua Pig |
| 78 | 罗源秀珍菇 | Luoyuan Xiu Zhen Gu | Luoyuan Pleurotus Geesteranus |
| 79 | 桐江鲈鱼 | Tongjiang Lu Yu | Tongjiang Bass |
| 80 | 乐安竹笋 | Le'an Zhu Sun | Le'an Bamboo Shoots |
| 81 | 莒南花生 | Junan Hua Sheng | Junan Peanut |
| 82 | 文登苹果 | Wendeng Ping Guo | Wendeng Apple |
| 83 | 安丘大葱 | Anqiu Da Cong | Anqiu Chinese Onion |
| 84 | 香花辣椒 | Xianghua La Jiao | Xianghua Chilli |
| 85 | 麻城福白菊 | Macheng Fu Bai Ju | Macheng Chrysanthemum Tea |
| 86 | 潜江龙虾 | Qianjiang Long Xia | Qianjiang Crayfish |
| 87 | 宜都宜红茶 | Yidu Yi Hong Cha | Yidu Black Tea |
| 88 | 大埔蜜柚 | Dapu Mi You | Tai Po Honey Pomelo |
| 89 | 桂平西山茶 | Guiping Xi Shan Cha | Guiping Xishan Tea |
| 90 | 百色芒果 | Baise Mang Guo | Baise Mango |
| 91 | 巫溪洋芋 | Wuxi Yang Yu | Wuxi Potato |
| 92 | 四川泡菜 | Sichuan Pao Cai | Sichuan Style Pickles |
| 93 | 纳溪特早茶 | Naxi Te Zao Cha | Naxi Early-Spring Tea |
| 94 | 普洱咖啡 | Pu'er Ka Fei | Pu'er Coffee |

续表

| | 注册名称 | 拉丁音译 | 拉丁意译 |
|---|---|---|---|
| 95 | 横山大明绿豆 | Hengshan Da Ming Lü Dou | Hengshan Daming Mung Bean |
| 96 | 眉县猕猴桃 | Meixian Mi Hou Tao | Meixian Kiwifruit |
| 97 | 天祝白牦牛 | Tianzhu Bai Mao Niu | Tianzhu White Yak |
| 98 | 柴达木枸杞 | Chaidamu Gou Qi | Chaidamu Goji Berry |
| 99 | 宁夏大米 | Ningxia Da Mi | Ningxia Rice |
| 100 | 精河枸杞 | Jinghe Gou Qi | Jinghe Goji Berry |

至 2024 年，《中欧地理标志协定》生效三年，中欧进入协定的地理标志受双方协同保护，获得了一定的贸易进展，并推动了中国地理标志产品的保护与提升。

# 第四章

# 欧美典型的地理标志保护制度

## 第一节　法国地理标志保护制度

地理标志的法律保护起源于 20 世纪初欧洲南部国家对原产地名称的保护,其中法国正是原产地名称保护制度的发源地,也是最早采取专门立法模式对地理标志予以保护的国家。

法国地理标志保护制度以"风土"(terrior)作为专门立法的正当性来源,并由法国农业部下属的国家原产地名称研究所(INAO)进行管理。该制度不仅被广泛认为是地理标志保护制度中最为严格和彻底的一种,也为欧盟地理标志保护制度的设立提供了绝佳的参考模型。

### 一、"风土"(terrior)的概念辨析

关于制止农产品欺诈的《1905 年 8 月 1 日法》是法国第一部关于地理标志的一般法。该法律规定了原产地名称地理区域的行政划界,并在实践中强调"风土"(terrior)的概念。terrior 是一个含义特殊的法语词汇与综合性概念,国内学界目前接受度较高的翻译为"风土"或"风土条件"。

terrior 概念是多义的,其含义取决于它所指的内容。从历史

上看,terrior 是指小的区域或地形,其土壤和微气候赋予了产品独特的品质,并且与葡萄酒的生产尤其相关。形象地讲,terrior 还可以指对其居民有显著影响的农村或某一省内的地区。① 在法语中,可以说某些习俗或习语根植于其 terrior,或者某一个人明显带有其出生和成长地的 terrior 之感。由此可见,terrior 的概念涉及的是一段空间流动性较小的时间,在其中,变化发生的速度也较为缓慢。terrior 不存在英语的对应词,在其他欧洲语言中也并不存在,例如,意大利人使用的是"produtti tipici"("典型产品")或简称为"nostri"("我们的",来自我们的土地),而西班牙人称之为"productos de la tierra"(土地/土壤的产品)。②

目前为止,学界普遍接受的 terroir 定义是:在具有明确边界的地理区域内形成了一个人类社区,随着历史的发展,该社区基于生物物理和人为因素之间的交互系统,积累形成了一套集体生产知识。生产所涉及的技术组合揭示了独创性,赋予了典型性,并为来源于其地理区域的商品带来了声誉。③ 风土产品(terrior products)是由于某一产品对同一地区的长期占领而产生,代表了人类创造力和好奇心与区域自然环境的相互作用。

terrior 概念反映了自然因素和社会因素之间强烈的相互作用。从地理标志的角度出发,terrior 是指产品质量或属性与其地理来源(自然与人文因素)之间存在的特殊、必不可少的内在联系。④ 这奠定了法国原产地名称保护制度的重要基础,即受监控的原产地名称(Appellation d'Origine Controlee,以下简称"AOC")⑤的授予要基于产品与原产地之间的关联强

① 王笑冰.法国对地理标志的法律保护[J].电子知识产权,2006,4:16-21.

② Bérard L,Marchenay P. From localized products to geographical indications:Awareness and action[M]. Bourgeen-Bresse,France:Centre national de la recherche scientifique(CNRS),2008:18.

③ Casabianca F,Sylvander B,Noël Y,et al. Terroir et typicité:deux concepts-clés des appellations d'origine contrôlées,Essai de définitions scientifiques et opérationnelles[C]//INRA-PSDR,Symposium international"Territoires et enjeux du développement régional",Lyon,France,2005:9-11.

④ Josling T. The war on terroir:Geographical indications as a transatlantic trade conflict [J]. Journal of Agricultural Economics,2006,57(3):337-363.

⑤ 1935 年,法国颁布了《关于葡萄酒之受监控原产地名称的 1935 年 7 月 30 日法令》,引入了一个特殊的原产地名称(AO)概念——受监控的原产地名称(AOC)。之后颁布的《1990 年 7 月 2 日法》将 AOC 的概念与规定由最初的葡萄酒和烈酒扩大至其他农产品,并取代了原先《1919 年 5 月 6 日法》中的原产地名称概念。

度。有关 AOC 的评估,直接取决于 terrior 的概念。要成为 AOC,产品必须包含 terrior 的三个方面内容,即自然因素、人文因素(或仅限于该地区的特定技术和专门知识)以及历史因素,并将其传达给消费者。其中,自然因素和人文因素具有决定性的意义。[1] 负责审查 AOC 申请的专家需要对以上三方面的因素进行逐个调查,并根据各因素的组合确定产品的"典型性"(typicity)。

## 二、与地理标志保护相关的法律沿袭

法国第一部保护原产地名称的专门立法可以追溯到 14 世纪,由查理五世颁发的关于洛克福奶酪生产的皇家特许证。但法国开始建立现代意义上且具有真正影响力的地理标志保护制度,却始于一场席卷欧洲的葡萄根瘤蚜危机。在此灾难的冲击下,法国原本繁荣的葡萄酒市场爆发了大规模的欺诈、掺假问题。这场浩劫推动了葡萄种植者向议会施加压力,迫使其采取有效行动,从而直接触发了法国原产地名称保护制度的建立。

法国关于原产地名称的首部法律颁布于 1905 年 8 月 1 日,这也是关于食品和其他商品贸易欺诈与不正当竞争的第一部现代法律,其目的在于识别来自某个地理区域的葡萄酒,以减少对标签、名称的大肆滥用。

该法确定了原产地名称的命名制度,规定政府部门为认定原产地名称的主要负责机构,中央政府派遣到各地方的代表有职责决定哪个区域可以使用特定原产地名称,并为使用特定名称的产品划定界限,作出行政认可[2],通过制定通知书(notifications)对原产地名称进行定义和产品区分。自此,法国开始以行政手段对原产地名称进行干预与管理。但是,该法并没有明确说明原产地"origin"一词的含义,当时对原产地名称的界定也仅根据地理区域的划定进行,没有提及任何影响产品质量的生产方法。

《1908 年 8 月 5 日法》试图填补原产地名称定义的空白,指出必须根据"地方性、合法性与稳定性"(local,loyal and constant uses)的原则来确定产品的原产地。但是,这在实践过程中并没有取得良好的反馈与效果。

为进一步解决原产地名称系统的运作问题,法国出台了《关于原产地名

---

[1]　Barham E. Translating terroir：The global challenge of French AOC labeling[J]. Journal of Rural Studies,2003,19(1)：127-138.

[2]　《1905 年 8 月 1 日法》第 11 条。

称的 1919 年 5 月 6 日法》(以下简称 1919 年法)，这是法国专门致力于保护原产地名称的第一部法律。该法将原产地名称确定为一项集体权利，绝不能进入公共领域，也不会沦为通用名称或被注册为商标，并将原产地名称产品(AO product)生产区域的认定权由先前的政府交给了法院。法官掌握着原产地名称使用的认定权力，有权根据"地方性、合法性和稳定性"的标准认定原产地名称的地理范围，确定产品的生产领域、生产方法、质量或特性。据此，只要通过法院宣告，即可确立原产地名称并获得保护，生产者也可以针对损害其权利的使用向法院提起诉讼。但是，由于法院并不了解具体产品的生产方法，因此虽然在确定原产地名称的地理区域边界时不会遇到太大困难，但在确定产品生产标准与质量要求时，就显得难以胜任。这使得"地方性、合法性和稳定性"的标准在实际法院裁决中，只被用于确定原产地名称的界限，产品的质量要求与生产程序则没有被提及。

在 1920 至 1925 年之间，有大量地理区域都"令人疑惑的"被宣告原产地名称，而这些"合法的"原产地名称实际上仅为指示产品来源的"货源标记"，无法保证产品真正的质量与特性。

频繁爆发的质量丑闻使法国议会和相关利益人群意识到，产品质量与区域的关联不单是在哪里生产的问题[1]，需要对产品生产、加工、交易等层层环节进行严格的规范与要求，而这只有通过恢复行政管理的干预措施才能做到。

在此背景下，1927 年 7 月 22 日，法国国民大会制定了新的原产地名称保护法，对 1919 年法进行了修改，并对"地方性、合法性与稳定性"这一表达赋予了实质含义。自此，原产地名称通过强调特定地区的条件对产品质量的影响，确立了自身与货源标志的区别，"原产地名称彻底摆脱了货源标志的影子"。[2]

1935 年 7 月 30 日，法国颁布了一部新法律，即《关于葡萄酒之受监控原产地名称的 1935 年 7 月 30 日法令》。该法令引入了一个特殊的原产地名称概念——受监控的原产地名称(Appellation d'Origine Controlee,

---

① INAO. Ouvrages sur les signes de qualité ou d'origine[EB/OL]. [2022-02-25]. https://www.inao.gouv.fr/eng/The-National-Institute-of-origin-and-quality-Institut-national-de-l-origine-et-de-la-qualite-INAO/Ouvrages-sur-les-signes-de-qualite-ou-d-origine.

② 董炳和. 地理标志知识产权制度研究：构建以利益分享为基础的权利体系[M]. 北京：中国政法大学出版社, 2005：98.

AOC),并建立了一个由生产者和专业人士组成的行政机构 CNAO(Comite National des Appellations d'Origine),即葡萄酒和烈酒国家委员会(于 1947 年更名为国家原产地名称研究所,INAO),负责决定产品的生产规范、生产区域、葡萄栽培或蒸馏的过程等,并对其进行严格控制,以避免劣质产品的出现。自此,葡萄酒原产地名称不能再只通过宣告确立,而要在农业部和经济部的监督下,由 CNAO 对提出注册申请的 AOC 进行审查。但是,1935 年法令仅适用于葡萄酒,1919 年法对其他农产品仍然继续适用。

之后颁布的《1955 年 1 月 28 日法》建立了和葡萄酒类似的奶酪原产地名称保护制度,规定了奶酪受监控原产地名称的注册条件。在经过奶酪原产地名称国家委员会认可后,新的原产地名称可以通过农业部颁布的法令予以确认。

《1966 年 7 月 6 日第 66-48 号法》对 1919 年法作出修正,建立了一个新的原产地名称确定程序,即通过最高行政法院发布法令予以确认,并首次对原产地名称进行明确定义。[①] 由于葡萄酒和奶酪已经被赋予了特殊的地位,所以该法不适用于这些特殊的产品。

1990 年 7 月 2 日,法国颁布的《原产地名称保护法》对 1919 年法作出了重大实质性修改。"受监控的原产地名称"的概念与规定由最初主要适用于葡萄酒和奶酪,扩大至其他农产品和食品(未加工或加工的),并取代了原先根据 1919 年法通过宣告确立的"原产地名称"概念。[②]

在《原产地名称保护法》颁布之时,先前根据立法和条例所确定的葡萄酒、奶酪等原产地名称将自动取得受监控的原产地名称的法律地位。在 1990 年 7 月 1 日之前由法院确定的原产地名称,以及根据宣告程序取得的烈酒原产地名称,可以在 5 年内向 INAO 申请注册为 AOC。自 1995 年 7 月 1 日起,法国所有的原产地名称都可以成为受监控的原产地名称,但优质葡萄酒(VDQS)和来自法国海外省的原产地名称除外,它们可以继续保持以前的法律地位。[③] 自此,《原产地名称保护法》以明确的"受监控的原产地名称",统一了所有农产品和食品原产地名称的确认程序。

---

① 傅余.法国原产地名称保护制度及借鉴[J].安徽农业科学,2008,16.
② 1990 年《原产地名称保护法》第 7 条第 4 款。
③ 欧洲议会和理事会.欧盟条例第 1152/2012 号[EB/OL].(2012-11-21)[2022-02-25]. https://eur-lex.europa.eu/eli/reg/2012/1152/oj.

此后于 1993 年 7 月 26 日颁布的《消费者法典》吸收了《原产地名称保护法》的内容，对原产地名称、受监控的原产地名称的概念、保护等作了规定。

为迎合欧共体《2081/92 条例》带来的变化，法国制定了《1994 年 1 月 3 日第 94-2 号法》，将地理标志这一新概念引入法国法律中，并承认受监控的原产地名称（AOC）和地理标志（GI）的适用范围包括所有农产品，而不仅仅是葡萄酒和烈酒。2006 年，根据修订后的《欧盟 2006 年法规》（The EU Regulation 2006），法国对其法律框架进行了实质性修改，通过《法国 2006 年法规》（The French Regulation 2006）重组了法国地理标志和其他质量标签的完整保护体系。

### 三、原产地名称保护制度

历经上述 100 多年的不断演化，法国现行的原产地名称保护制度由三个相对独立的部分构成：第一是普通原产地名称的保护制度，以司法程序和行政程序，对除葡萄酒、烈酒和奶酪之外所有产品的普通原产地名称予以保护；第二是受监控的原产地名称保护制度，通过申请注册，对所有农产品和食品原产地名称予以保护；第三是在欧盟条例下建立的 PDO[①] 和 PGI[②] 注册保护制度。1992 年之后，除葡萄酒、烈酒和奶酪之外，在法国农产品和食品领域，PDO 和 PGI 注册保护制度已经取代了普通原产地名称保护制度和受监控的原产地名称保护制度。[③]

（一）保护内容

针对全体原产地名称，《原产地名称保护法》和《消费者法典》第 L115-1 条指出：原产地名称是一个国家、地区或地方的名称，该名称被用以指示源自该地区的产品，其质量和特性取决于地理环境，包括自然和人为因素。由此可见，原产地名称不仅指示产品来源，还是产品品质与特征的保证。

---

①　PDO 在法国/法语中被称为 AOP，即 L'Appellation d'origine protégée。

②　PGI 在法国/法语中被称为 IGP，即 Indication géographique protégée。

③　Barjolle D, Sylvander B. Some factors of success for origin labelled products in agri-food supply chains in Europe: Market, internal resources and institutions[C]//Sylvander B, Barjolle D, Arfini F. The Socio-economics of Origin Labelled Products in Agri-food Supply Chains: Spatial, Institutional and Co-ordination Aspects. 67th EAAE Seminar, Le Mans, 1999. Paris: Institut national de la recherche agronomique(INRA), Actes et Communications, 2000: 103.

《原产地名称保护法》第 7-4 条以及《消费者法典》第 L115-5 条第 4 款均明确规定:"构成原产地名称的地理名称或暗示原产地名称的其他任何说明,即使没有违反 1990 年 7 月 2 日法的有效规定,也不得用在任何类似的商品上;如果有可能滥用或者削弱原产地名称的声誉,亦不得用在其他任何产品或服务上。"

由此可见,即使是在不同的产品或服务上,原产地名称的保护也不需要证明使用行为实际构成了对原产地名称声誉的滥用或弱化,更不需要证明使用行为构成欺诈、混淆或不正当竞争,而只需要证明存在滥用或削弱原产地名称声誉的可能或风险即可。[①] 这是一种类似于商标、专利等其他知识产权保护的方式,但同时也是高于商标保护的,更为客观、直接的保护,其保护力度与排他权利也更为严格。其次,根据《原产地名称保护法》规定,原产地名称一旦通过注册,永远不能被认为有通用性,也永远不能落入公共领域,只能作为一项集体权利,向所在地区所有生产者开放。这对于原产地名称而言,是一种绝对的保护。

针对受监控的原产地名称(AOC),根据《消费者法典》第 L115-5 条和 L115-6 条的规定,AOC 是指农产品和食品的原产地名称,该名称具有某种公认的声誉,并由法令规定使用该名称的许可程序。该法令根据 INAO 的建议颁布,它规定了与生产和许可有关的地域界限和条件。AOC 着重强调产品与其风土之间的关联,在 AOC 标签通过注册之后,其产品将与所处地域的自然、社会、文化和政治环境之间建立起紧密的关系,并对当地农业发展和区域建设提供独特的支撑价值。

此外,法国《知识产权法典》与《商标法》也通过援引在先权利、集体商标(集体证明商标)等内容对法国原产地名称及地理标志提供相应的法律保护。

(二)专门机构

在法国,原产地名称是政府通过农业部及其专门机构——INAO(国家原产地名称研究所)提供的公共政策工具。INAO 是法国农业、食品和林业部下属、具有法人资格的公共行政机构,负责执行与法国官方农产品和食品原产地认证标签、质量标签有关的系列政策。同时,INAO 也是法国原产地

---

① 欧洲议会和理事会. 欧盟条例第 1152/2012 号[EB/OL]. (2012-11-21)[2022-02-25]. https://eur-lex. europa. eu/eli/reg/2012/1152/oj.

名称的核心管理机构,具有双重治理的特点。

INAO的常务委员会是指导机构,负责制定INAO的总体政策、预算与战略方针,委员由专业人员、行政管理人员以及代表消费者利益的知名人士组成。

INAO的国家委员会是审议与决策机构,其分支机构分别有:(1)葡萄酒和烈酒原产地名称国家委员会;(2)奶制品、农产品和林业产品国家委员会;(3)受保护地理标志(PGI)、红色标签(Labels Rouges)和传统特色产品(TSG)国家委员会;(4)葡萄酒和苹果酒受保护地理标志(PGI)国家委员会;(5)有机农业国家委员会等五个。其中,葡萄酒和烈酒原产地名称国家委员会还包括13个INAO区域委员会(CRINAO),其职责在于批准产品的相关质量和原产地标签,检查产品规范的内容、产品是否符合标签、审核与控制点的定义及其评估方法的要求。同时,国家委员会也致力于研究并提出改善产品质量和特性的措施。

INAO的审批与控制委员会是专门负责控制(controls)的横向机构。其独特的治理方式,为INAO在专业知识、业务、技术和法律等层面提供充分的支持。

INAO的执行机构由一个位于巴黎蒙特勒伊的总部和分散在8个大区的21个地区中心组成,地区中心的主要职责在于监管原产地名称产品标准的实施,包括监督和管理原产地名称产区的活动,防止越过法定生产地域;监督生产者遵守法定的产品制作方法和工艺;评估产品品质是否合格;指导并参与行业协会的工作等。

INAO拥有对所有原产地名称的最终管辖权,不仅有权认定原产地名称、限定生产区域,并且详细制定与执行有关AOC产品生产、制造、营销等各个方面的法规,监督法定质量标签的控制。同时,INAO也负责原产地名称在国外的保护工作以及信息系统的建设。

国家通过INAO对地理标志进行控制,是法国地理标志公共性的明显表现,INAO作为法国国家指定的地理标志主管部门,负责对产品特异性、产品规范和生产条件予以控制。但经过2006年的改革调整行动,法国在一定程度上降低了国家对地理标志的管控力度,相对弱化了INAO检查与控制的职能要求,而是赋予了生产者和经营者更多的责任。

法国选择将地理标志控制的职责移交给专业的控制机构,在INAO的批准下，由独立、中立且符合资质要求的认证机构或检测机构制定产品认证计划（the certification schemes），其内容包括产品运营商本身采取的控制（自我控制）、组织采取的控制（内部控制）以及认证机构采取的控制（外部控制）。① 认证费用由运营商承担。INAO 负责监督控制机构的工作，并批准由机构制定的认证计划。这种职能的变化展现了法国国家在地理标志管理中身份角色的演变。

（三）普通原产地名称的保护程序

法国一般意义上的原产地名称或称普通原产地名称，主要由 1919 年通过并于 1990 年修改的《原产地名称保护法》规定的司法程序和行政程序进行保护。②

法国具有普通司法和行政司法两种司法系统。普通司法系统分为民事司法和刑事司法系统。刑事司法系统由警察法庭、轻罪法庭与重罪法庭组成。根据《原产地名称保护法》第 2 条和第 8 条规定可知，原产地名称诉讼只有民事诉讼和轻罪诉讼，分别由民事法庭和轻罪法庭审理。原产地名称的所有者或使用者可以针对原产地名称的使用纠纷，向当地民事法庭提起诉讼，由认为有权使用原产地名称者负责举证。法官将依据是否在这一地区使用、是否善意使用以及是否长期使用为标准，确定是否存在受保护的原产地名称和受保护的范围，并作出允许或禁止继续使用的判决。虽然该程序对原产地名称的保护是以个案形式进行，但最终判决的结果不仅对诉讼双方有效，也对"同一地区、同一市镇或者同一市镇的一部分的居民或土地产业主"③有效。如果侵权行为依旧存在，则均为非法行为，被侵权者可以提起轻罪诉讼，要求违法者停止侵权行为，并对其处以罚款或监禁。由此可见，通过普通司法程序保护原产地名称的做法是较为被动的，因为这是原产地名称利益方在合法权利受到侵犯后进行制止与弥补的行为。

在行政法院中，生产者可以通过行政程序确定原产地名称，又称为行政

---

① Marie-Vivien D. The role of the State in the protection of Geographical Indications: From disengagement in France/Europe to significant involvement in India[J]. The Journal of World Intellectual Property, 2010, 13(2): 121-147.

② 王春梅.我国地理标志私权保护与模式选择[J].北方法学,2009,5:95-102.

③ 《原产地名称保护法》第 7 条[EB/OL].（1990-07-02）[2021-01-25]. https://china.findlaw.cn/info/minshang/minfa/minshiquanli/renshenquan/mingchenqu/305134.html.

确认。<sup>①</sup> 根据《法国原产地名称保护法》第 7-1 条规定，如果没有通过普通司法程序作出最终法律决定，政府可通过行政法院的法令，在地方性、合法性、稳定性的使用基础上，划定标有原产地名称的产品的生产区域，确立产品的质量或特点，进而认定生产者是否有权使用原产地名称。颁布法令之前，行政法院需要征求直接相关的专业部门的意见，并做公开调查。<sup>②</sup> 与民事诉讼相比，行政确认赋予了生产者主动权，使其可以在原产地名称受到侵害之前获得法院的保护，是一种更为积极、主动的事前保护。<sup>③</sup>

普通司法保护与行政司法保护均为非注册保护，即原产地名称在受到保护前无需注册。

（四）受监控的原产地名称的保护程序

申请注册与保留 AOC 标签的要求均极为复杂。从生产者的角度来看，获得新 AOC 的批准是漫长而艰巨的。个体生产者或私营企业不能以私人名义提出注册申请，生产者必须组成一个遵循地方生产规则的联合会/组织（union/syndicats）。该联合会/组织通常需要一年或一年以上的时间准备一份详细的申请文件（dossier）提交至 INAO。该申请文件必须：

1. 准确解释申请 AOC 的原因；

2. 提供能够证明所申请的 AOC 在消费者中享有的历史声誉，并为消费者所知的证据。这通常需要收集使用该名称的书面证据以及相关访谈文本；

3. 根据自然因素、人文因素和历史因素建立产品与原产地风土的紧密联系，这三点缺一不可，共同造就了产品的"典型性"；

4. 提供证据，以评估该产品与市场现有的其他同类产品的区别；

5. 描述生产区域、投入品（inputs）、种植（葡萄酒）或生产（奶酪，肉类产品）以及加工所涉及的具体步骤。对产品进行经济研究，包括现有和潜在的市场、价格、分销渠道，相对于其他相似产品的附加值等。<sup>④</sup>

收到申请文件之后，INAO 下属的地区中心首先将其递交给区域委员

---

① 吴彬,刘珊.法国地理标志法律保护制度及对中国的启示[J].华中农业大学学报（社会科学版）,2013,6:121-126.

②③ 李忠.法国原产地名称保护制度及借鉴[J].海峡科技与产业,2005,6:5-9.

④ Tregear A, Arfini F, Belletti G, et al. Regional foods and rural development: The role of product qualification[J]. Journal of Rural Studies, 2007，23(1):12-22.

会。区域委员会由递交申请者相关的生产、加工和分销部门的代表组成,在INAO 专业人士协助下,进行申请文件审核,并决定是否将该申请文件递交至国家委员会审核。国家委员会的成员由区域委员会成员中挑选的专业人士,出口、分销领域的国家级专家以及消费者代表组成,并得到 INAO 专业人士的协助。

国家委员会将为每个 AOC 申请指派一个特别的审查委员会。该审查委员会由国家委员会的成员,以及从 AOC 所在区域以外选取的生产者和其他专业人员构成。审查委员会向国家委员会报告审核结果,即接受、推迟或拒绝申请,并建立最终的生产规则。如果接受申请,则成立一个专家委员会确定 AOC 的最终地理界限。之后,该申请连同相关法律文本草案被递交至农业部。农业部长可以拒绝签署该草案,但无权作出更改。由政府特派员或部长本人签署后的文本将成为法律,并在《法兰西共和国官方公报》上发表,并成为法国法律体系的一部分。通过申请注册的 AOC,将由INAO 办事处委托的代理人(约 250 家)在产品的整个生命周期中提供支持服务,并进行检查和质量控制,以保护 AOC 的风土与地理区域。

(五)葡萄酒地理标志(GI)的保护

法国对葡萄酒地理标志提供了三类不同水平的保护。位于金字塔顶尖、水平最高的是 AOC 葡萄酒,该葡萄酒需要在相关法令明确规定的区域内生产(有时面积较小),并且受到详细规定的葡萄品种,每公顷最大产量、最低度数、生产技术(包括葡萄栽培方式、葡萄酒酿造方法等)等的标准限制;其次是优质葡萄酒(VDQS),基本上属于待定过渡的 AOC,由条例和同业商会予以监控;第三种是地方葡萄酒(VDP),这种葡萄酒通常来自比AOC 更为广阔的地理区域,并且不受严格生产规范的限制,因此与原产地之间的关联并不紧密,受葡萄酒局(ONIVINS)的管理。上述三种地理标志产品均未涵盖的法国葡萄酒,则被归为 vin de table(VDT),可以用法国任何地方种植的葡萄制成,仅受最低生产规定的约束,因此属于无 GI 的葡萄酒,酒标上没有产区提示。

2009 年 8 月,为响应欧盟统一葡萄酒级别标识的号召,便于消费者识别,法国对其葡萄酒分级制度进行了改革:AOC(法定产区酒)变成 AOP(Appellation d'Origine Protégée);VDP(地区餐酒)变成 IGP(Indication Géographique Protégée);VDT(日常餐酒)变成 VDF(Vin de France);

VDQS(优良地区餐酒)自 2012 年起废除。[①] 原本获得 VDQS 的葡萄酒将依据其实际质量水平重新分类,有的被提升为 AOP,有的被降级为 VDF。因此,目前法国的葡萄酒级别标识为 AOC/AOP[②]、IGP、VDF 三种。

作为原产地名称保护制度的发源地,法国围绕"风土"这一核心概念,率先建立起了全面而充分的地理标志保护制度。该制度具有法律健全、主体明确、方式详尽、注重"风土"、协会监督、行政监管六个鲜明的特征,公权色彩浓厚。与"商标法"地理标志保护模式下的私权属性相比,该制度强调受其保护的地理标志是一种集体财产权利,被视为国家遗产,并且具有不可转让性。

虽然有观点认为法国原产地名称保护制度过于官僚,并且会导致商标和地理标志双头管理下部门冲突、工作重复、资源浪费等问题,耗费财力,但不可否认的是,在该制度的保护下,法国不仅是世界公认的顶级葡萄酒生产国,其葡萄酒产值始终位于全球前列,众多原产地名称也早已成为法国农艺、美食和文化遗产的重要部分,并持续在法国国际贸易、文化保护、乡村旅游等多个领域发挥着不容忽视的作用。

此外,与美国、澳大利亚等新世界国家采用的"商标法"地理标志保护模式相比,法国"专门法"的地理标志保护模式被广泛认为是一种更高水平、更强力度、更为严格的保护模式,同时也更能维护和彰显地理标志的价值与特征。虽然目前这两种模式对地理标志国际保护体系的形成和完善均提供了重要的依据与参考,但差异化的保护模式与路径背后,是新旧世界在地理标志保护对象、范围、标准等问题上难以调和的理念差异与利益冲突。

## 第二节　欧盟地理标志保护制度

欧洲国家具有悠久的农业保护传统与地理标志保护历史,最早可追溯

---

① 朱济义.世界主要葡萄酒产区及分级制度简介[J].中外葡萄与葡萄酒,2015,1:73-75.
② 法国法律没有因 AOP 的出现而从此废除 AOC,而是允许 AOC 与 AOP 共同存在。目前法国地方保护主义盛行,诸多知名产区、产品经营者也表现出了对传统 AOC 的偏爱,同时,法国消费者对 AOP、IGP 的等级术语的认知度与认可度也较低。因此,AOP、IGP 等标签的普及还有很长一段路要走。

到 15 世纪的法国。①

1992 年 7 月,欧共体通过了第 2081/92 号条例,建立起欧盟范围内农产品和食品的地理标志保护统一制度(但不包括葡萄酒、烈酒和芳香葡萄酒)。作为欧盟农产品质量政策的主要支柱,该条例为欧盟专门法地理标志保护模式确定了整体框架,并定义了"原产地标记"(Designation of Origin,DO)和"地理标志"(Geographical Indication,GI)两个"地理标志"类型。

"原产地名称"是指一个地区、特定地方,或者在例外情况下,一个国家的名称,该名称用来标示一种农产品或食品,该农产品或食品来源于这个地区、特定地方或国家,且其质量或特征主要或完全归因于特殊的地理环境,包括自然和人为因素,并在限定的地理区域内生产、加工和制备。②

"地理标志"是指"一个地区、特定的地方,或者在例外情况下,一个国家的名称,该名称用来标示一种农产品或食品,该农产品或食品来源于这个地区、特定地方或国家,且其具有的特定质量、声誉或其他特征归因于该地理来源,并且在限定的地理区域内生产和/或加工和/或制备"③。

原产地名称和地理标志两者之间的最大区别,在于产品与其地理来源之间联系的紧密程度。第 2081/92 号条例之所以同时使用了原产地名称和地理标志两个概念,主要是考虑到各成员国在实践中的不同做法,特别是因为法国不愿意放弃本国法中的原产地名称,而德国不愿放弃本国法中的地理标志。④

另外,如果某些传统地理或非地理名称指示了源自某一地区或特定地方的农产品或食品,并且符合第 2 条(2)(a)第 2 小段中提到的条件,也应被视为原产地名称。⑤ 如果相关产品的原材料来自大于或不同于加工地的地理区域,在下列情况下,该产品的地理名称也应被视为原产地名称:(1)原材

---

① O'Connor B. Sui generis protection of geographical indications[J]. Drake Journal of Agricultural Law,2004,9:359-387.

② 理事会.欧共体条例第 2081/92 号第 2 条(2)(a)[EB/OL]. (1992-07-14)[2021-01-25]. https://www.wipo.int/wipolex/zh/legislation/details/1412.

③ 理事会.欧共体条例第 2081/92 号第 2 条(2)(b)[EB/OL]. (1992-07-14)[2021-01-25]. https://www.wipo.int/wipolex/zh/legislation/details/1412.

④ 国家知识产权局商标局.域外地理标志概念的界定和保护规定[EB/OL]. (2021-09-29)[2022-02-26]. http://sbj.cnipa.gov.cn/dlbz/ktyj/202109/t20210929_335215.html.

⑤ 理事会.欧共体条例第 2081/92 号第 2 条(3)[EB/OL]. (1992-07-14)[2022-02-26]. https://www.wipo.int/wipolex/zh/legislation/details/1412.

料的生产地区是限定的;(2)原材料的生产存在特殊条件;(3)有相应的检查安排以确保这些条件得以遵守。①

第 2081/92 号条例是欧盟历史上首部对农产品和食品地理标志提供专门保护的条例。此后有关地理标志的保护条例几经修改,目前欧盟已在成员国范围内建立起统一的地理标志产品申报、批准和专门的监督控制程序,在某些方面已远超 TRIPs 协定所规定的最低保护标准。欧盟地理标志保护条例在各成员国自然适用,各成员国也可以在条例未进行规定管辖的领域自行立法保护地理标志。

## 一、欧盟地理标志的专门保护

目前,欧盟对各成员国的农产品和食品(欧盟条例第 1151/2012 号、欧盟条例第 664/2014 号、欧盟条例第 668/2014 号)、葡萄酒(欧盟实施条例第 2019/34 号、欧盟授权法规第 2019/33 号、欧盟条例第 1308/2013 号、欧盟条例第 606/2009 等)以及烈酒和芳香酒提供专门立法的地理标志保护。整体来看,相关条例在地理标志的定义、注册程序、保护方式等方面的差别并不明显,只是适用对象和范围有所不同。

(一)受保护名称及其定义

在保护名称上,现行的欧盟条例第 1151/2012 号仍然将农产品和食品的受保护名称分为两类,即"原产地名称"(DO)和"地理标志"(GI)。原产地名称的条件最为严格,要求产品的质量或特征必须主要或完全归因于特定的地理环境及其固有的自然和人为因素,并且所有的生产步骤(生产、加工或制备)均须在规定的地理区域内进行。② 地理标志对特定地域的条件略微放宽,并将声誉(reputation)纳入了考量,即要求"产品特定质量、声誉或其他特征主要归因于其地理来源,并且至少其中一个生产步骤(生产、加工或制备)在规定的地理区域内进行"。③

另外,即使相关产品的原材料来自大于或不同于划定的地理区域,如果

---

① 理事会.欧共体条例第 2081/92 号第 2 条(4)[EB/OL].(1992-07-14)[2022-02-26].来自 https://www.wipo.int/wipolex/zh/legislation/details/1412.

② 欧洲议会和理事会.欧盟条例第 1151/2012 号第 5 条(1)[EB/OL].(2012-11-21)[2022-02-26].https://eur-lex.europa.eu/legal-content/EN/TXT/? uri=CELEX%3A32012R1151.

③ 欧洲议会和理事会.欧盟条例第 1151/2012 号第 5 条(2).

满足以下条件,该产品的名称也将被视为原产地名称:(1)原材料的生产地区是限定的;(2)原材料的生产存在特殊条件;(3)有相应的控制安排以确保第(2)点中提到的条件得以遵守;(4)在 2004 年 5 月 1 日之前,相关原产地名称在原产国已被确认为原产地名称。[①]

欧盟条例第 1308/2013 号同样将葡萄酒的受保护名称分为原产地名称和地理标志两类。其中"原产地名称"是指一个地区、特定地方的名称,或在特殊和正当理由的情况下,指一个国家名称,该名称用于描述符合下列要求的产品:(1)其质量或特征主要或完全归因于具有固有的自然和人为因素的特定地理环境;(2)用于生产该产品的葡萄完全来自该地理区域;(3)产品生产在该地理区域内进行;(4)该产品来自属于 Vitis vinifera 的葡萄品种。[②]

"地理标志"是指示一个地区、特定地方,或在特殊和正当理由的情况下,指示一个国家的标识,该标识用于描述符合下列要求的产品:(1)该产品具有可归因于该地理来源的特定质量、声誉或其他特征;(2)用于生产该产品的葡萄至少有 85% 完全来自该地理区域;(3)产品生产在该地理区域内进行;(4)该产品来自属于 Vitis vinifera 的葡萄品种或者 Vitis vinifera 品种与 Vitis 属其他品种之间的杂交品种。[③] 另外,在满足特定条件下,某些传统使用的名称应当构成原产地名称。[④]

自 2008 年起,欧盟引入地理标志(GI)以保护产自某一国家或区域的烈酒(欧盟条例第 2019/787 号、欧盟条例第 2021/1235 号、欧盟条例第 2021/1236 号)或芳香葡萄酒(欧盟条例第 251/2014 号)的名称,使用 PGI 认证标签。对所有酒类产品而言,是否标明 PDO/PGI 标签是可选择的,但农产品和食品却必须标注。

与欧盟条例第 1308/2013 号将葡萄酒地理标志分为原产地名称和地理标志不同,烈酒与芳香葡萄酒只适用于单一的地理标志概念。

---

① 欧洲议会和理事会.欧盟条例第 1151/2012 号第 5 条[EB/OL].(2012-11-21)[2022-02-25].https://ent-lex.europa.eu/eli/reg/2012/1152/oj.

② 欧洲议会和理事会.欧盟条例第 1308/2013 号第 93 条(1)(a)[EB/OL].(2013-12-20)[2022-02-25].https://eur-lex.europa.eu/legal-content/EN/TXT/? uri＝CELEX:32013R1308.

③ 欧洲议会和理事会.欧盟条例第 1308/2013 号第 93 条(1)(b)[EB/OL].(2013-12-20)[2022-02-25].https://eur-lex.europa.eu/legal-content/EN/TXT/? uri＝CELEX:32013R1308.

④ 欧洲议会和理事会.欧盟条例第 1308/2013 号第 93 条(2)[EB/OL].(2013-12-20)[2022-02-25].来自 https://eur-lex.europa.eu/legal-content/EN/TXT/? uri＝CELEX:32013R1308.

欧盟条例第 2019/787 号第 3 条(4)规定,"地理标志"是指标示一种烈酒来源于一个国家领土内或者该领土内某一地区或地方的标记,该烈酒的特定质量、声誉或其他特征主要归因于其地理来源。此外,该条例对烈酒给予了明确的定义,并在附录 1 中列举了主要的烈酒类型,包括 Rum(朗姆)、Whisky/Whiskey(威士忌)、Brandy(白兰地)、Vodka(伏特加)等。

欧盟条例第 251/2014 号第 2 条(3)规定,"地理标志"是指标示一种芳香葡萄酒产品来源于某一地区、特定地方或国家的标记,该产品的特定质量、声誉或其他特征主要归因于其地理来源。另外,该条例对芳香葡萄酒产品给予了明确的划分和定义,并在附录 2 中列举了芳香葡萄酒产品的销售名称和描述,包括 Vermouth(苦艾酒),Sangría/Sangria(桑格利亚)等。

对于烈性酒和芳香葡萄酒而言,大多数产品蒸馏或制备过程中的至少一个阶段要在划定的地理区域内进行,但原料产品不需要来自该地区。例如,爱尔兰威士忌自 6 世纪以来一直在爱尔兰酿造、蒸馏和成熟,但其原材料并非完全来自爱尔兰。①

(二)注册要求、流程与保护

"风土"是欧盟地理标志保护制度的核心理念,申请欧盟地理标志保护须证明产品满足地理标志"风土"的条件。根据欧盟条例第 1151/2012 号第 7 条规定,地理标志的申请者需要提交相关的产品规格说明书(product specification),在其中说明:(1)作为 PDO 或 PGI 而受到保护的名称;(2)对产品的原材料以及特征(主要的物理、化学、微生物或感官特征)的描述;(3)对划定的地理区域进行定义;(4)证明产品来自条例所述的规定地理区域的证据;(5)对获得产品的方法的描述,必要时提供关于真实性、当地特有的生产方法以及有关包装的信息的描述;(6)建立以下内容的详细信息:产品的质量或特性与第 5.1 条②所述的地理环境之间的联系,或在适当的情况下,

---

① European Commission. Quality schemes explained[EB/OL]. [2022-02-25]. https://ec. europa. eu/info/food-farming-fisheries/food-safety-and-quality/certification/quality-labels/quality-schemes-explained_en.

② 《欧盟条例第 1151/2012 号》第 5 条(1):原产地名称(designation of origin)是标识以下产品的名称:(1)来源于特定的地方、地区,或者在特殊情况下来源于一个国家;(2)其质量或特征主要或完全由于特定的地理环境及其固有的自然和人为因素导致的;并且(3)所有生产步骤均在指定的地理区域内进行。

产品的特定质量、声誉或其他特性与第 5.2 条①所述的地理来源之间的联系;(7)有关当局或机构的名称和地址;(8)有关产品的任何特定标签规则。在地理标志注册通过后,产品规格说明书即成为地理标志名称使用的法定条件。②

在注册程序方面,欧盟条例第 1151/2012 号第 49 条(1)规定,注册名称的申请只能由相关的生产经营团体递交。在特殊情况下,一个自然人或法人可以被视为一个团体,多个团体也可以发起联合申请。

如果申请涉及的地区在欧盟成员国境内,则申请应该向该成员国当局提交,并提供以下材料:

(1)申请团体及有关当局的名称和地址,如果有的话,还包括验证是否符合产品规格条款的机构名称和地址;

(2)第 7 条规定的产品规格说明书;

(3)一份列出以下内容的单一文档:(a)产品规格的要点:产品名称、描述,在适当的情况下,包括有关包装和标签的具体规则,以及地理区域的简明定义;(b)产品与第 5(1)或(2)条所述的地理环境或地理来源之间的关联的描述,在适当的情况下,包括产品描述或生产方法中能够证明这种关联的具体要素。③

如果申请涉及第三国的地理区域,则申请应直接或通过有关第三国当局向欧盟委员会提交申请,并在材料中额外附加产品名称在其原产国受保护的证据。④ 成员国应当以适当方式审查申请,检查其正当性以及是否符合相关计划的条件,并且启动国家层面的异议程序,以确保申请获得充分的公示,并提供一个合理的期限。在此期间,其领土内拥有合法权益并建立或

---

① 《欧盟条例第 1151/2012 号》第 5 条(2):地理标志(geographical indication)是标识以下产品的名称:(1)来源于特定的地方,地区或国家;(2)其给定质量、声誉或其他特征主要归因于其地理来源;并且(3)至少其中一个生产步骤是在指定的地理区域内进行。

② Rangnekar D. The law and economics of geographical indications: Introduction to special issue of the Journal of World Intellectual Property[J]. Journal of World Intellectual Property, 2010,13(2):77-80.

③ 欧洲议会和理事会.欧盟条例第 1151/2012 号第 49 条(2);第 8 条(1)[EB/OL].(2012-11-21)[2022-02-26]. https://eur-lex.europa.eu/legal-content/EN/TXT/? uri = CELEX%3A32012R1151.

④ 欧洲议会和理事会:《欧盟条例第 1151/2012 号》第 49 条(5);第 8 条(1)[EB/OL].(2012-11-21)[2022-02-25]. https://ent-lex.europa.eu/eli/reg/2012/1152/oj.

居住的任何自然人或法人可以对申请提出异议。①

经审查和评估后，如果符合要求，成员国可以作出有利的决定，并将申请移交给欧盟委员会。委员会应以适当方式在 6 个月内对申请进行审查。经审查符合的，委员会应在《欧盟官方公报》上公布申请的单一文件以及产品规格的发布参考。经审查不符合注册条件的，拒绝其申请。②

自《欧盟官方公报》发布之日起三个月内，成员国或第三国的有关当局，或在第三国拥有合法权益并成立的自然人或法人，可以向委员会提交反对通知。如果委员会没有收到反对通知或没有可接受的合理反对声明，申请的名称将获得注册。③ 注册的法案和拒绝注册的决定都应在《欧盟官方公报》上予以公布。④

获得注册的名称，不论是原产地名称还是地理标志，都将受到同等保护，以防止下列行为⑤：

（1）在注册未涵盖的产品上对注册名称的任何直接或间接的商业性使用，这些产品与以该名称注册的产品具有可比性，或者使用会利用受保护名称的声誉的名称，包括这些产品被用作一种成分/要素；

（2）任何滥用、模仿或唤起的行为，即使标明了产品或服务的真实来源，或者以翻译的形式使用该受保护的名称，或者伴有诸如"风格""类型""方法""由某地生产""模仿"或其他类似的表达方式，包括这些产品被用作一种成分/要素；

（3）在产品的内外包装、宣传资料或相关文件上就产品出处、原产地、性质或基本质量使用任何其他虚假或误导性的标识，以及将产品包装在容易传达关于其原产地错误印象的容器中；

（4）任何其他可能在产品的真实来源方面误导消费者的做法。

---

① 欧洲议会和理事会：《欧盟条例第 1151/2012 号》第 49 条（2）；第 49 条（3）[EB/OL].（2012-11-21）[2022-02-25]. https://ent-lex. europa. eu/eli/reg/2012/1152/oj.

② 欧洲议会和理事会：《欧盟条例第 1151/2012 号》第 50 条（1）；第 50 条（2）；第 52 条（1）[EB/OL].（2012-11-21）[2022-02-25]. https://ent-lex. europa. eu/eli/reg/2012/1152/oj.

③ 欧洲议会和理事会：《欧盟条例第 1151/2012 号》第 52 条（2）[EB/OL].（2012-11-21）[2022-02-25]. https://ent-lex. europa. eu/eli/reg/2012/1152/oj.

④ 欧洲议会和理事会：《欧盟条例第 1151/2012 号》第 52 条（4）[EB/OL].（2012-11-21）[2022-02-25]. https://ent-lex. europa. eu/eli/reg/2012/1152/oj.

⑤ 欧洲议会和理事会：《欧盟条例第 1151/2012 号》第 13 条（1）[EB/OL].（2012-11-21）[2022-02-25]. https://ent-lex. europa. eu/eli/reg/2012/1152/oj.

另外,该条例规定受保护的原产地名称和受保护的地理标志不能成为通用名称。①

在地理标志的使用保护层面,申请方需要指定具有特定资质的第三方检查机构监管产品品质,负责整个供应链的认证和检查。各欧盟成员国要指定执行官方控制的主管职权部门,以验证产品是否符合相应的产品规格,监督地理标志在市场上使用时是否符合法律规定,并处理滥用、模仿和误导性使用等问题,核实地理标志产品是否符合质量计划的法律要求。

### 二、欧盟地理标志的商标保护

欧盟对地理标志的保护并不局限于专门立法。1993 年 12 月 20 日,欧共体颁布了商标条例第 40/94 号。该条例第 7 条"拒绝注册的绝对理由"规定了一些含有地理标志的名称不能被注册为商标的情形,譬如,如果葡萄酒和烈性酒的商标中含有用以指示葡萄酒和烈性酒地理来源的标记,而葡萄酒及烈性酒又不是出产于该地,即具有欺骗公众的性质,则该商标不得予以注册。条例第 8 章规定了欧洲共同体集体商标②,指的是"能够区分商标所有人,即协会成员的商品或服务和其他经营者的商品或服务的欧洲共同体商标(欧盟商标)。根据适用的法律条款,能够以自己的名义拥有各种权利和义务、订立合同或达成其他法律行为、起诉和被起诉的制造商、生产商、服务提供商或贸易商协会,以及受公法管辖的法人,均可以申请欧洲共同体集体商标(欧盟集体商标)"。③ 在贸易中用于指示商品或服务的地理来源的符号或标志可以构成欧洲共同体集体商标(欧盟集体商标)。④

与个人商标相比,欧盟集体商标所有人的专有权是有限的,"任何一个其商品或服务源自该地理区域的人,都可以通过商标的使用规则授权,成为

---

① 欧洲议会和理事会.欧盟条例第 1151/2012 号第 13 条(2)[EB/OL].(2012-11-21)[2022-02-26].https://eur-lex.europa.eu/legal-content/EN/TXT/? uri=CELEX%3A32012R1151.

② 《欧盟商标条例第 2015/2424 号》将商标名称由"欧洲共同体商标""欧洲共同体集体商标"改为"欧盟商标""欧盟集体商标",并延续至今。

③ 欧洲共同体商标条例第 40/94 号第 8 章 64 条第(1)款[EB/OL].(1994-01-14)[2022-03-11].http://data.europa.eu/eli/reg/1994/40/oj;欧盟商标条例第 2017/1001 号第 8 章第 74 条第(1)款[EB/OL].(2017-06-16)[2022-03-11].http://data.europa.eu/eli/reg/2017/1001/oj.

④ 欧洲共同体商标条例第 40/94 号第 8 章第 64 条第(2)款[EB/OL].(1994-01-14)[2022-03-11].http://data.europa.eu/eli/reg/1994/40/oj;欧盟商标条例第 2017/1001 号第 8 章第 74 条第(2)款[EB/OL].(2017-06-16)[2022-03-11].http://data.europa.eu/eli/reg/2017/1001/oj.

该协会(商标所有人)中的一个成员"①,进而获得商标的使用权。并且,"如果第三方(地理标志生产者或贸易者)在工业或商业事务中,是按照诚实的原则,使用指示商品或服务的地理来源的符号或标志,则共同体集体商标(欧盟集体商标)的所有人无权对其予以禁止。特别是,不得对有权使用地理名称的第三方援引该集体商标"。②

欧盟集体商标的申请人应在申请提交之日起两个月内,提交相关的商标使用管理规则,并在其中具体说明:(1)申请人的姓名;(2)协会的宗旨或受公法管辖的法人成立的宗旨;(3)被授权代表协会的机构或受公法管辖的法人;(4)如果是协会,需要标明成为会员的条件;(5)欧盟集体商标的代表;(6)被授权使用欧盟集体商标的人;(7)在适当情况下,对使用欧盟集体商标的条件作出规定,包括制裁;(8)该欧盟集体商标涵盖的商品或服务,包括(在适当情况下)因施用欧盟商标条例第 2017/1001 号第 7 条(1)(j)③、(k)④或(1)⑤而引入的任何限制;(9)在适当情况下,明确欧盟商标条例第 2017/1001 号第 75 条第(2)款第二句提及的授权情况⑥。

欧盟证明商标,指的是"能够区分由欧盟证明商标所有人认证的商品或服务与未经该认证的商品和服务的一种标记。欧盟证明商标所有人从除地理来源之外的原材料、商品制作方式或服务性能、质量,准确性或其他特征

---

① 欧洲共同体商标条例第 40/94 号第 8 章第 65 条第(2)款[EB/OL].(1994-01-14)[2022-03-11].http://data.europa.eu/eli/reg/1994/40/oj;欧盟商标条例 2017/1001 号第 8 章第 75 条第(2)款[EB/OL].(2017-06-16)[2022-03-11].http://data.europa.eu/eli/reg/2017/1001/oj.

② 欧洲共同体商标条例第 40/94 号第 8 章第 64 条第(2)款[EB/OL].(1994-01-14)[2022-03-11].http://data.europa.eu/eli/reg/1994/40/oj;欧盟商标条例 2017/1001 号第 8 章第 74 条第(2)款[EB/OL].(2017-06-16)[2022-03-11].http://data.europa.eu/eli/reg/2017/1001/oj.

③ 根据欧盟法规,或国内法,或欧盟/其成员国加入的国际协议,而被禁止注册的商标,不得予以注册,从而保护原产地名称和地理标志。

④ 根据欧盟法规或欧盟加入的国际协议而被禁止注册的商标,不得予以注册,从而保护葡萄酒的传统术语。

⑤ 根据欧盟法规或欧盟加入的国际协议而被禁止注册的商标,不得予以注册,从而保护传统特色保证(traditional specialities guaranteed,TSG)。

⑥ 欧洲议会和理事会.欧盟商标实施条例第 2018/626 号第 6 章第 16 条[EB/OL].(2018-04-24)[2022-03-11].https://eur-lex.europa.eu/legal-content/EN/TXT/? uri = CELEX:32018R0626.

等方面,对商品或服务予以认证"①。显然,地理标志并不包含在欧盟证明商标的范畴之内。

2015 年 12 月,欧盟颁布了新修订的欧盟商标条例第 2015/2424 号,并于 2016 年 3 月 23 日正式生效。该条例对欧盟商标制度进行了重大实质性改革。目前,欧盟商标条例第 2017/1001 号、欧盟商标实施条例第 2018/626 号、欧盟商标委派条例第 2018/625 号是经过多次调整后的最新版本。与先前的条例相比,欧盟商标条例对地理标志的规定并未进行大幅度更改。

无论是欧盟条例第 1151/2012 号等保护地理标志的专门法,还是欧盟商标条例第 2017/1001 号等对地理标志进行保护的商标法,从制度地位上看,两者均是由欧洲议会和理事会颁布的法律,具有同等的法律地位。两者虽各属不同的地理标志保护理念,采取不同的保护方式,但在有关地理标志的规定部分并无冲突与矛盾之处。不过,由于在注册要求以及保护力度等方面存在差异,因此在面对注册选择以及维权问题时,要根据需要保护的地理标志的实际情况,进行具体的评估与分析。

欧盟地理标志保护制度脱胎于其成员国的国内法,其中受法国的影响最大。② 法国于 1905 年颁布的《1905 年 8 月 1 日法》对原产地名称施以法律保护,是法国第一部关于地理标志的一般法③,也是欧洲最初的食品地理标志保护制度之一。之后历经一百多年演化完善,并受到意大利、葡萄牙等南欧"罗马文明"国家的纷纷效仿,最终形成"罗马式注册保护模式"。欧盟地理标志保护制度即起源于此。

因此,与法国、意大利等南欧国家"专门法"地理标志保护模式类似,欧盟对农产品、食品和酒类地理标志通过专门立法加以保护,其制度的特征也同样在于以"风土"概念为核心,引入公权力的干预,并结合健全的法律条文、明确的保护手段和专门的监管机构对地理标志予以严格控制。可以说,

---

① 欧洲议会和理事会.欧盟商标条例第 2017/1001 号第 8 章第 83 条第(1)款[EB/OL].(2017-06-16)[2022-03-11]. https://eur-lex. europa. eu/legal-content/EN/TXT/? uri = CELEX：32017R1001.

② 段希勇.论欧盟地理标志保护条例对我国的立法启示[D].大连:大连海事大学,2008.

③ 欧盟委员会.欧盟委员会向欧洲议会和理事会提交的报告——欧洲议会和理事会(EU)第 1144/2014 号条例在内部市场和第三国实施的有关农产品信息提供和推广措施的应用[EB/OL].(2021-02-11)[2022-03-11]. https://eur-lex. europa. eu/legal-content/EN/TXT/? uri = COM%3A2021%3A49%3AFIN.

在融合了二十多个成员国地理标志保护的智慧结晶后，欧盟不仅建立起目前世界上最完备和详尽的地理标志保护制度，起到了地理标志保护示范法的作用，更通过先后出台的一系列有关地理标志的法律法规，将欧盟成员国众多地理标志产品纳入统一的区域性协议下予以保护。系列法律法规一方面强化了欧盟成员国之间地理标志产品的保护水平，有效解决了欧盟规定与各成员国国内法之间的相关分歧与障碍，另一方面，也在客观上保护了欧盟统一市场，提升了成员国地理标志产品的市场竞争力与占有率。

# 第三节　美国地理标志保护制度

与法国专门法地理标志保护模式不同，国际上有相当一部分施行普通法的发达国家以商标体系为地理标志提供相关法律保护，美国是其中的典型代表。因此，采用商标体系提供相关法律保护的模式常被称为"美国式商标法"地理标志保护模式。

美国将地理标志界定为商标的子集，认为地理标志与商标具有以下三方面相同的功能：指示来源的符号，质量保证，有商业利益价值。在美国，已有许多符合 TRIPs 协定定义的地理标志，被作为商标予以保护多年。

美国对地理标志的法律保护，其依据来源于法律法规的集合，包括作为最重要的法律依据的《兰哈姆法》，即 1946 年商标法，以及各州的普通法、联邦行政规章与判例等，并将"服务"纳入地理标志保护范畴，为所有商品的地理标志提供保护。

## 一、现行《兰哈姆法》对地理标志的保护

### （一）禁止注册"描述性和欺骗性误描述的地理术语"

《兰哈姆法》将商标注册分为主簿（the principal register）和副簿（the supplemental register），只有具有显著性的标志才能申请在主簿注册。

《兰哈姆法》第 2 节（15 U. S. C. §1052）规定，凡是可以将申请人的商品与其他人的商品区分开来的商标，都不得因其性质而被拒绝在主簿上注册。但是，如果申请注册的商标在申请人的商品上或与申请人的商品结合使用时，符合以下任一条件，则不允许注册：（1）仅仅是描述性的或欺骗性误描述的；（2）主要是地理描述性的，但根据第 4 节（15 U. S. C. §1054）可被

注册的地区来源标记(indications of regional origin)除外①；(3)主要是在地理上进行了欺骗性误描述的。但第(3)条存在两种特殊情况：其一，如果该标记在《北美自由贸易协定》生效前(1993年12月8日)，已在申请人的商业活动中获得了显著性，即"第二含义"——(表明)商品生产或制造的来源的，可以在主簿注册；其二，如果该标记没有取得显著性，但申请人在1993年12月8日前在商业活动中已合法使用该标志，则可以在副簿注册。

描述性的含义，一般是指对某类产品的外观、颜色、来源等特征或属性的描述，是对产品的说明与规定，对人们认识该类产品而言具有重要意义。但是，描述性词语是不具有显著性的，因此，如果某一商标仅仅是描述性的，那么描述的内容只包含该类产品共通的特质与属性，不具有区分产品来源的功能，无法被注册为商标。《兰哈姆法》对地理描述性标记禁止被注册为商标的规定不仅限于直接的地理名称，而且将有可能产生误解的别称和简称甚至是某区的地图也包括在内。② 同时，美国也不保护沦为商品/服务通用名称(generic)的地理术语或符号。

对于消费者与市场而言，地理标志的"首要意义"(the primary meaning)在于向消费者表明产品或服务的地理位置/地理来源。如果地理标志的描述是错误的，那么极易造成误导和欺骗消费者的情况。因此，如果某一商标主要是在地理位置/地理来源方面进行了欺骗性误描述，则永远不能获得注册。然而，如果一个地理符号(a geographic sign)或地理术语(a geographic term)是被用于识别产品或服务的来源，并且随着时间的推移，消费者开始将其视为确认特定的公司、制造商或一组生产者的标记，那么，该地理符号/术语将不再只是描述产品/服务来自何处，还向消费者表明了商品/服务的生产或制造的"来源"。届时，该地理符号/术语具有了"第二/次要含义"(secondary meaning)，又叫作"获得的显著性"(acquired distinctiveness)。因此，如果一个标记是描述性的，或主要是地理描述性的，但在商业使用中已成为确认申请人商品/服务的显著标记，获得了识别来源的能力，即对消费者具有"第二/次要含义"，则该标记可以作为普通商

---

① 《兰哈姆法》第4节(15 U.S.C. §1054)规定，集体商标和证明商标，包括地区来源标记(indications of regional origin)，应在本章下，以与商标相同的方式和相同的效果进行注册。

② Livat F. Individual and collective reputations in the wine industry[M]//Ugaglia A A, Cardebat J M, Corsi A. The Palgrave Handbook of Wine Industry Economics. Cham, Switzerland: Palgrave Macmillan, 2019: 463-485.

标或集体商标受到保护，在主簿获得注册。由此可见，在美国的相关法律法规中，消费者与市场的反应是决定商标是否具有保护资格——"显著性"的关键因素。

但是，根据《兰哈姆法》第 2 节（15 U.S.C. §1052）(f)的规定，想要证明该标记已具有显著性，申请者需要在宣称具有显著性之日起的前五年，就必须在商业活动中基本上独占，并连续使用其作为商标。这是由于美国商标法奉行"使用在先"的原则，即商标的先使用者获得商标法律的保护。①

（二）注册集体商标、证明商标保护地理标志

在美国地理标志保护制度中，除去以普通商标保护地理标志以外，还通过《兰哈姆法》为地理标志提供集体商标或证明商标的法律保护方式。

在"美国式商标法"保护模式下，地理标志被划分为两种类型。第一种是一般的地理描述性术语或标记。如前文所述，它只有在取得了"第二含义"或"获得的显著性"的情况下，才能在主簿上申请注册。第二种是表明商品/服务"真实"地理来源的地理名称（name）或标记（sign）。虽然该名称或标记也是地理描述性的，但根据《兰哈姆法》第 2 节（15 U.S.C. §1052）和第 4 节（15 U.S.C. §1054）的规定可知，它不需要满足普通商标或集体商标注册对"第二含义"的要求，而是可以作为证明商标获得注册。总体而言，美国对地理标志的法律保护以证明商标为主，以防止公共资源被任意垄断和私有化。

根据《兰哈姆法》第 45 节（15 U.S.C. §1127）的规定，"证明商标"一词是指任何文字、名称、符号、图案或其任何组合，由其所有者以外的人使用，或其所有者有善意的意图允许所有者以外的人在商业中使用，并申请在本法案设立的主登记簿上登记，以证明该人的商品或服务的产地或其他来源、材料、制造方式、质量、准确性或其他特征，或证明商品或服务的工作或劳动是由联合会（union）或其他组织的成员完成的。

与普通商标与集体商标相比，证明商标最明显的特征首先在于"所有人不得使用规则"，即证明商标的所有人并不是商标指示的产品或服务的提供者，商标只能由商标所有者以外并能够证明产品或服务达到某些特定标准与要求的其他实体经由授权使用；其次，证明商标的目的在于"证明"

---

① 王岩. 美国知识产权环境研究报告［EB/OL］.（2014-12-25）［2022-02-25］. http://freereport. cnipa. gov. cn/detail. asp? id=128.

(certify),而不是"指示来源"。证明商标既不表明商品或服务的单一商业来源或所有权来源,也无法用于不同来源的商品或服务的区分,而是对不同来源的商品或服务所共有的某些特征予以证明,代表着这些商品/服务达到了由其生产者以外的第三方制定的某种特定标准,任何符合该证明商标认证标准的实体都有权使用该商标。

证明商标被划分为以下三种类型:证明产地或其他来源的商标;证明产品或服务的材料、制造方式、质量、准确性或其他特征的商标;证明产品或服务的劳动是由一个集体或其他组织的成员提供的商标。在这三种不同的证明商标中,地理标志作为表明产品或服务地理来源的标记,符合证明商标"证明产地或其他来源"的功能和特点。因此,地理标志主要作为第一类证明商标受到保护。

地理标志证明商标是一个单词、名称、符号、图案或这些元素的某种组合,单独使用或作为复合商标的一部分使用,以证明商品或服务源自该术语所标识的地理区域,或者在某些情况下,来自包括该术语所标识的区域在内的更广泛的地区。地理证明商标可以主要由公认的、能够识别相关地理区域的地理术语组成,或者包括一个地理术语的变体或缩写或不同地理术语的组合。有时,也可能含有或由严格意义上非地理的名称或图形元素组成。[1] 在实际操作中,一个地理标志证明商标可以被用于证明产品或服务除地理来源以外还具有其他特征,即同一个商标可以在多个认证类别中证明产品或服务的多个特征。例如,证明商标"洛克福"(Roquefort,美国注册号 571、798)用于指示该奶酪是用羊奶制成,并且是在法国洛克福社区的洞穴中,按照其长期建立的方法和程序加工熟成的。[2]

在美国,大多数情况下,是由政府机构或经政府授权运作的机构申请地理标志证明商标并成为商标所有人,从而控制该地理标志证明商标的使用,维护证明商标所有人的权利,包括采取措施确保证明商标仅仅用于特定的商品上,该商品已经具备或达到了地理标志证明商标所有人制定或采纳的

---

① United States Patent and Trademark Office. Trademark Manual of Examining Procedure (TMEP):1306. 05 Geographic Certification Marks[EB/OL]. [2022-02-25]. https://tmep. uspto. gov/RDMS/TMEP/current#/current/TMEP-1300d1e585. html.

② United States Patent and Trademark Office. Geographical Indication Protection in the United States[EB/OL]. [2022-02-25]. https://www. uspto. gov/sites/default/files/web/offices/dcom/olia/globalip/pdf/gi_system. pdf.

必要特征或具体要求,阻止滥用或非法使用证明商标的行为等。地理标志证明商标的质量标准是由商标注册申请人提出的,但是作为主管部门的美国专利商标局(USPTO)无需对其进行审查,也不用亲自核实申请人是否确保执行该标准。地理标志证明商标质量标准的执行与控制,完全由地理标志证明商标的所有人来承担。[①] 而地理标志证明商标质量标准的监督,则主要依靠证明商标的竞争对手和消费者,以确保标准制定者(商标所有人)保持必要的授权质量。这是因为竞争者与消费者等市场主体对保持证明商标的准确性和高标准最感兴趣,并与之具有直接的利益相关关系。

根据《兰哈姆法》第45节(15 U.S.C.§1127)的规定,"集体商标"一词是指一个商标或服务商标,(1)由合作社、协会,或其他集体团体或组织的成员使用,或(2)该合作社、协会,或其他集体团体或组织有善意的意图在商业中使用,并申请在本法案设立的主登记簿上登记,并且包括表明某一联合会、协会或其他组织成员资格的标记。虽然集体商标由集体的成员使用,但集体商标却归一个集体实体所有。也就是说,集体商标的所有权与使用权是分离的,商标所有者(集体)注册、管理并传播其商标,集体中的成员经授权使用该集体商标。

集体商标在美国主要有两种类型:集体商标或集体服务商标;集体成员商标。不同类型的集体商标之间的区别,由美国专利商标局行政法庭商标审判和上诉委员会(TTAB)解释如下:集体商标或集体服务商标是"集体"(即协会、工会、合作社、兄弟组织或其他有组织的集体团体)采用的商标,仅供其成员使用,以将他们的产品或服务与非会员的区分开;集体成员商标是为表示有组织的集体组织(例如工会、协会或其他组织)的成员身份而采用的标记。集体及其成员均不使用集体成员商标来识别和区分商品或服务,相反,这种标记的唯一功能是表明使用该标记的人是某一集体组织的成员。[②]

虽然与普通商标或服务商标一样,集体商标和集体服务商标也表明商品或服务的商业来源或所有权来源,但它指示的来源是集体而非任何一个成员,表明提供商品或服务的一方是某一集体的成员,符合该集体的准入标准。集体本身不以集体商标或集体服务商标销售产品或提供服务,但可以

---

① 朱丽萍.地理标志的法律保护研究[D].上海:华东政法大学,2008.

② 杨鹏程,周应恒.农产品地理标志的声誉衰退及治理策略[J].现代经济探讨,2014,3:
47-51.

通过广告或其他方式宣传或推销其成员在商标下销售或提供的产品或服务。①

美国充分利用商标与地理标志的共性,通过申请注册集体商标、证明商标的方式,将地理标志纳入已有的商标法律体系保护,不仅节省了立法执法成本与社会资源,而且有效避免了专门立法保护模式下由于商标和地理标志主管机关的不同而引发的冲突与纠纷。需要说明的是,与地理标志的含义与构成要素必须源自特定的地理来源不同,证明商标、集体商标并不一定指示商品的特定质量、声誉或其他特征与地理标志所处的自然环境与人文环境之间存在密切的联系。

此外,为了防止在商标注册领域内滥用地理名称,《兰哈姆法》第 43 节(15 U.S.C. § 1125)(a)规定,禁止使用虚假的原产地名称或错误的描述、陈述行为。这不仅是出于商标保护的角度,更是从维护市场公平竞争的角度出发,禁止涉及地理标志的不正当竞争行为,从而直接且全面地保护地理标志。

(三)对葡萄酒、烈酒的地理标志保护

对于葡萄酒和烈性酒,美国按照 TRIPs 协定的要求对其施行更高水平的保护。在 TRIPs 协定生效后,美国国会对《兰哈姆法》第 2 节(15 U.S.C. § 1052)(a)增加了一个祖父条款:"当地理标志在葡萄酒或烈酒上使用或结合使用时,标识的是产品原产地以外的其他地方,并且是申请人在 WTO 协定对美国生效之日起一年或以后,首次将该地理标志使用于葡萄酒或烈酒上或结合使用,则拒绝该地理标志在主簿上注册。"可见,该法规明确禁止一切非来源于葡萄酒或烈酒原产地的地理名称用于标记酒类,从而保证了酒类地理标志来源地与产品品质的可靠性。但同时,这也意味着对 1996 年 1 月 1 日前已经开始使用的葡萄酒或烈酒地理标志而言,即使其指示的地理来源与产品原产地不符,美国也允许使用。这主要是为了解决美国与欧洲地理标志产品重名较多的问题。

---

① United States Patent and Trademark Office. Trademark Manual of Examining Procedure (TMEP):1303 Collective Trademarks and Collective Service Marks Generally[EB/OL]. [2022-02-25]. https://tmep.uspto.gov/RDMS/TMEP/current#/current/TMEP-1300d1e347.html.

## 二、联邦行政规章对地理标志的保护

美国对葡萄酒和烈酒的地理标志施以非常严格的保护，不仅依据商标法给予高于一般地理标志产品的保护，还由行政机关——美国烟酒税收及贸易管理局（以下简称 TTB）专门负责管理与保护工作。

（一）对葡萄酒地理名称的划分

TBB 根据《联邦规则法典》第 4 部分第 24 条，将葡萄酒的地理名称划分为具有地理意义的通用、半通用和非通用名称，具体如下。

1. 葡萄酒通用名称。该类名称原本具有地理指示意义，但现在已然是葡萄酒类别或类型的名称。在主管机关认定的情况下，将被视为具有了通用性。Vermouth（苦艾酒）和 Sake（清酒）都是葡萄酒通用名称的示例。该类名称将不再作为地理标志受到保护，在使用方面也不受限制。

2. 葡萄酒半通用名称。该类名称原先具有地理指示意义，但同时也是葡萄酒类别或类型的名称。在主管机关认定的情况下，将被视为半通用名称。只有指示的葡萄酒符合规则法典中设定的身份标准（如果法典中没有设定标准，则为符合此类别或类型的行业标准），并且在与半通用名称直接关联的地方，出现一个表明该葡萄酒真实来源地的适当的原产地名称，才可以使用半通用名称。非产自半通用名称所指示地区的葡萄酒可以使用该名称，但是在使用的同时需要标明产品的真实来源。

3. 非通用葡萄酒名称。该类名称具有地理意义，并且没有被主管机关发现具有通用性或半通用性，只能用于标示该名称所指示的来源地的葡萄酒。除非主管机关发现对于消费者和业界而言，该名称被视为一个特定地点或地区的特定葡萄酒的名称，能够使之与所有其他葡萄酒区分开来，否则该名称不得被视为特定葡萄酒的显著性名称。由此，非通用葡萄酒名称被划分为两类，第一类是不具有显著性的非通用名称，例如 American，California，Napa Valley 等；另一种既是非通用名称，又是特定葡萄酒的显著性名称，例如 Bordeaux Blanc，Graves，Medoc，Saint-Julien 等。

（二）对葡萄酒原产地名称的规定

美国葡萄酒原产地名称（appellation of origin）可被划分为与行政区划有关的名称和与葡萄种植区有关的名称两类。

从行政区划来看，根据《联邦规则法典》第 4 部分第 25 条规定，美国葡萄酒原产地名称可以是(1)美国;(2)一个州;(3)多州:两个或不多于三个相邻的州;(4)县(必须带有"县"(county)一词来标识,字体应与县名相同,字号应与县名同等显著);(5)多县:同一州的两个或不超过三个县;或(6)葡萄种植区。

在资格认证方面,如果美国葡萄酒满足以下条件,那么其将享有除多县或多州的名称以及葡萄种植区以外的原产地名称:(1)至少有75%的葡萄酒来自名称指定产区的水果或农产品;(2)如果标有"美国"字样,需要在美国境内全部完成;如果标有某一州名,需要在标记的州或临近州内;如果标有某一县名,需要在标记县所在的州内;并且(3)符合指定产区法律与法规管理对在该地方生产的葡萄酒成分、生产方法和名称的管理要求。

在此基础上,对于多县名称而言,如果所有水果或其他农产品均种植于名称指示的各县内,由每个县种植的水果或其他农产品所生产的葡萄酒百分比在标签上标明,并且误差在正负2%之内,则可以使用原产地名称。对于多州名称而言,如果(1)所有水果或其他农产品均在所示的各州内种植,由每个州种植的水果或其他农产品生产的葡萄酒百分比在标签上标明,并且误差在正负2%之内;(2)该酒在标签所示的某一州内已全部完成;并且(3)该酒符合名称列出的所有州的法律与法规,对葡萄酒/果酒成分、生产方法和名称的管理要求,则可以使用原产地名称。

葡萄种植区(VA)是葡萄酒原产地名称(AO)的特定子类别,与原产地名称相比,美国《联邦条例法典》给出的定义与使用标准则更为严格。其中,美国葡萄种植区(AVA)指"一个由地理特征区分的划定的葡萄种植区,具有《联邦条例法典》第9部分所述的区别性特征,其名称与边界在第9部分中也得以确定"[①]。在AVA的申请书中,必须包括与命名、边界、区别性特征、地图与边界描述等有关的所有证据材料和信息。

在命名证据方面,提议的AVA名称必须在当前与某一葡萄种植地区直接关联。该AVA范围内的所有地区必须以申请书中指定的名称,在国内或当地为人所知,尽管使用该名称可能会超出该AVA的边界。命名证据必须符合以下规则:(1)名称使用,申请书必须以叙述形式,彻底说明提议的AVA所涵盖地区的名称使用方式;(2)名称的来源以及命名证据的来源。该AVA名称以及支持它的证据必须来自独立于申请人的来源。

---

① 美国《联邦条例法典》(Code of Federal Regulations,CFR)第1章A§4.25(e)(1)(i)。

在边界证据方面,申请书必须详细说明界定边界的基础,该说明必须参考命名证据以及其他区别性特征信息。同时,为了支撑所提议的边界,申请书必须概述该边界内的共性或相似性,并且必须具体说明这些共性或相似性在边界外的相邻区域内如何不同。

在区别性特征方面,申请书必须以叙述形式,描述提议的 AVA 所具有的共同或相似特征,这些特征会影响葡萄种植,使其与众不同。申请书还必须具体说明这些特征以何种方式影响葡萄种植,以及如何在葡萄种植方面区别于该 AVA 相邻区域的特征。与区别性特征有关的信息包括:(1)气候:温度、降水、风、雾、太阳方向和辐射以及其他气候信息;(2)地质:下伏地层、地貌以及诸如地震、火山喷发和大洪水等地球物理事件;(3)土壤:土系或土壤系列的阶段,标志性的(denoting)母体材料、质地、坡度、渗透性、土壤反应、排水和肥力;(4)物理特征:平坦、丘陵或山区的地形,地理构造、水体、分水岭、灌溉资源以及其他物理特征;(5)海拔:最小和最大海拔。

在地图和边界描述方面,首先,申请人必须随同申请书一起,按照适当比例,提交美国地质调查局地图(The U. S. G. S. map)。该地图标明提议的 AVA 地址,并醒目而清晰地绘制其确切边界。其次,申请书必须基于美国地质调查局地图的标记,对该 AVA 边界进行详细的叙述性描述。该描述必须有特定的起点,必须沿顺时针方向不间断,并且必须返回该起点以完成边界描述。同时,边界描述也必须参考美国地质调查局地图上易于识别的参照点。[①]

以纳帕谷(Napa Valley)为例,该葡萄种植区的名称为"纳帕谷",其获得批准的美国地质调查局地图详细显示了种植区的边界,具体的边界描述如下:

纳帕谷葡萄种植区位于加利福尼亚州的纳帕县,从纳帕县—索诺玛县线和纳帕县—莱克县线的交汇处开始,其边界沿以下方向延伸:纳帕县—莱克县线、帕幽塔和伯耶萨湖的西岸与南岸、纳帕县—索拉诺县线,以及纳帕县—索诺玛县线到起点。[②]

要想使用葡萄种植区名称,不仅需要该名称在《联邦条例法典》第 9 部

---

① 美国《联邦条例法典》(Code of Federal Regulations,CFR)第 1 章 A §9.12。

② 美国《联邦条例法典》(Code of Federal Regulations,CFR)第 1 章 A §9.23。

分下获得批准①,还要求不少于85％的葡萄酒来自葡萄种植区范围内种植的葡萄。就美国葡萄酒而言,还要在标记的葡萄种植区所在州或其中一个州内全部完成。对于具有重叠的葡萄种植区名称,如果葡萄酒不少于85％的含量来自重叠区域的葡萄,则应标出每一个产区。② 美国原产地制度与法国 AOC 制度最根本的区别,就是美国没有限制葡萄品种种植、产量以及酿造方式。

### 三、普通法对地理标志的保护

虽然,当今美国实行的是普通法与制定法互为补充、相辅相成的法律体系,但实际上,普通法在美国法律传统与诉讼活动中占据着难以撼动的地位。普通法的基本形式是判例法,其基本原则是"遵从前例",即对各地与各级法院所公布的诸多判例、裁决进行记录和整理,从而成为法官在后续类似审判中参考和效仿的范例。通常而言,法官应该遵守以前同类案件中判决所确立的规则。但是,"遵从前例"并不意味着法官要机械式依从单个判例,而是要求在一系列判例中找出重复表述的法律规则组合,并灵活采取适用于一般性法律规则的最佳途径。

与中国采用的"申请在先"原则不同,美国商标注册采用的是"使用在先"原则,即商标的先使用者获得法律的保护。美国商标法的立法依据来自宪法的贸易条款,因此想要获得法律保护,必须先有贸易和商标的实际使用。虽然1988年美国商标法作出修改,允许申请人基于使用的意图而申请商标,现行《兰哈姆法》也采取注册制度,但"使用在先"仍是申请商标注册的重要先决条件。当出现商标使用纠纷时,也需要提交使用证据以有效证明商标的使用情况。因此,在"使用在先"原则的基础上,商标即使没有注册,只要处于真实的使用状态也可以受到法律保护。

与法国、欧盟等奉行的"专门法"地理标志保护制度相比,美国地理标志保护制度同样对地理标志保护的概念、主体、范围、方式进行了较为详细的规定,并且具有如下特征:(1)强调私权:以典型的私法方式——商标法对地理标志进行保护,强调地理标志权是私法意义上的私权利;(2)节省成本:通过将地理标志纳入现成的商标法律体系,有效节省了立法与执法成本,并保

---

① 对于进口葡萄酒,则需要该名称已由相应的外国政府批准。
② 美国《联邦条例法典》(Code of Federal Regulations,CFR)第1章 A § 4.25(e)(3)(4)。

持了商标法律体系的完整性;(3)缓解冲突:一定程度上避免了专门法与商标法并行可能导致的管理部门冲突以及地理标志、商标注册管理冲突;(4)依赖市场:无论是商标显著性的判定还是地理标志的质量监督,都依靠的是市场的力量,而非公权力的介入。

但相应的,美国地理标志保护制度也由于审查不到位、缺少对产品质量的有效控制、过于依靠商标所有人的自我监控、"混淆"的标准难以界定[①]以及地理标志具有"通用化"风险等问题而受到诟病,加之美国对地理标志的保护关注点在于产品原产地是否正确、是否会对消费者产生误导,而不是产品的质量以及质量与原产地之间的联系(即"风土")[②],因此学界普遍认为,美国对地理标志的保护力度与保护水平明显低于"专门法"保护模式。

---

① 在美国商标法中,对于在相同或相似的产品上使用相同或相似的标志,必须界定消费者是否有发生混淆的可能性,但界定的标准与情形却难以确定。

② 张琦.欧美地理标志保护的比较及借鉴意义[D].济南:山东大学,2015.

## 第五章

# 欧美地理标志品牌化的典型模式

地理标志认证制度,由法国开始,遍及全球发达及发展中国家。在历史长河中,欧美的地理标志品牌化出现了立足各国的典型模式。由于法国的先导性和美国的先进性,本章特别选择了法国、美国两国的地理标志品牌化范例,作为典型模式剖析对象。

## 第一节　法国的地理标志品牌化模式

法国的地理标志品牌化模式,以波尔多葡萄酒的极致风土的品牌打造与营销艺术著称。

波尔多(Bordeaux)是法国吉伦特省的一个市镇与省会,同时也是迄今为止法国最大的精品葡萄酒产地。

基于温和的海洋性气候、复杂多样的土壤结构以及河流交错的水域环境等独特的地理条件,在 17 世纪,波尔多地区的葡萄酒进入了投资、贸易、定价以及声誉提升的黄金时期。然而,19 世纪下半叶的葡萄根瘤蚜危机,为这一美好时代画下了休止符。由于众多葡萄园受损严重,导致法国从当时世界上最大的葡萄酒出口国转变为世界上最大的葡萄酒进口国。随着法国国内葡萄酒生产的复苏,市场供过于求带来了葡萄酒价格的迅速下跌,并且这场危机还进一步引发了葡萄酒仿制、欺诈、掺假等一系列问题,在葡萄酒产区的生产商和销售商之中爆发了大规模抗议活动。

这场声势浩大的葡萄酒危机推动了相关法律条文的出台，即通过将葡萄酒的"质量"与其生产地区的"风土"相关联，以保护优质葡萄酒生产商的利益以及传统的葡萄酒酿造方式，并最终使法国建立起原产地名称保护制度。其中，在 1908 年至 1911 年间颁布的第一条法规，确立了四种葡萄酒的官方地理界限（原产地名称），波尔多正是其中一种。与前两者 Banyuls、Clairette de Die 的小型产区相比（分别约 1 300 公顷和 1 500 公顷），波尔多与香槟的覆盖面积更大（分别为 140 000 公顷和 1 5000 公顷），在出口市场的占比也更为可观。[①] 虽然，之后第一次世界大战的爆发严重影响了法国葡萄酒的全球化浪潮，但庆幸的是，在波尔多始终有一批葡萄种植者、商人、经纪人以及工会致力于当地葡萄园以及葡萄酒海外专业销售网络的建设。[②] 例如，广为人知的波尔多 1855 分级制度，即是由波尔多的酒庄生产者、酒商和经纪人等合作制定而成。该分级每次再版印刷时，波尔多的酒庄、酒商和经纪人也要根据最新的市场情况进行调整。

经过百余年的发展，波尔多俨然已是全球高品质葡萄酒的代表，不仅在葡萄园面积方面大幅提升（截至 2018 年种植面积达 12.3 万公顷[③]），占据了法国 AOC 葡萄酒产量的 25%，还形成了一套完整的生产体系与管理规范，并成功地将"法式风味"融入了国际葡萄酒贸易以及葡萄酒消费文化的全球普及之中。如此瞩目的地理标志品牌化成就背后，离不开波尔多葡萄酒长期对自身品质的严格把控、对品牌销售模式的继承创新，以及坚持不懈的品牌传播。

## 一、分级制度：波尔多葡萄酒的品质呈现

在法国葡萄酒的分级中，目前存在 AOP、IGP、VDF 三种类型。波尔多葡萄酒属于 AOP 这一等级。但是，该等级其实是一个相对宽泛的类型，在

---

[①] Haeck，Catherine，Meloni，Giulia and Swinnen，Johan. The Value of Terroir. A historical analysis of Bordeaux and Champagne geographical indications［C］. LICOS Discussion Papers，LICOS-Centre for Institutions and Economic Performance，KU Leuven.

[②] Mikaël Pierre. Bordeaux across borders：The innovative trading strategies of J. Calvet & Co. in the first wave of wine globalization［J］. Global Food History，2019，5：1-2，84-97，DOI：10.1080/20549547.2019.1567211.

[③] 法国波尔多产区介绍（Bordeaux）［EB/OL］.（2018-10-21）［2021-01-25］. https://www.sohu.com/a/270286317_100170120。

波尔多的法定产区中，又根据实际情况进一步详细划分了不同等级。

（一）波尔多产区葡萄酒（AOC/AOP）

由于波尔多是法国受监控的原产地名称（AOC/AOP），因此在波尔多葡萄酒区内，只要葡萄酒满足波尔多 AOC 在葡萄品种、葡萄种植方法以及葡萄酒酿造法等方面的法律规定，均可以标以 AOC 字样，即"Appellation Bordeaux Controlle"，后改为 AOP（Appellation d'Origine Protégée），这一类葡萄酒又被称作波尔多产区葡萄酒。事实上，波尔多地区内绝大多数的葡萄酒均为法国 AOP 级的葡萄酒，达到了总产量的 95%，但其品质水平与下列各级别相比则较为普通。①

（二）优级波尔多产区葡萄酒（Bordeaux supérieur）

波尔多 AOP 与优级波尔多的产量占波尔多所有产量的 50%，是广受赞誉、和谐优雅和香气复杂的波尔多风格的代表，在正标体现为如下字样"Appellation Bordeaux Superieur Controlle"。除了要达到 AOP 的所有标准，优级波尔多产区葡萄酒还需要满足以下条件：产量，AOP 的标准为每公顷平均大负荷量为 6800 公斤，而"优级"每公顷的平均大负荷量为 5900 公斤；酒精度，"优级"酿酒葡萄采摘前会进行严格监控，葡萄成熟度更高，葡萄酒的酒精度比法定低酒精度通常高 0.5%；陈年，"优级"的小陈年期为 10 个月；风味，"优级"沿袭了 AOP 的一贯风格，但口感更浓缩、香气更浓郁。

其次，波尔多 AOP 葡萄酒有红葡萄酒、干白葡萄酒（包括甜白葡萄酒在内）以及桃红葡萄酒（包含起泡酒在内）三种，优级波尔多只有红葡萄酒和干白葡萄酒两种，但两者在价格上位于同一个区间。此外，虽然优级波尔多在葡萄种植与酿造上的标准更为严格，但这只是代表了两个不同的等级标准，并不意味着优级波尔多一定会比波尔多 AOP 的品质更高。②

（三）波尔多区域级产区葡萄酒

在波尔多地区内有着不同的葡萄酒产区，其中，部分产区的葡萄酒质量要高于整体波尔多地区的平均水平。因此，为了在波尔多产区的基础上进一步凸显自己，打造差异性，一般在酒标上会标明葡萄酒产自波尔多具体的

---

① 法国波尔多产区介绍（Bordeaux）[EB/OL].（2018-10-21）[2021-01-25]. https://www.sohu.com/a/270286317_100170120.

② "超级"波尔多和波尔多 AOP（AOC）有什么差别[EB/OL].（2019-10-10）[2021-01-25]. http://www.lancichina.com/bedjz/14976.html.

哪个产区,这使得波尔多产区在内部又进一步划分为了若干个小的区域。这些小区域并不是一个独立的子产区,而是一个产区集合的概念,并且区域内不一定生产同一类型的葡萄酒。同时,这对消费者的葡萄酒知识素养也提出了一定要求,因为辨认此类地理标志需要消费者对波尔多地区的地理分布有所知悉。如波尔多丘(Côtes de Bordeaux)产区。

(四)波尔多村庄级产区葡萄酒

在上述划分的波尔多小区域中存在着许多不同的村庄,同样,某些村庄产出的葡萄酒质量会高于该小区域整体的葡萄酒质量平均水平。因此,与波尔多区域级产区葡萄酒的做法一致,他们会在酒标上标明葡萄酒产自波尔多地区的哪个村庄。辨认此类地理标志也需要消费者对波尔多地区的地理分布有所知悉。如波尔多丘(Côtes de Bordeaux)产区内的 Francs 村庄,就有属于自己的 AOP 名称 Francs Côtes de Bordeaux。该村庄生产的是甜白葡萄酒,主要以苏维浓搭配密斯卡岱和赛美蓉进行混酿。①

(五)波尔多列级酒庄葡萄酒

除了从产区地理分布的角度划分波尔多葡萄酒的等级,目前在波尔多地区还有着五种不同的质量分级制度,分别为 1855 年分级制度、格拉夫(GRAVES)分级制度、圣埃米利永(Saint-Émilion)分级制度、士族名庄/中级庄(CRUS BOURGEOIS)分级制度以及艺术家酒庄(CRUS ARTISANS)分级制度,名列以上分级制度内的葡萄酒只占波尔多总产量的 5%。

虽然这五个分级制度共同为消费者提供了较为可信的波尔多葡萄酒佳酿名单,但各分级制度在行业与市场上的声望与影响力却有着不小的差距。其中,最为人熟知且被奉为葡萄酒分级"圣经"的,莫过于自诞生至今已有 160 余年历史的 1855 年分级制度。该制度为针对红葡萄酒的 1855 梅多克(Medoc)分级和针对甜白葡萄酒的 1855 苏玳 & 巴萨克(Sauternes & Barsac)分级,入选的酒庄可在酒标上标注"Grand Cru Classe en 1855(1855 列级庄)"的字样。

1855 年巴黎世界博览会召开在即,法国国王拿破仑三世为向全世界推广波尔多的葡萄酒,要求波尔多工商会(Bordeaux Chamber of Commerce

---

① Wine-Searcher Editorial. Francs Côtes de Bordeaux. [EB/OL]. (2020-08-21)[2024-10-28]. https://www.wine-searcher.com/regions-francs+cotes+de+bordeaux.

and Industry)拟定一份在世博会上展示的葡萄酒清单。波尔多工商会将此棘手的任务转交给了对波尔多酒庄、葡萄园风土和葡萄酒等了如指掌的葡萄酒经纪人工会(Syndicat of Courtiers),要求他们提供"一份本省红葡萄酒全部列级酒庄的名单,尽可能详细和全面,要明确每个酒庄在五个级别中的归属及其地理位置"。幸运的是,这些葡萄酒经纪人对酒庄和市场的情况都了然于胸,根据查阅的档案资料以及葡萄酒的长期品质和市场价格,并结合自己拥有的品酒笔记,最终列出了一份官方分级名单。当年 4 月 18 日,一份红葡萄酒与一份甜白葡萄酒的分级名单正式颁布(见图 5-1)。

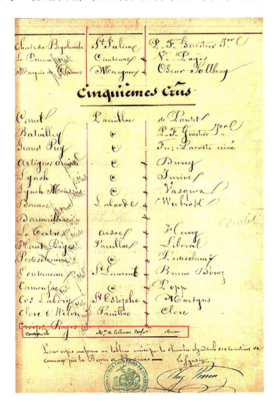

图 5-1 1855 分级名单①

1. 红酒名单:共 60 家酒庄入选并分为 5 个级别,基本全部来自梅多克

---

① 图片来源:www.cantemerle.com。加框处为佳得美的补录信息。佳得美酒庄在 1855 年 9 月 16 日(世博会结束前)成功补录为五级庄。

产区(Médoc)，这就是之后人们耳熟能详的梅多克列级酒庄。其中的第一级分别是：拉菲(Chateau Lafite Rothschild)、拉图(Chateau Latour)、侯伯王(Chateau Haut-Brion)与玛歌(Chateau Margaux)。而在当时位列二级庄的木桐酒庄(Chateau Mouton Rothschild)在菲利普·罗斯柴尔德男爵(Baron Philippe de Rothschild)的精心管理下，于1973年成功晋升为一级庄，成为迄今为止在1855分级制度中唯一一座破格升级的酒庄(见图5-2)。由此，广为人知的波尔多五大名庄正式形成并延续至今。

图5-2　左为木桐晋升后首个年份的艺术酒标，右为1987年份木桐酒标①

2. 甜白名单：对苏玳与巴萨克产区的甜白酒也进行了分级，21家甜白葡萄酒酒庄列入其中，共分为3级，这就是后来的苏玳 & 巴萨克分级。其中滴金酒庄(Chateau d'Yque)技压群雄，被授予了"超一级庄(Premier Cru Superieur)"的头衔。②

在之后160余年的漫长岁月里，有的酒庄经历了拆分(拆分后的酒庄依

---

① 图片来源：www.chateau-mouton-rothschild.com。
② 法国波尔多葡萄酒行业协会(CIVB)官网.传闻中的波尔多："寻找宝藏"的冒险旅途[EB/OL].(2016-07-30)[2021-02-25].http://www.bordeaux.com.cn/News/detail/id/49.

然可以沿袭原酒庄的等级），有些酒庄则合二为一，有的从家族经营变为企业化经营，但是它们对品质的严格要求始终未曾改变，这也正是其历久不衰的原因所在。目前，该制度下的梅多克列级酒庄有 61 家，其中有 5 座一级庄、14 座二级庄、14 座三级庄、10 座四级庄和 18 座五级庄。除了一家来自格拉夫（Graves）产区佩萨克—雷奥良（PESSAC-LÉOGNAN）外，其余 60 家皆位于梅多克产区。苏玳与巴萨克分级酒庄则共有 27 家，包括 1 座超一级庄、11 座一级庄以及 15 座二级庄。[①] 与前四类葡萄酒的产区名称相比，列级名庄的地理标志指示性相对弱化，它更多的意义是一个品牌名称。

## 二、"配额"与"期酒"：波尔多葡萄酒的品牌营销特色

"配额"与"期酒"是波尔多葡萄酒独特销售模式的两大核心理念，虽由来已久却历久弥新，在现代依旧焕发出蓬勃的生命力。

（一）配额制度

所谓"配额（Allocation）"，指的是葡萄酒销售份额由酒庄到葡萄酒经纪人、再到酒商的层层分配，消费者无法从酒庄/葡萄酒生产处直接自由购买波尔多葡萄酒。

谈论配额的话题，离不开对波尔多葡萄酒"酒庄—葡萄酒经纪人—酒商"销售体系的介绍。

酒庄，指独立的酒庄和葡萄酒合作社（wine cooperatives）等。目前在波尔多大约有 6100 个葡萄酒庄园的所有者和种植者。其中，酒庄主要是世代流传下来的家族财产，或由大型国家、国际公司以及葡萄种植者（winegrowers）所有。葡萄酒合作社自 20 世纪初即已存在，由一群葡萄种植者基于分担生产成本的原则而组成。葡萄种植者也多被称为葡萄酿酒师（winemakers），这是因为随着季节的变迁，酿酒师必须承担起种植者和酿酒师的身份，有时甚至还有酒商、管理人等不同角色。但通常情况下，酒庄只负责酿酒，并不负责葡萄酒的直接销售。目前绝大多数酒庄难以承担全球化背景下高昂的葡萄酒分销成本与推广费用。酒庄通过仔细筛选、考核以及谈判，确定合作的葡萄酒商名单，并根据自己的葡萄酒产量给予这些葡

---

① 数据来源：法国皮尔多葡萄酒 1855 列级庄官网［EB/OL］. (2012-12-14)［2021-01-25］. htpps://www.crus-classes.com.

萄酒商不同的配额。① 葡萄酒合作社也是葡萄酒商的主要供应者，但同时合作社在法国和出口市场也建立了自己的销售网络。整个波尔多地区有33 个葡萄酒合作社，聚集了 2500 个生产商，占波尔多葡萄酒产量的 25％。②

葡萄酒经纪人(courtier/brokers)，指位于酒庄和酒商间之间进行信息沟通和交易的中间人，目前在波尔多约有 100 个。③ 由于酒庄和酒商分别处于葡萄酒生产与销售的两端，"术业有专攻"，前者无法详细获知葡萄酒的销售信息，后者也不了解与葡萄酒生产有关的技术资料，因此需要葡萄酒经纪人在其中发挥中介功能，使供需匹配，即获取各酒庄的生产情况与酒商名单，向酒庄反馈从酒商处获得的葡萄酒销售情况，帮助酒庄在葡萄的种植和酒的酿造方面作出更好的决策；从酒商处获取详尽、及时的市场状态，向酒商传递其需要的葡萄酒生产信息，并帮助产销双方"配对"，若成功将收取2％的佣金。如今的葡萄酒经纪人不仅是交易的中立一方，要在葡萄收成的质量和市场趋势的问题上提供公正、明智的意见，还是交易的监督人，负责监督葡萄酒从生产者到酒商的交付，以确保所选葡萄酒的严格合规性，保证酒商获得的葡萄酒与之前提供的样品品质一致。在波尔多，酒庄(卖家)与酒商(买家)之间 75％的销售业务是由经纪人处理的。④

酒商(négociant/merchants)，是负责葡萄酒销售的"第一梯队"与专业人士。由于早期波尔多酒庄的庄主大多"身份贵重"，不便也不愿与各阶层的人接触交流，因此诞生了酒商这一职业。酒商一般具有"双重任务"：第一，出售精选的酒，即列级名庄酒或由葡萄种植者在庄园内装瓶的葡萄酒；第二，生产葡萄酒，即酒商从酒庄购买散酒后自行混合、陈酿，然后以自己的品牌名称进行销售，定期供应给世界各地的二、三级酒商，并为消费者提供专业知识的保证。在配额机制下，酒商可以根据所得配额，从酒庄处收购葡

---

① Sopexa. 葡萄酒配额(Allocation)，古老的波尔多葡萄酒销售制度［EB/OL］. (2019-08-23)［2021-01-25］. https://www.sohu.com/a/335933754_659665。

② 法国波尔多葡萄酒行业协会(CIVB)官网［EB/OL］. (2019-08-23)［2021-01-25］. https://www.bordeaux.com/gb/Our-savoir-faire/Wine-Professions。

③ 法国波尔多葡萄酒行业协会(CIVB)官网［EB/OL］(2019-08-23)［2021-01-25］. https://www.bordeaux.com/gb/Our-savoir-faire/Wine-Professions。

④ 法国波尔多葡萄酒行业协会(CIVB)官网［EB/OL］(2019-08-23).［2021-01-25］. https://www.bordeaux.com/gb/Our-savoir-faire/Wine-Professions。

萄酒,但酒商不能只依据产品质量决定是否购买。如果只因某一年份较差,定价无利可图而拒绝购买,酒商可能在来年无法分得葡萄酒的购买配额。目前波尔多有 300 个葡萄酒贸易公司或葡萄酒商,吉伦特酒商负责了波尔多葡萄酒销量的 70％以上,并出口到 170 多个国家,同时还负责为酒庄开拓新市场以及提升酒庄知名度等市场推广工作。[①]

酒庄、葡萄酒经纪人以及酒商三者之间存在紧密的相互依存关系,由此而生的是波尔多葡萄酒最为古老的贸易机制,也是配额机制赖以生存的基础。虽然有观点认为配额的运作机制某种程度上阻碍了价格信号和市场机制的有效运作,当前市场环境的变化也对该模式发起了一定挑战,例如部分酒庄直接寻找市场终端并向参观酒庄的游客卖酒[②],酒商的市场地位、生存空间以及资金收益受到了大型商超、电子商务与互联网的冲击,消费新趋势与新物流渠道加速涌现等。但波尔多葡萄酒的销售机制在数百年的运转磨合中已然臻于成熟,并在继承历史传统的同时保持着强大的影响力与适应能力。至今,波尔多大部分顶级酒庄仍然采取这种传统的贸易方式。

（二）期酒制度

所谓“期酒(En Primeur)”,是指葡萄酒在未制成、未装瓶、未组装的情况下就开始销售,消费者需要在葡萄酒到手前先行付款。期酒制度产生于二战之后的波尔多。由于当时许多酒庄急需资金以修缮酒庄建筑、更新酿酒设备、发放劳务工资,为下一个收获季作准备,而战争期间又正好积压了大量已熟化但尚未完全酿造完毕的葡萄酒,于是酒庄们以橡木桶的形式,提前出售一部分葡萄酒给酒商,从而换取资金和缓解存仓压力。酒商把购买的橡木桶放到自己的仓库中继续进行陈酿、混酿和装瓶,之后通过销售获利,期酒贸易由此形成。

如今波尔多的期酒贸易一般始于每年 4 月第 1 个星期的“期酒周”,这时的葡萄酒骨架已基本成型,大多已按选定比例进行了混酿,但是依旧没有完成陈酿的工艺,只能说是未来葡萄酒的“雏形”。在此期间,将会有大量来自世界各地的专业人员(包括酒评家、进口商、侍酒师、经纪人、媒体等)到波尔多各大酒庄品鉴期酒并为之打分。鉴于此时的葡萄酒还在橡木桶中陈

---

① 红酒世界网.波尔多葡萄酒贸易模式［EB/OL］.（2020-01-17）［2021-01-25］. https://www.wine-world.com/mrjd/20200117164127458.

② 张言志.波尔多葡萄酒的销售模式［J］.中外葡萄与葡萄酒,2004,3:72.

酿,因此品尝期酒又被形象地称为"桶边试酒"。[①]

期酒周过后,酒庄会在综合考虑该年份葡萄酒的产量、品质、评分以及市场情况等因素后,在 4 月末至 5 月初陆续发布自己的期酒价格,然后按配额出售给酒商。酒商在收到配额后将其售出,但买家在付款以后,酒庄一般需要 1～2 年时间完成葡萄酒的陈酿与装瓶,然后发配期酒和销售现货。现货的价格一般要高出期酒,但作为一种期货投资,有时也会出现期酒的价格持平或高于现酒价格的情况。

事实上,正是由于期酒消费信息不对称的特征与投机性,其交易市场对一系列质量信号特别敏感。作为在购买前无法了解其质量的"经验品",葡萄酒一般会利用广告、定价、质量标签、声誉等手段向消费者传递高质量的信息。在期酒交易市场,声誉是定价背后主要影响指标,来源有二:前者是代表质量声誉的葡萄酒庄等级[②],由此形成了一种"地位(status)市场";后者是代表个体与集体声誉的专家意见(以酒评师为主)[③],由此形成了一种"标准(standard)市场"。目前的期酒交易市场处于两者混合的状态下。[④]

在很长一段时间内,1855 分级名单都居于波尔多葡萄酒定价的主导地位,期酒的价格也不免受其影响。通过"社会关系的抑制"与"社会关系的调节"[⑤],1855 分级名单建立起了"地位"与质量的关联。

在传统的波尔多葡萄酒期酒交易中,由于社会地位的悬殊,消费者与酒庄的直接接触机会是微乎其微的。这种"社会关系的抑制"使消费者对波尔多葡萄酒质量变化的反应相对滞后,过往质量在声誉的形成中极为重要。因此 1855 分级名单能够长期在波尔多葡萄酒交易市场中扮演价格表的角色,酒庄和酒商会据此找到一个共同的出发点,并快速计算评估出当年葡萄酒的合理价格,从而实现定价谈判程序的有效简化。譬如,某酒庄一直按三级酒庄在卖酒,如果三级酒庄的价格公认为每瓶 100 法郎,这个价钱就会被

---

① 施健子.期酒和酒庄:中国的波尔多迷思[J].企业家天地月刊,2012,6:83-85.

②③ Landon, S. and Smith, C. Quality expectations, reputation and price[J]. MPRA Paper 9774, Germany: University Library of Munich, 1998, 64(3): 628-647.

④ Colin H. The political economy of price and status formation in the Bordeaux en primeur market: The role of wine critics as rating agencies[J]. Socio-Economic Review, 2010(4):685-707 (23).

⑤ Colin H. The political economy of price and status formation in the Bordeaux en primeur market: The role of wine critics as rating agencies[J]. Socio-Economic Review, 2010(4):685-707 (23).

买卖双方所接受,并以此为基础讨价还价。①

其次,"地位"可以通过个人与群体之间的相互联系而发生流动、交换。② 1855 分级名单是由与市场相关的第三方作出的权威"背书",对各酒庄的声誉积累以及贸易活动具有强烈的"溢出效应",并且能够明显提升期酒的感知价值与消费认可。这是由于与判断质量差异相比,观察其中的社会从属关系显然更为简单。随着时间的推移,1855 分级名单中的酒庄数量鲜有变化(历经 160 余年只增加了 6 个),酒庄排名的稳定性极佳,在市场上不仅收获了卓著的声誉,进一步强化了其难以撼动的强势地位,还在众多上流人士的热烈追捧下,日益增添"炫耀性消费"的色彩。③ 期酒也因此具备了作为"期货"强大的溢价能力。

尽管当下影响期酒价格的因素逐渐多元化,但不可否认,葡萄酒庄等级已成为传递质量声誉的重要载体,不同酒庄在排名等级上的差异是影响其声誉,从而左右期酒价格的显著因素。

随着葡萄酒贸易全球化的不断发展,来自世界各地的葡萄酒评论家对期酒的评判也成为塑造酒庄声誉与地位的要点,进而在期酒定价中扮演起关键角色。罗伯特·帕克(Robert Parker)即是其中最具有代表性的酒评家。他虽然出生于美国巴尔的摩,却因对 1982 年的波尔多葡萄酒作出了准确预判而迅速成名。

帕克的另一重要成就在于提出了葡萄酒评价的"百分制"。他认为 20 分制的评分系统不具有足够的灵活性,极易导致葡萄酒评分的过低与虚高。因此,帕克采用了 100 分的质量等级(其中葡萄酒的评级为 50 分至 100 分)。该评分制度刊登于《葡萄酒倡导者》第一期,并且沿用至今,已成为葡萄酒行业的评分标准。

96～100:是一款富有深刻及复杂特性的非比寻常的葡萄酒,展现了诸多经典葡萄酒的共性。这样的葡萄酒值得人们去努力探索、购买及消费;90～95:是一款杰出的葡萄酒,富有特殊的复杂性与特色,简而言之,这些都

---

① Dewey Markham,Jr.GCC 1855 HISTORY[EB/OL].[2024-12-28]. https://gcc-1855. fr/history.

② Podolny J M. A status-based model of market competition[J]. American Journal of Sociology,1993,98(4):829-872.

③ Benjamin,B. a,& Podolny,J. M. Status,quality,and social order in the California wine industry[J]. Administrative Science Quarterly,1999,44:563-589.

是很棒的葡萄酒；85～89：是一种介于平均水平以上与很好等级之间的葡萄酒，展现了不同程度的细腻和风味，并且没有过多的瑕疵；70～79：是一种几乎没有区分度的普通葡萄酒，大体上是一种简单明了、无伤大雅的葡萄酒；60～69：一种平均水平以下的葡萄酒，含有明显的瑕疵，比如酸度或丹宁过量，风味匮乏，或者含有浑浊的芳香及味道；50～59：一种无法被接受的葡萄酒。

有时某些标点符号也会伴随着评分出现：分数带有括号，例如"90～93"表示该葡萄酒是从酒桶中品尝的，并以估计的分数范围表示；加号表示评论者认为葡萄酒在瓶中一段时间后可能有提升的潜力，并且在之后或未来的品尝中可能被予以更高的分数；若葡萄酒没有被评分而是以问号代替，则表明该葡萄酒要么是有缺陷的，要么是表现出特殊/不寻常的特征，需要进一步品鉴以作出明确的评估。[1]

显然，与传统、内生且极为复杂的官方葡萄酒等级制度相比，帕克评判的依据更多来自口味、喜好、品酒笔记等个体性、外在性、经验性的要素，是一种市场竞争环境下的"标准"评判，但这丝毫没有影响他的评分所受到的广泛认可与证明。有人说，如果帕克的评分是98＋分，那么一款默默无名的葡萄酒能翻好几倍卖；而如果只有85分，则对于这款酒甚至整个酒庄都有毁灭性的伤害。现实也的确如此，帕克对波尔多葡萄酒乃至世界葡萄酒价格波动与酒庄发展的影响已是不可争辩的事实。

"地位"与"标准"并不是一对互相矛盾的概念，只是在来源上存在些许差异，有趣的是，这种来自产地外并且较为市场化的评判标准并没有对传统的酒庄分级制度提出挑战，而是强化了官方分级体系并与之合作。帕克借助不断增长的影响力，以一种类似于第三方信用评级机构的身份，巩固了原本列级酒庄的"霸主地位"，并为波尔多葡萄酒整体的"地位"竞争带来了现代的甚至有些许"民主"色彩的市场标准，在原本内制度化的期酒价格形成机制中嵌入了"去空间化"的市场动力。[2] 波尔多的期酒市场不再是1855分级名单的专有产品，至少有一个北美葡萄酒评论家在等级分明的葡萄酒

---

① 罗伯特帕克官网：https://www.robertparker.com/about/ratings。

② Colin H. The political economy of price and status formation in the Bordeaux en primeur market：The role of wine critics as rating agencies[J]. Socio-Economic Review，2010(4)：685-707 (23).

社会中找到了自己的位置。

　　目前,期酒制度依然活跃在波尔多葡萄酒的销售活动中,并且波尔多期酒已成为葡萄酒二级交易市场中最主要的产品。波尔多大部分的名庄均参与期酒销售,通过期酒方式销售的酒款也不在少数。尽管期酒销售是非正式的,并且不能保证所交付葡萄酒的质量,但已有研究证实波尔多期酒价格具有向消费者发出质量信号的作用,并且对葡萄酒的现货价格具有预测性。①

### 三、"三元八识":波尔多葡萄酒的整合品牌营销

　　法国波尔多葡萄酒行业协会(Conseil Interprofessionneldu Vin de Bordeaux,简称CIVB)是法国专门致力于推广波尔多葡萄酒的行业协会组织(见图5-3)。该行业协会创建于1948年,受法国农业部和财政部联合监管,是波尔多葡萄酒领域三大行业的代表:葡萄酒种植及酿造者、葡萄酒经纪人以及贸易经销商(酒商)。CIVB致力于为上述三大代表建立长期联系,解决共同问题,并可以根据政府法规制定葡萄酒行业的普遍规范,以及适用于整个领域的共同原则,承担着以下四大使命:技术上,建立葡萄酒知识体系,以保证葡萄酒品质,预测未来自然环境,树立食品安全新法规;市场端,定位塑造"波尔多"成为行业标杆品牌,建立消费者与波尔多品牌的认知与联系,增强好感度,开拓寻找更多新消费者、年轻消费者以及维护忠实消费者;经济活动方面,确保提供高质量的葡萄酒生产、市场、环境和全球销售情况等相关信息;行业综合利益方面,保护风土条件,打击假冒伪劣,积极发展葡萄酒旅游业。

　　随着经济价值的演进跨入体验经济时代,单一的广告与营销模式已无法满足现代品牌传播的目标。与传统营销模式相比,整合营销传播的概念主张将与市场营销有关的一切活动进行一元化,通过协调使用不同的传播手段、传播工具以及传播渠道,使消费者能够获取统一的传播资讯,同时低成本、高效率地建立与维持以消费者为核心的品牌关系。

---

　　①　Ali H H, Nauges C. The pricing of experience goods：The example of enprimeur wine[J]. American Journal of Agricultural Economics,2007,89(1)：91-103.

图 5-3　法国波尔多葡萄酒行业协会 LOGO①

CIVB 采取的是围绕"消费八识"的波尔多葡萄酒整合营销传播策略。"消费八识"指消费者的眼识(视觉)、耳识(听觉)、鼻识(嗅觉)、舌识(味觉)、身识(触觉)、意识(思考)、我识(产品与消费者的链接)、藏识(价值观、生活态度)。② 针对波尔多葡萄酒目标消费人群的"消费八识",CIVB 有效整合了消费者的感官、场景、体验、态度、关系、价值观等,并进一步制定了"三元八识"的整合营销传播策略,以"感官融合—深度交互—主题传播"全方位推动品牌价值的渗透。

(一)侍酒品鉴:以感官融合提升品牌认知

感官融合,以融合波尔多葡萄酒视觉、声音、气味、滋味与触感的感官营销方式,满足消费者的"五识"需求,并进一步提升消费者对波尔多葡萄酒的态度(意识)。

波尔多葡萄酒构建了独特的葡萄酒品鉴礼仪与文化内涵,侍酒即是其中之一。侍酒是一种职业,侍酒师并不是简单负责开酒、倒酒的服务人员,而是专业的葡萄酒从业人员和葡萄酒文化的传播者。作为一名合格的侍酒师,必须全面掌握葡萄酒从种植到酿造、从酒窖储存到为消费者推荐等一系列相关知识,熟知葡萄酒与适宜菜肴的搭配以及标准的侍酒流程、动作,并

---

① 图片来源:法国波尔多葡萄酒行业协会(CIVB)官网,http://www.bordeaux.com.cn。
② 胡晓云.品牌言说——基于中国乡村的品牌知觉[M].杭州:浙江大学出版社,2023.

且具备高雅的品位与美学修养、稳重的气质与敏锐的觉察能力、良好的沟通能力与服务意识以及充足的鉴赏能力。因此培养一名合格的侍酒师并不是一件容易的事，不仅需要四至五年时间的学习，还需要经过多次考核与资格认证。

1. 侍酒的知识储备

丰富的葡萄酒文化知识与仪式化的品鉴流程，是侍酒学习的基础。

在葡萄酒知识方面，波尔多葡萄酒有四种类型，即红葡萄酒、干白葡萄酒、桃红葡萄酒和甜白葡萄酒，不同葡萄酒类型在视觉、嗅觉、触觉、味觉等方面都有差异化的感官表现。

以波尔多红葡萄酒为例，其酒色（color）起初是透明的，之后由于葡萄汁与葡萄皮等物质的接触，液体最终呈现红色；在葡萄品种（varieties）上，波尔多红葡萄酒的主要品种为赤霞珠、品丽珠和美乐；在芳香气味（aromas）上，以草莓、黑加仑和紫罗兰为主；在制作（expertise）方面，历经红葡萄去梗压榨、浸泡发酵、浸皮踩皮法（remontage）①、短期浸渍、陈酿、调配等多项复杂工艺；在饮用温度（serving temperature）与贮藏（keep for）方面，最佳饮用温度一般在 13～15 度之间，适宜贮藏的时间是 1～3 年；至于菜肴搭配（food pairings），红葡萄酒适合与白肉、乳蛋饼、烤鱼烹制的主菜相佐，或搭配软质奶酪、新鲜红色浆果甜点。

在葡萄酒品鉴方面，无论是波尔多葡萄酒的各种品鉴会，还是日常的葡萄酒饮用，都遵循着"视觉—嗅觉—味觉"多感官融合的品鉴方法、仪式与流程。视觉（look）分析包括对葡萄酒色调、浓度、清澈度和光泽度的观察；嗅觉（smell）分析包括葡萄酒中存在的三级香气和十一种类型的香气。三级香气包括培酒时或者瓶中陈酿时生成的香气。十一种香气包括树木型、花卉型、水果型、香料型、植物型、动物型、香脂型、焦味型、醚香型、乳香型、矿物型，评估时分为摇杯前和后两个步骤。味觉（taste）分析包括四种味道：甜、咸、酸、苦。最后，综合根据色泽、多样性、浓度、酒香持久度、平衡性及余味来判断。

2. 侍酒的环节

侍酒师需要熟练掌握充足的葡萄酒文化知识与品鉴方法，从而在日常、

---

① 即将汁水从酿酒桶底部抽取上来后，浇淋在葡萄皮等固体部分上浮到葡萄汁表面形成的"帽子"之上，使得果汁与果皮混合，从而提取出理想的亮丽色泽和迷人芳香。

私人的波尔多葡萄酒餐饮消费中,扮演引导、解答、服务等关键角色。一般分为图 5-4 所示的七个环节。

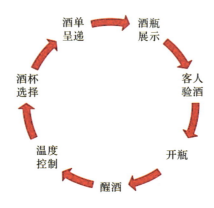

图 5-4　波尔多葡萄酒的侍酒环节

在视觉层面,葡萄酒酒单(wine list)和酒瓶身上均会详细列出葡萄酒产地、酒庄、等级、年份等信息,通过酒单呈递、酒瓶展示和客人验酒,侍酒师能够向消费者传递解读酒标信息的方法以及相关的葡萄酒基础知识。侍酒师也可以在后续的服务中,教给消费者一定的观酒方法与酒色知识,帮助其观察、辨别葡萄酒的色泽与清澈度。

在嗅觉层面,酒杯的选择极为重要。在西方传统观点中,为葡萄酒选择正确的酒杯,可以更加完美地将葡萄酒的风格特点凸显出来。在醒酒的环节,通常会选择一个直径较大的卡拉夫(carafe)瓶,从而使酒大面积地接触空气。如果是陈年的葡萄酒,则选择一个直径较小的卡拉夫瓶。在饮酒环节,选择底部宽大的酒杯能够最大程度地释放酒香,而较小的酒杯开口可以使香气集中到鼻子。[①] 同时,侍酒师也可以向消费者介绍一定的醒酒、闻酒方法与香气知识。

在味觉层面,侍酒师可以教给消费者简单的品酒方法,帮助其体味葡萄酒的酒香与风味;向消费者推荐与葡萄酒搭配适宜的菜肴;详尽解答消费者提出的葡萄酒问题,例如酒的风味、品种、特质、适饮温度、年份的好坏、产区的风土等等。此外,侍酒师还可以通过观察客人的性别、年龄、衣着品位、心

---

① 葡萄酒礼仪之侍酒[EB/OL].(2018-08-02)[2021-01-25].https://www.sohu.com/a/244740046_100223762.

情等,为消费者推荐合适的葡萄酒。

侍酒师不仅是波尔多葡萄酒在全球市场的重要传播者与"代言人",更是波尔多葡萄酒文化的最佳传达者、诠释者以及波尔多葡萄酒在全球营销中的重要参与者。通过提供一系列具有仪式化的侍酒服务,侍酒师向消费者传递了丰富多样的波尔多葡萄酒知识与葡萄酒文化,使消费者通过品鉴获得味蕾愉悦的同时,感受波尔多葡萄酒文化的博大美好,从而在内心深处建立起对波尔多葡萄酒差异化的品牌认知,有助于波尔多葡萄酒塑造独特的品牌联想与品牌形象,提升品牌的信任度与好感度。侍酒师在拉近波尔多葡萄酒与消费者的关系之余,还将与葡萄酒品鉴有关的知识、仪式和习惯带入消费者日常生活之中,从而进一步强化品牌的消费黏性与认同度。

CIVB 为波尔多葡萄酒在全球各地开设了专门的主题酒吧(CIVB Wine Bar)。这里的葡萄酒由侍酒师或葡萄酒顾问提供,不仅为波尔多酿酒师们及酒商们提供了一个理想的交流场所,也是宣传推广波尔多产区的理想环境。

(二)专业培训:以深度交互培育品牌信任

深度交互,通过不断细化,聚焦于忠诚度与品鉴素养较高的专业消费群体,借助营造场景、创造体验以及口碑传播,以深度交互的方式建立起消费者与品牌的关系(我识),获得消费者对品牌的好感、信任和忠诚。

与传统概念上的推广模式不同,波尔多葡萄酒行业协会另辟蹊径,采用专业培训的方式,结合场景打造、互动体验以及口碑传播,从市场的最基层开始逐步培育业内人士以及品牌消费者对波尔多葡萄酒的信任程度与亲密关系,提升品牌的权威性与影响力。

波尔多 CIVB 葡萄酒学校(L'Ecole Du Vin de Bordeaux)自 1989 年起已历经三十余载,是波尔多葡萄酒全球培训中不可或缺的角色,同时也是展示波尔多葡萄酒行业协会优秀创意和活力的窗口。作为葡萄酒教育的使者,波尔多 CIVB 葡萄酒学校通过多样的培训和活动来传播波尔多葡萄酒各行业人们的技艺和热情,旨在最大限度地向专业人士和个人普及和培训波尔多葡萄酒文化。

目前,波尔多 CIVB 葡萄酒学校已覆盖超过 20 个国家,拥有 40 多家合作学校,并成功培训了 10000 多名来自全世界各地的葡萄酒教育者、贸易商和爱好者。

波尔多 CIVB 葡萄酒学校为学员提供了波尔多葡萄酒爱好者计划、波尔多葡萄酒人才计划、波尔多葡萄酒专家计划三大官方认证课程。

波尔多葡萄酒爱好者计划是针对葡萄酒消费者及爱好者的培训。波尔多葡萄酒学校全年提供一系列介绍性的课程，内容具有聚集性、趣味性以及实用性，为爱好者提供选酒、品酒以及各种主题的分享和介绍。

波尔多葡萄酒人才计划针对有一定基础的葡萄酒从业人员或爱好者，让他们能够在自己享用时更好地探索波尔多葡萄酒，或者使那些从业人员能够更好地为消费者提供帮助，提升自己的葡萄酒领域的知识面与专业程度。

波尔多葡萄酒大师计划旨在培训葡萄酒专业人士，是波尔多葡萄酒学校为波尔多葡萄酒行业及同行特设的定制课程，使其能够全面了解波尔多葡萄酒行业协会（CIVB）的各个推广项目。同时还包括对侍酒师的培训。该计划目前仅于法国及比利时的培训学校授课。

无论是葡萄酒贸易商、经销商，还是专业的葡萄酒从业者、教育者，甚至是葡萄酒爱好者、初学者，都可以通过报名预约课程，与专业讲师开展深度互动交流，参观波尔多地区的葡萄园，学习丰富的葡萄酒知识以及葡萄酒品鉴、搭配、酿造等技巧。波尔多葡萄酒学校提供从初级到高级的课程，课时长短灵活，内容也可以根据实际情况进行定制。

我国是波尔多葡萄酒最重要的市场之一。波尔多 CIVB 葡萄酒学校打造了首个面向专业人士的免费葡萄酒教育应用——掌上波尔多（OenoBordeaux），2018 年一经推出，便在中国成功吸引了超 15000 人注册；2019 年上线六大 AOC 家族课程，全面覆盖波尔多所有子产区，以展现波尔多的独特风土与万千风格；2020 年，波尔多葡萄酒学校首次推出线上大师班，邀请了葡萄酒直播达人、商超葡萄酒专家、波尔多酒庄庄主等十余位业内人士和行业大咖，并尝试了多种直播玩法，以亲近观众的内容呈现和互动形式，吸引了超 7300 人次观看，互动量超 3000 条。①

其次，面对各种"中国特色"的餐饮习惯和行业模式，波尔多葡萄酒经过多年对中国渠道的深度探索，改变了传统欧美市场的教育模式，创新推出中餐厅营销培训课程，以深度挖掘波尔多葡萄酒在日常生活中的品饮场景，致

① 数据来源：法国波尔多葡萄酒行业协会（CIVB）官网新闻报道［EB/OL］.（2020-12-03）［2021-01-25］. http://www.bordeaux.com.cn/News/detail/id/330.

力于塑造中国消费者的葡萄酒生活方式。

在内容上,波尔多葡萄酒学校邀请北京著名侍酒师李美玉女士为餐饮课程的"中餐"部分进行了专门编写。按照中国不同菜系、饮食习惯、思维习惯,对原先的法国课程进行了全面改变;在方法上,引进"直觉系品酒法""蒙特梭利教学法"等多种教学形式①,以代表波尔多葡萄酒万千风格的"六大家族"对应中餐博大精深的"八大菜系",指导学员运用引导式提问洞悉客户的真实诉求,并利用葡萄酒词汇"工具箱"更为准确、自信地进行酒款推荐,以更"本土、亲民、创新"的方式最大化教学质量与培训效果。② 在课程方面,针对中国市场推出一系列"营销实战类"定制培训课程,为餐饮行业,特别是"中餐厅"们开启更多葡萄酒销售的经验与方法。

此外,波尔多葡萄酒学校在国内成功举办了多次波尔多葡萄酒垂直品鉴游戏坊活动。垂直品鉴(vertical tasting),顾名思义是纵向品鉴比较同一酒庄/葡萄园出产的不同年份酒款。在波尔多葡萄酒学校认证讲师的全程讲解与引导下,参与者可以通过垂直盲品以及新型游戏体验的方式,推测每轮酒款的来源、具体产区和采摘年信息,在获得有趣又富有寓意的游戏体验的同时,相互分享独到而专业的体验与见解。③

通过开展一系列内容、目标人群、难易度各异的培训课程与体验活动,波尔多葡萄酒学校借助其庞大的认证讲师群体,在中国市场铺开了一张多元化、多维度且极具活力与特色的营销网络。

如今,波尔多 CIVB 葡萄酒学校拥有逾 250 名专业讲师,并与国内的 3 家学校以及 45 位认证讲师开展了深入合作。这些专业讲师不仅是负责教授课程的老师与奋斗在波尔多葡萄酒行业第一线的从业人员,更是波尔多风土、技艺和生活方式的传播者和波尔多葡萄酒"行走的形象展示牌",以及波尔多葡萄酒与参与培训的公司高层、葡萄酒从业人员、葡萄酒爱好者和消费者等之间开展深度互动交流的桥梁。他们可能分处于不同地域,可能从事葡萄种植者、酿酒学家、酒窖主管、市场专员、餐饮教师等不同职业,但都经过了层层筛选与考验,并且"术业各有专攻",能够运用自身的广泛涉猎与专业技能,以丰富的工作经验以及对葡萄酒行业的无限热忱,令波尔多葡萄

---

① 相关媒体报道详见 https://www.sohu.com/a/343360558_102736。
② 相关媒体报道详见 https://www.sohu.com/a/357207006_113865。
③ 相关媒体报道详见 https://www.winesou.com/news/world_news/117731.html。

酒的生活艺术与专业知识最大程度地触及中国的消费者与专业人士。

（三）主题传播：以多重体验深化品牌认同

主题传播，通过开展一系列主题各异的品牌传播活动与体验营销活动，强化消费者的本心认同、价值认同、品牌忠诚，达成"藏识"的共鸣。

在体验经济时代，传统的广告与营销模式已无法满足消费者对体验价值、情绪价值等非功能性福利的追求，品牌营销也愈加注重创造一系列独特的品牌体验。

围绕自身产品特色，波尔多葡萄酒开展了一系列主题各异却又精彩纷呈的体验营销活动，力求拉近品牌与目标消费者之间的心理距离，并通过价值观的诉求与同构，全面提升和维护品牌忠诚、品牌信任、品牌依赖等一系列品牌—消费者关系，最终实现品牌形象的传播与价值渗透，推动品牌与消费者在价值观层面达成共鸣。

（1）女性主题营销活动

"坚强的女性酿造大瓶的波尔多葡萄酒（Strong Women Make Big Bordeaux Bottles）"，是波尔多葡萄酒于 2020 年 3 月第一周在美国纽约开展的主题营销活动。该主题是为了呼应美国妇女历史月（Women's History Month）对杰出美国女性的表彰，她们在艺术、科学、体育、娱乐、商业和政治领域作出了重要贡献。[①]

在此背景下，波尔多葡萄酒选择了 15 位具有代表性的波尔多女性酿酒师，由她们分别制作了 15 款特别且罕见的葡萄酒——这些葡萄酒被装在 3 升容量的葡萄酒瓶里，并将她们与酒瓶的合照制作成海报用以宣传（见图 5-5、图 5-6）。

该主题活动时间为 3 月 2 日至 8 日，为期一周。在此期间共有酒吧、米其林星级餐厅等共计 66 家餐厅合作接待了来访的女性酿酒师们，每家餐厅都提供来自 3 升瓶装的精选葡萄酒，并举办了一系列品尝体验和促销活动。

---

① 图片来源：法国波尔多葡萄酒行业协会（CIVB）官网波尔多杂志（*Bordeaux Magazine*）[EB/OL]．（2018-08-02）[2021-01-23]．https://www.bordeaux.com/us/Bordeaux-Magazine-US/Strong-Women-Make-Big-Bordeaux-Bottles.

图 5-5　波尔多女性酿酒师合照宣传海报[①]

图 5-6　波尔多女性酿酒师独立宣传海报[②]

---

[①][②]　图片来源：法国波尔多葡萄酒行业协会（CIVB）官网波尔多杂志（*Bordeaux Magazine*）[EB/OL]. (2018-08-02). [2021-01-23]. https://www.bordeaux.com/us/Bordeaux-Magazine-US/Strong-Women-Make-Big-Bordeaux-Bottles.

女酿酒师们展示了包括名贵红葡萄酒、干白和甜白葡萄酒在内的各种波尔多葡萄酒，这些酿造的葡萄酒从众多不同的角度捕捉了波尔多各种产区的艺术性和深度。同时，选取女性酿酒师作为此次波尔多葡萄酒的形象代言人，能够在传播波尔多地区丰富多元的文化的同时，贴合纽约消费人群在此期间对女性话题的关注，以及对女性角色、女性形象、女性力量等内容的认同，以可参与的亲身体验，唤起品牌与消费者之间的价值共鸣。

（2）节庆主题营销活动

在整合品牌营销时代，节庆活动已成为品牌整合营销传播中至关重要的一环。把打造一系列与品牌紧密相关的节庆活动作为消费者体验品牌及其产品/服务、开展多向性互动交流、获得品牌知识的重要接触点与传播场景，能够在提升消费者品牌沉浸式体验之余，有效提升品牌营销传播效果以及消费者—品牌关系，增强消费者的品牌好感与认同。

波尔多葡萄酒节（Bordeaux Fête le Vin）是每偶数年举办一次的大型葡萄酒盛会，1998年，波尔多市市长阿兰·朱佩（Alain Marie Juppé）首次创办波尔多葡萄酒节，从此，波尔多近万个酒庄有了同一个精彩的节日。不论是脍炙人口的顶级名酒"奢品艺术级波尔多"，还是"探索臻萃级波尔多"，抑或是"随时随意级波尔多"，都让五湖四海的美食美酒客们趋之若鹜。一般来说，波尔多葡萄酒节是在波尔多加龙河（Garonne）畔举办，有时也会在国外城市举办，例如中国香港、中国北京（密云）、比利时布鲁塞尔、加拿大魁北克和英国利物浦等。

2012年的波尔多葡萄酒节在加龙河布置起了绵延两公里的"葡萄酒之路"，岸边的摊位摆放着多种波尔多葡萄酒及地道的特色美食，只要持有一本试酒证（Tasting Pass），即可拿一支红酒杯品尝波尔多佳酿。

除品尝美酒和美食外，游客还可以进行波尔多知名酒庄深度游，使用一张葡萄酒游园证（Vinyard Pass）即可参观三个知名酒庄，在酒窖试饮，零距离感受波尔多葡萄酒的酿造技术与得天独厚的风土条件。

节庆期间还举办了"节中之节"的波尔多音乐会，众多国际知名的艺术家奉献了精彩绝伦的艺术表演。以此次葡萄酒节主题"波尔多热爱世界，世界热爱波尔多"命名的3D灯光秀也把交易所广场（Place de la Bourse）的18世纪外墙变为一个4000平方米的巨大银幕，通过灯光、音乐和投影，详细展现波尔多葡萄酒的精彩传奇。

　　葡萄酒节还设有波尔多—香港 2012 艺术展、波尔多名酒大议会庆典游行、第一届波尔多国际烟火节、巴克斯酒神大型宴会等丰富多彩的娱乐活动。

　　定期举办波尔多葡萄酒节,不仅有利于波尔多地区区域形象提升与旅游业的发展,传承区域历史与葡萄酒文化,也能够通过多样化的真实体验,向目标消费者传递品牌文化、价值观、社会责任感等理念,使消费者在品尝波尔多葡萄酒的同时,感受到品牌更高层面的价值与意义追求,从而增强消费者对品牌的归属、认同和维护,推动形成稳定持久的品牌信任与品牌忠诚。

　　法国波尔多葡萄酒之于地理标志产品的意义,不仅仅使法国建立了原产地名称制度,更在波尔多葡萄酒的原产地名称保护制度建立、保护方式探索等方面走在世界的前列,为各国、各地提供了很好的地理标志品牌的价值升维策略与方法借鉴。

　　我们看到,受法国农业部和财政部联合监管的法国波尔多葡萄酒行业协会(CIVB)这一组织的建立与作为,在长达 80 余年的波尔多葡萄酒地理标志保护中,提供了前所未有的价值。

　　我们看到,除了最早进入原产地名称保护制度框架之外,协会能够坚守职责,确保"风土"的真实性,实施严格分级制度,并在葡萄酒销售中采用配额制度、期酒制度等饥饿营销、预期营销的方法,提升消费关注、提高消费价值。

　　我们看到,协会能够高度重视品牌传播,制定"三元八识"的整合营销传播策略,以"感官融合—深度交互—主题传播"全方位推动品牌价值的渗透,以侍酒师代言及感官融合提升品牌认知、以专业培训为契机进行深度交互培育品牌信任、以女性酿酒师主题传播等实现多重体验深化品牌认同,达到了品牌价值的持续升维、高质量升维。

　　可以说,有了上述的坚守与策略,波尔多葡萄酒才能够成为国际顶级葡萄酒,才能让消费者趋之若鹜,并以消费为傲。由此,高价值产生高价格,高价格体现高品质,高品质适配高级生活状态,成为一个阶层的符号标准。在高品质、高价格、高价值、高消费阶层的背后,协会的存在价值,在于构建以协会为品牌管理平台的政府、协会、酒庄、侍酒师、消费者的共建和共享机制设计,这显得分外关键。

## 第二节　美国的地理标志品牌化典型模式

美国是一个品牌大国,几乎每一年的世界品牌500强评价,美国总是稳居品牌大国第一。这是因为美国是一个以品牌立国的国家。在这个国度里,大到飞机、轮船等重工业,小到一双运动鞋(NIKE)、一粒口香糖(LUJIAN)、一只鸡翅(KFC)、一份套餐(麦当劳),美国人都可以把它做成世界级的顶尖品牌。生长于爱达荷州田地里的土豆,经过美国人的精心策划和符号化沟通,也成为与可口可乐、柯达等齐名的美国著名品牌。

### 一、爱达荷(IDAHO)土豆的出生地

爱达荷州位于美国西北部,西境与俄勒冈州和华盛顿州干燥的原野相接,北连加拿大的冰川地带,整个东界和永远走不完的蒙大拿州浑然一体,南部便是沙漠无际的内华达州和巨石磊磊的犹他州。没有人类以前,加拿大的冰川朝着南方、东方和西方散步,留下的足迹就是现在的爱达荷州。

爱达荷州的主要经济产业是农业、食品加工业、林业、高科技生产业、观光业和采矿业。该州经济传统上以农业、伐木和采矿为三大支柱。斯内克河流域水源丰富,渠道纵横,是全国最大灌溉区之一。爱达荷州盛产土豆,其土豆品质十分出色,产量也为全美之冠,享有"土豆州"之称。爱达荷土豆在全美乃至全世界食品行业都享有很高的声誉。

根据爱达荷大学2006年的统计数据,爱达荷州土豆的年产量为138亿磅,是美国土豆秋季产量的30%,每年为该州贡献25亿美元的产值,相当于15%的生产总值。在消费者偏好和品牌认知方面,爱达荷土豆也获得了很高的消费者认同,其得分远远高于其他州的土豆。2000年美国家庭意见(NFP)研究的"品牌价值评估"指出,在44个食品类别中,爱达荷土豆跻身前八。因为爱达荷土豆,2003年土豆成为美国第四大种植产品,84%的美国消费者会选择爱达荷土豆。

### 二、品牌的强力后盾——爱达荷土豆协会(IPC)

从土头土脑的土豆,到成为美国百年品牌,成为消费者喜爱的世界级顶尖品牌,爱达荷土豆协会(IPC)功不可没。爱达荷土豆协会(爱达荷土豆委

员会)是一个州立组织,其前身是 1937 年成立的爱达荷水果和蔬菜广告协会,成立初衷是为了增加全国范围内的消费者对包括爱达荷土豆、洋葱和苹果在内的蔬菜和水果的喜爱。土豆协会的成员包括该州的种植者、包装公司、船运公司和加工公司等,最初时成员有 9 个相关组织。在土豆协会成立之前,爱达荷的土豆由各个农场主分散经营,各自为政。分散经营使竞争处于劣势,因此,为了有序竞争和整合区域土豆种植资源,成立了土豆协会。该会的成立让原本分散经营的土豆经济主体有了统一的组织。土豆协会每年向协会成员收取每 100 磅土豆 10 美分的推广费,并利用该经费,通过联合广告、联合营销、联合研究,严格质量标准,使爱达荷土豆资源产生聚合效应,使每个成员都得益。土豆协会的任务是营销爱达荷土豆,主要职责是确保每一个爱达荷土豆的高质量,为产品的相关研究提供资源并开发土豆的新用途、改善州农作物种植环境、宣传爱达荷土豆始终如一的美味、质量和健康的营养成分,并确保只有在爱达荷种植的土豆可以印上"Grown in Idaho(种植在爱达荷)"联邦认证标志(见图 5-7)。今天,爱达荷土豆协会扮演着现代角色:促销爱达荷土豆和研究提高土豆生产率的方法。协会将研究和发展的资金支持提高至 12%,集中研究一些关键问题,如改善生产实践和种植条件、开发利用爱达荷土豆的新用法等,使爱达荷土豆一直成为美国土豆的权威。

爱达荷土豆品牌基于爱达荷的区域资源,是整合区域资源形成的地理标志品牌,为区域内相关机构、企业、农户等所共有。因此,为了避免"公用地灾难",必须构建相关机构组织,促使各相关组织与个人自觉自愿地为该地理标志品牌承担起责任。爱达荷土豆协会对土豆品牌 Idaho © Potatoes(爱达荷土豆)的品牌化和营销案例是美国农产品品牌营销的典范。其具体的品牌化方式主要有以下几种。

(一)地理标志与商标的注册、保护

有学者幽默地将商标和品牌比喻为老婆和情人,意思是说,只有当商标和品牌合一的时候才是最安全的品牌建设。土豆协会于 20 世纪 50 年代末注册了认证商标 Idaho © Potatoes(爱达荷土豆),该认证标志和在爱达荷种植的土豆有关,单词"Grown in Idaho"是一个注册的认证标志(见图 5-7)。任何时候,单词"Idaho"(爱达荷)被用在土豆包装上,注册认证标志象征(©)就必须被使用,以帮助消费者辨认和证实所购买的土豆来自竞争力强的爱达荷州。目前，爱达荷土豆的商标共有两种，一种为认证商标（certification mark），这种商标用于原料、包装、加工等部门，以保证各相关部门的生产程序达到土豆协会（IPC）的要求；另一种为注册商标（trademark）（见图 5-8），注册商标主要用于土豆营销的各个环节，因此，也被广泛应用于非土豆产品如帽子、服装、宣传手册等。

图 5-7　爱达荷土豆目前在官网上的认证标志表达

图 5-8　部分爱达荷土豆的注册商标（trademark）

爱达荷土豆协会对其商标的控制与规范投入了巨大的精力。他们在全国范围内积极保护认证标志，通过各种各样的测试和措施来确定包装在某盒子或袋子中的土豆是不是真正的爱达荷土豆。其品牌保护的措施不仅通过线下活动进行，更利用官方网站实施。在爱达荷土豆协会的官方网站上，有专门的认证链接窗口，如果要下载使用专门的注册或认证商标时，必须有协会的授权。在土豆认证条例中，协会还对中间各环节主体在使用标识和包装方面作出了严格规定。①

代理商，采购爱达荷土豆用于再销售，拥有土豆所有权，但不能使用其他标识，不能对土豆进行再包装，可以直接向消费者出售。包装容器生产商，提供带有爱达荷土豆标识的外包装、商品粘贴标识、托盘等以供存储或销售。经销商，采购爱达荷土豆用于销售或用于个人产品中，不能对土豆进行重新包装，也不能直接向消费者售卖新鲜土豆。食品零售商，购买爱达荷土豆用于食品加工并直接出售给消费者，但不能使用其他标识，也不能对土豆进行再包装。本州内包装运输方，可以是本州的种植者或包装企业，可以在个人标识下运输土豆，但不能直接出售给消费者。州外的再包装商，向本州种植者采购土豆并可以在其自己或其他授权的标识下进行再包装与销售，也可以在不进行再包装的前提下直接采购包装好的土豆进行销售。本州加工商，购买本州产土豆用于加工成为非新鲜土豆产品，可以在其他公司产品标识的名义下以零售形式出售给消费者。零售者，从经销商或零售店处购买爱达荷土豆并向个体消费者出售，但不允许重新包装或是更改产品标识。

除了日常的商标使用，协会还对广告和各种促销活动中使用的商标制定了统一标准，这些标志没有经过爱达荷土豆协会的书面同意不能作任何形式的改动。图 5-9 为各主要促销节日的认证商标与部分包装标准。

除了在包装上使用统一的认证商标之外，协会还在菜单上下功夫。当地的餐馆和非商业组织把爱达荷土豆作为他们菜单的主流。爱达荷土豆协会将很大一部分资源用于向食品服务部门拥有者和经理宣传关于购买和使用爱达荷土豆的好处，以及获得"Grown in Idaho（种植在爱达荷）"联邦认证标志的途径。"如果任何服务部门使用的是 100％ 的爱达荷土豆，那么就让你们的顾客知道你们使用的是高质量土豆。"为鼓励餐馆使用爱达荷土豆，协会鼓励把统一印有"很荣幸为你提供土豆第一品牌（Proud To Serve The First Name In Potato TM）"的文字和爱达荷认证商标的标志添加到餐馆的菜单上，彩色和黑白版本的标志在爱达荷土豆的官方网站上均可下载。如果菜单的拷贝送到协会的食品服务部，餐馆还将得到免费礼物。除了认证商标之外，爱达荷土豆协会还邀请到美国心脏协会对爱达荷土豆的认证文件，该文件在官网首页标示，爱达荷土豆对心脏有好处。

---

①　资料来源于 Idaho potato commission：Types of licenses，笔者译。

**SEASONAL/HOLIDAY CLIP ART**　　　　　**STANDARD CLIP ART**

Halloween
GIF file - Web [16k]
TIF file - PC [37k]
TIF file - Mac [32k]

Thanksgiving
GIF file - Web [15k]
EPS file - PC [17k]
EPS file - Mac [18k]

Holiday Season
GIF file - Web [48k]
EPS file - PC [43k]
EPS file - Mac [48k]

Spuddy Buddy
GIF file - Web [55k]
EPS file - PC [622k]
EPS file - Mac [617k]

Logo
GIF file - Web [12k]
EPS file - PC [21k]
EPS file - Mac [23k]

New Year's
GIF file - Web [41k]
TIF file - PC [96k]
TIF file - Mac [88k]

Football Season
GIF file - Web [35k]
TIF file - PC [86k]
TIF file - Mac [78k]

Potato Lover's Month
GIF file - Web [86k]
EPS file [904k]
JPG file - Mac [816k]

Signature
GIF file - Web [143k]
TIF file - PC [136k]
TIF file - Mac [132k]

Signature
GIF file - Web [28k]
TIF file - PC [84k]
TIF file - Mac [56k]

St. Patrick's Day
GIF file - Web [18k]
EPS file - PC [29k]
EPS file - Mac [31k]

Easter
GIF file - Web [27k]
TIF file - PC [70k]
TIF file - Mac [65k]

Summer Cookouts
GIF file - Web [31k]
TIF file - PC [72k]
TIF file - Mac [67k]

Mesh Bag Illustration
GIF file - Web [276k]
JPG file - Mac [304k]
TIF file - PC [796k]
TIF file - Mac [800k]

5 lb. Poly Bag
GIF file - Web [400k]
JPG file - Mac [296k]
TIF file - PC [2.1mb]
TIF file - Mac [2.8mb]

图 5-9　爱达荷土豆协会的促销节日认证商标与部分包装标准①

(二)活动营销——加强品牌与消费者的互动

活动营销是爱达荷土豆推广的重头戏。爱达荷土豆协会每年都会在不同的月份举办各种类型的活动,吸引零售商和消费者的热情参与,以达到品牌和受众的良好互动效果。

1. 土豆爱好者日

每年 2 月是爱达荷的土豆爱好者月,其间,协会举办"土豆爱好者月零售展示竞赛"。这个展示竞赛的目的,是鼓励零售商(也向独立的个人开放)通过富于想象力和创造性的土豆展示推进销售。2 月期间,一般是土豆销售的淡季。而好的土豆展示能够吸引消费者注意力,推动销售,因此,该活动得到零售商的青睐。同时,零售商参与竞赛的门槛很低,不仅没有损失还可赢得众多奖励。为了效果持续的时间更长,提高爱达荷土豆标志的认知,活动规定展示至少持续一周,新鲜的爱达荷土豆必须包含清晰显示"Idaho"名字和 Grown in Idaho(种植在爱达荷)图案的标签。零售商可以利用协会网站提供统一下载的售点广告材料(POS),也可以利用自我创造的展示支持材料。竞赛活动为零售商在传统的销售淡季提供了一个引发兴趣和促进

---

① 图片来源:爱达荷土豆官方网站:http://www.idahopotato.com/。

销售的方式。实践证明,由于创造性的展示,参与活动的零售商销售明显增加,竞赛活动规模和质量逐年增加,吸引了越来越多的零售商和消费者的参与。土豆爱好月活动一方面使得零售商促进了销售,另一方面也提升了爱达荷土豆的品牌形象,实现了双赢效果。

### 2. 爱达荷土豆日

爱达荷土豆日在每年的 9 月至 10 月举行。该活动始于 1927 年,是世界上现存的持续时间最长的土豆丰收节。它在爱达荷州的 Shelley 市公园举行,是美国一百个顶级节日之一。节日中有几十个有趣的、以土豆为主题的活动和竞赛,包括土豆日孩子们大游行、土豆日游行、烹饪大赛、挖土豆世界冠军赛等。由于以家庭为导向,著名的爱达荷土豆丰收的活动非常受欢迎。

### 3. 爱达荷土豆食谱竞赛

该活动由土豆协会发起,通过网络收集消费者提供的可口的和革新的食谱。优秀的食谱将会基于味道、来源、视觉呈现和"消费者友好性"等被选择,并同更多的消费者分享。目前的爱达荷土豆官网上,还有有关全球国家"80 种食谱"活动在进行。

除了每年进行的常规活动,土豆协会每年还会根据市场情况开展丰富的活动,以获得更有针对性的效果。例如,1960 年代中期,协会加大力度教育产业雇员和消费者,发起了一个名为"损伤者便是失败者"的活动,向种植者和包装者传授减少土豆损伤的知识。近几年,协会还定期举办"爱达荷土豆马拉松",在提倡大家健康饮食的同时,也不忘告知大家加强身体锻炼的重要性。这项马拉松运动在爱达荷州很受欢迎,每期都吸引了大批消费者报名参加。其他活动还包括每年举办的小型促销活动,如举办社区活动、观念反击摄影大赛活动、爱达荷土豆博览会等。

这些丰富多彩的活动在产品、品牌特质与消费者的欲望之间建立起有效链接,帮助企业或产品树立良好的品牌形象,并最终促成产品销售。

### (三)广告沟通与危机公关

### 1. 广告沟通

广告是爱达荷土豆在品牌管控与传播上的重要举措。土豆协会每年通过全国性的电视媒体和其他的印刷媒体向消费者发布广告。这些广告贯穿于协会的各类活动过程中,而且针对不同的目标市场会采取不同的广告沟通策略。爱达荷土豆的广告主要面向三类组织或人群：零售贸易活动印刷广告针对零售商，食品服务贸易活动印刷广告针对食品服务部门，电视商业广告针对消费者。为了将教育知识宣传到消费者，协会还发放免费食谱、让小学生做填色本、书籍和食品小册子等。这些在传统媒体和新开发媒体中立体、细分市场所进行的广告投放，针对各个细分市场进行各种形式的爱达荷土豆品质、品牌信息诉求。

### 2. 危机公关活动

任何品牌的发展都不是一帆风顺的。有的品牌在危机中消极应付，甚至无视危机的存在，其结果是数十年数百年精心塑造的品牌付之一炬。有的品牌却能够在危机来临时积极应对，变通处理，不仅抵御了危机的侵袭，还进一步巩固了品牌的实力。爱达荷土豆在其品牌发展中对几次成功危机的处理就是很好的佐证。

（1）"减肥热"危机的困境突围。20 世纪 70 年代，美国开始流行减肥潮。传统认知认为，土豆是高热量的食品，会加速人们的肥胖。因此，减肥热潮一来，一下子冲垮了爱达荷土豆的销售市场，土豆被打入了冷宫，导致大量的产品积压、滞销。土豆协会做了大量的市场调查，最后终于查明，两个问题导致土豆滞销：一是人们都认为土豆是使人发胖的"罪魁祸首"；二是认为土豆是大众食品，只能是家庭餐桌常客，但星级饭店不容许它"独自亮相"。为了对付突如其来的危机，土豆协会采取了三个步骤应对。首先，大力宣传土豆的高营养价值，向人们说明真相，提出"土豆导致肥胖"是错误的概念。土豆中含有丰富的维生素 C、蛋白质、矿物质钾等，常食土豆是非常有益于身体健康的。并利用权威人士（医生、营养学家、教授等）向受众介绍有关土豆的知识。经过协会和媒体的强强联手，终于使人们对土豆的看法有了改观。其次，向大众推荐食谱。既然消费者回心转意重返土豆市场，那么接下来就应该为他们设计健康美味的食谱进一步推广土豆。丰富合理的食谱不仅让消费者的餐桌更加丰盛，也进一步推动了土豆的销售。最后，为了打入星级酒店，爱达荷土豆寻找到了自己的战略合作伙伴万豪国际饭店集团。他们为万豪国际饭店设计了精美的菜单，并精心配置了土豆盘菜套餐。通过努力，协会和万豪国际饭店集团又把土豆菜推广到了其所属的 37 家连锁店。爱达荷土豆终于完成了自己从"大众平民"向"贵族"转变的目标。

三个营销策略一环套一环,终于为爱达荷土豆重新打开了市场,从这场减肥危机中走了出来,并让消费者更清楚地认知了土豆的营养价值。随后,爱 达 荷 土 豆 的 健 康 主 题 宣 传 一 直 持 续 至 今。协会聘请了 Denise Austin——美国著名的健康明星作为品牌代言人,进行虚拟代言人"土豆先生"与真人代言的双重代言,这在农产品行业是开创性的传播策略。2004年,爱达荷土豆协会宣布进入土豆营销新时代,协会创造了一个旨在促销世界最著名土豆的全面营销计划——一个致力于教育美国公众关于复合碳水化合物的重要性和它在肌肉健康方面的关键角色的活动。该活动同 Denise Austin 展开全方位的合作,从广告到促销活动,全面宣传复合碳水化合物在健康生活中的重要作用、爱达荷土豆富含的重要矿物质和营养成分。活动通过包括网络渠道在内的公关和广告等手段进行全面推广。

(2)"土豆大丰收"的危机。2001 年,爱达荷土豆获得大丰收,但当地的农民们并没有为这次大丰收而庆贺,因为大丰收不但没有给农民们带来收益,反而平添了许多烦恼。由于土豆市场供过于求,市场上土豆价格一跌再跌,已经降到了 1 美分 1 磅,这大大低于当地农民的种植成本,如果就这样持续下跌,农民们可能血本无归。在这种形势下,爱达荷州的农民们决定向美国的一个食品慈善组织捐献大批土豆,他们的观点是,捐献可以一方面做善事,一方面也减少土豆的市场供应量,有助于土豆价格回升。他们共同商议并为一家名为"再次收获"的慈善组织捐赠了 1500 万磅(约合 6750 吨)质量上乘的土豆。"再次收获"是一家全国性的专门进行食品援助的慈善机构。该组织在美国各地有 200 多家分支机构,已经形成了一个覆盖全国的食品储备、调配和分发网络。在 1999—2000 年度里,该组织总共调拨并分发了 3600万磅(约合 1.6 万吨)的新鲜食品,用以救济无家可归者和其他贫困人群,是一家在美国颇有影响力的慈善机构。一位名叫达拉·霍夫的农民说:"这么多的土豆真让我们头疼,现在我们把它们捐给慈善组织当然是件好事。这样做,虽然不会给我们带来任何直接的经济收益,或者说是我们不得已而为之,但这毕竟是在救助穷人,而且我们在这样做的同时还能调节市场上的土豆数量,希望有助于土豆价格回升。总之,我们将土豆捐给慈善机构,总比让这些土豆白白烂在地里强。"这样的举动相当于把本来亏本的生意变成了一次宣传自己的公关。利用这样的社会公益活动的契机,爱达荷土豆完善了自己的品牌形象,摆脱了跌价带来的影响,可谓一举两得。类似的公共关系活动,在爱达荷土豆品牌的成长史上屡见不鲜,在不同阶段推动了品牌的健康发展与公共关系的有效建立。

## 三、符号营销:创造代言人"土豆先生"

从符号学的角度来看,品牌经济实际上就是符号经济。1986年,德鲁克提出"符号经济"的概念,因循了人们逐渐进入成熟消费社会的需要,也体现了符号营销的价值。在成熟消费社会,在今天新技术使众多人都生活于网络的时代,人们的生活方式呈现出重要的变化,人们生活在"R"(Reality,现实)和"V"(Virtual,虚拟)两重世界当中。人们在现实的物的世界里消费,也在由语言和象征构建的符号世界里消费。甚至,符号消费在某种意义上因为其体现了阶层、社会性等需要而显得更加突出。在符号体系中,代言人符号也是非常具有特征的,能够为一个物的世界带来人性、社会性、符号性消费的象征。它(们)能够使消费者在短时间之内认知、接近、购买产品,并形成一种有效的关系。因此,品牌代言人策略也是常用的策略方法。但是,采用代言人时,代言人的适用性十分重要,不同的代言人其代言效果完全不同。

（一）土豆先生"Spuddy Buddy"

爱达荷土豆协会在营销土豆过程中,其突出的策略是采用了代言人,而且是创造性地运用了卡通代言人进行品牌推广。协会创造了一个可爱的矮胖的土豆先生"Spuddy Buddy",为土豆创造了一个人性化的可爱的形象,并将品牌理念、品牌个性通过活泼生动的"土豆先生"展现给消费者,尤其是儿童消费者,增加了品牌的亲和力(见图5-10)。

可爱、风趣的"土豆先生"形象一经推出,就得到了广大消费者的喜爱。协会为该形象设计了一系列的广告和促销活动,在各种广告和促销活动当中,"土豆先生"起到了重要的品牌个性塑造、品牌个性传递、品牌信息传递、促销等作用,使消费者因其而对土豆产生了识别、态度亲和并乐于购买等。

（二）土豆先生"Spuddy Buddy"的全方位应用

协会创造的土豆先生"Spuddy Buddy"在不同的场合、所有的相关接触点上得到应用(见图5-11),在消费者认知过程中,起到了"一个形象,一个声音"的整合品牌传播效果,让消费者通过"土豆先生"接触品牌,形成品牌的整体概念、调性、品质感知、认知、理解和消费忠诚。

图 5-10　土豆先生(Spuddy Buddy)的可爱造型

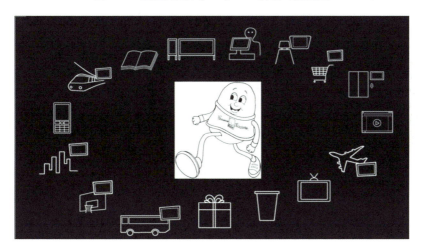

图 5-11　土豆先生(Spuddy Buddy)在各个接触点中的广泛应用

　　协会还设计了一系列土豆先生的玩偶。这些玩偶可以在官网或是 IDAHO 土豆店里购买,其售价按照大小不同,售价在几美元至几十美元不等。

　　为了更加贴近低年龄层消费群体,更好地打入儿童食品市场,协会长期举办"为土豆先生涂颜色"活动。爱达荷土豆官方网站上提供土豆先生画册(见图 5-12)下载,画册上提供土豆先生的画法和涂色方案,小朋友在家长的协助下画出自己心目中的土豆先生并进行展示活动。该涂色活动在儿童消费者中引起了巨大反响,迅速提高了爱达荷土豆的认知度和美誉度。这些画册还集结成了填色本和故事书,为小朋友们讲述了一个又一个关于土豆先生的故事。官方网站还成立土豆先生俱乐部,发布土豆先生纪念品,并通过趣味问答的形式,用浅显的语言向小朋友提供关于土豆先生和爱达荷土豆的相关知识,如"土豆植物生长在广袤肥沃的爱达荷的土壤里""妈妈怎样辨认真正的爱达荷土豆呢,看'Grown In IDAHO'!"等。这些生动有力的宣传策略使得土豆先生成为受人追捧的明星"卡通形象",他传授营养知识,教你如何辨别真假爱达荷土豆,还能够变成玩具出现在儿童的书桌、床前。土豆先生的成功推广,进一步提升了爱达荷土豆的品牌形象,提高了土豆产品的市场占有率。

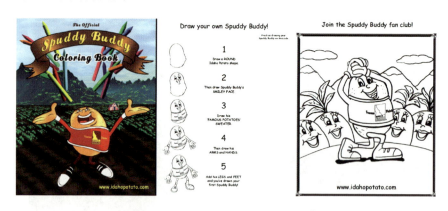

图 5-12 "为土豆先生涂颜色"画册①

　　随着品牌营销的深入,爱达荷土豆协会进一步推出了"土豆医生"(一个专家小组,专门在线回答有关土豆的问题)、泰森山和(足球运动员,健康,多才多艺,以表达爱达荷土豆的多种饮食可能)。可爱的"土豆先生"永远是爱达荷土豆的代言人,并在其官网以及各种传播活动中持续得到应用。

## 四、数字化管理

　　在数字技术越来越发达的今天,爱达荷土豆在品牌管理上实施了数字化、一条龙的品牌管理,以协会的官网为基本界面,协会实现了商标、包装标准化下载管理、运输及其销售网络的系统化管理。消费者只要点击官网中地图中地点,便可详细了解各销售区域的情况,以保证购买到正宗的爱达荷

———————————
① 图片来源:爱达荷土豆官方网站:http://www.idahopotato.com/。

土豆。

爱达荷土豆在爱达荷土豆协会的主理下，不仅仅理顺了市场竞争中的内部关系，更通过认证商标（地理标志证明商标）、普通商标的"双商标"结合应用方式，达到了强调地理标志的地理品质特征、联盟的组织生产特征的品牌管理效果。

作为爱达荷土豆品牌的运营者——爱达荷土豆协会（IPC），体现了对地理标志品牌管理的高专业度。首先，协会基于美国的商标法，采用双商标制度解决地域与产品商标问题，达到了地理区域的证明保护与协会的产品保护；其次，采用多种品牌传播与营销方式，进行全方位的传播，如采用"土豆先生"的符号营销、系列的活动营销与广告、公关传播活动，解决土豆的消费者认知问题、品牌的人性化及年轻化问题；再次，随着现代科技的日渐完善，协会利用官网实现了品牌的商标、包装、运输、销售网点的数字化管控，达到了组织化前提下的品牌运营专业化、品牌塑造人性化、品牌管理数字化。

因此，爱达荷土豆品牌的今天，是强调地理特征基础上的品牌运营管理的结果，它再一次证明，即便是富有地理特质的产品品牌，也需要专业的、系统的品牌管理，才能够成就品牌价值，提升品牌溢价。

# 第三节　欧美地理标志农产品的品牌化启示

## 一、抓住地理标志农产品的特征，进行核心价值与管理机制的匹配

（一）"风土"与"声誉"，是地理标志农产品超越其他农产品的两大核心价值

根据欧美相关地理标志的法律法规，地理标志农产品的登记、注册及其运营，基于一定的地理区域生态特征、历史特征、文化特征及其声誉水平。"风土""声誉"两个关键因素，是地理标志农产品超越其他农产品甚至是同类产品的重要标志及核心价值。唯有具有基于显著的地理区域特征而产生的特殊品种、特定品质、特有产品特征、特别的消费声誉与消费关系，才是一个农产品能够成为地理标志产品的根本理由。因此，如何保证地理标志农产品的"风土"特性，如何保持良好的"声誉"，是保证地理标志农产品核心价

值的核心命题。

从欧美日的经验可见，地理标志农产品的"风土"的保障与持续，从区域环境、土壤、空气、水质、时令、品种、生长过程、工艺特征、存储方式、饮食文化、区域文脉等等各个有关因素入手，缺一不可，并构成一个地理标志农产品的核心价值。而坚守"风土"，成为欧美日地理标志农产品运营经验中最重要的经验。

地理标志农产品的另一个核心价值——"声誉"的维持与升维，除了"风土"特征保障、相关法规保障之外，更需要通过产品、服务、文化、代言人代言等系列元素与活动，才能长期保持"声誉"对消费市场的正向引导。因此，从欧美日的经验可见，各个地理标志农产品的运营机构，均十分重视"声誉"的维护，通过长期、系列的针对性活动传播，不断建立行业内不同人等之间的友好关系，加深与消费者的友好关系，以达到"声誉"的持续维护与提升。

（二）建立健全并严格执行保护制度，是地理标志农产品生存与发展的基本保障

地理标志农产品是一种知识产权，必须建立严谨而铁面的法制与机制保护制度，才能保证地理标志农产品的产品、品牌能够保护好品质基础、品牌声誉。这一点，如法国等欧洲国家以及美国等国家，都在 20 世纪做到了。而作为保护制度发源地的法国，其围绕地理标志产品独特的"风土"品质保持所构建的保护制度，具有法律健全、主体明确、方式详尽、注重"风土"、协会监督、行政监管等六方面鲜明特征，并强调受其保护的地理标志是一种集体财产权利，被视为国家遗产，具有不可转让性、神圣不可侵犯性。因此，法国"专门法"的地理标志保护模式被广泛认为是一种更高水平、更强力度、更为严格的保护模式，同时也更能维护和彰显地理标志的价值与特征。也因此，法国对欧盟的地理标志产品保护制度建设影响最大。

欧盟对地理标志农产品通过专门立法加以保护，其制度特征也同样在于以"风土"概念为核心，引入公权力干预，并结合健全的法律条文、明确的保护手段和专门的监管机构对地理标志予以严格控制。欧盟在融合了 20 多个成员国地理标志保护的智慧结晶后，不仅建立起目前世界上最完备和详尽的地理标志保护制度，起到了地理标志保护示范法的作用，更通过先后出台的一系列有关地理标志的法律法规，将欧盟成员国众多地理标志产品

纳入统一的区域性协议下予以保护。系列法律法规一方面强化了欧盟成员国之间地理标志产品的保护水平,有效解决了欧盟规定与各成员国国内法之间的相关分歧与障碍,另一方面也在客观上保护了欧盟统一市场,提升了成员国地理标志产品的市场竞争力与占有率。

与法国、欧盟等奉行的"专门法"地理标志保护制度相比,美国地理标志保护制度同样对地理标志保护的概念、主体、范围、方式进行了较为详细的规定。但美国的地理标志保护制度体现了强调私权、节省立法成本、缓解专门法与商标法的冲突、依赖市场而非公权力介入进行商标判定与质量监督等特征,因此,美国对地理标志的保护力度与保护水平被认为明显低于欧洲国家及欧盟的"专门法"保护模式。

由此可见,从国际上目前的地理标志农产品保护现状而言,"专门法"因为更注重地理标志的"风土"特征,更严谨、严厉地采用国家及地区的公权力实施保护制度,因此,较之审查相对宽松的"商标法"更具有保护的作用。而"专门法"与"商标法"双管齐下的互动作用,可以更好地保护地理标志品牌。这说明,建立健全知识产权保护的相关法制与机制,并能够严格执行知识产权保护的相关法制与机制,是地理标志农产品品牌能够持续发展、得到成长的基本保障。

(三)产业组织化及其组织专业化,是地理标志农产品生存与发展的基本前提

欧美国家的经验告诉我们,组织化与组织的专业化程度,是地理标志农产品得到品牌化发展的基本前提。在典型案例研究中可见,无论是法国的波尔多葡萄酒还是美国的爱达荷土豆,这些国际上顶尖的地理标志产品,都有一个通过组织化结束产业内部混乱竞争局面的过程。从某种意义上,没有各种协会的产生,就无法结束内耗的竞争状态,就无法达到区域集体共赢的局面。

典型案例同时告诉我们,仅建立一个产业协会组织是远远不够的,必须健全组织,且该组织不仅要源于共同的需求,更得具有相当的品牌运营的主体意识、主体能力,具有相当高水平的、将地理标志农产品品牌化的专业度。该组织的专业度,可以自己有内部构建协会的能力,也可以寻求第三方组织的帮助,但是,必须具有将地理标志农产品进一步品牌化的科学素养、标准设计、操作能力,否则,协会在品牌化问题上无法提供专业服务,也就无法将

地理标志农产品实现品牌化，实现品牌的价值升维。

（四）坚守原生特质与系统标准化，是地理标志农产品生存与发展的价值底气

如前所述，地理标志农产品具有与生俱来的原生特质，如特殊品种、特殊品质、特殊工艺与特殊文化脉络等。这些原生特质已经经受了长期的岁月考验，更获得了消费者的认同。因此，坚守原生特质，决不随意改变，这是坚持地理标志产品独特性的重要前提，也是一个地理标志品牌的价值底气。

一个地理标志农产品，如果擅自修改了原来的标准，在品种、品质、种植或饲养方式、工艺与文化传承等方面釜底抽薪，那么，该地理标志农产品将失去原生特质，将变成一个与消费习惯、消费联想不同的产品，会给消费者带来困惑、失望，甚至会感觉到被冒犯，也就失去了地标品牌独特的价值底气。可口可乐曾经改变配方而遭到消费者强烈抵制的案例，证明了消费者与消费习惯的坚固关系。因此，地理标志农产品，要坚守原生特质，否则将被消费者淘汰。

坚守原生特质，就要坚持独特性同时的标准化。通过对地理标志农产品基于原生特质的产品生产、产品包装、产品消费的系统标准化，建立并彰显一个地理标志农产品的原生特质，坚守并保持其原生特质，才能保持其独特性，保证消费体验的一贯性与持久性，才能保持一个农产品地标品牌的价值底气，持续赋能品牌价值。

这一点，无论波尔多葡萄酒还是爱达荷土豆都给出了坚守的答案。标准化同时的分级制度、与其他不同品质的同类产品的区分、对品种与品质的严苛管控等，都是为了坚守原生价值底气。

## 二、通过"双化互动"，实现地理标志农产品的人性化诉求与价值升维

（一）品牌化是地理标志农产品获得持续价值升维的有效战略

无论欧盟还是美国、日本的经验都告诉我们，虽然，地理标志农产品已经拥有了知识产权保护，但是，不可以止步于已有的知识产权保护。在通过"专门法"或"商标法"或两法双管齐下的知识产权管理基础上，地理标志产品还需要通过品牌化，才能达到持续价值升维的目标。这是因为——

其一，品牌化可以倒逼保护制度的建立健全与严格执行。如果没有健

全且严格的保护制度,地理标志农产品将发生行业内部恶性竞争、外部无底线侵权,最终导致产业凋零。品牌化不仅代表地理标志农产品生产者的利益,更代表消费者的利益。因此,需要通过肩负多方利益共赢的品牌化,敦促知识产权保护机制的建立、健全与严格执行,以此求得地理标志农产品的价值保护。

其二,倒逼产业组织化及其组织专业化。品牌化,需要由一定的行业组织及其行业组织的专业化才能实现地理标志农产品的品牌化管理、专业化运营。如果没有专门的组织机构,或者组织机构没有专业能力,那么,有关地理标志农产品的品牌建设的系统运作,都无法依照品牌管理的法则进行,将无法应对市场竞争,无法满足市场需要,上述来自法国、美国、日本的典型案例都证明了这一点。品牌化运作必须拥有专门的组织,且该组织必须拥有相当的品牌内部管理、品牌外部传播、品牌权益保护、品牌市场拓展等系统化能力,才能保证一个地理标志农产品的内在价值与市场竞争力。不得不承认,欧美国家的行业组织不仅建立早,更具有相当的专业程度。

其三,倒逼系统标准化与坚守原生特质。地理标志农产品源自土特产的特征,在工艺等方面拥有一定的标准化难度,且多数地理标志农产品都是个体手工艺的产物,因此,标准化问题及其全面标准化问题成为大问题,如何从消费者视角反制或者倒逼地理标志农产品的制作者坚守原生特质、坚持全面标准化,这是地理标志农产品在品牌建设过程中必须研究、坚持的问题。没有代表消费者立场的品牌意识,没有专业化组织的专业管理,原生特质的坚守与标准化管理会受到各种因素的冲击。波尔多葡萄酒在原生特质方面的坚持与坚守,便是基于消费者对品质特质感知与品质特质的原生价值。可以说,原生特质的坚持,才让波尔多葡萄酒拥有了非同一般的原生价值,才成为稀缺的奢侈品符号。

其四,链接并完善生产与消费关系。品牌化的过程,是通过符号生产、价值赋予、关系建立而链接生产与消费关系的过程。因此,地理标志农产品通过符号生产(商标注册、品牌代言人设计)、价值赋予(功能价值、社会价值、象征价值)、关系建立(一个地理标志农产品的怀旧消费、好奇消费、场景消费、文化消费、信仰消费等等消费可能开发与消费关系建立)等链接生产与消费关系,达到地理标志农产品的稳定生产、区域表征、价值升维。

(二)人性化的关键需求传播是地理标志农产品品牌化的价值高度

坚守"风土"与"声誉"两大核心价值基础上的品牌化与组织化、标准化等的联袂作用,能够将地理标志农产品打造成为富有独特价值的产品或品牌。但是,如果没有人性化的关键需求传播,则农产品地标品牌的价值高度将无法体现,也无法实现。

消费者对于农产品地标品牌的关键需求,首先是正宗的。如果不是正宗的,没有当初或印象中的口味、品质,那么,消费者将放弃消费。因此,如何彰显正宗,成为地理标志农产品在品牌化中的重要议题。不是喊口号即可,而需持续不断地、用值得信赖的元素体现其正宗,才能排除消费者的消费困惑。

爱达荷土豆、波尔多葡萄酒等的品牌传播,更侧重于独特的产区产品对于消费者的价值(包括功能价值、情感价值、文化价值),甚至诉诸人类共同关怀焦点——儿童(华盛顿苹果)。体察人性、发现关键需求,实施人性化诉求,这种人性化的关键需求传播,能够让地理标志农产品拥有更为温暖的人性光芒,因此,可以提升其品牌价值高度。

(三)数字化与互动平台构筑是农产品地标品牌化的关系延伸

从品牌关系论①而言,品牌是产品与消费者的关系。唯有建立双方之间如同朋友、闺蜜、家人、伴侣等亲密关系,品牌才能与消费者形成无缝对接,成为消费者消费选择中的第一品牌、生命中不可或缺的构成部分。

地理标志农产品,大多数生产地点在农村,与城市消费者之间有着天然的物理距离。所以,地理标志农产品的消费场景与消费可能大多在旅游途中、老友相会、故乡情结、尝鲜心理等等。类似的消费,或者是自童年起长期形成的消费习惯,也会是相关情绪到来时、即时场景存在时的消费冲动。对于著名的地理标志农产品,更会有从众消费、归属消费、怀旧消费、象征消费等一系列消费可能出现。因此,可以是习惯性消费,也可以是冲动性消费。而在今天,大量农村人口通过各种路径(上学、工作、迁移等)进入城市之后,其习惯性消费的延续,除了产品开发配合之外,更需要消费渠道的及时建立、互动平台的充分构筑。同样,一旦消费情绪来时的冲动消费,更需要有便捷的渠道,满足其及时消费的愿望。因此,数字化与互动平台的构筑,是生产于农村、发源于农耕社会的地理标志农产品与在路上、在城市的消费者建立关系、产生交易的最佳平台。

---

① 胡晓云.中国农业品牌论——基于区域性特征的战略与传播研究[M].杭州:浙江大学出版社,2021.

一网链接、一键消费,是基于数字化技术的"爱达荷土豆"的官网所达到的。无论生产管理还是消费链接、互动交流,都可以利用数字技术达到目标,协会官网成为一个互动生产、贸易、消费的稳定场景与管理平台。

（四）国际化交流与竞争意识是农产品地标品牌化的战略格局呈现

如前所述,地理标志农产品立足于区域的自然生态、历史文化特征。从前,因为交通等方面的限制,它们源于区域、消费于区域,因此,形成了区域性消费习惯,但同时也形成了消费习惯区隔。

随着"地球村"的形成,互联网技术与交互平台的出现,地理标志农产品可以面向国际市场,渗透至其他区域与国家市场。这时,一个地理标志农产品的品牌运营机构是否具有国际化交流能力与国际化竞争意识,便显得至关重要。从某种意义上说,这是一个地理标志农产品品牌国际化市场拓展的战略格局呈现,也是其超越区域消费、开拓国际市场的必然要求。

综上,基于"风土""声誉"两大核心价值的欧美地理标志农产品,在其成功之路上,建立健全并严格执行保护制度,建立健全产业组织并将组织专业化,建立系统标准并坚守原生特质,通过品牌化、数字化的"双化互动"达到持续价值升维,实现人性化的关键需求传播,构筑数字化互动平台实现"一网链接一键消费",面向国际实现竞争战略落地等,都值得中国地理标志农产品相关制度设计者、品牌运营者学习。

## 第六章

# 中国的地理标志保护模式及其发展趋势

我国的地理标志保护制度起步较晚,直至 21 世纪初,才相继开始了地理标志产品登记制度、农产品地理标志登记制度以及地理标志证明商标、地理标志集体商标注册制度的形成、推广与实践。

这种三套体系长期并存的状态,一方面体现了国家质量监督检验检疫总局(现已并入国家市场监督管理总局)、国家工商行政管理局(现改为国家市场监督管理总局)、农业部(现已改名为农业农村部)三大部委在地理标志产品保护方面的重视与探索;另一方面也表现出三驾马车各司其职、各行其道、各管各的分散保护情况。这种情况长期并存的结果是,虽然三部委的相关工作都获得了重大突破,地理标志产品登记、农产品地理标志登记、地理标志商标均从无到有,从三个维度实现了我国地理标志产品的部门规章与法制化保护,但对基层工作而言,也造成了三个标之间重复登记、注册的情况,致使基层人员增加了工作量,且并不十分清楚各标的保护模式及保护价值,三个标的应用也存在登记、注册后束之高阁的情况。

2019 年,国家质量监督检验检疫总局并入国家市场监督管理总局,地理标志产品登记工作相应划入国家市场监督管理总局下属国家知识产权局,开始实现"GI"(地理标志产品)与"AGI"(农产品地理标志)双标合一。与此同时,国家领导人对"土特产"问题的重视以及对"土特产要做大文章"的期待,使得相关部门对地理标志产品的保护受到了前所未有的重视。

# 第一节　中国地理标志登记制度的演化①

## 一、三套体系长期共存

在我国,涉及农产品的地理标志登记与注册原有三套体系,除了原农业部"部门规章"的农产品地理标志保护模式,还有国家工商行政管理总局的"商标法"中国地理标志管理模式、国家质量监督检验检疫总局"部门规章"地理标志保护模式。

我国的地理标志产品保护制度建立,最早可追溯到 1985 年。那年,我国正式成为《巴黎公约》成员国,并逐步开始相关工作。1986 年,国家工商行政管理总局颁布酒类商标标志上使用原产地名称的相关通知。1987 年,国家工商行政管理总局商标局首次采用行政措施保护地标产品"丹麦牛油曲奇",向世界表明,中国负责任地履行国际公约义务。1993 年,我国人大常委会修订《商标法》、颁布《产品质量法》《反不正当竞争法》,对地理标志的使用进行了规范和限制,同年修订了《商标法实施细则》。

1994 年 12 月 30 日,国家工商行政管理总局发布《集体商标、证明商标注册和管理办法》(局长第 22 号令),将证明商品或服务原产地的标志作为证明商标纳入商标法律保护范畴。1995 年 3 月 1 日,开始接受地理标志注册申请。1996 年 11 月,"库尔勒香梨"被国家工商行政管理总局商标局核定注册为地理标志证明商标。

2001 年 10 月 27 日,全国人大常委会对《中华人民共和国商标法》进行第二次修改。根据我国在加入世贸组织《工作组报告书》中的有关承诺,修改后的《商标法》第三条、第十六条规定:"商标中有商品的地理标志,而该商品并非来源于该标志所标示的地区,误导公众的,不予注册并禁止使用;但是,已经善意取得注册的继续有效。"②这是我国首次以法律的形式对地理

---

①　胡晓云.中国地理标志产品的保护模式及保护趋势[J].国际品牌观察,2019,10:62-64.

②　第十二届全国人民代表大会常务委员会.中华人民共和国商标法(2013 年修正)[EB/OL].(2013-09-03)[2021-01-25].https://www.saic.gov.cn.

标志进行明确规定。

2003 年，我国重新发布《集体商标、证明商标注册和管理办法》（以下简称《办法》），将地理标志明确纳入商标法律体系保护。《办法》第七条规定，以地理标志作为集体商标、证明商标注册的，应当在申请书件中说明三方面内容：该地理标志所标示的商品的特定质量、信誉或者其他特征；该商品的特定质量、信誉或者其他特征与该地理标志所标示的地区的自然因素和人文因素的关系；该地理标志所标示的地区的范围。《办法》第八条规定，作为集体商标、证明商标申请注册的地理标志，可以是该地理标志标示地区的名称，也可以是能够标示某商品来源于该地区的其他可视性标志。① 办法同时规定，地理标志（GI）的注册申请人，可以是社团法人，也可以是取得事业法人证书或营业执照的科研和技术推广机构、质量检测机构或者产销服务机构等。《办法》要求申请者对地理标志产品的特定品质受特定地域环境或人文因素决定进行说明，并规定"申请以地理标志作为集体商标注册的团体、协会或者其他组织，应当由来自该地理标志标示的地区范围内的成员组成"，"申请证明商标注册的，应当附送主体资格证明文件并应当详细说明其所具有的或者其委托的机构具有的专业技术人员、专业检测设备等情况，以表明其具有监督该证明商标所证明的特定商品品质的能力"（第四、五条）。《办法》同时规定，"前款所称地区无需与该地区的线性行政区划名称、范围完全一致"，"集体商标不得许可非集体成员使用"（第十七条），"证明商标的注册人不得在自己提供的商品上使用该证明商标"（第二十条）。②

中国农产品地理标志③的登记制度。我国的地理标志产品，大多为农产品。1993 年，我国的《农业法》将"农产品地理标志"的概念法定化。之后，经过多次修改并发布的《农业法》中，第 23 条"国家支持依法建立健全农产品认证和标志制度"提出，"符合规定产地及生产规范要求的农产品可以依照有关法律或者行政法规的规定申请使用农产品地理标志"；第 49 条为"国家保护农产品地理标志等知识产权"。

2004 年，国家工商行政管理总局协同农业部共同发布《关于加强农产品地理标志保护与商标注册工作的通知》，指出"地理标志和商标是知识产

---

① ② 中华人民共和国国家工商行政管理总局令：《集体商标、证明商标的注册和管理办法》，2003 年 4 月 17 日。

③ 胡晓云. 中国地理标志产品的品牌化基础[J]. 国际品牌观察，2019，9：70-72.

权法律制度的重要内容。地理标志是标示某商品来源于某地区，并且该商标的特定质量、信誉或者其他特征主要由该地区的自然因素或者人文因素所决定的标志。我国是通过商标法律以注册证明商标或集体商标的方式来保护地理标志的，这也是国际上保护地理标志的一种主要方式。对特色农产品实施地理标志保护，是国际通行的做法"，并提出了两部委的协同关系。①

2007 年，为系统规范农产品地理标志（见图 6-1）的使用，保证地理标志农产品的品质和特色，提升农产品市场竞争力，农业部令《农产品地理标志管理办法》发布。该办法所称农产品是指来源于农业的初级产品，即在农业活动中获得的植物、动物、微生物及其产品。该办法所称农产品地理标志，是指标示农产品来源于特定地域，产品品质和相关特征主要取决于自然生态环境和历史人文因素，并以地域名称冠名的特有农产品标志。② 该办法第七条规定，申请地理标志登记的农产品，应当符合以下五个条件：称谓由地理区域名称和农产品通用名称构成；产品有独特的品质特性或者特定的生产方式；产品品质和特色主要取决于独特的自然生态环境和人文历史因素；产品有限定的生产区域范围；产地环境、产品质量符合国家强制性技术规范要求。该办法第八条规定，申请人为县级以上地方人民政府根据下列条件择优确定的农民专业合作经济组织、行业协会等组织，必须具有监督和管理农产品地理标志及其产品的能力；具有为地理标志农产品生产、加工、营销提供指导服务的能力；具有独立承担民事责任的能力。2008 年 7 月，颁布首批农产品地理标志产品 28 个。

截至 2019 年 6 月 26 日，农业农村部已经在全国普查备案特色农产品资源 6893 个，登记地理标志农产品（AGI）2594 个，创建国家级农产品地理标志示范样板 37 个。③

2007 年 1 月 30 日，国家工商行政管理总局商标局开始施行专用标志管理，其《地理标志产品专用标志管理办法》规定，专用标志的基本图案由中华人民共和国国家工商行政管理总局商标局中英文字样、中国地理标志字样、GI 的变形字体、小麦和天坛图形构成（见图 6-2），绿色（C:70 M:0 Y:

---

① 国家工商行政管理局、农业部（工商标字【2004】第 200 号）《关于加强农产品地理标志保护与商标注册工作的通知》，2004 年 12 月 7 日。
② 中华人民共和国农业部令第 11 号：《农产品地理标志管理办法》，2007 年 12 月 25 日。
③ 马爱国在地理标志农产品保护工程启动仪式暨全国农产品地理标志培训班上的讲话，2019 年 6 月 26 日；参见"农业品牌研究院"微信公众号。

100 K:15; C:100 M:0 Y:100 K:75)和黄色(C:0 M:20 Y:100 K:0)为专用标志的基本组成色,专用标志与地理标志必须同时使用。

图 6-1　原农业部的农产品地理标志专用标志

图 6-2　国家工商行政管理总局商标局发布的地理标志保护专用标志(GI)

1999 年,国家质量监督检验检疫总局(以下简称"质检总局")借鉴法国模式颁布《原产地域产品保护规定》和《原产地域产品的通用要求》,原国家出入境检验检疫局颁布《原产地标记管理规定》,开始原产地标记登记。

2001 年,质检总局颁布《原产地标记管理规定实施办法》;12 月,我国成为世贸组织的成员国之一,TRIPs 协定关于地理标志保护的各项规定自动在我国生效。

2005 年,质检总局颁布《地理标志保护规定》,将原产地域产品改称为地理标志产品,强调"地理标志产品,是指产自特定地域,所具有的质量、声誉或其他特性本质上取决于该产地的自然因素和人文因素,经审核批准以地理名称进行命名的产品。地理标志产品包括：来自本地区的种植、养殖产品；原材料全部来自本地区或部分来自其他地区，并在本地区按照特定工艺生产和加工的产品。"①第八条　"地理标志产品保护申请，由当地县级以上人民政府指定的地理标志产品保护申请机构或人民政府认定的协会和企业提出，并征求相关部门意见。"②申请产品获得审核通过并公告后，申请单位的生产者即可在其产品上使用地理标志产品专用标志，获得地理标志产品保护。同时废止了之前的《原产地域产品保护规定》。

根据质检总局的《地理标志产品专用标志使用申请》，在地理标志产品保护范畴区域的协会或企业，申报地理标志的条件为：产品是具有鲜明地域特色的名、优、特产品；产品的原材料具有天然的地域属性；产品在特定地域内加工、生产；产品具有较悠久的生产加工历史或天然历史；产品具有稳定的质量。③申报材料必须说明：产品生产地域的范围及地理特征；产品生产技术规范（产品传统加工功能以及安全卫生要求、加工设备的技术要求）；产品的理化及感官等质量特色，与生产地域地理特征之间的关系；产品生产、销售、历史渊源等。

根据质检总局《地理标志保护产品专用标志说明》④，标志的轮廓为椭圆形，淡黄色外圈，绿色底色。椭圆内圈中均匀分布四条经线、五条纬线，椭圆中央为中华人民共和国地图。在外圈上部标注"中华人民共和国地理标志保护产品"字样；中华人民共和国地图中央标注"PGI"字样；在外圈下部标注"PEOPLE'S REPUBLIC OF CHINA"字样；在椭圆型第四条和第五条纬线之间中部，标注受保护的地理标志产品的名称。印制标志时，允许按比例放大或缩小。外圆：长 12.9X，高 8.65X，颜色 C1，Y18；内圆：长 10.9X，高 6.65X，颜色 C84，M12，Y100，K1；外圆到内圆之间的距离：1X；地图全幅：长 7.1X，高 5.65X；从左到右渐变颜色：M1，Y2 到 M59，Y89；地图阴影：C1，Y1。主要岛屿一共 28 个红点，颜色：M26，Y36。经纬线颜色 C53，M7，Y48，K0。文字为中文字体，为华文中宋，字高 0.6X，颜色 C70，M68，

①②　国家质量检测检验检疫总局.地理标志产品保护规定[R].（2005-06-07）.国家质检总局公报,2005,11.

③　国家质量检测检验检疫总局.地理标志产品专用标志使用申请[R].中华人民共和国国家质量监督检验检疫总局令（第 78 号）,（2005-06-07）.

④　国家质量检测检验检疫总局.地理标志保护产品专用标志说明[R].（2006-08-01）.2006 年第 109 号文.

Y64,K75。英文华文细黑，字高 0.5X，颜色同中文。地理标志产品名称置于第四至第五条纬线之间，华文行楷，颜色 C0，M0，Y0，K0。PGI 整体居中，字高：P 和 G 为 0.8X，I：0.9X，颜色从左到右渐变，M15，Y21 到M32，Y48。

该地理标志保护产品由质检总局根据《地理标志产品保护规定》实施监督与管理保护，上述系列文件体现了"统一制度、统一名称、统一标志、统一注册程序、统一标准"等"五统一"原则。

## 二、三套体系的整合进程

来自三部委的"商标法—部门规章"混合的地理产品保护制度及保护模式，于 1985—2017 的 33 年间，在一定程度上，从"商标法""部门规章"两个方面、三方视角推动了中国地理标志产品的登记、注册、保护、管理，构建了"商标法—部门规章"混合的保护模式与保护制度，为中国地理标志产品的知识产权登记、注册、保护、管理、融入国际地理标志知识产权保护体系，作出了持续性贡献。

但三部委基本上各自为政的"商标法—部门规章"混合保护制度及保护模式，对我国的地理标志产品特别是地理标志农产品的相关协会、生产经营者带来极大的困惑。三套不同的登记保护、监督管理制度导致地理标志产品的权利属性不明、多部门执法、多部门管理摩擦等问题。

2018 年，国务院机构改革[①]，重新组建国家知识产权局，将国家知识产权局的职责、国家工商行政管理总局的商标管理职责、国家质量监督检验检疫总局的原产地地理标志管理职责整合，重新组建国家知识产权局，由国家市场监督管理总局管理；由隶属于农业农村部的中国绿色食品发展中心参与农产品地理标志有关规章制度、规划计划、政策措施的拟订及实施，负责相关质量标准、技术规范并组织实施，负责登记审查、实施登记相关检验检测工作。

机构改革迫使原来三部委各自为政的地理标志产品保护模式在机构设置方面得到整合与修正。2018 年国家知识产权局机构设置见图 6-3。

---

① 新华社.国务院《深化党和国家机构改革方案》[EB/OL].（2018-03-17）[2024-02-25].http://www.xinhuanet.com/politics/2018lh/2018-03/17/c_1122552185.htm.

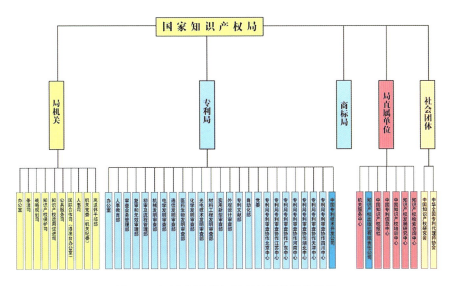

图 6-3 2018 年国家知识产权局的机构设置

国家知识产权局发文指出,根据党中央、国务院《深化党和国家机构改革方案》①中关于统一地理标志认定的原则,依据商标法等,确定地理标志专用标志为官方标志,原相关标志过渡使用到 2020 年 12 月 31 日,以此推进地理标志统一认定,规范专用标志管理,农产品地理标志保护产品和作为集体商标、证明商标注册的地理标志使用地理标志专用标志的,应在地理标志专用标志的指定位置标注统一社会信用代码。

随着工作逐步步入正轨,新的红标(GI)(见图 6-4)及地理标志商标的登记与注册工作得以顺利开展。比较 2018 年末的数据可见,2023 年末,注册地理标志商标量从 4867 件上升至 7277 件,且基本上是农产品地理标志商标(见表 6-1、6-2)。

---

① 新华社.国务院《深化党和国家机构改革方案》[EB/OL]. (2018-03-17)[2024-12-24]. http://www.xinhuanet.com/politics/2018lh/2018-03/17/c_1122552185.htm.

图 6-4　2019 年开始统一认定的地理标志

**表 6-1　地理标志商标的 2023 年末累计注册量**①

单位：件

| 地区 Regions | | 2018 年年末累计注册量 Accumulative Number at the end of 2018 | 2022 年年末累计注册量 Accumulative Number at the end of 2022 | 2023 年年末累计注册量 Accumulative Number at the end of 2023 |
|---|---|---|---|---|
| 合计 Total | | 4867 | 7076 | 7277 |
| 国内总计 | Sub-total (Domestic) | 4689 | 6849 | 7048 |
| 北京 | Beijing | 13 | 19 | 19 |
| 天津 | Tianjin | 26 | 27 | |
| 河北 | Hebei | 118 | 298 | 316 |
| 山西 | Shanxi | 58 | 108 | 113 |
| 内蒙古 | Inner Mongolia | 124 | 183 | 183 |
| 辽宁 | Liaoning | 126 | 141 | 141 |

　　①　国家知识产权局.地理标志作为集体商标、证明商标累计注册量(2023 年知识产权统计年报)［EB/OL］.(2024-01-16)［2024-01-25］.http://www.cnipa.gov.cn/tjxx/jianbao/year2023/h/h1.html.

续表

| 地区 Regions | | 2018 年年末累计注册量<br><br>Accumulative Number at the end of 2018 | 2022 年年末累计注册量<br><br>Accumulative Number at the end of 2022 | 2023 年年末累计注册量<br><br>Accumulative Number at the end of 2023 |
|---|---|---|---|---|
| 吉林 | Jilin | 74 | 112 | 116 |
| 黑龙江 | Heilongjiang | 85 | 108 | 110 |
| 上海 | Shanghai | 14 | 18 | 18 |
| 江苏 | Jiangsu | 298 | 412 | 422 |
| 浙江 | Zhejiang | 224 | 304 | 317 |
| 安徽 | Anhui | 144 | 218 | 227 |
| 福建 | Fujian | 443 | 643 | 663 |
| 江西 | Jiangxi | 80 | 139 | 140 |
| 山东 | Shandong | 679 | 903 | 913 |
| 河南 | Henan | 73 | 112 | 115 |
| 湖北 | Hubei | 416 | 517 | 532 |
| 湖南 | Hunan | 146 | 241 | 255 |
| 广东 | Guangdong | 70 | 121 | 142 |
| 广西 | Guangxi | 49 | 98 | 108 |
| 海南 | Hainan | 54 | 107 | 110 |
| 重庆 | Chongqing | 246 | 295 | 298 |
| 四川 | Sichuan | 331 | 587 | 593 |
| 贵州 | Guizhou | 89 | 121 | 123 |
| 云南 | Yunnan | 245 | 347 | 354 |
| 西藏 | Xizang | 83 | 146 | 151 |
| 陕西 | Shaanxi | 125 | 156 | 160 |
| 甘肃 | Gansu | 105 | 171 | 176 |
| 青海 | Qinghai | 35 | 48 | 48 |
| 宁夏 | Ningxia | 23 | 30 | 32 |

续表

| 地区 Regions | | 2018 年年末累计注册量 Accumulative Number at the end of 2018 | 2022 年年末累计注册量 Accumulative Number at the end of 2022 | 2023 年年末累计注册量 Accumulative Number at the end of 2023 |
|---|---|---|---|---|
| 新疆 | Xinjiang | 88 | 114 | 121 |
| 台湾 | Taiwan | 5 | 5 | 5 |
| 香港 | Hong Kong | 0 | 0 | 0 |
| 澳门 | Macao | 0 | 0 | 0 |
| 地区 Regions | | 2018 年年末累计注册量 Accumulative Number at the end of 2018 | 2022 年年末累计注册量 Accumulative Number at the end of 2022 | 2023 年年末累计注册量 Accumulative Number at the end of 2023 |
| 国外在华总计 | Sub-total (Foreign) | 178 | 227 | 229 |
| 德国 | Germany | 2 | 2 | 2 |
| 西班牙 | Spain | 2 | 3 | 3 |
| 法国 | France | 121 | 155 | 155 |
| 英国 | United Kingdom | 3 | 3 | 3 |
| 格鲁吉亚 | Georgia | 3 | 3 | 3 |
| 意大利 | Italy | 23 | 34 | 34 |
| 牙买加 | Jamaica | 2 | 2 | 2 |
| 日本 | Japan | 1 | 1 | 1 |
| 墨西哥 | Mexico | 2 | 2 | 2 |
| 泰国 | Thailand | 5 | 6 | 6 |
| 美国 | United States of America | 14 | 14 | 14 |
| 印度 | India | 0 | 2 | 2 |
| 瑞士联邦 | Swiss Confederation | 0 | 0 | 2 |

表 6-2　地理标志产品(GI)累计批准登记量①

单位:件

| 地区 Regions | | 2018 年年末累计批准登记量 Accumulative Number of Approved GI Products at the end of 2018 | 2022 年年末累计批准登记量 Accumulative Number of Approved GI Products at the end of 2022 | 2023 年年末累计批准登记量 Accumulative Number of Approved GI Products at the end of 2023 |
|---|---|---|---|---|
| 合计 Total | | 2380 | 2495 | 2508 |
| 国内总计 | Sub-total (Domestic) | 2319 | 2355 | 2368 |
| 北京 | Beijing | 13 | 13 | 13 |
| 天津 | Tianjin | 13 | 13 | 13 |
| 河北 | Hebei | 70 | 75 | 77 |
| 山西 | Shanxi | 26 | 27 | 27 |
| 内蒙古 | Inner Mongolia | 41 | 41 | 41 |
| 辽宁 | Liaoning | 89 | 89 | 90 |
| 吉林 | Jilin | 53 | 53 | 53 |
| 黑龙江 | Heilongjiang | 73 | 75 | 75 |
| 上海 | Shanghai | 12 | 12 | 12 |
| 江苏 | Jiangsu | 91 | 91 | 92 |
| 浙江 | Zhejiang | 114 | 115 | 115 |
| 安徽 | Anhui | 82 | 87 | 88 |
| 福建 | Fujian | 107 | 107 | 107 |
| 江西 | Jiangxi | 61 | 62 | 62 |
| 山东 | Shandong | 79 | 82 | 83 |
| 河南 | Henan | 115 | 116 | 116 |

① 国家知识产权局.地理标志产品(GI)累计批准登记量.2023 年知识产权统计年报[EB/OL].(2024-01-16)[2024-01-25].http:www.cnipa.gov.cn/tjxx/jianbao/year2023/h/h1.html.

续表

| 地区 Regions | | 2018 年年末累计批准登记量 Accumulative Number of Approved GI Products at the end of 2018 | 2022 年年末累计批准登记量 Accumulative Number of Approved GI Products at the end of 2022 | 2023 年年末累计批准登记量 Accumulative Number of Approved GI Products at the end of 2023 |
|---|---|---|---|---|
| 湖北 | Hubei | 165 | 165 | 165 |
| 湖南 | Hunan | 81 | 83 | 85 |
| 广东 | Guangdong | 161 | 162 | 162 |
| 广西 | Guangxi | 90 | 93 | 93 |
| 海南 | Hainan | 12 | 12 | 13 |
| 重庆 | Chongqing | 14 | 14 | 14 |
| 四川 | Sichuan | 293 | 296 | 296 |
| 贵州 | Guizhou | 146 | 150 | 151 |
| 云南 | Yunnan | 62 | 65 | 65 |
| 西藏 | Xizang | 35 | 35 | 35 |
| 陕西 | Shaanxi | 86 | 86 | 89 |
| 甘肃 | Gansu | 68 | 68 | 68 |
| 青海 | Qinghai | 16 | 16 | 16 |
| 宁夏 | Ningxia | 13 | 13 | 13 |
| 新疆 | Xinjiang | 38 | 39 | 39 |
| 台湾 | Taiwan | 0 | 0 | 0 |
| 香港 | Hong Kong | 0 | 0 | 0 |
| 澳门 | Macao | 0 | 0 | 0 |

续表

| 地区 Regions | | 2018 年年末累计批准登记量<br><br>Accumulative Number of Approved GI Products at the end of 2018 | 2022 年年末累计批准登记量<br><br>Accumulative Number of Approved GI Products at the end of 2022 | 2023 年年末累计批准登记量<br><br>Accumulative Number of Approved GI Products at the end of 2023 |
|---|---|---|---|---|
| 国外在华总计 | Sub-total (Foreign) | 61 | 140 | 140 |
| 西班牙 | Spain | 2 | 12 | 12 |
| 法国 | France | 51 | 63 | 63 |
| 英国 | United Kingdom | 4 | 4 | 4 |
| 意大利 | Italy | 2 | 26 | 26 |
| 墨西哥 | Mexico | 1 | 1 | 1 |
| 美国 | United States of America | 1 | 1 | 1 |
| 爱尔兰 | Ireland | 0 | 2 | 2 |
| 奥地利 | Austria | 0 | 1 | 1 |
| 比利时、德国、法国、荷兰 | Belgium, Germany, France, Netherlands | 0 | 1 | 1 |
| 波兰 | Poland | 0 | 1 | 1 |
| 丹麦 | Denmark | 0 | 1 | 1 |
| 德国 | Germany | 0 | 5 | 5 |
| 芬兰 | Finland | 0 | 1 | 1 |
| 捷克 | Czechia | 0 | 2 | 2 |
| 立陶宛 | Lithuania | 0 | 1 | 1 |
| 罗马尼亚 | Romania | 0 | 1 | 1 |
| 葡萄牙 | Portugal | 0 | 6 | 6 |

续表

| 地区 Regions | | 2018 年年末累计批准登记量 Accumulative Number of Approved GI Products at the end of 2018 | 2022 年年末累计批准登记量 Accumulative Number of Approved GI Products at the end of 2022 | 2023 年年末累计批准登记量 Accumulative Number of Approved GI Products at the end of 2023 |
|---|---|---|---|---|
| 瑞典 | Sweden | 0 | 1 | 1 |
| 塞浦路斯 | Cyprus | 0 | 1 | 1 |
| 塞浦路斯、希腊 | Cyprus, Greece | 0 | 1 | 1 |
| 斯洛伐克 | Slovakia | 0 | 1 | 1 |
| 斯洛文尼亚 | Slovenia | 0 | 1 | 1 |
| 希腊 | Greece | 0 | 5 | 5 |
| 匈牙利 | Hungary | 0 | 1 | 1 |

根据国家知识产权局的数据报告，2024 年 1—7 月，便初步认定地理标志产品件数 32 件、认定 15 件，核准使用地理标志专用标志经营主体 5358 家，地理标志作为集体商标、证明商标注册的，达到 107 家（见表 6-3）。

表 6-3　2024 年 1—7 月的地理标志审核表①

| 项目 | 2024 年 1—7 月累计 |
|---|---|
| 地理标志产品初步认定件数/件 | 32 |
| 地理标志产品认定件数/件 | 15 |
| 核准使用地理标志专用标志经营主体/家 | 5358 |
| 地理标志作为集体商标、证明商标注册/家 | 107 |

注：1. 集体商标、证明商标注册当年累计统计日期为上年度 12 月 16 日至当月 15 日。

① 国家知识产权局.2024 年 1—7 月地理标志业务表［EB/OL］.（2024-07-12）［2024-12-25］.http://www.cnipa.gov.cn/tjxx/jianbao/year2023/h/h1.html.

2. 地理标志产品初步认定口径为发布公告予以初步认定的地理标志品保护申请。地理标志产品认定件数日期为发布公告予以认定的地理标志产品保护申请。

自 2024 年 5 月起,为适应《地理标志产品保护办法》有关规定调整,不再统计地理标志产品保护受理件数,地理标志产品保护批准件数调整为地理标志产品认证件数。

3. 经营主体统计口径为开通矢量图下载权限的地理标志专用标志合法使用人,包括核准使用地理标志产品专用标志的生产者、作为集体商标注册的注册人集体成员,作为证明商标注册的被许可人。

## 第二节 地理标志保护工程的启动与延续

2019 年上半年,有关"地理标志保护工程"先后启动:6 月 26 日,由农业农村部主办的地理标志农产品保护工程启动仪式举行;7 月 19 日,农业农村部召开新闻发布会,宣布将选择 200 个地理标志农产品进行保护,启动"地理标志农产品保护制度":保护产地环境,提升综合生产能力;保护特色品种,提升产品品质特性;保护农耕文化,提升乡村多种价值,打好历史牌、文化牌、风俗牌;保护产业链条,提升综合素质;保护知识产权,提升品牌影响力,以推动形成以区域公用品牌、企业品牌、特色农产品品牌等各自定位准确又相互支撑衔接的农业品牌格局;7 月 22 日,国家知识产权局在贵州贵阳开启了地理标志产品保护工程。

### 一、地理标志农产品保护工程及其开展

2019 年 6 月 26 日,农业农村部在四川眉山启动了"地理标志农产品保护工程"活动,意图通过实施地理标志农产品保护工程,拯救保护一批传统特色品种,挖掘培育一批地理标志农产品资源,建设壮大一批地理标志农产品保护基地,打造叫响一批"乡土"区域品牌,促进产业融合发展,弘扬传统农耕文明,助力乡村振兴和脱贫攻坚。

截至 2019 年,农业农村部已登记地理标志农产品 2594 个。启动地理标志农产品保护工程,意图利用 5 年时间,在全国范围内打造 1000 个地理标志农产品知名品牌。重点开展"五保护、五提升",即保护产地环境,提升综合生产能力;保护特色品种,提升产品品质特性;保护农耕文化,提升乡村

多种价值；保护产业链条，提升产业综合素质；保护知识产权，提升品牌影响力。①

2019—2021 三年间，保护工程共落实了中央财政资金 22.7 亿元，支持634 个地理标志农产品发展，建成核心生产基地 1672 个、特色品种繁育基地 892 个，支持产品年产值超过 5000 亿元，带动 1130 万户农户增收 360 亿元，扶持了 149 个国家级贫困县、53 个乡村振兴重点县发展②，并产生了多个通过保护工程获得品种培育、品质提升、品牌成长的典型案例。③

2022 年 7 月 18 日，2022 年地理标志农产品保护工程推进视频会在北京召开。会议回顾了地理标志农产品保护工程实施三年来的成果，共支持了 634 个地理标志农产品保护和发展，建设提升特色品种繁育基地 892 个、产品核心生产基地 1672 个，清洁化、标准化生产稳步推进，产品质量保障能力不断提高。举办以地理标志农产品为主题的文化节、采摘节、丰收节等活动 1000 余场次，举办产品推介 2500 余场次，带动 1130 万户农户增收 360亿元，品牌影响力明显提升。④

2022 年 5 月 30 日，农业农村部办公厅发布有关通知，强调要继续做好2022 年的地理标志农产品保护工程，并提出了更高的保护要求、具体措施及实施重点。

工程保护要求强调要以推动生产标准化、产品特色化、身份标识化、全程数字化为重点，着力打造一批"特而优""特而美""特而强"的地理标志农产品，建立健全地理标志农产品保护与产业发展的长效机制，为农业高质量发展和乡村产业振兴作出新贡献。该保护要求，重在"特"，与品牌战略所强调的差异化具有高度的一致性。

工程具体实施突出了四个方面：一是突出特性保持，围绕地理标志农产品的独特地域、独特生产方式、独特品质和独特历史文化，强化产品特色挖

---

①② 农业农村部农产品质量安全监管司.地理标志农产品保护工程典型经验(三)【农产品质量安全工作简报 第 42 期】[EB/OL].（2022-08-23）[2024-03-26]. https://news. foodmate. net/2022/08/639019. html.

③ 农业农村部办公厅.农业农村部办公厅关于做好 2022 年地理标志农产品保护工程实施工作的通知[EB/OL].（2022-06-02）[2024-09-20]. https://www. xjxnw. com/c/2022-06-02/1803730. shtml.

④ 地理标志处.全面落实"六个一"高质量实施地理标志农产品保护工程——2022 年地理标志农产品保护工程推进视频会在京召开[EB/OL].（2022-07-20）[2024-09-26]. https://www. moa. gov. cn/nybgb/2022/202207/202208/t20220810_6406698. htm.

掘,提高市场辨识度和认可度;二是突出系统提升,每个产品全面推进"六个一"建设标准,培优一个区域特色品种、建设一个以上核心生产基地、建立一套特征品质指标、集成应用一套全产业链标准、叫响一个区域特色品牌、健全一套质量管控机制,让地理标志农产品可展示、可量化、可感知;三是突出全链条推进,以产品为主线、全程质量控制为核心,推进现代农业全产业链标准化,强化全链条质量安全监管,加强分等分级、包装标识、仓储保鲜,延伸产业链,提升价值链;四是突出富民增收,加强产品推介和专业市场建设,创新产销对接模式,让好产品产得出,更要卖得好,建立产业发展与农户利益联结机制,让中小农户切实分享发展成果。

农业农村部办公室通知根据"三品一标"的保护工程前提,强调2022年地理标志农产品保护要针对六大重点实施。这六大重点分别为:一是培优区域特色品种,提升地理标志农产品特色品种供种能力;二是建设核心生产基地,提高地理标志农产品综合生产能力,支持相关加工工艺及设备改造升级,促进产加销一体化发展;三是提升产品特色品质,实施品质提升行动,建立特征品质数据库,选择外观、质构、风味等方面关键指标,构建产品特征品质指标体系,开展品质评价,推动分等分级和包装标识,推动产品特色化;四是推进全产业链标准化,以传统生产方式为基础,结合现代农业新技术新装备的应用,构建以产品为主线、全程质量控制为核心的全产业链标准体系和标准综合体;五是叫响区域特色品牌,挖掘传统农耕文化,培育以地理标志农产品为核心的区域品牌,加强产品宣传推介,实施消费促进行动;六是建立质量管控机制,建立生产经营主体名录和信用档案,推动身份标识化和全程数字化。[①]

在六大实施重点中,"叫响区域特色品牌"位列其五,说明农业农村部办公厅重视打响区域特色品牌。但在具体的行文中可以看到,行文并未将"打造区域特色品牌"作为竞争战略,而是如同其他五项实施目标一样的具体实施重点。将"打造区域特色品牌"并列其间的定位,与"品牌是农业现代化的核心标志"[②]的定位,还是有着相当距离的。这一距离,与各地实施过程中没有以品牌为核心,而是品种、品质、品牌、产业链、标准、宣传等眉毛胡子一

———————

① 地理标志处.全面落实"六个一"高质量实施地理标志农产品保护工程——2022年地理标志农产品保护工程推进视频会在京召开[EB/OL].(2022-07-20)[2024-09-26].https://greenfood.agri.cn/was5/web/search? orsen=六个一&channelid=204072&prepage=6.

② 农业部经济与市场信息司.中国农产品品牌发展研究报告[R].2014,12.

把抓，可能存在着大关联。

文件同时对"地理标志农产品保护工程"进入门槛（建设条件）、实施方法（由省级农业农村部门负责组织实施，同步上报农产品质量安全监管司备案）、项目委托中国绿色食品发展中心以绩效监控与抽查复核等方式开展绩效评价，绩效评价结果与下年度预算安排挂钩。这一组织设计，形成了国家、省级部门、地理标志农产品登记的申请部门三方联动的组织联动结构，但在具体的操作过程中，一旦省级部门不重视，并没有给予资金配套实施，则会产生保护工程的自然流失。

2022年，农产品安全工作简报第39期、第41期、第42期，连续发表了《地理标志农产品保护工程实施典型经验》[（一）（二）（三）][①]，回顾了2019—2021年三年的保护成果，其中强调了保护工程对示范基地建设、补链强链建设、文化建设方面的支持。其中，保护工程项目——盐池滩羊的《中国·盐池滩羊文化大观》（见图6-5）成为讲好地理标志农产品文化故事的案例，得到高度评价。而金华两头乌以保护工程为契机，实现了"品种培优、品质提升、品牌做强"，并将保护工程常态化，持续投入、落实每年1000万元的专项经费，实现了地理标志农产品保护常态化运行。

经过三年多保护工程的实施，我国农产品地理标志的保护意识、保护力度得到了进一步加强，且将保护与品牌成长相结合，促进了农产品地理标志的文化赋能、品牌提升。

## 二、地理标志农产品保护工程的合并

文献研究显示，2022年7月18日视频会议之后，农业农村部及其相关机构再无有关地理标志农产品保护工程的相关会议与文件出台。2022年9月19日，农业农村部办公厅发布了《关于印发农业生产"三品一标"提升行动有关专项实施方案的通知》。通知中分行业分领域制定了"3＋3"专项实施方案（包括种植业、畜牧业、渔业和品种、品牌、标准化等），其中对品牌化进行了较为具体的阐述。

---

① 农业农村部农产品质量安全监管司.【农产品质量安全工作简报 第39期】地理标志农产品保护工程实施典型经验(一)，【农产品质量安全工作简报 第41期】地理标志农产品保护工程典型经验(二)，【农产品质量安全工作简报 第42期】地理标志农产品保护工程典型经验(三)[EB/OL].(2022-08-03,2022-08-09,2022-08-23)[2024-09-26].http://www.jgs.moa.gov.cn.

图 6-5　《中国·盐池滩羊文化大观》封面

种植业,在 2022—2025 年间,要推进品牌打造,按照绿色高质高效要求,着力打造一批有影响力、竞争力的特色品牌。具体要做强一批绿色生产基地,壮大一批优势生产主体,打造一批区域公用品牌,将基地建设与绿色、有机、地理标志产品认证结合,每个种植业"三品一标"基地至少要有一个企业品牌、区域公用品牌,或获得农产品地标标志、承诺达标合格证。[1]

畜牧业,要打造畜产品优质品牌,加强品牌建设主体培育,促进优质品牌推广平台建设,完善畜产品品牌发展机会,培育一批具有国际和国内影响力的产品品牌、企业品牌,鼓励地方及行业协会注册区域公用品牌。[2]鼓励行业协会和其他社会组织在"三品一标"中发挥其独特的作用。

---

①②　农业农村部. 畜牧业"三品一标"提升行动实施方案(2022—2025 年)[EB/OL]. (2022-09-19)〔2024-09-26〕. http://www. moa. gov. cn/govpublic/FZJHS/202209/t20220921_6409889. htm.

渔业,要品牌强渔,突出品牌打造,鼓励地方政府、行业协会等,打造一批地域特色突出、产品特性鲜明的渔业领域知名品牌。要加强品牌推介,挖掘渔业品牌内涵,丰富品牌文化,积极拓展国际市场,提升渔业品牌影响力。[①]

在农业品牌打造实施方案中,提出要加快农业品牌打造,切实发挥农业品牌在全面推进乡村振兴、加快农业农村现代化发展中的重要作用。至2025年,重点培育300个精品农产品区域公用品牌,带动1000个核心企业品牌、3000个优质农产品品牌。要加快绿色食品、有机农产品、地理标志农产品认证,加强品牌文化赋能、品牌保护、完善跨区域农业品牌保护协作机制等。[②]

从发布的相关文件可见,地理标志农产品保护工程因地理标志产品认证工作的归属问题,使得农业农村部相关部门的工作转而以已有的农产品地理标志、未来的地理标志农产品认证为基础,推动各个产业的品牌化进程。

关于地理标志农产品保护工程的未来走向,在农业农村部农产品质量安全监管司《关于政协第十四届全国委员会第二次会议第02965号(农业水利类215号)提案答复的摘要》[③]中可见,2019—2022年间,利用中央财政转移支付农业生产发展资金,按照"六个一"要求(培优一个区域特色品种,建设一个核心生产基地,建立一套品质指标,集成一套全产业链标准,叫响一个区域特色品牌,建立一套质量管控机制),该工程支持了883个地理标志农产品发展,支持产品年产值超过5000亿元,带动约1400万户农户增收490亿元。[④]但2023年的相关数据没有得到反映,只体现了2023年8月市场监管总局印发《关于新时代加强知识产权执法的意见》,加强知识产权执法的法治保障。2023年,全国市场监管部门共查办商标、专利等知识产权违法案件4.41万件,移送司法机关1376件。国家知识产权局组织开展知识产权行政保护专项行动,连续三年发布地理标志行政保护典型案例等情况,并提供了2024年国家知识产权局印发《地理标志保护工程实施方案》,

---

①② 农业农村部.畜牧业"三品一标"提升行动实施方案(2022—2025年)[EB/OL].(2022-09-19)[2024-09-26]. http://www.moa.gov.cn/govpublic/FZJHS/202209/t20220921_6409889.htm.

③④ 农产品质量安全监管司.关于政协第十四届全国委员会第二次会议第02965号(农业水利类215号)提案答复的摘要[EB/OL].(2024-08-28)[2024-09-26]. http://www.moa.gov.cn/govpuplic/ucpzlaq/20240828_6461383.htm.

聚焦建立健全保护制度体系和保护机制、加大保护监管力度、加快促进全面发展和夯实基础保障等，进一步完善地理标志保护体系。"下一步，农业农村部将会同有关部门，加大对地理标志农产品保护培育的支持力度，统筹利用国家现代农业产业园、优势特色产业集群、农业产业强镇等产业发展扶持政策项目，将地理标志农产品保护和培育作为重要内容，从品种培优、全产业链标准化、公用品牌打造等方面，加大支持力度。"

这说明，2023 年始，农业农村部的"地理标志农产品保护工程"并未持续，且在 2024 年并入了国家市场监督管理总局的"地理标志保护工程"。

### 三、地理标志产品保护工程及其开展

2019 年 6 月 6 日，国家知识产权局发布了关于印发《推动知识产权高质量发展年度工作指引（2019）》的通知，提出要进行知识产权保护，进一步提升地理标志保护水平，完善地理标志、特殊标志和官方标志保护体系，实施地理标志保护工程，开展国家地理标志产品保护示范区建设工作，加强对地理特征明显、人文特色鲜明、质量特性突出的地理标志重点产品实施保护；实施地理标志运用促进工程，运用地理标志精准扶贫；将地理标志作为知识产权强省、强市、试点示范城市、强县工程试点示范县的创建重点；探索地理标志"产品—品牌—产业"发展路径，推动形成若干地理标志支撑发展的优势产业。[①]

2019 年 7 月 22 日，实施地理标志产品保护工程在贵州贵阳展开。截至"十三五"（2020 年）末，我国累计保护地理标志产品 2391 个，地理标志专用标志使用市场主体达 9479 家，以地理标志作为集体商标、证明商标注册达 6085 件，专用标志使用市场主体年直接产值超过 6000 亿元，建成国家地理标志产品保护示范区 16 个。地理标志运用效益显著，地理标志运用促进工程落地生根，地理标志保护国际合作取得重要进展，中欧地理标志保护与合作协定签署生效。

但是，农产品地理标志登记和管理工作还在农业农村部，因此，国家知识产权局认为，地理标志保护制度的协调统一有待加强，审查认定体系尚待完善，保护水平尚待提升，监督管理有待强化，品牌价值尚未充分显现。

---

① 国家知识产权局.《推动知识产权高质量发展年度工作指引（2019）》的通知[EB/OL].(2019-06-11)[2024-08-26]. https://www.cnipa.gov.cn/art/2019/6/11/art_2073_143015.html.

2021 年 5 月，国家知识产权局会同国家市场监管总局联合印发《关于进一步加强地理标志保护的指导意见》，提出要加强地理标志领域业务指导和统筹协调。

2021 年 9 月，国家知识产权局发布《知识产权强国建设纲要（2021—2035 年）》，提出推进商标品牌建设，加强驰名商标保护，发展传承好传统品牌和老字号，大力培育具有国际影响力的知名商标品牌；发挥集体商标、证明商标制度作用，打造特色鲜明、竞争力强、市场信誉好的产业集群品牌和区域品牌；推动地理标志与特色产业发展、生态文明建设、历史文化传承以及乡村振兴有机融合，提升地理标志品牌影响力和产品附加值；实施地理标志农产品保护工程。

2021 年 12 月，国家知识产权局印发《地理标志保护和运用"十四五"规划》，这是有关地理标志领域的第一个五年规划，进一步明确了加强地理标志保护和运用的发展目标和重点任务。指出要加强地理标志专用标志的使用管理制度，加强地理标志品牌建设，提高品牌影响力和品牌价值。到2025 年，地理标志认定数量保持稳定合理增长，使用地理标志专用标志的市场主体达到 1.8 万家以上，年直接产值保持稳定增长，制修订一批地理标志领域国家标准、地方标准和团体标准，建成国家地理标志产品保护示范区100 家，推动更多中国地理标志在海外获得保护（以上指标均为预期性指标）。

2023 年国家知识产权局的工作要点中，继续提出要支撑地理标志保护工程和地理标志农产品保护工程，推进地理标志助力乡村振兴。① 加快地理标志统一认定制度建设，做好农产品地理标志政策衔接与平稳过渡；组织实施地理标志保护工程，推进国家地理标志产品保护示范区建设；深化地理标志助力乡村振兴行动，推动开展"地理标志品牌＋"专项计划，打造品质优越、特色鲜明的地理标志品牌。②

2024 年，国家知识产权局出台了《地理标志保护工程实施方案》③，提出

① 国家知识产权局等 17 部门.关于加快推动知识产权服务业高质量发展的意见[EB/OL].(2023-01-11)[2024-08-26]. https://www.cnipa.gov.cn/art/2023/1/11/art_75_181375.html.
② 国家知识产权局.2023 年工作要点[EB/OL].(2023-05-26)[2024-12-25]. https://www.cnipa.gov.cn/art/2023/t/26/art_92_185374.html.
③ 国家知识产权局.地理标志保护工程实施方案[EB/OL].(2024-02-07)[2024-12-25]. https://www.cnipa.gov.cn/art/2024/2/7/art_1391_190218.html.

要建立健全地理标志保护制度体系。推动地理标志保护地方性专门法规立项、制定和实施，协调推动专门保护和商标保护地理标志名称、保护地域范围等的统一；加强地理标志保护工程与地理标志运用促进工程衔接；深入挖掘地理标志的历史、文化和生态价值。

从 2019 年至 2024 年，地理标志农产品的保护，从两个部门分开的"地理标志农产品保护工程""地理标志保护工程"逐步实现了地理标志统一认定同时的管理统一，改变了过去三驾马车各自为政的局面，实现了整合管理制度。同时，"地理标志保护工程"（其中大部分是地理标志农产品）得到了持续的高度重视和实施。

## 第三节　中国地理标志立法及其探索①

长期以来，三个部门各自进行地理标志专用标志登记使用、地理标志商标注册管理的过程中，一直没有实现地理标志专用标志的法制化保护，而是部门规章保护。因此，中国地理标志保护经历了前述的三套体系并存、三套体系合并的过程。合并之后，地理标志保护立法问题被提出。

现阶段，我国对地理标志的立法规制主要由《商标法》及《地理标志产品保护规定》组成，虽然具有统一立法化的趋势，但总体上地理标志产品认证依然需要，通过保护地理标志证明商标、地理标志集体商标的方式才能达到法制化保护地理标志的目的。由于其他国家如美国等，采用了商标法模式进行地理标志保护，而法国等国家采用的是地理标志专门法对地理标志进行保护，因此，有学者以及相关部门的领导通过提案等方式进行立法倡议。

### 一、地理标志保护的立法倡议

以陈星为代表的学者，积极推动我国地理标志的专门立法工作，试图通过单独立法和商标法衔接的方式完善我国地理标志保护制度。陈星在其专著《我国地理标志统一立法研究》②中以地理标志权为立法基石，创新性地提出中国特色地理标志统一立法"两步走"策略，即：近期在商标法框架下制

① 胡晓云.中国地理标志产品的保护模式及保护趋势[J].国际品牌观察,2019,10:62-64.
② 陈星.我国地理标志统一立法研究[M].北京:中国法制出版社,2024,6.

定《地理标志条例》，时机成熟时以专门法模式制定《中华人民共和国地理标志法》。

但学者之间也在两个问题上存在争议：第一，地理标志现存立法的倡议和其高位阶、高水平专门立法的必要性问题；第二，地理标志的专门立法如何实现和先有商标法制度协调适用的问题。[①]

加强地理标志保护是 2023 年全国政协 72 个重点提案选题之一。代表们经过调研，提出要加快推进地理标志立法步伐，明确主管部门的行政职责和各方的权利义务；深化管理体制机制改革，加强地理标志保护顶层设计，强化规划引领，在法律保护、工作机制、专用标志使用管理、执法维权等方面加强部门间的互动联动。同时，建立标准体系、检测体系和质量保障体系，健全地理标志从生产加工到产品流通的全流程、全方位监管，促进我国地理标志保护工作规范科学发展；严格地理标志审查认定，严厉打击地理标志侵权假冒行为，大力推进地理标志产品保护示范区建设，提升地理标志保护水平。[②]

持反对意见的认为，本质上，地理标志的保护是以产品保护为中心的[③]，通过设定产品条件实现区分地理标志产品和非地理标志产品的功能。不同于商标，地理标志本身不具有显著性，发挥不同于一般商标的功能。《农产品地理标志管理办法》第 7 条规定，申请地理标志登记的农产品称谓由地理区域名称和农产品通用名称构成。[④] 这一规定表明，地理标志通常由不具有显著性的地理名称和通用名称构成，其往往只表达"第一含义"，而不具有"第二含义"，只要在相关产品能够被产区的经营者、相关市场的消费者认知为地理标志产品，就可以被认定为地理标志的标识。地理标志的标识贴附于地理标志产品上实际上发挥了产品区分的功能。[⑤]

---

① 郑徐好.我国地理标志单独立法路径的研究[EB/OL]."华政东方知识产权"微信公众号，2024 年 6 月 11 日。

② 刘彤.写好地理标志运用这篇"大文章"——全国政协"加强地理标志保护"重点提案督办调研综述[N].人民政协报，2023-05-09.

③ 王笑冰.真正地理标志保护的实质与我国地理标志统一立法[J].法学研究，2023，6.

④ 中华人民共和国农业部令第 11 号：《农产品地理标志管理办法》，中国绿色食品发展中心，2008 年 2 月 1 日。

⑤ 郑徐好.我国地理标志单独立法路径的研究[EB/OL]."华政东方知识产权"微信公众号，2024 年 6 月 11 日。

## 二、地理标志保护立法进程

目前,尽管国家层面上尚未进行地理标志专门立法,但多个地方政府已经在实际工作的驱使下进行了地方立法的尝试。

2023 年,广东省经过大量征求意见,开始实行《广东省地理标志条例》。该条例是全国首部地理标志保护地方性法规,该地方性法规追求地理标志保护违法的法律责任。作为全国首个地理标志专门法,结合《中华人民共和国产品质量法》当中伪造产地、伪造冒用质量标志的行为作出了法律规定,对"搭便车"行为起到了规范和震慑作用。同时,该法规探索了地理标志领域相关的公益诉讼制度,如广东珠海市斗门区人民检察院曾就对当地的地理标志产品"白蕉海鲈"保护不到位的情况提起公益诉讼。

除广东对地理标志进行立法以外,《山东省地理标志产品保护示范区建设管理办法(试行)》《河南省地理标志高质量发展行动计划(2023—2025年)》《湖南省质量技术监督局地理标志产品保护工作实施办法》《江西省关于加强与推进地理标志保护产品工作的实施意见》等各地的地理标志相关法律法规相继出台,为保护当地的特色产业和品牌建设提供了政策保障。

与此相关,近年,对地理标志区域公用品牌建设相关标准的研究与设计越来越多。2018 年,国家标准化委员会起草了国家标准《区域品牌价值评价 地理标志产品》,对以地理标志为基础的区域公用品牌的价值评价设计了国家标准。

2023 年,陕西省发布了地方标准《地理标志品牌建设指南》,围绕质量、服务、创新等几个方面,对地理标志品牌的价值制订了标准。重庆市发布了地方标准《地理标志品牌培育指南》,湖南省市场监督管理局发布了地方标准《地理标志保护指南》,从市场流通的角度,在商标授权、转让等方面提出一系列实施标准。

2024 年 1 月,《地理标志认定 产品分类与代码》(GB/T 43583-2023)由全国知识管理标准化技术委员会地理标志分会负责执行,填补了我国地理标志认定产品分类领域的空白,建立了地理标志产品分类与国际尼斯分类参照关系表,是推动地理标志"严保护、大保护、快保护、同保护"的重要举措。

2024 年 3 月,国家标准计划《品牌评价 第 3 部分:地理标志相关品牌评价要求》开始起草,《地理标志产品质量要求标准编制通则》进行新一轮的修订,这将进一步完善对地理标志区域品牌的相关认证和价值评估的科学性和可行性。

2024年4月,《国家知识产权局关于印发〈推动知识产权高质量发展年度工作指引(2024)〉的通知》提出,要加快推进商标法及其实施条例新一轮修订、地理标志专门立法研究和《集成电路布图设计保护条例》修改论证,有效落实《地理标志产品保护办法》和《集体商标、证明商标注册和管理规定》。①

在地理标志保护的国际化进程中,地理标志专门立法的事日渐浮出水面。2024年5月,我国第一本有关地理标志专门立法的专著出版。作者陈星提出,地理标志利益已经成为一项特定和独立的民事利益,且不能为现有权利类型所涵盖,同时符合权益区分理论的"权利三特征",独立标志权从学理上得以证成。但我国的地理标志专门立法,存在着"模式整合难"(这个问题已经因为三类合一而得以日渐破解,笔者注)、"一步到位专门立法难""权利保护难"三大难题。他提出,要走出地理标志统一立法"两步走"策略:第一步为近期目标,在商标法框架下制定《地理标志条例》,形成商标法框架下"小"的专门立法;第二步为远期目标,以专门法模式制定《中华人民共和国地理标志法》,围绕地理标志权构建地理标志保护体系。② 由此可见,我国地理标志产品的法律保护还需要较长的时间进行相关法制建设,任重道远。值得一提的是,随着国家知识产权局工作的开展,截至2024年度8月底,据不完全统计,已有近5000个以地理标志为前提注册证明商标、集体商标的地理标志商标,也就是说,我国目前已有近5000个地理标志得到了商标法保护,这为未来地理标志商标基础上的区域公用品牌的法制化保护提供了一定的法律保障。

---

① 国家知识产权局.关于印发《推动知识产权高质量发展年度工作指引(2024)》的通知[EB/OL].(2024-04-10)[2024-12-20]. https://www.cnipa.gov.cn/art/2024/4/10/art_551_191492.html.

② 陈星.我国地理标志统一立法研究[M].北京:中国法制出版社,2024:2.

## 第七章

# 中国地理标志农产品的品牌化基础与可行性

品牌是农业现代化的核心标志。[①] 因此,地理标志农产品要进一步提升价值,提高溢价,必须通过品牌化,将其打造成为具有消费价值和市场好评的品牌。那么,中国地理标志农产品拥有品牌化基础吗? 本章将通过对中国地理标志农产品的品牌化基础和可行性分析研究,得出以下结论。

## 第一节　中国地理标志农产品的品牌化基础[②]

### 一、中国地理标志农产品的基本特征

无论是之前的三套体系共存时代,还是今后三套体系整合时代,在中国地理标志保护产品中,占比最高的是农产品。因此,农产品受地理标志保护的占比较高。得到中国地理标志保护的农产品具有以下基本特征。

（一）生产区域性

无论 PGI(原产地标志)、GI(地理标志产品)、AGI(农产品地

---

① 农业部市场司:《中国农产品品牌发展研究报告》新闻发布会,构建品牌农业制度体系,推进农业品牌化发展,2014 年 12 月 3 日,来自中华人民共和国农业农村部官网。

② 胡晓云.中国地理标志产品的品牌化基础[J].国际品牌观察,2019,9:70-72.

理标志),还是作为地理标志注册证明商标、集体商标的,均限定了产品生产独特的区域范畴。因此,能够获得三类地理标志保护和注册商标的农产品,都必须是在特定的区域范畴内进行生产,且产品的特征基于当地的风土特征、人文因素。而不同区域会有不同的风土、物种、工艺、人文等诸方面的差异性。因此,地理标志保护产品多以区域名称、区域标志物等加品类名称形成地理标志产品来命名,如五常大米、庆安大米、西湖龙井、安溪铁观音、盐池滩羊等。这些地理标志农产品的品种、品质、工艺、色香味形等特色,均因其生产区域的生态环境、历史人文特征而被造就。如五常大米的独特品种"稻花香"以及在五常区域生产出的大米的独特风味,均因了五常区域独特的地理生态、历史人文特征。盐池滩羊更是如此,难得的碱水、难得的牧草、难得的气候等,造就了盐池滩羊品种的独特性、生长与繁殖的独特性。事实也证明,当将盐池滩羊拉到其他地区生产、繁殖时,其羊毛的卷毛特质、羊肉的色香味都会产生很大的变化。生产区域性决定了地理标志农产品的生长区域的独特性,也从生产面积等方面提供了地理标志农产品的稀缺性价值。同时,生产区域性特征也在一定程度上局限了未来无限度发展的可能性,比如,贵州绿茶虽然获得了农产品地理标志登记,但至今无法注册为地理标志商标。

(二)品类单一性

无论 PGI、GI、AGI,还是以地理标志注册的证明商标、集体商标,均限定了品类的单一性,如占比百分之九十以上的地理标志农产品,都是单一品类的初级产品,如烟台苹果、户县葡萄、长白山人参(见图7-1)、长白山黑木耳等。单一品类的农产品虽然会有不同的品种培育,但其品类始终是单一的,品牌单一性为地理标志农产品提供了天然的品类特征。不像中粮集团等农产品企业品牌,旗下囊括了粮、油、茶、果、肉等繁杂的品类,使得其品牌大而无当,拥有繁杂的产品体系,消费者认知该品牌的具体业务范畴相当困难,制造了消费沟通障碍。

品类单一性特征,天然为消费认知提供了方便性,也给一个地理标志的品类特征、品牌特征的显著性提供了前提条件。在打造鲜明的品牌形象、传达清晰、单一的产品利益诉求时,可以具有更精确的利益诉求与表达,减少品牌沟通障碍。

图 7-1　长白山人参的标志与核心价值表达①

（三）产品独特性

无论 PGI、GI、AGI，还是以地理标志注册的证明商标、集体商标，均要求产品具有出自当地地域特点、人文因素的特色。因此，能够获得地理标志保护的农产品，都必须是具有基于当地地域特点的产品特色。该特色可以是品种独特性（见图 7-2）、品质风味差异性、原材料特色、特殊工艺、特殊人文因素等各种因素带来的产品品质独特性。因此，地理标志产品具有产品品质特色的专属性。专属性即为独特性，具有独一无二的销售卖点（USP）。

在 20 世纪 50 年代，著名广告人罗瑟·瑞夫斯曾经提出一个著名的广告论断，即"独特的销售卖点"（USP）②，强调在广告传播中，要抓住产品的"独特的销售卖点"进行诉求表达，就可以创作出具有说服力的好广告。地理标志农产品所具有的显著的产品独特性，能够让品牌传播更简单、更精准。

当然，随着产业的发展，地理标志农产品的产品独特性也在越来越多地受到挑战。比如，龙井茶在杭州 168 平方公里范围内栽种，并有其独特的品

---

① 作品来自浙江芒种品牌管理集团。

② 胡晓云.现代广告学[M].杭州:浙江大学出版社,2007:98.

**地方优秀绵羊品种，历史悠久**

滩羊是中国特有的绵羊品种，2000年被农业部列入国家二级保护品种，盐池县被确定为滩羊种质资源核心保护区，盐池滩羊也是中国地理标志产品。（地理标志证明商标）

"盐池滩羊"是优秀的地方绵羊品种，其形成已有二百多年的历史。乾隆二十年（1755年）出版的《银川小志》记载："宁夏各地俱产羊皮羊肉，盐州（今盐池）特佳。"

图 7-2 盐池滩羊的羊种、产品特色因地域特色而显著

种"群体种"，独特的炒制工艺"十大手法"，使得西湖龙井茶具有"色绿、香郁、味醇、形美"的产品独特性。但近年来，由于品种的改良，特别是"龙井43"在全国各产茶区的广泛栽种、炒制手法的广泛运用等，使得龙井茶的产品特征在"品种""品质"方面逐渐缩小了差异性。这种趋势给每个地理标志农产品的产品独特性带来了被模仿、被模糊的风险。近年来，安吉县因扶贫工作所需，将大量的茶种引种到西部山区，使得消费者很难区分原产地与西部山区生产的"安吉白茶"，导致"安吉白茶"地理标志证明商标产品受到了来自西部山区同品种茶的极大挑战。

（四）品质差异性

生产的独特区域性、产品的独特环境、独特的工艺等特征，自然带来了地理标志产品的品质差异性。所谓的"橘生淮南则为橘，生于淮北则为枳"即为此意。即便是同一科同一属的产品，由于地理条件、人文因素等不同，都会形成差异化的品质特征。比如，近年来声望日隆的"武夷岩茶"，已经形成了不同的"沟"、不同的"关"、不同的"岩"而产生的品质差异性。这种品质差异性，使同一大区域的地理标志农产品实现了更小范围的分界，产生了无数小众的武夷岩茶产品。如"桐木关""马肉""牛肉"等的出现，极大地张扬

了武夷岩茶的品质差异性,使得每一个坑、每一个涧、每一块岩、每一个关的茶叶都具有稀缺性特征,让不同的人群有了不同的消费对应、消费嗜好,提高了对某个产品的独特"岩韵"的忠诚消费。

（五）工艺传承性

地理标志农产品限定了生产的区域范畴,而在不同的区域范畴内,其社会演变、工艺发展都会体现其不同特征。一般而言,地理标志产品均有区域内先民们长期探索、留存下来的不同的工艺手法,并通过师徒授艺、家传秘方等方式得以传承。如龙井茶的"抖、搭、摺、捺、甩、抓、推、扣、磨、压"十大手法,即为历史传承及总结所得（见图 7-3）。这种工艺传承性具有人际传播、代代相传的特征,形成了悠久历史中的人与人之间传承的故事性,体现了独特的人文特质。

图 7-3　西湖龙井茶十大炒制手法,历经数百年传承①

西湖龙井茶的"十大炒制手法",由世代传承而来,"阿洪师傅"（袁长洪）将其改进、创新并传给后世。在当代,戚国伟大师成为西湖龙井非物质文化遗产传承人,并进一步将其发扬光大。而今,还在第一线炒制带徒的代表性人物有樊生华、葛维冬等人,已经有多位年轻人也成为非遗传承者。这种工

① 姜爱芹.品读龙冠·龙井茶十大炒法开创者[EB/OL].(2023-03-24)[2024-12-25].http://www.longguantea.com/article_list_1.html.

艺传承性,在不同的茶叶地理标志产品、食用菌地理标志农产品中更为显著。

(六)文脉依赖性

一个区域有一个区域的文化特质,地理标志农产品大多具有长期的种养殖历史,并在种养殖历史发展进程中,形成了特殊的、悠久的生产文化脉络。如四川雅安,在西汉时期便有吴理真在蒙顶山种茶的文字记录,自西汉至今,蒙顶山的种茶文脉源远流长。可以说,地理标志农产品的物质生命与其文脉相辅相成,相互成就,无法分割。如陕西户县葡萄,当地农民善作农民画,白天种葡萄,夜晚画民俗,具有了用艺术的心性种植开发独特葡萄品种(户太8号)、管理葡萄品质的文脉特征,种植出来的葡萄即是"农作艺术品",而其种植区域则在秦岭。因此,当年我们在为"户县葡萄"做品牌规划时,为其提炼出"粒粒香甜醉秦岭"的品牌口号,同时,将其定位为"农作艺术品",以表现户县葡萄种植者的生活方式、种植特色及其文脉特征,为"户县葡萄"创造了文脉品牌的价值(见图7-4)。文脉依赖是一个地理标志农产品的独特价值,可以在设计品牌传播内容时,达到"有中生有"的真实的文脉品牌打造内容。

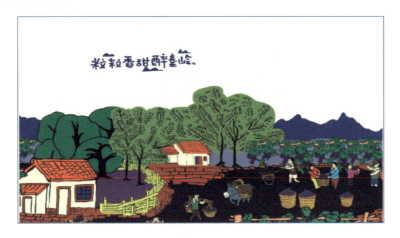

图 7-4　陕西"户县葡萄"的"秦岭""农民画"文脉利用①

---

① 作品来自浙江芒种品牌管理集团。

（七）命名地缘性

过去，三部委各自为政注册、登记地理标志产品时，除GI（地理标志产品）规定，可以是该地理标志标示地区的名称，也可以是能够标示某商品来源于该地区的其他可视性标志（中华人民共和国国家工商行政管理总局令第6号，《集体商标、证明商标的注册和管理办法》，2003年4月17日）之外，质监局、农业局的PGI、AGI两类地理标志保护产品，其产品名称均由产品所生产的地理区域名称、产品品类通用名称两者协同构成。如西湖龙井、安溪铁观音、福州茉莉花、云阳红橙等等，前两字为地理区域名称，后两字为产品品类通用名称。2024年新发布的有关地理标志产品的管理规定中，再次注明了地理标志产品"可以是该地理标志标示地区的名称，也可以是能够标示某商品来源于该地区的其他标志。前款所称地区无需与该地区的现行行政区划名称、范围完全一致"①。

由于地理标志农产品的名称可以是地区名称，因此，其命名具有直接的地缘依附性、地缘联想性，看到产品名称便可联想到地缘特征，便于消费者记忆、便于产生品牌联想。

同时，由于对地理标志产品注册"显著性"的要求，加上各地对区域文化的挖掘等，也有许多地理标志农产品不直接采用目前的行政区域名称作为地理标志农产品的名称，而是以该地区过去的名称或者当地的地标性山头、岩等的名称进行命名。如此，地理标志农产品的命名本身，与生俱来地带着当地的文脉传承与地块的标识。如浙江的"羊岩勾青"茶叶地理标志产品，其"羊岩"是"羊岩山"的简写，而"勾青"，则源于该茶产品的形状，因其茶"外形弯曲，其色绿润"。一个命名，将该茶的地理特征、茶产品的外形特征均表达清晰，且具有独特、生动的记忆点。羊岩勾青虽然是产业规模较小的地理标志产品，但已经成为2024年第二批名特优新农产品。②

（八）使用公用性

地理标志产品只要是在限定的区域内生产，其产品符合地理标志产品认证要求、获得认证保护管理权力的机构（协会或者其他组织）认可的企业或农户、个人，都能够获得授权，拥有生产权益。因此，地理标志产品的生产

① 国家知识产权局：《集体商标、证明商标注册和管理规定》，2024年2月1日起施行。
② 楼蕲.浙江5个农产品新晋"国字号"［N］.杭州日报，2024-09-15.

区域比区域公用品牌的范畴要大。而地理标志产品的生产授权，则是一个区域的农产品区域公用品牌建设的基本范畴。使用公共性会给地理标志产品保护带来困难，同样，从区域公用品牌角度来看，避免"公用地灾难"是品牌保护中重要的管理原则。

一般而言，地理标志农产品或登记或注册的主体，多为产业协会等社会组织，并由其授权给区域内的生产者进行专用标志或商标使用。由于之前在地理标志产品的登记中，强调只要是区域内的生产者就必须给予授权使用，因此，区域内不符合生产标准的生产者，也理所当然地拥有了专用标志与商标的使用权，这给地理标志农产品的生产安全、品质管控带来了相当大的风险，所谓的"公用地灾难"便是在该前提下产生的。

使用公用性给地理标志农产品的品质管理、行业自律带来一定的困难，导致一些地理标志农产品出现品质良莠不齐、消费者体验与评价不一的情况，给地理标志的品牌化带来一定程度的负面影响，甚至出现"一颗老鼠屎，坏了一锅粥"的结果，使一个地理标志农产品因为其中某一个授权主体的问题而导致毁灭性的打击。

如西湖龙井茶，因其拥有中国国礼茶的至尊地位，便出现了内、外双向的假冒伪劣行为，致使西湖龙井茶在相当长时间里，成为假冒伪劣的重灾区，导致消费者不敢购买的状况。所幸近年来，杭州市西湖龙井茶行业协会与政府联手，采用法治管理与数字化管理双管齐下的品牌管理方法，才使得西湖龙井重新获得了消费信心和高度评价，其品牌价值也在连年评估中，获得了80亿元左右的好成绩。①

（九）两权分离性

国家工商管理总局商标局有关地理标志证明商标的界定是：指由对某种商品或者服务具有监督能力的组织所控制，而由该组织以外的单位或者个人使用于其商品或者服务，用以证明该商品或者服务的原产地、原料、制造方法、质量或者其他特定品质的标志。② 这说明，地理标志证明商标商标所有权、使用权两权分离。虽然PGI、AGI没有明确说明地理标志产品保护监管与使用的两权分离性，但由于其使用的公用性，依然存在着地理标志

---

① 胡晓云，等.2024中国茶叶区域公用品牌价值评估报告[J].中国茶叶，2024，5.
② 全国人民代表大会常务委员会.中华人民共和国商标法（2019年修正）[EB/OL].（2019-04-23）[2024-12-25].http://www.cnipa.gov.cn/zcfg/zcfgflfg/flfgsb/fl_sb/1140931.htm.

产品保护监管者、地理标志使用者（企业、合作社、农户等）之间的分离现象。三个地标标志合并为"GI"一个地理标志之后，2024 年实施的《集体商标、证明商标注册和管理规定》第十一条中注明："按照使用管理规则准许集体成员使用集体商标，许可他人使用证明商标。"因此，地理标志证明商标的注册与监管权、使用权分离，注册者实施监管，授权使用者没有商标的主权。从品牌的角度来看，地理标志农产品管理、使用中产生的品牌独立价值，与被授权使用者无关，至多在产品溢价方面有所体现而已。因此，地理标志证明商标所有权与商标使用权的分离现象，存在着因利益不是完全共同体而出现"公用地灾难"的天然隐患。

相对而言，地理标志集体商标因商标所有权与商标使用权合一，商标共有，利益共有，风险共担，因此"两权分离"所产生的问题并不存在。但是，由于地理标志集体商标属于集体所有、集体使用，如何实现内部不同主体之间的主动自律与协商他律，是地理标志农产品品牌化中需要着力解决的问题。

（十）政府背书性

无论 PGI、GI、AGI，还是地理标志证明商标、地理标志集体商标，均要求县级以上人民政府或者主管部门的批准文件，协会或相关组织、企业等申请，依据各管理办法，经由省地标机构初审—专门组织专家评审—农业农村部或原质监局、原商标局准予登记保护。整体流程可见，地理标志农产品具有政府及相关专业机构的多重背书。

2020 年，三套系统整合，采用"GI"统一专用标志这一官方标志。① 无论是国家知识产权局还是农业农村部相关部门，前者是国家市场监督管理总局管理的国家局，为副部级单位，后者中国绿色食品发展中心为隶属于农业农村部的正局级事业单位，与农业农村部绿色食品管理办公室合署办公，因此，国家层面上的建制以及各级相关建制，均具有一定的政府背书功能。政府背书，可以给地理标志农产品的品牌化带来一定程度的诚信背书。

## 二、中国地理标志农产品的核心特征②

前文所述的中国地理标志农产品的十大基本特征，如将其进一步凝练，

① 国家知识产权局.关于发布《地理标志专用标志使用管理办法（试行）》的公告（第 354 号）[EB/OL].（2020-04-03）[2024-12-25]. http://www. cnipa. gov. cn/ztzl/dlbzzl/dlbztpgd/1147240. htm.

② 胡晓云.中国地理标志产品的品牌化基础[J].国际品牌观察,2019,9:70-72.

可总结为四大核心特征,即区域性、独特性、公用性和背书性。

(一)区域性特征

区域性特征指地理标志产品具有区域地理属性,被限制在一定的区域生产,是区域自然生态环境与区域历史人文因素共同作用下的特定产物,因此,产业规模会受到区域范畴的限制,形成相对的产量规模化控制,并衍生出品种稀缺、产品限量、品类单一等特征。

(二)独特性特征

独特性特征指地理标志产品包含独特的地理范畴、区域自然生态环境、区域历史人文因素以及品质标准管理、工艺、品种、生产者、风土等,都具有独一无二的特质。

(三)公用性特征

公用性特征指地理标志产品的生产资源(区域风土、工艺、品种、品质特征、历史文脉等)具有公共资源特性、生产权利具有公用性[所有经过审批通过的被授权者(区域内的企业、农户等)在其相关产品的包装设计、企业品牌宣传上可以使用,地理标志证明商标、地理标志集体商标、地理标志产品授权,均属于集体性私权]特征。

(四)背书性特征

背书性特征指地理标志产品的生产者通过被审核、评审的过程及授权使用的权利获得,得到了县级及以上政府、组织、专家甚至农业农村部、国际知识产权局、商标法、中欧地理标志互认等多重信用背书,且其产品名称是区域名称与品类名称的结合。

## 第二节　中国地理标志农产品的品牌化可行性[①]

根据上述中国地理标志农产品的十大基本特征与四大核心特征,在将其品牌化时,可以实现适用性的多方探索。

### 一、立足区域性,创建富有地域特色的单一品类区域公用品牌

如前所述,能够获得我国三类地理标志登记及地理标志证明商标、集体

---

① 胡晓云.中国地理标志产品的品牌化基础[J].国际品牌观察,2019,9:70-72.

商标注册的农产品,都必须在一定的区域范畴内进行生产。而不同的区域会有不同的风土、物种、工艺、文脉等诸多方面的共性差异。

(一)单一品类农产品区域公用品牌打造的可行性

基于地理标志农产品在产品生产、品质监管、产业规模、商标使用、文化背景、生产者等方面的区域共性特征,同时基于地理标志农产品的单一品类特征,可以在品牌类型上选择创建或重塑特色显著的单一品类区域公用品牌,并使之成为单一品类基础上的产业内相关企业品牌与产品品牌的母品牌、产业背书品牌、产业延伸品牌,形成产业品牌内在生态结构。

"橘生淮南则为橘,生于淮北则为枳",地理标志农产品区别于工业品和服务产品的最大特征是,始终与种植、养殖、生产它的一方水土不可分割。正是这一区域不可复制的自然资源,如地形地貌、气温、水质、土壤、光照、昼夜温差等因素,和特有的人文特征如种植模式、管理技术、加工工艺等因素,共同决定了地理标志产品的"特定质量、信誉或者其他特征"。

区域公用品牌与普通商标意义上的企业品牌、产品品牌有所不同,它具有整合区域资源、联动区域力量的特殊能力,进而普惠地理标志产品的相关生产主体,带动区域经济发展,提升区域品牌形象。以地理标志产品为产业基础,充分挖掘和利用其区域性特征,创建区域公用品牌,并通过构建科学合理的管理机制,形成与企业品牌、合作社品牌、农户品牌等协同的母子品牌关系,创造区域与企业(合作社、农户等)的品牌互动模式,能够最大限度地形成区域、产业、企业、农户的合纵连横,创造区域品牌新生态。

长期以来,地理标志产品通过创建或重塑成为单一品类区域公用品牌,得到广泛的市场认同,并成为某品类的顶级品牌的不胜枚举,如烟台苹果、长白山人参、库尔勒香梨、马家沟芹菜等。从农业农村部的"中国农业品牌目录"①编制可见,1100 余个区域公用品牌纳入省级目录重点培育,144 个区域公用品牌纳入农业品牌精品培育计划,都是单一品类区域公用品牌。

(二)多品类农产品区域公用品牌中的子品牌打造

长期以来,地理标志农产品的生产区域性特征与消费者的产地关注特征形成了悠久的互动关系,因此,以产地特征为前提的区域公用品牌打造成

---

① 周岩.农业农村部:完善农业品牌目录体系 深入实施精品培育计划[N].中国食品报,2024-08-14.

为中国农业品牌化发展的趋势。目前，农产品（或农业）区域公用品牌打造不仅有单一品类的区域公用品牌，也开发了以集体商标为特征的多品类农产品区域公用品牌。从 2006 年提出"区域公用品牌"概念，到 2014 年探索推出多品类农产品区域公用品牌"丽水山耕"开始，全国以单一品类为主体的农产品区域公用品牌打造或重塑轰轰烈烈，同时，多品类农产品区域公用品牌创建也掀起了史无前例的热潮。多品类的农产品区域公用品牌，以区域空间作为其基本范畴，通过集体商标注册打造区域公用品牌，在旗下，有以地理标志农产品为特征的子品牌。将多品类的主品牌与子品牌进行联合打造，创造新的品牌生态结构，突出子品牌的优势，使其成为爆品品牌，这是近年来许多多品类农产品区域公用品牌的打造方式。如丽水山耕多品类区域公用品牌，其旗下有"缙云黄茶""庆元香菇""遂昌菊米""缙云麻鸭""惠明茶"等子品牌。这些子品牌均是以地理标志农产品为前提的单一品类区域公用品牌，在"丽水山耕"主品牌框架下，子品牌特色显著、产业基础扎实、产品深得消费者喜爱。这些子品牌不仅成为消费爆品，且顶起了"丽水山耕"多品类农产品区域公用品牌的品牌价值。重庆的"巴味渝珍"也是多品类农产品区域公用品牌，其旗下的"梁平柚""巫山脆李"等子品牌，具有独特的产品品质特征，其品牌形象独具一格，在众多的子品牌中脱颖而出。

## 二、借助独特性，创建具有独特差异化、专属性强的个性品牌

三类地理标志产品在登记、注册过程中，都要求产品或服务具有独特的品质、声誉或其他特点，而该品质和特点本质上可归因于其特殊的地理来源。这意味着无论 PGI、GI、AGI，还是以地理标志为前提注册的证明商标、集体商标，其产品必然拥有基于品种、品质、风味、材料、工艺、人文等各种因素带来的独特性。即便是同一科同一属的地理标志产品，也会由于上述因素，形成显著的差异化品质特征。

（一）个性品牌打造的可行性

同样是苹果，甚至同样是引进富士品种的苹果，在不同的区域生长，其品质特质会发生微妙的变化，如山东烟台苹果、河南灵宝苹果、陕西洛川苹果、甘肃静宁苹果、新疆阿克苏苹果，其甜度、酸甜比、脆度、固形物质、果型大小等，都会发生独特差异。

同样，由于生产区域的地理条件、自然风土、生物品类、种质资源等差

异,在漫长的历史条件下,该区域自然形成或人工引进培育更具适应性的生物品种。同样是羊,宁夏盐池滩羊、内蒙古巴美肉羊、陕西横山羊、江苏海门山羊、山东蒙山黑山羊、重庆大足黑山羊、山东梁山青山羊、新疆阿勒泰大尾巴羊等,均为其他地区没有的原生物种资源和稀缺品种。

地理标志产品的产品独特性、品质差异性、品种稀缺性、工艺传承性等特征,形成了地理标志产品的特色专属性,即只属于该产品的外形、品质、气味、口感、食用方法等方面的特色,是该产品先天具有的独一无二的销售卖点(USP)。

借助地理标志产品独一无二的利益点,创建或重塑具有差异化、专属性强的个性品牌,是值得实践的适用路径。因为地理标志产品受到区域范畴的限制,不一定拥有大规模的生产能力,且其长期以来的地域性消费,导致一些地理标志产品的区域市场偏好显著。有的地理标志产品,因其地域性强的口味、气味等特征,拥有一批"好这一口"的拥趸,但并没有更广泛的消费需求与消费潜力。因此,应当利用其特色专属性,打造无法复制的、精准满足小众消费者的个性品牌,进一步挖深市场,抓住核心消费者,提升品牌溢价。

(二)专属性强的个性品牌设计

借助产品的独特性,凸显其专属性价值,体现品牌的个性,要借助品牌设计表达。品牌设计的个性化内容与个性化形式,会提升其品牌的个性特征,提高专属性认知。如重庆的地理标志农产品梁平柚(见图7-5),该柚子的特点是大且香甜,比较其他柚子,个大味甜,香气扑鼻,色泽黄亮。

图 7-5　梁平柚品牌标志的设计

为了体现其产品的专属特质,课题组在进行品牌标志设计时,采用了夸张的手法，体现了产品专属特征，并将其拟人化。

海报设计时采用了当地著名的"抬儿调"，表现了精壮男性"杭育嘿哟"抬"梁平柚"的场景。似乎有所夸大，但其场景设计与"又香又甜又出色"（柚香柚甜柚出色）的产品专属特征之间，形成了合理想象，并达到了印象深刻的效果。梁平柚的品牌形象，不仅又香又甜又出色，且表达了当地原住民的生活场景、风土人情，品牌的个性化特征，由此得以建构（见图7-6）。①

图 7-6  梁平柚地理标志品牌的个性化设计②

## 三、延续独特文脉，打造文化特色显著的文脉品牌

### （一）文脉品牌打造的可行性

三类地理标志产品的登记及证明商标、集体商标的注册，均要求其品质特征主要源自特定区域的特定地理生态环境与历史人文因素，地理标志产品大都具有悠久而独特的产品文脉，形成了相当的文脉依赖性。

这种文脉依赖性将区域文化、产品文脉甚至生活方式、价值观等烙印在产品身上，甚至有可能成为产品重要的消费内核。如西湖龙井的十大炒制

---

① 余新月.地标品牌专题｜梁平柚：区域文脉的新时代演绎［EB/OL］.（2020-12-01）［2024-12-25］.中国农业品牌研究网：http://www.brand.zju.edu.cn/2020/12/01/057354a2295902/page.htm.

② 作品来自浙江芒种品牌管理集团。

工艺手法、蒙顶山茶与吴理真种茶的故事、烟台苹果与传教士的渊源、长白山人参与赶山人的传说等等,几乎每一个地理标志产品都有其独特的文脉可以去发现、挖掘、表达。

针对地理标志产品由区域性带来的独特文脉及文脉依赖性特征,创建或重塑具有独特的人物、故事、生活方式、价值观的文脉品牌,成为一种可能甚至是创建文脉品牌的有效路径。

当然,因其年深日久,有的地理标志产品虽文脉悠久,但其文脉内容已不适应当下消费者的生活方式与价值观,甚至与现代的、时尚的、国际化的消费者产生消费习惯、消费观念等方面的冲突。在品牌化进程中,可以基于独特文脉基础,对相关文脉进行提升、重塑或再造,以适应当下消费者,并与消费者形成共同的文脉偏好、文脉消费,进而形成具有更高品牌溢价的文化基础。

(二)文脉的品牌设计利用

文脉在消费者的认知中产生着延续语境的作用,可以让消费者因为品牌形象、品牌诉求、品牌表达中的文脉及元素而产生语境规定性想象,跟随品牌设计者进入特定的语境中,实现沉浸式体验。

安徽的肥西老母鸡(见图 7-7)作为一个地理标志农产品,具有鸡品种的独特性、专属性、鸡产地"肥西县"的独特产地环境,但当"肥西老母鸡"的企业战略要进入与世界餐饮品牌"肯德基"竞争的时候,"肥西老母鸡"的品种独特性、专属性反而成了企业战略的限制。

图 7-7　肥西老母鸡的品牌标志设计

2013 年,"肥西老母鸡"公司将品牌名称改为"老乡鸡"。"老乡"一词的起源,可追溯到古代中国的乡制。《周礼·大司徒》记载,有"五洲为乡"的说法,这为我国乡制的起源提供了依据。在我国漫长的社会演变中,"乡"一直是最基层的地方政权机构,"乡党"则泛指乡里,这种地域性的划分和认同,逐渐形成了"老乡"这一称呼的文脉基础。

在中国文化中，"老乡"有狭义和广义之分，狭义指对具有相同或相近的习俗、风俗、方言口音等文化背景的同胞的统称；广义指对来自同一地区或同一省区的同胞的称呼，甚至引申为对同一个国籍的同胞的称呼。这种称呼体现了中国人对地域、文化和身份的认同，以及由此产生的亲切感和归属感。虽然时代在进步和发展，现代化的通信工具与交通手段缩短了人与人之间的距离，但"老乡"这一称呼所承载的情感和意义却并未减弱。相反，在异乡遇到老乡时，人们往往会感到格外亲切和温暖，这种情感也成为现代社会中一种宝贵的情感纽带。

从"肥西老母鸡"改为"老乡鸡"，品牌充分利用了"老乡"这一概念在中国文化中的独特意涵，形成并扩展了品牌的乡情价值。这一文脉的运用，使得"肥西老母鸡"这一以地理标志为基础打造的区域特色土鸡餐饮品牌（产品＋场景的体验性品牌）变成了以地理标志产品为基础的世界级餐饮品牌（情感＋产品＋场景的体验性品牌），不仅提供了具有专属性产品价值的地理标志农产品，同时提供了延续数千年的文脉中的情感价值（见图 7-8）。而这一借助中华文脉而形成的品牌情感，造就了一个拥有庞大的品牌连锁的国际化、现代化的品牌。

图 7-8　老乡鸡的品牌标志设计

2023 年,老乡鸡的营业额为 85 亿元,全年卖出了 1000 多万只安徽鸡、3 亿枚安徽蛋、1.5 万吨安徽肉和 4 万吨安徽菜,纳税 1.1 亿元,提供了 2 万余个就业岗位,各项经济指标同比增长 30％以上。截至 2024 年 7 月 9 日,老乡鸡在全国拥有门店 1300 余家,日均进店客流约 80 万人次。①

从"肥西老母鸡"到"老乡鸡"的品牌转型提升之路中,我们可以看到,"老乡"这一文脉的利用与情感价值的放大,是重要策略,是"老乡"这一文脉的利用,扩大了"肥西老母鸡"的品牌认同度,增加了品牌亲和力,获得了更高的品牌营销能力。

中国地理标志农产品基本以"区域名称＋品类名称"结合命名,而区域名称一般都有着独特的文脉故事,如地理标志农产品品牌"阿鲁科尔沁牛肉",其品牌名称由旗名"阿鲁科尔沁"加上"牛肉"的品类名构成。"阿鲁科尔沁"为蒙古语,属蒙古族部落名,"阿鲁"是"山北"之意,"科尔沁"是指成吉思汗时皇帝卫队中专门挂弓背箭的弓箭手,具有"守卫者"的含义。

"阿鲁科尔沁牛肉"的品牌标识设计,利用了旗名的文脉意涵,突出"弓箭"与"牛角"之间的形式感相似性,构成了一个人拿着弓箭的战斗模样(见图 7-9)。

图 7-9　阿鲁科尔沁牛肉的品牌标志设计

在设计"阿鲁科尔沁牛肉"的品牌 IP 时,进一步运用了"北方弓箭手"守护疆土的文脉意涵,结合地域文化特征,创意了"草原守护者"的 IP 形象(见图 7-10)。

① 亿邦动力.老乡鸡集团董事长束从轩退休 其子束小龙接任[EB/OL].(2024-07-09)[2024-12-25].https://www.ebrun.com/ebrungo/zb/553781.html.

图 7-10　阿鲁科尔沁牛肉的品牌 IP 形象设计①

## 四、立体利用背书价值，建立区域联合品牌机制

（一）立体利用背书价值的可行性

在 PGI、GI、AGI 三类地理标志产品的登记及以地理标志为前提注册的证明商标、集体商标中，GI 规定地理标志产品名称"可以是该地理标志标示地区的名称，也可以是能够标示某商品来源于该地区的其他可视性标志"。尽管如此，除极少数例外，如白洋淀荷叶茶（安新县）、槟榔江水牛（腾冲县）等采用的是以产品生产的河流湖泊来命名，其余的地理标志产品的命名均采用了产品所在区域的名称，与区域命名具有一致性。而 PGI 和 AGI 两类地理标志产品的登记与注册，则直接规定其产品名称须由产品所生产的地理区域名称、产品品类通用名称两者协同构成，如福州茉莉花、云阳红橙等。

地理标志农产品的命名具有直接的地缘依附性、地缘联想引导性，消费者看见产品名称便可联想到地缘特征，便于记忆，便于产生品牌联想。如一看到、听到库尔勒香梨、哈密瓜、吐鲁番葡萄，便会想到新疆大漠孤烟直、长河落日圆的独特景致，新疆人民载歌载舞的民风民俗。

地理标志农产品的竞争，在物质和功能的竞争层面上，是产品本身的竞

---

① 作品由浙江芒种品牌管理集团提供。

争;在消费者心智和区域形象的竞争层面上,是产区的竞争。当其面向市场、面对消费者时,无一不承载着区域形象和消费者的区域认知。在这个意义上,以区域形象与区域认知、以与区域同名的地理标志产品为基础,打造区域联合品牌,将一个区域的区域公共品牌与一个地理标志产品的产品品类区域公用品牌进行联合,携手共进,可以自然延续已经积累的商品信誉和区域形象。

充分利用地理标志产品的命名地缘性与区域政府、组织、专家等多重背书的特征,借助区域名称及区域知名度、区域的正面影响力,可提高地理标志产品品牌的知名度、联想度、记忆度和联合影响力。在品牌创建与管理过程中,还可以借助区域形象与区域特征,塑造富有唯一性的品牌形象与品牌个性特征,建立区域的品牌形象与地理标志产品区域公用品牌互为背书、互动融合、相互支撑的专属性、唯一性品牌关系,构建区域联合品牌。

（二）利用背书性,创建区域联合品牌

区域联合品牌可以由区域公共品牌(如国家品牌、城市品牌、县域品牌、特色小镇品牌、特色村落品牌等)与地理标志产品基础上的产品品类品牌、产业品牌、相关企业品牌及其集群等构成,相互联动的地域联合品牌集群,可形成品牌的联合传播、互为背书、互为支撑的联合品牌效应。在国际市场,也可以通过传播欧盟互认机制,产生品牌背书效应。

浙江衢州有一个影响力较大的城市品牌"衢州有礼",其品牌诉求是"南孔圣地、衢州有礼"。城市品牌影响力出去之后,游客蜂拥而至。2018 年,全年共接待游客 7454 万人次,同比增长 15.0%。客人来了,礼在哪里呢?为此,提升"三衢味"农产品区域公用品牌,向游客提供衢州富有地理特色的产品,给"衢州有礼"进行产品支撑,形成区域内的联合品牌打造模式。2019年 9 月 8 日,"三衢味"品牌新形象发布,其新的品牌标志与"衢州有礼"城市品牌标志形成了相得益彰的联合图形表达,构成了品牌联合互动的格局(见图 7-11)。

在具体的海报设计与文案诉求上,借助衢州的"鲜辣"民风,利用撞色设计,体现了衢州的"真味"(见图 7-12)。

图 7-11　城市品牌与农产品区域公用品牌的联合品牌模式①

图 7-12　"三衢味"品牌海报设计②

事实上，众多的地理标志农产品是一个区域的"金字招牌"，与区域公共品牌之间可以形成很好的联动关系，携手并进走向市场，如烟台苹果与烟台市、延安苹果与延安市、若羌红枣与若羌县等。或者以较具优势的区域（城市、县域、镇域）品牌提携地理标志农产品品牌，或者以已经有了相当知名度的地理标志农产品品牌支撑区域（城市、县域、镇域）品牌的发展，最终达到

①② 　三衢味标志设计由浙江永续农业品牌研究院提供。

共同发展、共同现代化的目标。

综上,基于地理标志农产品的十大共性特征、四大核心特征,是其品牌化的独特优势,地理标志农产品可以打造出富有独特性、专属性的单一品类的区域公用品牌、个性化品牌。利用其悠久的文脉优势,可以创造出拥有独特文脉价值、文化意涵的品牌。借助区域背书,可以形成区域联合品牌机制与品牌结构,创造富有区域特色、地理生态与文化特征的联动发展的联合品牌。

## 第八章

# 地理标志农产品品牌的治理主体
# 及其路径

　　"治理"(governance)一词早在古希腊时期就有论述,原意是控制、引导和操纵。[①] 长期以来,它与统治(government)一词交叉使用,因此有观点认为历史上的统治活动都可以被认为是治理。[②]然而进入现代社会,尤其是 20 世纪 90 年代后,学术界对治理赋予了新的含义与解释,与传统的"统治"相比,治理在用法、内涵以及主体、方法和职能方面都已呈现出明显的变化。笼统地说,治理是一个比统治更为宽泛、内涵更为丰富的概念,是一个不依赖政府权威与强制力量,基于共同目标,通过进行多元互动、自主协商、伙伴合作,最终达成共识的过程,"它既包括政府机制,同时也包含非正式、非政府的机制,随着治理范围的扩大,各色人等和各类组织得以借助这些机制满足各自的需要、并实现各自的愿望"[③]。为简化表达,本章将"地理标志农产品品牌"简称为"地标品牌"。

---

　　①　胡祥.近年来治理理论研究综述[J].毛泽东邓小平理论研究,2005,3:25-30.

　　②　蓝志勇,陈国权.当代西方公共管理前沿理论述评[J].公共管理学报,2007,3:1-12,121.

　　③　詹姆斯 N.罗西瑙.没有政府的治理:世界政治中的秩序与变革[M].张胜军,刘小林,译.南昌:江西人民出版社,2001:1-31.

## 第一节　地标品牌的治理主体

明确地标品牌治理主体,即各利益相关者的身份以及相对应的权、责、利关系,是分析地标品牌治理模式的基本前提,也是后续完善地标品牌治理结构与治理机制的首要条件。

### 一、利益相关者的含义

利益相关者理论(Stakeholder Theory)来自社会学与管理学的一个交叉领域,对传统的"股东至上主义"持否定与修正的态度,并且具有丰富的企业社会责任和企业伦理思想。[①] "利益相关者"一词的使用源自20世纪60年代斯坦福研究所(Stanford Research Institute)的开创性使用,并在20世纪80年代逐渐成为企业战略管理的重要框架。[②]

至今学界对利益相关者的概念界定莫衷一是,其中较具代表性的观点来自 Freeman 和 Clarkson。前者在其里程碑式的著作 *Strategic Management：A Stakeholder Approach Freeman* 中,将利益相关者定义为"任何能够影响企业目标实现或者受企业目标实现影响的群体或个人",包括内部的股东、雇员、顾客、供应商和外部的政府部门、竞争对手、消费者权益保护者、环保主义者、特别利益集团、媒体、地方社区机构等。[③]

Clarkson 认为利益相关者是过去、现在或未来,在公司及其活动中拥有或声称拥有所有权、权利或利益的个人或群体,并提出了"首要—次要"的群体分类方法。[④] 其中,首要利益相关者群体(primary stakeholder groups)是指没有他们的持续参与,公司就无法作为经营主体而生存下去的群体,通

---

① 陈宏辉,贾生华.企业社会责任观的演进与发展:基于综合性社会契约的理解[J].中国工业经济,2003,12:85-92.

② Freeman R E, McVea J. A Stakeholder Approach to Strategic Management[R/OL]. (2001-03-16)[2022-02-25]. http://myweb. facstaff. wwu. edu/dunnc3/rprnts. stakeholderapproach. pdf.

③ Freeman, R E. Strategic Management：A Stakeholder Approach[M]. Boston：Pitman Publishing Inc, 1984：25.

④ Clarkson, M E. A stakeholder framework for analyzing and evaluating corporate social performance[J]. Academy of Management Review, 1995, 20(1)：92-117.

常由股东和投资者、员工、客户和供应商以及被定义为公共利益相关者群体
(the public stakeholder group),即提供基础设施和市场的政府与社区组
成。公司与其首要利益相关者群体之间存在高度的相互依赖关系。次要利
益相关者群体(secondary stakeholder groups)是指影响公司或受公司影响
的群体,他们不参与和公司的交易,也不是公司生存所必需的,但能够动员
公众舆论支持或反对公司的政策和计划,有能力对公司造成重大损害。媒
体和一系列特定的利益集团被视为次要利益相关者。

Donaldson 和 Preston 将利益相关者视为在公司活动的程序和/或实质
性方面具有合法利益的个人或团体。① 所有利益相关者的利益都具有内在
价值,因此不能以牺牲其他群体为代价来偏袒一个群体(比如股东)的利益,
而是要承担和履行一定的义务与责任,为所有利益相关者群体创造和分配
更多的财富和价值。国内学者陈宏辉和贾生华认为,股东并不是公司的唯
一所有者,任何一个公司的发展都离不开各利益相关者的投入或参与。这
些利益相关者都对企业的生存和发展注入了一定的专用性投资,他们或是
分担了一定的企业经营风险,或是为企业的经营活动付出了代价。②

综合上述观点,笔者将地标品牌的利益相关者定义为,在地标品牌建设
中进行了实物、人力、资金等专用性投资,并由此承担了一定风险的行为主
体,其活动能够影响该品牌价值的实现,或者受到该品牌实现其价值过程的
影响。在宏观层面,地标品牌的利益相关者包括政府、企业、第三部门以及
消费者四种类型;在微观层面,则可以按照品牌"申请使用—投入产出—市
场营销"三个阶段对相关利益者进行更为细致的界定与划分。需要注意的
是,该划分只是出于梳理方便的考虑,并不意味着不同阶段的利益相关者之
间处于割裂的状态。同时,某些具有关键影响力的利益相关者,在地标品牌
建设的不同阶段也会扮演不同的角色。

## 二、地标品牌利益相关者的类型

### (一)品牌的申请使用阶段

根据地理标志集体商标、证明商标的申请使用路径可知,在地标品牌的

---

① Donaldson T, Preston L E. The Stakeholder theory of the corporation: Concepts,
evidence, and implications[J]. Academy of Management Review, 1995, 20(1): 65-91.

② 陈宏辉,贾生华.利益相关者理论与企业伦理管理的新发展[J].社会科学,2002,6:53-57.

注册与使用过程中存在三类利益相关者。

第一,地标品牌商标的申请注册者,通常是具有行业、产业特点或特色产品技术研发职能或政府行政职能等的集体性组织,包括但不限于产业协会、行业协会、农业技术推广中心、特色产业开发办公室、绿色食品办公室、农民合作经济组织联合会等具有中介性质的非营利性组织,拥有地理标志商标的所有权与监督管理权。

第二,地标品牌所指示地区的地理标志产品的生产经营者,包括但不限于农户、农企、家庭农场、合作社等生产主体以及品牌服务商、经销商等。在符合相关使用标准的前提下,前者可以申请获得地理标志商标的使用权,后者则可以与地标品牌开展业务合作。

第三,地标品牌所在地区的人民政府、行业主管部门以及国家知识产权局商标局等,他们负责对地理标志商标的注册予以审查和批准,对其使用管理予以监督和依法查处。

（二）品牌的投入产出阶段

地标品牌在投入产出阶段中的利益相关者主要可以分为以下三类。

第一,所在地符合地标品牌使用标准的农户、农企、家庭农场、合作社等生产加工主体,以及负责地标品牌运输、物流和销售的服务供应商、各级经销商、渠道合作商等。前者需要严格遵守产品质量标准与商标使用管理规范,坚守地标品牌的产品品质与服务水平,后者需要严格把握产品运输与物流的成本与效率,以及地标品牌销售的时机、价格与场所等,采取合理的销售策略。他们作为地理标志产品的生产经营者,是维护与保障地标品牌品质特征的第一道防线,也是参与品牌建设、推动品牌发展的基础力量与最基本的利益相关者。

第二,负责建立地标品牌产品质量体系、维护市场竞争秩序的相关主体,包括:（1）制定产品生产标准、指导监督产品标准化的各级农业农村局、市场监督管理局、农科院等;（2）负责产品质量认证、质量安全检验检测、质量安全溯源体系建设以及市场监督管理、食品安全监督管理、市场秩序规范的相关政府职能部门与权威第三方检测、认证机构;（3）负责制定地标品牌使用管理要求、品牌使用授权与使用管理监督的有关社会团体、协会或者其他中介机构等。他们肩负着地标品牌使用许可审核与品质标准监管的职责,是维护品牌独特价值与核心竞争力的关键力量与利益相关者。

第三，为地标品牌建设提供行政资源、政策倾斜、财政投入、产业配套、渠道资源、产品研发、技术培训、人才引进等服务支持的企业、协会等中介机构、科研院所以及地方政府等。他们是为地标品牌建设提供各方优势、资源配置与公共服务的支撑力量，也是挖掘品牌潜能、提高品牌溢价的利益相关者。

（三）品牌的市场营销阶段

成功的市场化地标品牌离不开一系列有效的市场营销与品牌传播活动，其中包括以下三类品牌利益相关者。

第一，负责制定品牌营销策略、执行品牌营销计划的专门机构。根据地标品牌所有者身份的不同，可以是隶属于地标品牌所有者的下属行政部门，也可以是受地标品牌所有者委托与监管，同时又保留一定独立性与自主权利的非营利性机构。这一类利益相关者与地标品牌之间存在直接利益相关关系。

第二，地标品牌的一系列宣传媒介，包括权威媒体、传媒机构、农事节庆、社交媒体平台以及地标品牌的代言人、销售人员、消费人群等。宣传媒介的影响力、辐射范围、费用高低以及营销效果等因素，决定着地标品牌开展营销活动所需成本和最终收益，因此是地标品牌在市场运营环节的重要利益相关者。此外，与其他宣传媒介相比，消费者口碑对于品牌形象的塑造与传播有着无可取代且举足轻重的作用，因此无论消费与否，地标品牌所面向的公众群体都是最广泛、最直接且成本最低的品牌宣传媒介。以是否购买过地标品牌产品为标准，可以进一步将品牌消费人群划分为地标品牌潜在消费者与实际消费者，后者与地标品牌存在直接利益相关关系。

第三，在市场中与地标品牌存在合作或竞争关系的品牌主体。在品牌合作领域，根据合作关系的紧密程度差异，可以将地标品牌的合作品牌划分为三种，其中关系最为密切的是位于同一行政区划（省市区县）内、非品类重叠的单品类农产品区域公用品牌（非地标）、多品类农产品区域公用品牌子品牌、其他地标品牌以及生态品牌、旅游品牌、城市品牌等区域公共品牌。其次是地标品牌的合作品牌，包括地标品牌参股建设的品牌，或与地标品牌开展业务合作的产品经销商品牌、渠道合作品牌、服务供应商品牌等。再者是地标品牌的联合品牌，即通过与地标品牌在营销活动中进行捆绑组合，以达到共同提升品牌感知质量、扩大品牌认知、改善品牌态度、保护品牌延伸等目的的品牌。这三种品牌主体与地标品牌之间存在直接且可以实现共赢的利益相关关系。

在品牌竞争领域,根据所属品类差异程度的大小,可以将地标品牌的竞争对手划分为三种,分别是核心竞品,即位于同一行政区划内且品类重叠的地标品牌(极少)、单品类农产品区域公用品牌和多品类农产品区域公用品牌;重要竞品,即所处行政区划外的强势农产品区域公用品牌和品类相同的企业品牌;一般竞品,即国内外强势的农业品牌、渠道品牌以及跨界品牌等。核心竞品与地标品牌之间存在直接且竞争性利益相关关系,后两种竞争对手与地标品牌之间属于间接竞争性利益相关,通常不会对地标品牌产生直接影响。

## 第二节　地标品牌的治理路径

鉴于与治理相关的概念众多且彼此关系错综复杂,笔者先按照应用领域的不同,将治理理论分为公司治理、品牌治理和公共治理三个部分,之后再详细介绍网络化治理这一具有多重含义、涉及多个研究领域的复杂概念。

### 一、公司治理

公司治理的概念最早出现于 20 世纪 80 年代的经济学文献中,伴随着美国现代股份制公司的出现而兴起,并在 2008 年国际金融危机之后愈加得到学术界内外的充分重视。[①] 现代公司治理问题的提出始于 Berle 和 Means 在 1932 年出版的《现代公司和私有财产》一书中对公司所有权与控制权分离的研究。

根据古典经济学家所定义的企业制度,依附于所有权的收益权(或称剩余索取权,与所有权相对应的获取企业收益的权利)、控制权(包括剩余控制权、决策控制权和经营控制权)以及经营自治权是和合统一的,即所有者完全拥有上述的三大权利。但是,随着企业制度的不断发展演化,对企业拥有收益、对企业拥有权力、对企业行使权力的三项企业职能(分别对应收益权、

---

①　姚云,于换军.国外公司治理研究的回顾:国家、市场和公司的视角[J].金融评论,2019,3:92-109,126.

控制权和经营自治权)及权利角色发生分离,公司的治理体制从所有权与控制权合一、所有者主导的公司治理体制转向所有权与控制权分离、经营者主导的公司治理体制。① 由于公司所有者与经营者是两个不同的主体,前者追求利润最大化或股东权益最大化,后者追求工资及工资衍生品最大化,因此,当公司经营者掌控公司之后,就有可能为追求个人目标而损害所有者利益。为解决此类因公司所有权与控制权分离而产生的代理问题与代理冲突,实现公司价值的最大化,代理成本的概念与理论应运而生。② 公司治理的问题也由此展开。

进入20世纪80年代,相关研究进一步发现,Berle和Means笔下的所有权与控制权分离在大多数国家并不普遍,但存在控制权与现金流权相偏离的现象,即在金字塔控股结构下,终极控制股东可以用较少的现金流获得对上市公司的实际控制权,从而获得相对较多的利益。③ 这意味着终极控制股东为了追求自身经济利益的最大化,既有动机又有能力侵害众多分散的中小股东利益,侵蚀公司价值。至此,公司治理的目标实质上就是处理"股东—经理人"和"终极股东—中小股东"之间的双重"委托—代理"问题。

公司治理的产生与公司制的企业组织形式紧密相关,并且随着现代企业制度的形成而愈加凸显其重要性。同时,企业的本质是通过签订长期契约,明确各利益相关方的权责利设置,从而减少机会主义行为与交易成本的组织形式。因此,随着企业组织形式的变革与创新,以及网络信息技术发展背景下大量新产品、新模式、新业态的不断涌现,公司治理的复杂程度逐步攀升,公司治理的研究范围不再仅局限于内部股东与管理者,更扩展至公司的所有利益相关者④,即,公司治理是指"通过一套正式或非正式的、内部或外部的制度或机制来协调公司与所有利益相关者之间的利益关系,以保证公司决策的科学化,从而最终维护公司各方面的利益的一种制度安排"⑤。

---

① 关鑫,高闯.公司治理演进轨迹与问题把脉:基于"两权分离"与"两权偏离"[J].改革,2014,12:107-117.

② Jensen M C, Meckling W H. Theory of the firm: Managerial behavior, agency costs and ownership structure[J]. Journal of Financial Economics, 1976, 3(4): 305-360.

③ La Porta R, Lopez de Silanes F, Shleifer A. Corporate ownership around the world[J]. The Journal of Finance, 1999, 54(2): 471-517.

④ 严若森,贾伟娟.人性假设与公司治理:"治理人"假设的提出[J].人文杂志,2015,1:45-51.

⑤ 李维安.公司治理学(第二版)[M].北京:高等教育出版社,2009:7-13.

笼统地说,可以从企业层面(股权结构和公司治理)、企业间关系层面(大型联合企业、企业集团)以及社会层面(法律、政治、文化、历史等)三个层面对公司治理予以分析。[①]

## 二、品牌治理

由于传统的品牌管理理念是基于品牌管理者与所有者权利上的彼此一致[②],因此,一旦品牌组织形式发生较大变化,品牌产权涉及多方利益相关者,就可能出现产权模糊下权责利划分不清的问题。原本通过企业内部职权的协调以管理品牌资产的传统品牌管理模式难以对利益相关者施加有效影响,进而无法实现品牌的良性有序发展。由此出发,治理思想进入了品牌研究领域,从而形成了一种全新的理论——品牌治理(brand governance),探索如何通过保障由多元利益相关者参与的品牌共建来实现品牌价值的提升,其中,以 Merz 和 Hatch 的观点较为主流。[③]

Merz 等人通过梳理品牌逻辑的理论发展进程,指出品牌逻辑的进化经历了四个时代,分别以商品为中心的品牌时代(1900s—1930s)、以价值为中心的品牌时代(1930s—1990s)、以关系为中心的品牌时代(1990s—2000)和以利益相关者为中心的品牌时代(2000 年之后)。[④] 在此基础上,Merz 等人提出品牌价值不仅是通过公司与消费者之间孤立的二元关系所创造,而是通过所有利益相关者之间的网络关系和社会互动共同创建的,是一个持续的动态过程。因此,公司应当确立一种有别于先前传统品牌逻辑下"公司—消费者"管理的全新理念,以应对利益相关者共创品牌价值这一"新的品牌逻辑(a new brand logic)"。通过对品牌发展状况的定期跟踪与诊断,探索、引导和满足利益相关者的诉求,及时调整营销决策,从而建立并维护牢固的利益相关者网络关系,激励利益相关者参与品牌共建。由于利益相关者参与品牌共创意味着公司组织与利益相关者共享对品牌的控制权,因此被视

---

① 陈仕华,郑文全.公司治理理论的最新进展:一个新的分析框架[J].管理世界,2010,2:156-166.

② 王彦勇,苏奕婷.供给侧改革背景下的品牌治理研究[J].山东社会科学,2018,2:135-140.

③ 王彦勇,徐向艺.国外品牌治理研究述评与展望[J].外国经济与管理,2013,35(1):29-36.

④ Merz M A,Yi H,Vargo S L. The evolving brand logic:A service-dominant logic perspective[J]. Journal of the Academy of Marketing Science,2009,37(3):328-344.

为是"品牌治理"的议题。①

Hatch 和 Schultz 也同样遵循品牌价值共创的基本假设与逻辑。② 在他们看来，利益相关者与公司组织的各部门都参与到了品牌的建设之中，并形成了一个利益结合体。利益相关者可以赋予并控制品牌的含义，并最终控制品牌为组织带来的价值，这就涉及了品牌治理以及更大范围内组织治理的问题。

根据 Prahalad 和 Ramaswamy 的价值共创 DART 模型③，Hatch 和 Schultz 在对话（dialogue）、渠道/获取（access）、风险（risk）和透明度（transparency）四个维度的基础上将完整的利益相关者模型应用于品牌共创研究中④，构建了"2×2"的品牌价值共创整合框架：利益相关者/公司的参与（对话+渠道）与组织的自我披露（透明度+风险）。⑤ 对于前者而言，"对话"不仅可以发生在公司与消费者之间，还能够通过大量渠道与事件涉及整个企业的方方面面。这意味着企业的管理人员、宣传人员、销售人员等能够共同参与到品牌价值共创的过程中，所产生的内容与反馈将用于指导品牌的建设，从而增加品牌与公司价值。后者指的是公司与利益相关者对话、获取的次数越多，组织的透明度就越高，但风险也随之增加。这不仅是因为公司向利益相关者透露了相关内容，还因为这些利益相关者与媒体、竞争对手等在内的许多其他人也建立了网络关系，这极大地增加了信息外泄的可能性，从而导致损害消费者体验、品牌声誉受损等风险的发生。然而与此同时，透明度也是一把"双刃剑"，一定范围内的透明性，例如消费者需求、投资者立场、合作渠道信息等，能够为品牌发展带来可观的利益。考虑到透明度与自我披露所涉及的风险与益处相同，Hatch 和 Schultz 以"组织自我披露"的概念来表述透明度与风险之间的相互关系。

---

① Ind N，Bjerke R. Branding governance：A participatory approach to the brand building process[M]. Chichester，UK：John Wiley & Sons，2007.

② Hatch M J，Schultz M. Toward a theory of brand co-creation with implications for brand governance[J]. Journal of Brand management，2010，17(8)：590-604.

③ Prahalad C K，Ramaswamy V. The future of competition：Co-creating unique value with customers[M]. Boston：Harvard Business School Press，2004.

④ 在此之前，虽然学者们注重将所有利益相关者视为品牌的共同创造者，但在实证研究方面只考察了消费者与营销人员。

⑤ 欧洲议会和理事会.《欧盟条例第 1151/2012 号》第 6 条(4)[EB/OL].（2012-11-21）[2024-12-26]. https://eur-lex. europa. eu/legal-content/EN/TXT/？ uri＝CELEX％3A32012R1151.

因此,与 Merz 等人侧重于分析品牌价值形成机理不同,Hatch 和 Schultz 强调的是对品牌共创机制的探索,更关注在品牌控制权共享的条件下,如何通过对品牌共建过程中各品牌利益相关者参与模式与制度的设计,实现对相关利益者激励、监督、引导、制衡等有效控制,明确企业与利益相关者有关品牌的权、责、利关系,进而保障品牌价值共创活动的合理有效运行。

综合双方观点,品牌治理意味着在利益相关者参与品牌共建合作的情况下,对其行为模式予以管控的制度设计,以实现品牌价值共创过程的良性发展。

### 三、公共治理

公共治理理论自 20 世纪 90 年代起日益受到国际社会理论界与实践界的重视。一方面,这来源于世界银行、联合国、经济合作组织等国际组织以及欧盟等区域性组织的积极实践,另一个主要原因,是西方发达资本主义国家为解决政府机构因过于臃肿而导致的管理失调、效率低下、财政税收危机、信任危机等一系列失灵问题,与市场机制分配不公、失业、市场垄断等失灵与公益缺失现象,需要一种新的调节机制与社会科学理论范式,以更好地协调政府、市场、社会三者的定位与互动关系,实现社会资源的最佳配置。面对公共管理中传统的层级制官僚行政模式与市场化的新公共管理模式接连失效,西方学术与实践领域迫切需要以一种新的社会科学理论范式应对社会公共诉求,协调政府、市场与社会的有效互动。公共治理理论由此兴起。

作为治理理论体系中的一部分,公共治理与政府治理、私人治理不同,是公共部门对公共事务的管理过程。公共治理的治理主体具有多元性,除了政府之外,非政府组织、企业、公民个人在内的所有社会组织和行为者都可以参与公共事务的治理实践。政府与非政府的公共组织同为公共治理主体,地位平等,相互依赖与信任,通过合作以实现公共利益最大化的治理目标,政府发挥的是"元治理"的作用;政府治理的主体虽然同为多元,但是更突出政府的主导性作用,政府与非政府公共组织的关系是委托与代理关系;私人治理属于与公(公共事务)领域不同的私人领域,侧重从市场、企业部门的角度来理解治理。①

也有学者根据善治理论的逻辑演进，提出以"政府治理"为核心的理论和以"社会治理"为核心的理论，分别为善治理论的 1.0 与 2.0 版本。"公共治理"或"协同治理"理论则是善治理论 3.0 版本的主要代表，它强调"公共事务公共管理"。该观点将公共管理定义为政府、社会组织、社区单位、企业、个人等所有利益攸关者共同参与、协同行动的过程，认为"善治"意味着国家与社会良性互动、协同治理。② 新公共治理的主要提出者 Osborne 也持有类似观点，他将整个公共管理史划分为传统公共行政、新公共管理和新公共治理三个模式与阶段，提出新公共治理是在一个多组织和多元主义的国家对公共政策执行和公共服务提供的过程与结果，它能够将传统公共行政与新公共管理整合嵌入到自身的范式框架之中，从而更好地应对 21 世纪公共政策执行与公共服务提供的复杂现实。③ Wiesel 与 Modell 的后续研究证实了 Osborne 的观点，并总结了从公共行政模式到新公共治理的转变中出现的不同治理逻辑。④

截至目前，学界对公共治理的概念并未达成一致的定义。笔者将公共治理视为治理在公共事务或公共行政事务领域中的应用，其公共性体现在：(1)治理领域的公共性；(2)治理主体的多元性；(3)治理过程的公共性，强调多元主体的参与、互相依赖和协作；(4)治理目标的公共性，强调公平、共赢以及公共利益的最大化。

与治理理论相同，公共治理理论也是一个理论丛林，包含了众多理论，例如"新公共服务"（New Public Service）、"网络治理"（Network Governance）、"整体性治理"（Holistic Governance）、"数字治理"（Digital Governance）、"公共价值管理"（Public Value Management）、"整体政府"

① 韩兆柱，翟文康. 西方公共治理前沿理论述评[J]. 甘肃行政学院学报，2016，4：23-39，126-127.

② 燕继荣. 协同治理：社会管理创新之道——基于国家与社会关系的理论思考[J]. 中国行政管理，2013，2：58-61.

③ Osborne S P. Introduction The (New) Public Governance：A suitable case for treatment? [M]// Osborne S P. The New Public Governance? Emerging Perspectives on the Theory and Practice of Public Governance. Abingdon，UK：Routledge，2010：1-16.

④ Wiesel F，Modell S. From new public management to new public governance? Hybridization and implications for public sector consumerism[J]. Financial Accountability & Management，2014，30(2)：175-205.

(Whole of Government)、"协同政府"(Joined-up Government)、"水平化管理"(Horizontal Management)、"新公共治理"(New Public Governance)等。对于不同的国家与相关群体而言,"公共治理"有着含义上的区别与不同的说法,对于政府治理角色的定位也存在一定争议。不过当前学者们普遍认同,在公共治理的模式下,政府的职责将受到一定程度上的限制,需要相应让渡给公共机构、市场及社会第三方部门,由自治的行业协会、合作社、社会组织、慈善机构等来分担。通过改变传统公共行政的科层管理模式,建立起政府与其他治理主体之间上下互动、共同磋商、协同合作、互相监督的良性机制,以最大限度实现公共利益。

## 四、网络(化)治理

在新公共管理运动日渐式微的背景下,针对科层治理导致的效率低下与市场治理导致公共性丧失等弊端,网络(化)治理理论问世,并在近年来成为国内外社会科学领域最为热门的术语之一,以及诸多学者笔下治理的主要模式之一。

"网络(化)治理"是一个较为综合与笼统的概念。事实上,社会科学中与"网络"相关的研究本就涉及多个学科与领域,概念多义,加之传入我国后传承的不同、翻译的偏差以及学者们的自行理解、修正与创造,使网络与治理的结合产生了多个学术术语,并且大部分学者对这些相近似的概念也没有加以区分,经常出现使用混乱的情形。

通过对国内外相关研究的梳理,可以将网络(化)治理的理论来源分为三大类:第一来自 governing by network 研究路径;第二来自 policy network(政策网络)研究路径;第三来自前两者的综合,由于缺少明确的理论来源且数量较少,在此不过多介绍。[①] 为避免混淆,笔者将前者称为"网络化治理",后者称为"政策网络治理"。

(一)governing by network 研究路径

网络与治理的结合最早出现在经济学和工商管理学中,之后被公共管理领域的学者所仿效。因此,该研究路径下的网络化治理可以被划分为两类,第一是在工商管理领域的网络化治理,来自国外的公司网络治理理论

---

① 田华文.从政策网络到网络化治理:一组概念辨析[J].北京行政学院学报,2017,2:49-56.

(network governs)；第二是公共管理领域的网络化治理，其理论基本来源于由美国学者斯蒂芬·戈德史密斯和威廉·艾格斯提出的"governing by network"概念。

### 1. 工商管理领域的网络化治理

进入 20 世纪下半叶，随着网络组织与信息技术的快速发展，公司的生存空间、环境以及治理形式也发生了显著的改变。根据 Coase 的企业理论，市场治理与科层治理被视为两种基本的匹配不同交易的治理结构与治理形式。① 市场治理以节约交易成本为原则，科层治理则是以节约组织成本，尤其是代理成本为原则，通常而言是以股东利益至上、以层级组织的权威为依托的公司治理形式，属于企业内的制度安排。然而，在企业与市场的互动之中，不仅有市场的价格机制发挥作用，还存在一系列市场交换、组织机制与社会关系的共存并且相互渗透，兼有企业与市场某些特性的杂交形式，表现为双边、多边和杂交的中间网络组织形态②，企业间的经济活动就以网络组织为载体。学者 Williamson 在 Coase 交易成本分析理论的基础上，较早发现了这种在纯粹的市场和纯粹的科层制作为两极的连续统之间的其他组织形态，他称之为组织的中间或混合形式。③

面对治理环境与治理方式的变化，西方学者开始对公司网络治理进行研究。Powell 最早从组织网络的角度，提出（公司）网络治理是介于科层治理和市场治理中间、协调经济活动的一种独特治理形式，它既与科层和市场形成了鲜明对比，又与之竞争。④ Jones 将社会网络理论引入交易费用经济学的研究当中，认为网络治理（network governance）是一个有选择的、持久的和结构化的自治企业（包括非营利组织）的集合，这些企业根据隐性（implicit）或开放式（open-ended）的契约从事生产或服务，以应对多变的环境以及协调和保护交易，其中的契约是基于社会关系联结而非权威架构或

---

① Coase R H. The nature of the firm: Meaning[J]. Journal of Law, Economics, & Organization, 1988, 4(1): 19-32.

② 彭正银. 网络治理理论探析[J]. 中国软科学, 2002, 3: 51-55.

③ Williamson O E. The economic institutions of capitalism. Firms, markets, relational contracting[M]. New York: The Free Press, 1985: 42.

④ Powell W W. Neither market nor hierarchy: Network forms of organization[J]. Research in Organizational Behavior, 1990, 12: 295-336.

法律性联结。<sup>①</sup> 由定义可见,Jones所言的"网络治理"实质上就是对有别于市场与科层的"网络组织"这一新型组织形态进行的描述。

同样将网络治理视为一种新的组织形式,国内学者李维安等认为,网络治理中的网络内涵主要包括制度意义和技术意义上的经济组织或者经济主体之间的正式和非正式关系的总和,是法律意义上的公司契约以及基于价值观、习俗和道德等因素的东方文化关系、中国社会背景中的"关系"等众多的关系相互作用的结果。<sup>②</sup> 网络治理就是指网络中所有结点有效合作的制度设计,包括对结点(网络主体)的治理、对结点间关系(关系强度与亲密度等)的治理、对网络整体(网络中所有结点或来自外部对网络整体的规范)的治理以及对网络内容(主体间传递的信息)的治理。<sup>③</sup> 网络既可以成为治理的工具,又可以是治理的对象。全裕吉根据中间组织形态中市场原则、组织原则、社会关系的变化,将网络治理定义为"是对企业的单边治理与共同治理的扩展,是企业间各种关系安排方式和过程的总和,是使企业之间相互冲突或不同的利益得以调和并且采取联合行动的持续的过程;这个过程既包括网络组织中企业自觉遵循正式制度、规则和惯例的过程,更包括符合网络总体利益的各种非正式的制度安排"<sup>④</sup>。

2. 公共管理领域的网络化治理

进入公共管理领域,网络化治理不仅结合了公司网络治理理论、制度经济学相关理论、管理学的系统和自组织理论,同时也在继承治理理论的基础上,对新公共管理理论作出了一定反思。

针对新公共管理下社会的组织化与组织的网络化的"两化"现象,政府权力的"碎片化"以及重竞争轻合作、重部分轻整体的倾向,网络治理通过借鉴资源依赖、交易成本、社会网络、网络组织、供应链管理等多学科理论,试图弥合市场、政府、公司、社会之间的断裂,推动上述主体间的合作互动和良性竞争,实现政府内部运转的协调联动、政府—市场—社会的相互促进、政

---

① Jones C,Hesterly W S,Borgatti S P. A general theory of network governance:Exchange conditions and social mechanisms[J]. Academy of Management Review,1997,22(4):911-945.

② 李维安,周建.网络治理:内涵、结构、机制与价值创造[J].天津社会科学,2005,5:61-65.

③ 李维安,林润辉,范建红.网络治理研究前沿与述评[J].南开管理评论,2014,17:42-53.

④ 全裕吉.从科层治理到网络治理:治理理论完整框架探寻[J].现代财经·天津财经学院学报,2004,8:44-47.

府政策行为的完整统一以及面向公众的无缝隙服务。①

其中，较早对网络治理进行完整论述的是美国学者斯蒂芬·戈德史密斯和威廉·艾格斯，他们在合著的《网络化治理：公共部门的新形态》一书中提出了"governing by network"概念，指出等级式政府管理的官僚制时代正面临着终结，取而代之的是一种完全不同的模式——网络化治理(governing by network)，即一种通过公私部门合作、非营利组织、营利公司等广泛参与提供公共服务的治理模式。这象征着世界上改变公共部门形态的四种有影响的发展趋势正在合流：(1)第三方政府：政府提供公共服务时，除了本身职责或是引进企业力量外，也应纳入非营利组织参与；(2)协同政府：不断倾向于联合若干政府机构，有时甚至是多级政府以其提供整体化服务；(3)数字化革命：目前先进技术能够使组织用以往不可能的方式与外部伙伴进行实时合作；(4)消费者需求：公民要求更多地掌控自身的生活，要求在政府服务中拥有更多的选择权，要求政府的服务更加多元化，这些不断上升的需求正好与私人部门已经繁殖的个性化(特制的)服务供应技术相吻合。② 另外，两人以"公私合作程度"与"网络管理能力"两个维度，将政府管理形态划分为四种类型："层级制政府"属于传统的官僚制政府形态，主要靠层级制权威进行着协调，因而治理效果不佳；"第三方政府"的公私合作程度较高，但政府对公私合作网络的管理能力低下；"协同政府"具有较强的网络管理能力，继而能实现有效的跨界合作，但是这种合作仅限于政府不同部门之间；"网络化治理"既包含高程度的公私合作，同时政府又对公私合作网络具有较强的管理能力，因此可以称之为跨界合作的最高境界。③

目前国内公共管理领域所探讨的"网络化治理"概念大多直接来源于斯蒂芬·戈德史密斯和威廉·艾格斯的研究，少数与之理解一致或以其为主。例如学者陈振明提出，治理就是对合作网络的管理，也可称为网络管理或网络治理，指的是"为了实现与增进公共利益，政府部门和非政府部门(私营部门、第三部门或公民个人)等众多公共行动主体彼此合作，在相互依存的环境中分享公共权力、共同管理公共事务的过程。对政府而言，治理就是从统

---

① 刘波,王力立,姚引良.整体性治理与网络治理的比较研究[J].经济社会体制比较,2011,5：140-146.

②③ 斯蒂芬·戈德史密斯,威廉·D.埃格斯.网络化治理：公共部门的新形态[M].孙迎春,译.北京：北京大学出版社,2008：9；3.

治到掌舵的变化；对非政府而言，治理就是从被动排斥到主动参与的变化"①。

（二）policy networks 研究路径

政策网络（policy networks）是将网络理论引入公共政策领域，分析政策过程中政策主体相互关系的一种解释途径和研究方法，在美、欧、英研究语境中各有侧重。② 公共政策学界对于政策网络分析框架的准确起源并未形成一致意见，主流观点认为，政策网络的概念最早出现于美国，成长于英国、德国等欧洲国家，之后又逐渐在美国引发回应性研究。③ 沿着这条思路，可以将政策网络的相关文献划分为以下三个研究维度。

1. 美国政策网络分析

美国学者基本定位于微观层次的研究，强调微观层次的不同机构之间的人际关系的互动，而不是组织结构关系的互动。研究起初关注在美国政府机构、特殊利益游说组织以及对政府政策的特定职能领域具有管辖权的立法委员会或小组委员会之间较为常见的、封闭且相互支持的关系，Lowi形象地称之为"铁三角"（Iron triangle）。④ Ripley 和 Franklin 在"次系统"（sub-system）模型基础上发展出"次级政府"（sub-government）理论，认为次级政府就是在给定的实质性政策领域，有效地作出大部分常规决策的个体集群（clusters of individuals）。⑤ 典型的次级政府是由众议院和/或参议院成员、国会工作人员、少数官僚以及对政策领域感兴趣的私人团体和组织的代表组成。"铁三角"和"次级政府"的概念表明，某些公共政策是在一个由国会委员会、官僚体系以及利益集团所构成的封闭网络中建构的，参与者之间具有稳定的部门化关系。⑥

与上述学者的观点不同，Heclo 在反思"铁三角""次级政府"等概念的

---

① 陈振明.公共管理学[M].北京：中国人民大学出版社，2005：82.

② 孙柏瑛，李卓青.政策网络治理：公共治理的新途径[J].中国行政管理，2008，5：106-109.

③ 胡伟，石凯.理解公共政策："政策网络"的途径[J].上海交通大学学报（哲学社会科学版），2006，4：17-24.

④ Lowi T J. American business, public policy, case-studies, and political theory[J]. World Politics, 1964, 16(4)：677-715.

⑤ Ripley R B, Franklin G A. Congress, the bureaucracy, and public policy [M]. Homewood, Illinois：Dorsey Press，1980：10.

⑥ Jordan G, Schubert K. A preliminary ordering of policy network labels[J]. European Journal of Political Research，1992，21(1-2)：7-27.

缺陷后，对政策次系统的本质予以重新定义和解释，指出多数政策议题的决策方式并非纯粹的"铁三角"模式，而是一个更开放的政策制定系统，即议题网络（issue networks）。它比旧的"铁三角"概念包含了更多、流动性的参与者和更复杂的关系类型，是一个相对临时的、没有中央权威或权力中心的决策结构。因此，在议题网络中存在着大量且在一定程度上不可预测的利益冲突，致使公共政策的相关问题更为复杂，难以达成有效共识，决策的结果也难以预料。①

2. 英国政策网络分析

英国学者基本定位于中观层次的研究，重点研究在政策过程中，政府部门之间、政府部门与利益集团之间的部门关系或者次级部门（sub-sector）结构关系对政策后果的影响。学者 Rhodes 是政策网络研究的集大成者，他认为政策制定的过程是一场多元组织基于交换关系的博弈（game），从中央到地方的不同参与者都在巧妙地利用各自在宪法/法律、组织、财政、政治和信息方面所掌控的资源谋取利益，寻求他们对政策结果的最大化影响，并且采纳了 Beson 对政策网络的定义，即"一群或复杂的组织因资源依赖而彼此结盟，又因资源依赖结构的断裂（break in the structure of resource dependencies）而相互区别"②。Rhodes 将这种自组织的跨组织间网络视为英国政府所面临的一种新的治理结构，是有别于市场和科层的第三种选择，其主要特征在于：（1）公、私和第三部门之间相互依赖以及组织间边界的改变与模糊；（2）资源交换和达成共识的需要，促使成员之间持续的互动与合作；（3）协商后一致达成的互相信任与博弈规则，是成员之间博弈式的互动的基础；（4）在相当程度上独立于政府的自主权。政策网络不对政府负责，而是自治、自我规范的。但是，尽管政府不享有特殊的支配地位，依然可以非直接、不完全地操控治理网络。③

早期英国学者遵循"结构—后果"的结构主义逻辑观，认为网络类型与

---

① Heclo H. Issue networks and the executive establishment[M]//Young R, Binns C, Burch M, et al. Introducing Government：A Reader. Manchester：Manchester University Press，1993：204-212.

② Rhodes R A W. Policy networks：A british perspective[J]. Journal of Theoretical Politics，1990，2(3)：293-317.

③ Rhodes R A W. The new governance：Governing without government[J]. Political Studies，1996，44(4)：652-667.

政策后果之间存在因果关系,因而提出了形形色色的政策网络类型论。例如在 Rhodes 看来,政策网络表现为一个涵盖多种网络类型的连续统一体,两端网络结构的紧密—松散、封闭—开放程度不同,分别是强联结、高度整合的政策社群与弱联结、低度整合的议题网络,之间则是处于中间态联结与整合的、其他属性的政策网络。这些网络根据其成员组成、成员之间的相互依赖程度、成员之间的权力与资源分配,以及在整合性、稳定性、排他性等方面的差异,可以被进一步划分为政策社群(policy community)、专业网络(professional networks)、府际网络(intergovernmental networks)、生产者网络(producer networks)和议题网络(issue networks)五种类型。[①]

随着理论的演进发展,政策网络又产生了新的"行为—后果"的行为主义逻辑观,与先前的"结构—后果"分析逻辑相对应。[②] 面对两者的争论,Smith 和 Marsh 提出政策网络与政策后果之间并不是简单、单向的关系,而是相互作用与相互影响的。政策网络与政策后果之间存在三种辩证或者互动的关系:(1)网络结构与网络行为主体之间的关系;(2)网络与网络环境;(3)网络与政策后果。[③] 另外,英国政策网络分析也可以按照理论承袭的不同划分"美国流派"与"英国流派",前者继承了美国政策网络研究的传统并承认其研究对英国的影响,例如 Sabatier 和 Smith 在 Heclo "议题网络"的基础上进一步提出了"倡议联盟"(advocacy coalition)的观点[④];后者人数更多,以 Rhodes 为代表,他们认为政策网络的研究起源于英国,美国理论对于英国的国情与实践不具有适配性。[⑤]

3. 德国、荷兰的政策网络分析

与英美学者研究传统不同,德国、荷兰的学者定位于宏观层次的研究,

---

① Rhodes R A W,Marsh D. New directions in the study of policy networks[J]. European Journal of Political Research,1992,21(1-2):181-205.

② 欧盟委员会.欧盟委员会向欧洲议会和理事会提交的报告——欧洲议会和理事会(EU)第1144/2014 号条例在内部市场和第三国实施的有关农产品信息提供和推广措施的应用[EB/OL].(2021-02-11)[2024-12-26]. https://eur-lex. europa. eu/legal-content/EN/TXT/? uri = COM%3A2021%3A49%3AFIN.

③ Marsh D,Smith M. Understanding policy networks:Towards a dialectical approach[J]. Political Studies,2000,48(1):4-21.

④ Jenkins-Smith H C,Sabatier P A. Evaluating the advocacy coalition framework[J]. Journal of Public Policy,1994,14(2):175-203.

⑤ 朱亚鹏.西方政策网络分析:源流、发展与理论构建[J].公共管理研究,2006,1:204-222.

将政策网络用于描述和分析国家与公民社会之间的关系，并视其为与官僚等级制、市场并立的一种新的国家治理形式与治理结构。

20世纪七八十年代，欧洲社会发生了深刻的变化，表现为国家政策主体结构开始出现碎片化（fragmentation）、部门化（sectionalization）与分权化（decentralization）趋势，整个社会去中心化（centerless）的趋势也日益显现①，而政策网络的建立正是"对官僚制层级安排以及市场的局限性、参与政策制定过程的社会主体类型的扩大以及专门化的政策资源的分散在概念上的自然回应"②。这里的"网络"既与市场和科层模式有着交叉重叠的部分，又有差异之处，"是处于自愿与强制之间的一种中间体或糅合体"③。

根据Klijn的观点，政策网络④描述的是通过政府、市场和公民社会行为者之间的关系网络来审议、决策与实施公共政策。它基于公共、私人和公民社会行为者之间的相互依赖但却不一定平等的关系，并且通常与新的混合组织形式相关联，包括准政府机构、公私伙伴关系以及多组织委员会，是一种更加分散、灵活且在某些情况下透明的议程设置、政策制定与执行。⑤

政策网络具有以下三个显著特征：（1）主体之间相互依赖，政策网络主体必须依赖其他主体以获得实现自己目标的手段；（2）政策网络是一个过程，政策网络就是各种主体利用各自资源，寻求实现各自利益和目标的相互影响、相互作用的动态过程；（3）政策网络的活动受到制度制约，政策网络主体因为相互依赖、相互作用而形成各种不同类型的关系和规则，这些关系和规则会反过来影响和制约主体之间的互动和相互作用，使它们之间的互动方式得以持续，使主体之间的资源分配的方式得以形成，并在彼此间的相互

① Guilarte M, Marin B, Mayntz R. Policy networks: Empirical evidence and theoretical considerations[J]. American Political Science Review, 1993, 87(3): 295-530.

② Kenis P, Schneider V. Policy networks and policy analysis: Scrutinizing a new analytical toolbox[M]//Marin B, Mayntz R. Policy Networks: Empirical Evidence and Theoretical Considerations. Frankfurt: Campus Verlag, 1991: 25-59.

③ 鄞益奋.网络治理:公共管理的新框架[J].公共管理学报,2007,1:89-96,126.

④ Klijn在原文使用的是"governance network"（治理网络），为理解方便，笔者使用"政策网络"一词予以代替。

⑤ Klijn E H, Skelcher C. Democracy and network governance: Compatible or not[J]. Public Administration, 2007, 85(3): 587-608.

影响和互动中逐渐发生变化。①

学者 Börzel 根据以上三个分析维度将这些国家的政策网络理论归纳为以英美学者为代表的利益调停学派（Interest Intermediation School）与以德国、荷兰学者为代表的治理学派（Governance School）。两者的区别主要在于前者将政策网络视为一个分析工具，主要通过分析部门与次级部门差异、公私行动者的角色以及非正式和正式关系来描述国家与公民社会在政策过程中的互动情形，更加强调与公共政策的关系；后者则将政策网络视为一种特殊的治理形态，即在政治资源分散于各种公共主体与私人主体时一种动员政治资源的机制，是现代社会的一个主导治理模式，更加着重于公共管理领域。②

源于西方学者对于政策网络的争论，国内对政策网络的研究也分为分析工具与治理工具两个视角。前者多是以政策网络理论解释和分析我国某一政策领域中政策现象，例如政策制定与执行的过程、结果等；后者创造出"政策网络治理"这一概念，并将政策网络作为一种治理工具应用到具体问题的分析当中。

## 五、地标品牌治理的内涵

### （一）基于俱乐部产品的地标品牌治理

公共产品的理论由来已久，政府"守夜人"和个人"搭便车"思想可以被看作公共产品理论的古典渊源。③ 来自意大利、瑞典、奥地利和德国的经济

① Klijn E H. Analyzing and managing policy processes in complex networks: A theoretical examination of the concept policy network and its problems[J]. Administration & Society, 1996, 28(1): 90-119.

② Börzel T A. Organizing babylon—On different conceptions of policy networks[J]. Public Administration, 1998, 76(2): 253-273.

③ 王爱学, 赵定涛. 西方公共产品理论回顾与前瞻[J]. 江淮论坛, 2007, 4: 38-43.

学家最先对公共产品展开了研究。① 其中瑞典学派的 Wicksell② 和 Lindahl③ 从边际成本的角度入手，建立了公共产品供求的"Wicksell-Lindahl"均衡模型，现代公共产品理论也植根于此。之后，Samuelson 真正对公共产品与私人物品这两个概念进行了区分，其 1954 年发表的"The pure theory of public expenditure"一文被认为是现代公共产品理论的奠基之作。

根据 Samuelson 的阐述，"每个人对集体消费品（collective consumption goods）的消费，都不会导致其他人对该产品消费的减少"，相对而言，"普通市场定价适用于私人消费品（private consumption goods）"，即私人消费品能够加以分割，每一部分能够分别按照竞争价格卖给不同的人，并且"私人物品不具有集体消费品这一概念所固有的'外部效应'"④。

在此基础上，经济学界一般认为公共产品是具有消费的非排他性和非竞争性等特征的物品。消费的非排他性是指当一件公共产品被某一个人消费时，难以或无法排除他人也同时使用此产品。这意味着公共产品一旦被提供，未付费者也能够同付费者一样从中获益。消费的非竞争性是指，一个人对某一公共产品的消费并不会减少或影响其他人对该产品的消费。换言之，公共产品的边际生产成本与消费的边际拥挤成本为零，即增加一个消费者并不会导致产品生产成本的增长，同时，增加一个消费者也不会减少其他人消费该产品获得的收益。

然而，Samuelson 的经典定义将物品绝对划分为"私人物品"和"公共产品"两类，忽视了在现实中大量介于两者之间的"准公共产品（quasi public

① Pickhardt M. Some remarks on self-interest, the historical schools and the evolution of the theory of public goods[J]. Journal of Economic Studies, 2005, 32(3): 275-293.

② Wicksell K. Ein neues Prinzip der gerechten Besteuerung. Finanztheoretische Untersuchungen[M]//translated to English as "A new principle of just taxation" by Buchanan J M and reprinted in Musgrave R A, Peacock A T(Eds.): Classics in the Theory of Public Finance. London: Palgrave Macmillan, 1958: 72-118.

③ Lindahl E. Die Gerechtigkeit der Besteuerung: Eine Analyse der Steuerprinzipien auf Grundlage der Grenznutzentheorie[M]//translated to English as "Just taxation-a positive solution" by Henderson E and reprinted in Musgrave R A, Peacock A T(Eds.): Classics in the Theory of Public Finance. London: Palgrave Macmillan, 1958: 168-176.

④ Samuelson P A. The pure theory of public expenditure[J]. The Review of Economics and Statistics, 1954, 36(4): 387-389.

goods)"或"混合商品(mixed goods)"①。据此,Buchanan 在 Samuelson 等人先前研究的基础上,于 1965 年创造性地提出了"俱乐部产品(club goods)"这一概念,填补了先前"二元化"理论成果在实用性与操作性上的空缺。

Buchanan 提出俱乐部是一种组织,"是一种消费、所有权在会员之间的制度安排"②。俱乐部仅对组织成员提供商品,即俱乐部产品,只有加入俱乐部才能获得产品的收益。同时,俱乐部设有排斥机制,产品的成本来自向俱乐部成员收取的费用(成本由所有成员共同分担),例如会员费,并采取某些措施阻止非俱乐部成员和不付费的成员使用其产品。

俱乐部产品并不代表介于纯私人物品到纯公共产品两极之间的所有产品,它必须具备足够的排他性(对外)和一定的竞争性,非竞争性但具有排他性的公共产品以及存在拥挤效应但无排他性的公共产品都不是俱乐部产品。

俱乐部产品由成员平等、共享使用,在一定范围内具有非竞争性,边际成本为零。但俱乐部成员的最优数量是有限的,俱乐部产品在共享范围之外存在着拥挤效应,当俱乐部会员超过最优数量时,后续增加的会员量将降低原本会员的效用。为获取个人均衡和俱乐部均衡,俱乐部必须要同时确定俱乐部所应提供的最优俱乐部产品量与应容纳的最优会员数。③

对于地标品牌而言,根据我国相关规定,地理标志的使用必须符合特定条件,具有排他性;在一定范围内,某一地标品牌使用人的数量增加并不会使地标品牌产生额外的生产成本,也不会降低其他使用人的收益,具有非竞争性;地标品牌具有明显的"声誉外溢"效应,能够广泛惠及原产地以及所有品牌使用人,其社会效益超出了参与地标品牌生产经营的公司的利润,能够产生正向的外部性。因此,地标品牌属于俱乐部产品的范畴,是一种由地理标志产品的生产加工者所构成的俱乐部会员的本土化资产④,不仅具有治

---

① Snidal D. Public goods, property rights, and political organizations[J]. International Studies Quarterly, 1979, 23(4): 532-566.

② Buchanan J M. An economic theory of clubs[J]. Economica, 1965, 32(125): 1-14.

③ 张宏军.西方公共产品理论溯源与前瞻——兼论我国公共产品供给的制度设计[J].贵州社会科学,2010,6:120-124.

④ Benavente D. The economics of geographical indications: Gis modeled as club assets[R]. Graduate Institute of International and Development Studies Working Paper, 2010.

理的必要性，其治理也体现出以下四个方面的特征。

（1）地标品牌治理具有不容忽视的公共价值取向，以增进和实现公共价值与公共利益为核心诉求，更注重治理效率而非经济效率，并且涉及一系列相关公共政策的制定与实施；（2）政府公共部门始终是地标品牌治理中最重要的行为主体之一，地标品牌治理离不开政府持续的支撑、合理的引导以及有效的协调，在一定情况下，政府的强势介入与干预也尤为必要；（3）基于地标品牌对内的非排他性和非竞争性，在品牌治理过程中，极易面临"搭便车""囚徒困境""劣币驱逐良币"等潜藏的机会主义行为风险；（4）由于地标品牌具有外部效应，因此当品牌治理处于良性态势时，能够产生区域光环、产业集聚、规模经济等正面的溢出效应，反之，则可能造成"公用地灾难"等一连串负面效应。

（二）基于网络形态的地标品牌治理

网络是一个较为抽象且复杂的概念，在不同的情境里含义差别巨大。在社会学领域，"网络"大多是指连结一组人、物或事件的特殊关系形式，存在于网络中的一个人、事物或事件，可以被称为行动者或节点。① 英国人类学家 Brown 最早提出了社会网络（social networks）的概念②，之后由Wellman 发展成熟。他认为社会结构（social structures）可以由网络（networks）的形式所展现，即一系列结点（nodes）以及描述结点间互相关联的一系列纽带（ties）。结点是社会系统中的成员，可以指个人，也可以代表团体、公司、家庭、民族国家或其他类似的集体。纽带代表着资源的流动、对称的友谊、传输转移，又或是结点之间结构化的关系。换句话说，由这些社会成员和他们之间的社会联系（social ties）或社会关系（social relations）所构成的结构就是社会网络（social networks）。③ 可以看到，随着应用范围的不断拓展，社会网络的概念超越了人际关系的范畴，网络的行动者既可以是个人，也可以是集体单位，如家庭、部门、组织。④ 在社会学和公共性质学的话语体

---

① 张康之，程倩.网络治理理论及其实践[J].新视野，2010，6：36-39.

② Radcliffe-Brown A R. On social structure[J]. The Journal of the Royal Anthropological Institute of Great Britain and Ireland，1940，70（1）：1-12.

③ Wellman B，Berkowitz S D. Introduction：Studying social structures[M]//Wellman B，Berkowitz S D. Social Structures：A Network Approach. Cambridge：Cambridge University Press，1988：1-14.

④ 王夏洁，刘红丽.基于社会网络理论的知识链分析[J].情报杂志，2007，2：18-21.

系中,"网络"可以看作人与人、组织与组织或人与组织之间的关系网络。①

从社会网络的视角出发,由于经济交换的社会嵌入性,任何经济活动都已然处于广泛的关系网络之中,商业关系与社会关系不可避免会互相"溢出",企业之间的交易也不再是简单的双边关系,而是涉及同质或异质的企业、客户、政府与非政府机构等多个行动者的一系列直接或间接的关系,从而形成了介于市场与科层结构之间的一种新的组织形式与制度安排——"网络组织"。其中,社会网络能够通过关系嵌入与结构嵌入的方式影响经济活动的秩序、进程与结果。② 关系嵌入体现在双边或多边交易的质量、深度、共识度、信任程度、信息交流等方面,结构嵌入可以看作双边交易的扩展,即行动者之间可以"通过与第三方的间接连接而形成以系统为特征的关联结构"③。同时,社会资本也能够以嵌入性在网络组织中生产、链接与流动。网络组织在实践中有许多具体形式,例如战略联盟、企业联合体、虚拟组织等。可以说,只要是企业之间或企业与其他社会组织之间的跨界经济联合,都可纳入网络组织的研究范畴。④ 这里的"网络"一词具有三重含义,分别是社会关系层面的网络、组织结构层面的网络以及信息技术层面的网络。

网络化组织模式不仅深刻改变了公司的组织结构与经营模式,也在不断渗透、影响各行业以及政府传统的层级组织与管理模式。随着企业加快集中向分工与专业化发展,组织界限越来越模糊,而市场化改革在分权与削弱政府的同时,也让众多非政府组织与社会自组织接连涌现。由此,政府与社会、公共部门与私人部门之间的关系得以重塑,主体间的界限与责任越发模糊,网络化的组织结构与管理模式得以形成。

事实上,碎片化、部门化、分权化甚至是"空洞化"的政府部门在公共事务管理中早已缺乏足够的计划、执行与调控能力,加之网络技术的发展与信息时代的到来,社会的多元化、去中心化与公共事务的复杂性更是愈加凸

---

① 陈剩勇,于兰兰.网络化治理:一种新的公共治理模式[J].政治学研究,2012,2:108-119.

② Granovetter M. Economic action and social structure:The problem of embeddedness[J]. American Journal of Sociology,1985,91(3):481-510.

③ Belletti G,Marescotti A. Origin products,geographical indications and rural development[M]//Barham E,Sylvander B. Labels of Origin for Food:Local Development,Global Recognition. Wallingford,UK:CABI,2011:76-77.

④ 孙国强.网络组织的内涵、特征与构成要素[J].南开管理评论,2001,4:38-40.

显。在此情境下，传统官僚制既难以具备解决公共事务所需要的全部知识、工具、资源和能力，也无法单独完成管理复杂公共事务的任务，抑或是全方位主导治理活动，必须依赖外部环境、寻求多方合作，通过充分联结、调动、协调来自企业、非营利组织、个人等多元主体力量的共同参与，在网络化的结构与机制中实现自我治理与公共价值的最大化。

因此，尽管学界在"公共治理"的定义上未达成共识，但对其网络形态的认同毋庸置疑，通常将网络视为一种处于市场、层级官僚体制之间并优于两者的组织形态。它不是建立在行政的权威关系或市场的契约关系之上，不同于传统的政府干预与市场资源配置，而是以社会关系与社会资本交换为基础，各参与主体之间存在资源与利益的依赖关系，但同时也因理性与策略等方面的差异以及信息的不对称，导致其行为不确定性与不可预测程度也大幅提升，存在多治理主体之间目标诉求不兼容等问题。另外根据治理目的的不同，网络可划分为不同的类型，例如政策网络、多层治理网络、伙伴关系以及集群网络、供应链网络等。

地标品牌作为一种"准公共品"，其治理离不开政府部门的介入。但同时，地标品牌更是一个开放性的网络系统，涉及个体农户、农企、合作社、行业/产业联盟、协会等众多的生产经营主体和政府部门、社会团体、科研院所等组织机构，与所在地区的经济、社会、文化、环境等多个维度也具有千丝万缕的关联性。品牌各主体之间既横向合作又纵向相关，既相互依赖又彼此博弈。地方资源与品牌建设之间既互为支撑、彼此成就，稍有不慎，又可能"一损俱损"。

所以，地标品牌不仅具有治理的必要性，而且具有更为复杂的治理内涵与治理问题，势必会面临不同于公共管理、公司治理以及品牌管理模式的网络治理挑战，具体可以从以下三个方面得以一见。

（1）主体复杂。如上述所言，地标品牌治理是由多元主体构成的网络化治理模式，宏观上联结政府、市场和社会三个领域，微观上品牌在创建、投入使用、收益、处置以及经营管理等方面的责任与权利，由政府部门、企业、非营利性组织、公民个人等若干个机构或成员共同承担和拥有，全体利益相关者共同参与治理，共享风险与回报。这意味着品牌的产权归属更为复杂，产权主体不明晰的问题亟待解决。同时，品牌各主体潜在的差异化利益诉求也有待协调和整合。

（2）机制复杂。品牌治理各主体通过经济合约的联结（市场机制）、行政权威的命令（行政机制）、社会关系的嵌入（社会机制）以及共同遵循的规则（组织机制）构建和参与治理网络。各主体之间具有合作、冲突、竞合、博弈等多种联结与互动关系，并且可能处于不平等的地位，例如处于网络核心的强势政府与网络边缘的弱势企业之间的不平等，具有资源优势的龙头企业与资源劣势的个体农户之间的不平等。因此，品牌有赖于协商、激励、约束、学习、信任等多样化的治理机制共同维护治理网络的运行。

（3）结构复杂。地标品牌治理不再是自上而下依靠政府的"单中心主义"，也打破了传统企业组织机构的界限与层次，呈现出多主体、多中心、多层次横纵联结的网络化治理结构。同时，由于地理标志产品的地域性和风土特征，地标品牌具有以血缘、亲缘、地缘以及业缘关系为基础的特殊的社会关系网络，并大多在此基础上形成了产业集群的组织结构。区域独有的文脉、传统、惯习、记忆等也附着于社会资本嵌入其中，共同对地标品牌治理网络的形成与运行施加无形的影响。

综上可知，地标品牌治理颠覆了以政府治理为主的传统公共行政范式和以市场化治理为主的新公共管理范式，也有别于传统的基于企业内部职权设立的品牌管理模式，而是在一个结构化与关系嵌入的网络下，来自政府和非政府部门（包括企业组织、中介组织、消费者个人等）的多元化品牌利益相关者按照一定的制度与合约规定，为追求具有公共价值的共同目标而展开的协同行动，即用"网络"来治理；同时，地标品牌治理也意味着对品牌各利益相关者行为模式予以管控的制度设计，通过建立一系列有效的治理机制，实现对各利益相关者的引导、激励、协同、监督、制衡的有效控制，明确地标品牌各利益相关者的权责利配置，从而推动品牌治理网络的良好运行、品牌决策的科学化以及地标品牌公共利益与公共效用最大化，即对"网络"的治理。

## 第九章

# 地理标志农产品品牌的治理模式及其策略

随着治理理论的不断演进,公共产品的供给模式出现了政府供给模式改革、社会自主供给模式、多元合作供给模式的变迁过程[1],公司的治理形式也从以科层治理为主导的公司治理向网络治理的形式发展。[2] 地理标志农产品品牌(以下称"地标品牌")作为一种兼具市场经济属性与公共利益属性的俱乐部产品,同样也存在不同的治理模式实践,例如核心企业主导型、无组织型和政府管理型[3],又或者企业自治型、中心领导型、政府主导型和品牌协会主导型等。[4]

## 第一节 地理标志农产品品牌的治理模式分析

通过对相关领域研究成果以及团队工作调研资料的分析,笔者共归纳总结出三种在我国较具代表性、影响力和可行性的地标

---

① 高秉雄,张江涛.公共治理:理论缘起与模式变迁[J].社会主义研究,2010,6:107-112.

② Belletti G, Marescotti A. Origin products, geographical indications and rural development [M]//Barham E, Sylvander B. Labels of Origin for Food: Local Development, Global Recognition. Wallingford, UK: CABI, 2011: 76-77.

③ 姬志恒,王兴元."中国地理标志"品牌治理模式的多案例研究[J].现代经济探讨,2013,12:87 90.

④ 王兴元,朱强.原产地品牌塑造及治理博弈模型分析——公共品牌效应视角[J].经济管理,2017,39(8):133-145.

品牌治理模式,分别为以龙头企业为有限主导的品牌治理模式、以地方政府为主导的品牌治理模式和以行业协会为主导的品牌治理模式,并进一步分析了各治理模式的适用条件以及可能存在的缺陷与不足。值得注意的是,这三种模式既可以视为处于不同地区的地标品牌各自的治理模式选择,也可以视为同一地标品牌在不同发展阶段所作出的治理模式选择。

## 一、以龙头企业为有限主导的地标品牌治理模式

"主导"一词意味着某一利益相关者在地标品牌的治理活动中承担着集聚资源、经营管理、制度设计、协同安排的重任,能够从战略性部署的视角出发,最大限度地促进品牌内外部其他利益相关者的组织协作以及区域资源的整合利用,使地标品牌建设围绕自身治理行为而逐步展开。

通过前文对地标品牌相关利益者的分析可知,与地标品牌具有直接利益相关的行为主体主要是农户、企业、第三方组织机构以及地方政府。其中农户作为农产品地理标志的生产者,通常处于弱、小、散、贫的经营状态,难以仅依靠自身能力投资购买专用设备、统一组织协调生产、独立创建和运营品牌,也缺乏抵御市场风险、获取交易信息和市场价格谈判的能力以及相关的法律、知识理念,必须依靠强有力的外部力量予以支持和保护合法权益不受侵害。由此可见,处于被动、弱势地位的农户难以在地标品牌治理中扮演主导角色。

"龙头企业+农户"是我国农业产业化最初和最主要的经营组织形式之一[1],通常是以市场需求为导向、以合同契约为联结各龙头企业与农户间利益的主要方式,建立起农产品产销过程的准垂直性一体化经营与一定程度上利润共享、风险共担的合作关系。[2] 它降低了农户生产经营的不确定性和事前交易成本,也有利于企业找到稳定的农产品来源,降低了企业的经营成本。[3] 但是,龙头企业和农户的权利义务关系完全由契约界定,这种约束效力是十分脆弱的。双方在交易信息获取、市场地位与经济实力方面本就有着较大差距,在履行契约时,又均不可避免会受到谋取自身利益最大化和

---

① 蔡海龙.农业产业化经营组织形式及其创新路径[J].中国农村经济,2013,11:4-11.

② 郭晓鸣,廖祖君,付娆.龙头企业带动型、中介组织联动型和合作社一体化三种农业产业化模式的比较——基于制度经济学视角的分析[J].中国农村经济,2007,4:40-47.

③ 侯军岐.论农业产业化的组织形式与农民利益的保护[J].农业经济问题,2003,2:51-54,80.

农副产品市场多变性的影响,极易发生机会主义行为。① 在违约行为发生后,双方考虑到诉诸法律后"成本—收益"的不成正比,往往同样选择以沉默应对。

我国长期奉行三类地理标志保护制度,因此部分地理标志只取得了地理标志保护产品或农产品地理标志的认证,并未注册,或难以注册为集体商标或证明商标。但同时,一些企业品牌却依靠销售地理标志产品而获得了长足的发展,成长为能够影响甚至左右当地地理标志产业发展的强势力量。在此情况下,"龙头企业＋农户"成为这些地理标志主要的组织模式。

对于已注册为地理标志集体商标或证明商标的农产品地理标志而言,鉴于地理标志是一种集体性权利,为防止出现商标所有人垄断地理标志使用的问题,个体、私营企业不能成为地理标志集体商标、证明商标的注册人与所有人。地标品牌的区域公用性则决定了企业或集团在大多数情况下难以像行业协会等第三方机构一般,通过商标所有人的授权而获得地标品牌完整的经营管理权。因此,在"龙头企业＋农户"组织模式下的龙头企业,通过与地理标志商标所有人达成的战略性合作关系,能够在品牌治理中对各利益相关主体施加一定的影响力,从而形成了以龙头企业为有限主导的"地理标志＋龙头企业＋农户"的品牌治理模式。这是一种更接近市场机制的不完全网络结构,"市场"一词是一种隐喻,意为借鉴市场机制与市场思维来处理公共事务。②

其中,商标所有人指的是申请注册地理标志集体商标或证明商标的政府部门、行业协会等。龙头企业指从事地理标志产品生产经营的经济主体,一般有三种类型,即地理标志产品的生产单位、加工单位以及负责产品仓储、物流和销售的流通单位。在实际的地标品牌经营活动中,这三类企业之间并没有明确的业务分割界限,常常混合业务安排。

以龙头企业有限主导的地标品牌发展模式适用于经济发展水平一般但具有一定产业链规模的地区。在这些地区内,农户的经营素质与经济实力平平,也未能自发形成较为强势的专业农民合作组织;具有涉农性质的产业、行业协会等中介机构带有较高的行政干预色彩,缺乏自主性与独立性,

① 周立群,曹利群.农村经济组织形态的演变与创新——山东省莱阳市农业产业化调查报告[J].经济研究,2001,1:69-75,83-94.
② 张海柱.知识治理:公共事务治理的第四种叙事[J].上海行政学院学报,2015,4:63-70.

品牌治理的经验与实力也相对有限;政府部门难以独自完成地标品牌复杂的治理任务。但同时,在该地也已围绕地理标志形成了初具规模的产业链与规模化经营,正处于产业集聚发展与品牌市场扩张的活力期,并且具有一家或几家长年经营地理标志且具有较高声誉、资本实力与行业号召力的代表性企业。

在此情况下,地标品牌商标所有人作为地标品牌的宏观治理者,通过"让出"部分品牌经营管理职责,使龙头企业获得更多的资源与权力,从而在地理标志商标所有人的授权与监督范围内发挥对地标品牌治理的主导作用。其中,龙头企业能够:(1)利用自身良好的声誉与号召力,整合原本分散经营的农户、中小企业以及无序化的区域资源与产业链布局,并在一定程度上提供品牌发展所需的部分公共服务;(2)借助自身在组织管理与市场化运作上的宝贵经验以及资金、制度、技术、人才等优势,明确各利益主体间的权责利关系,协调各方资源与利益诉求,挖掘蕴藏在品牌各利益相关者之间的潜在价值;(3)联合以政府部门为首的品牌利益相关者大力打击模仿、滥用地标品牌等市场欺诈行为,并制定和落实包括商标使用管理制度、品牌准入淘汰制度、产品质量检测与溯源制度、披露举报制度等在内的品牌监督管理体系,尽可能减少道德风险与机会主义的发生;(4)通过制定和实施基于协商、分润、激励、问责等的一系列治理机制,不断引导和培育主体间互相信赖、互惠互利的交往与合作氛围,从而提升品牌运营效率与决策科学性,助推品牌协同创新的实现与品牌价值的共创、共享。

不过在地标品牌治理的具体实践中,由于政府、企业、农户等利益相关者大多通过行政命令、法律法规、契约关系等显性制度而非信任、承诺、认同等隐性制度联结与维持彼此间的关系,并且缺乏行之有效的沟通协商机制与平等互信的合作环境,导致存在较高的信息不对称以及投机主义与道德风险,极易出现交易停滞、搭便车、决策陷入僵局等治理乱象。同时,企业受制于自身的逐利性质与运营实力的限制,无法彻底发挥地标品牌的公共价值,区域内中小企业的品牌利益也难以获得保障。

## 二、以地方政府为主导的地标品牌治理模式

虽然龙头企业有限主导下的地标品牌治理具有一定的整合协调与灵活变通能力,但是作为有限理性的经济人,以谋求私利为根本目标的企业终究难以对地标品牌展开充分、彻底的治理工作,时刻面临着机会主义的诱惑。

事实上,作为准公共品,地标品牌不仅在地理标志保护方面离不开中央和各级政府公权力介入与广泛监督,在地标品牌的治理中,行政力量的适度引导与有效干预也同样不可或缺。

地方政府作为区域经济的建设者、公共事务的管理者与公共服务的提供者,参与地标品牌,即扎根于地方特色资源的"风土"产物的治理显然是义不容辞之举,并且从我国国情出发,政府职能部门在市场经济发展的过程中始终占据着明显的优势地位。作为经济社会发展的建设者与维护者,政府部门不仅有着长期干预经济的"历史传统",与其他品牌利益相关者相比,也掌握着最为丰富的资源与手段,在制定规章制度、整合资源配置、搭建服务平台、监督市场行为等方面更具有权威性、公信力、号召力以及执行能力。目前我国地理标志多数位于贫困县境内,诸多地标品牌仅仅停留在完成商标注册的阶段,无力开展之后的品牌建设工作。在此情况下,地方政府的介入能够更好地为地标品牌发展保驾护航,为品牌长效、有序的发展提供所需的战略引导与有效扶持。

以政府主导的经营模式适用于我国经济发展水平较差、地理标志产业发展水平较低的地区。在这些地区内,农户和企业的经营规模与经济实力使其很难在激烈的竞争下独自应对市场挑战,更别提承担起地标品牌治理的重任。同时,由于缺乏品牌意识、合作意识、技能学习意识等综合素质,这些经营主体也较少主动参与与地标品牌有关的组织活动和市场竞争,对政府扶持具有强烈的依赖性。区域内产业发展基础薄弱,各类资源未能获得有效的引导、整合与协同,缺乏外界投资的吸引力,也少有自下而上、自发形成产业、行业协会或农民经济合作组织。即使存在个别与地标品牌有关的中介机构或组织,也只是政府行政部门"改头换面""两个班子一套人马"的产物,并不具有民间组织的特征与功能。

因此,为了尽快将地理标志的产品特色成功转化为地标品牌的产品溢价、市场竞争力与销售力,推动地标品牌的商业价值和公共效益惠及全域,采取以政府主导的品牌治理模式,是该地区建设地标品牌的必由之路。

在该模式下,地方政府承担起扶持品牌建设、发展区域经济的使命与责任,并在整合多方资源与诉求的基础上,积极参与地标品牌的协同治理工作,具体包括:(1)明确品牌产权的归属以及相应权责利的划分,制定品牌发展战略,引领品牌发展方向;(2)发挥政府的凝聚力与号召力,辅以资金保障

和政策支持,调动品牌各利益相关者参与品牌建设和价值共创的积极性;
(3)制定沟通协商、激励约束、利润分配、追责问责等一系列行之有效的治理
机制,同时建立以地标品牌为核心的公共服务和信息互通平台,整合、协调
多元化的社会关系与利益诉求,实现资源的优化合理配置;(4)大力惩处假
冒伪劣和市场欺诈行为,维护交易秩序,降低内部交易成本与摩擦冲突的可
能性,为地标品牌发展营造良好的市场环境与互信氛围;(5)建立健全相关
法律法规,持续给予品牌财政投入、政策倾斜以及人才、技术、渠道等方面的
支持,助推小微企业、行业协会、产业联盟等非政府组织的成长,使企业、中
介组织以及消费者等品牌利益相关者的参与不再只是一种形式上的意义,
而是具有真实的治理效用。在该治理模式下,地标品牌治理呈现出科层与
网络混合的结构特征,并依据政府部门介入程度与力度的高低左右偏移。

　　以政府主导的地标品牌治理模式受制于政府部门的执行力、业务水平
以及对"市场—公权力"平衡的把握程度等诸多因素,但考虑到我国大量地
区的地理标志产品仍处于较低发展水平,地方政府将在现阶段以及未来相
当长的时间内在地标品牌治理中扮演不可替代的关键角色,为推动地理标
志进入标准化、组织化、市场化轨道持续贡献力量。

### 三、以行业协会为主导的地标品牌治理模式

　　虽然上述两种模式已在我国部分地区的地理标志保护与实践中取得了
有目共睹的成绩,但不可否认的是,两者在职能分配上都具有明显缺陷:龙
头企业难以真正承担起整合、扶持、协同品牌各利益相关者的公共服务角
色,而地方政府在市场竞争与品牌经营方面又带有"天然软肋",应对市场变
化与危机的能力与灵活度都有所欠缺,并存在公权力误用、滥用的风险。

　　随着社会组织化程度的不断提高以及公共问题逐渐突破政府管理的界
限,独立于政府部门、私营部门之外的非营利性组织成了弥补"政府失灵"与
"市场失灵"的第三方力量,能够在特定领域发挥政府与企业无法企及的作
用。对于作为准公共品的地标品牌而言,"第三部门"兼具品牌治理的合法
性与合理性,既可以同时成为地理标志集体商标或证明商标的所有人以及
品牌的经营管理者,或在地理标志商标所有人的授权下获得品牌经营管理
权,又可以有效填补政府"治理盲区"、弥补政府治理公共事务不足,并具备
企业所缺失的公共利益追求。目前国内外地标品牌实践案例也证明,在市
场经济条件下,以农产品行业协会等中介机构为主导的品牌治理模式,具有

明显的组织优势，取得了良好的治理效果。

农产品行业协会作为政府、企业之外的第三方组织，"是由涉农企事业单位、农民专业合作组织、专业大户等根据生产经营活动的需要，为增进共同利益、维护合法权益，在自愿基础上依法组织起来的非营利性自治组织，属于经济类社团法人"[①]。回顾我国行业协会的发展历程可以发现，与西方不同，我国行业协会的成长往往缺乏一个民间自发、自下而上、自然形成的过程，政府长期介入的传统以及自身实力的弱小也导致大量行业协会笼罩在行政干预的影响下，并非完全依靠自律管理。[②] 概括地说，我国行业协会可以大致分为以政府主导、以企业主导以及混合型三类。[③]

政府主导型行业协会又称作官办行业协会，一般不具有行业协会的自发性、民间性、自治性。政府在农产品行业协会的组建和运作过程中始终起主导作用，居支配地位，企业只是被动地参与，在决策中起从属作用。在部分地区，行业协会可能是由某些行业行政主管部门直接转变而来，奉行"两块牌子、一套人马、合署办公"，在选举调动、管理决策、工资发放等方面均由行政机关决定。该情况下以行业协会为主导的地标品牌治理模式，可以被划分至前文以地方政府为主导的范畴之中。

企业主导型行业协会又称作民办行业协会，以农企和专业大户为主体，居主导地位，起支配作用，是民间自发形成或以民间化为导向而培植的，能够真正代表行业利益并且自主决策、民主管理的行业协会。政府只起宏观管理和辅助推动作用。

混合型行业协会又称作民办官助或官民结合型行业协会，是居于民办和官办之间的一种组织形式，兼具政府与企业的双重特征。政府和企业相互合作，共同构成农产品行业协会产生和发展的促进因素，比如，某些虽为政府主导型却处于改制转型进程中的行业协会。

目前我国的农产品行业协会以官办或混合型为主。虽然民间化是农产

---

① 全国供销合作总社.中华全国供销合作总社文件：关于加快农产品行业协会的意见（供销合字（2003）39 号）[EB/OL].（2003-05-25）[2022-05-25]. https://www.doc88.com/p-5854729188288.html.

② "我国农产品行业协会研究"课题组.我国农产品行业协会发展的历史沿革[J].中国农村经济,2004,4(11):17-23.

③ 潘劲.农产品行业协会发展中的政府行为分析中国农村观察,2004,6:55-65,81.

品行业协会发展的必然趋势,但政府的退出却不应一概而论。[①] 考虑到我国农业发展的国情、农产品行业协会的弱质性、公益性以及双重管理体制,现阶段多数行业协会仍离不开政府部门的引导、参与和扶持。[②]

以行业协会为主导的地标品牌治理模式通常多见于沿海经济发达地区以及地理标志产业发达地区。在该模式下,行业协会通常是由从事农产品生产、加工、流通的龙头企业、农民专业合作社、专业种养和购销大户,以及与之相关的科研、中介、教学和其他组织、个人自愿参加,基于相互依赖的关系与共同利益追求,并且具有较高民主自治、自律水平的非营利性地方社团组织。[③] 显然,农产品行业协会的形成对当地农业经济发展水平以及农产品地理标志产业发展程度都有较高的要求。

在此模式下,农产品行业协会与前两种模式下的龙头企业和政府一样,负有经营管理地标品牌的职责,在整合各方诉求的基础上,规划品牌发展战略以及具体的商标使用管理办法、品牌产品质量检测标准、品牌供应链管理策略等制度规则。同时,作为自发性民间机构、非营利性组织以及沟通市场与政府的桥梁,农产品行业协会具有突出的治理优势,由此形成的治理结构也更具有网络化特征:(1)农产品行业协会具有丰富的社会关系与社会资本,不仅能够获取较为全面的品牌使用与管理信息、整合各治理主体复杂的利益诉求以及调和冲突,还可以在生产端深入品牌基层建设,依托地标品牌提供技术培训、资金支持、制度保障等各项公共服务,彰显地标品牌的公共效用;(2)农产品行业协会既与企业组织之间有着千丝万缕的密切联系,又与政府具有同样的价值追求,可以通过邀请、授权、委托等方式与政府部门建立起战略伙伴关系,并且凭借自身的灵活性与亲切感,与消费者群体和社会公众积极开展沟通交流,从而把处于互相依赖情境中的多元行为主体集中纳入网络体系。因此,在农产品行业协会主导下的地标品牌治理更易于形成政府部门、农户农企、中介机构、消费者等品牌利益相关者互通、互联、互动、互补的协同治理网络;(3)为保障治理网络的有序运转以及治理绩效的提升,农产品行业协会还需规划设计包括协商、信任、分润、问责、共享等在内的一系列治理机制,推动政府、企业、消费者以及自身在权、责、利明晰的基础上分工明确、各司其职、互相监督。同时,在治理机制的联合作用下,

---

①　潘劲.农产品行业协会的治理机制分析[J].中国农村观察,2005,5:41-52,81.
②③　潘劲.农产品行业协会:现状、问题与发展思路[J].中国农村经济,2007,4:53-59.

以更加平等、自主、灵活的方式进行权力与资源的分配共享、决策共谋和协同合作，并充分利用信息技术拉近治理主体间的沟通距离、降低信息搜寻成本，尽可能消除由于信息不对称而导致的不信任与机会主义风险。

遗憾的是，现阶段我国农产品行业协会面临着职能定位不明、缺乏法律保障与人才资源、管理模式混乱、公信力以及行业代表性较低等一系列问题，要想广泛、彻底实现以行业协会为主导的地标品牌治理模式，未来依然有很长的一段路要走。

## 第二节　地标品牌治理的提升策略

综合上述对我国地标品牌治理模式的分析，以及对我国行政管理体制的改革进程、第三部门与公民社会的建设进程和地标品牌发展水平的思考，笔者认为，我国地标品牌当前在整体层面还难以形成真正的网络化治理模式，更多的是一种在政府主导下的科层制治理模式与网络化治理模式的混合。

另外，尽管与传统的科层制和市场化治理模式相比，网络化治理在整合利用资源、增加组织灵活性与回应性、提高公共利益与消费者满意度等方面更为有效，并且在一定程度上弥补了"政府失灵""市场失灵"的缺陷，但却也存在着"三对矛盾"，即效率与广泛参与之间的抵牾、内部合法性与外部合法性之间存在的张力、灵活性与稳定性之间的冲突；"两个挑战"，即目标一致的挑战与管理的挑战；"一个问题"，即问责制的问题。[①]

因此，要想在地标品牌建设中充分发挥网络化治理的效用，尽快调整、完善地标品牌治理结构与治理机制，是需要迈出的第一步。

### 一、明确以政府为引导的地标品牌治理结构

地标品牌治理结构可以理解为在特定的治理模式下，地标品牌的组织结构以及基于权力和权力分配的各治理行为主体之间的关系。从网络化治

---

[①] Josling T. What's in a Name? The economics, law and politics of Geographical Indications for foods and beverages[R/OL]. (2005-11-11)[2022-02-25]. https://www.tcd.ie/triss/assets/PDFs/iiis/iiisdp109.pdf.

理的视角出发,地标品牌治理结构具有自组织、自我管理以及柔性化的部门边界的特征,是一个由具有决策能力的活性结点的网络联结构成的有机组织系统。[①] 结点意味着参与治理的各个行为主体与利益相关者,结点及结点之间的联系是构成治理结构的硬件,各结点及整个网络组织的治理机制与协议是构成治理结构的软件。结点与结点之间的关系及其形成的治理结构,是在动态演化过程中长期博弈的结果,也是网络化治理得以实现的基础与路径依赖。

面对不确定性日益增长的市场竞争环境与复杂多变的公共需求,仅依靠企业与消费者的传统品牌发展模式显然难以为继,暴露出产权不清晰、决策失衡等一系列管理问题,政府部门也很难独自承担复杂的地标品牌治理任务。传统的科层制组织结构在有效信息的获取、传输、处理与反馈方面都存在明显的反应滞后情况,更严重影响品牌战略决策的制定与实行。

地标品牌治理所仰赖的不只是单纯的政府权威,更多的是合作网络的权威[②],地标品牌因其区域性也具备了与一般商业品牌相比更为丰富的社会关系,但是,如果品牌处于一个没有合作文化,或者合作文化不强的社会环境中,集体行动缺少一个强有力的组织者,将很难取得实际效果,勉强促成的合作网络必然面临更大的危机。[③] 事实上不可否认的是,作为准公共品,地标品牌一旦脱离公权力的支撑与帮扶,便很难获得长足的发展。从我国国情出发,政府长期以来都是管理公共事务的绝对主导力量,拥有广泛的公共资源,而行业协会等第三部门发展较晚,实力有限,难以在短时间内形成与政府平等互动的关系。有限理性与机会主义的存在,也使市场失灵的问题仅通过市场机制难以得到解决,必须借助来自公共部门和第三方机构的外部力量。

因此在新时代背景下,政府、企业、第三部门与消费者在地标品牌治理网络结构中的位置、彼此间的关系以及权责利的划分,需要被置于更高层面上进行通盘考虑,并且根据各地区地理标志建设水平与经济发展水平的具体情况,策略性调整各治理主体在网络结构中的定位与作用。

---

① 林润辉,李维安.网络组织——更具环境适应能力的新型组织模式[J].南开管理评论,2000,3:4-7.

② 陈振明,薛澜.中国公共管理理论研究的重点领域和主题[J].中国社会科学,2007,3:140-152,206.

③ 孙健,张智瀛.网络化治理:研究视角及进路[J].中国行政管理,2014,8:72-75.

具体来说，(1)要清楚意识到只有政府部门、企业、社会组织、消费者个人等多元主体展开通力合作，才能最大程度地整合资源、优势互补。只有基于全体品牌利益相关者而形成的关系网络与互动系统，才是如今提升品牌价值的有效途径。(2)要明确政府在地标品牌治理结构中的中心地位与服务角色。与西方部门学者所倡导的"没有政府的治理""去中心化"不同，拥有资源和信息绝对优势的政府部门将作为并且长期成为我国地标品牌最为重要的治理主体与最终负责者，既可以担任品牌治理网络的牵头人或管理者，也可以将管理身份授权给专业的第三方组织，通过转变身份认知、分享权力与资源、调整治理手段以及打破部门与层级间壁垒等方式，将自身由原本公共事务的包办者、公共产品的供给者转变为宏观调控的引导者、资源配置的协调者、公共价值的促动者和网络秩序的维护者。(3)确立企业为地标品牌的核心建设者与不可或缺的治理主体。企业与政府部门是独立、平等的关系，拥有限定条件下品牌的使用权与部分收益权，其重要性与治理能力将随着政府的身份转变与力量淡化而愈加凸显。(4)加快培育壮大自治的行业协会、合作社、社会组织等第三部门，降低政府对其管制与管控力度。以邀请、授权、委托等方式，引导第三部门从边缘位置逐渐向网络中心靠拢，负责政府不应做或做不好、企业能做却未必适合的相关品牌运营与服务工作，并深入到品牌治理的各个层面之中，拓宽结点间沟通协商的渠道，在凝聚社会资本的同时整合、协调多方利益诉求。

最终，通过建立起横向的行动线以及横纵协同的完整品牌网络治理结构，增强结点之间的信任程度、互动频率与依赖黏性以及目标的一致性，提高公共部门、私营部门、第三部门以及个体消费者等多元行动主体的合作共治水平。

## 二、完善以信任为基础的地标品牌治理机制

网络治理机制指的是维护结点之间的联系以促使网络有序、高效运作，对结点行为进行制约与调节的资源配置、激励约束等规则的综合，其作用是维护和协调网络合作，通过结点间互动与共享，提高网络整体的运作

绩效。①

对于网络治理机制的类型，学者们莫衷一是，例如 Powell 提出网络组织的治理机制包括信任、学习和创新机制②；Jones 等人认为网络的社会机制包括进入壁垒、联合制裁、宏观文化与声誉③；我国学者孙国强将网络组织的治理机制划分为宏观与微观两类，前者为信任、宏观文化、联合制裁与声誉四种社会机制，后者包括进入壁垒、学习创新、激励约束、决策协调、风险防范、利益分配等内容在内的运作机制。④

与科层治理模式与市场治理模式相比，声誉与信任是网络化治理赖以形成的基础与高效运转的基石。科层治理模式由于实行高度的资产专用性，通常具备一定的合同治理与关系治理水平⑤，能够相对避免信任与风险的问题。市场治理模式则是因为交易的随机性而不重视声誉的作用。但在网络化治理中，声誉与信任不仅联结起各方结点（治理主体），使处于竞合关系的结点间建立起互惠、互动、协作的关系，还能够影响结点"对网络关系的承诺、对突发事件的反应、对冲突的解决方式"⑥。

对于地标品牌而言，其产品大多属于经验品甚至是信任品一类，即消费者在购买前难以确定商品的质量，品牌与消费者之间极易形成信息鸿沟与不确定风险，因此交易的发生十分依赖地理标志或品牌声誉所传递的质量信号，以增加消费者对地标品牌的信任。同时，信任与声誉也是地标品牌网络化治理得以良好运作的前提，并且具有传递性与递增性，在长期合作中能够通过网络各结点之间互动次数的增加而不断增强，积累延续。一旦网络

---

① Quiñones-Ruiz X F，Penker M，Belletti G，et al. Why early collective action pays off：Evidence from setting Protected Geographical Indications[J]. Renewable Agriculture and Food Systems，2016，1(2)：1-14.

② 欧洲议会和理事会. 欧盟条例第 1152/2012 号[EB/OL]. (2012-11-21)[2021-01-25]. https://eur-lex. europa. eu/eli/reg/2012/1152/oj.

③ Galtier F，Belletti G，Marescotti A. Factors constraining building effective and fair geographical indications for coffee：Insights from a dominican case study[J]. Development Policy Review，2013，31(5)：597-615.

④ 孙国强. 网络组织的治理机制[J]. 经济管理，2003，4：39-43.

⑤ Poppo L，Zenger T. Do formal contracts and relational governance function as substitutes or complements? [J]. Strategic Management Journal，2002，23(8)：707-725.

⑥ Quiñones-Ruiz X F，Penker M，Belletti G，et al. Why early collective action pays off：Evidence from setting protected geographical indications[J]. Renewable Agriculture and Food Systems，2016，1(2)：1-14.

结点之间缺乏足够的信任与声誉作为"黏合剂"，又或是结点间仅为单次合作，一方的声誉没有成为另一方决策的参考因素，将极易引发交易阻滞、扭曲甚至是欺诈等危机，提高信息不完全和不对称下的交易成本与机会主义风险，致使品牌发展遭遇瓶颈，品牌治理落入"公地悲剧"和"集体行动逻辑"的陷阱。虽然政府的行政命令与市场的法律裁决在一定层面上能够对投机和不正当竞争行为进行管控与惩罚，但在目前我国地标品牌的治理实践中，投机者面临的更多是一种不连续、查处概率较低、惩罚严厉程度较弱的"机会型惩罚"，而非持续稳定的"规则型惩罚"①，故潜在增加了各治理结点间的不信任感。另外，外部力量无法强制勒令各治理主体之间进行信息沟通与长久合作，与信任、声誉机制下共同协商的解决方式相比，所耗费的成本也更为高昂。

由此可见，地标品牌网络各结点间信任关系的建立与维护，是品牌治理获得成功的基础，也是后续沟通协商、创新学习、分润管理等一系列治理机制得以建立的关键所在。

为提升治理网络中结点间的信任关系，地标品牌通过机制建设，能够对地标品牌全体利益相关者产生有效约束，并将声誉（过往行为）纳入未来是否交易的判断之中，从而对机会主义策略产生有效震慑，减少因徒困境的发生概率，最终使各结点间形成理性互信的依赖关系，提升品牌最终的收益与价值。

信任一般可分为基于个人的信任与基于制度的信任两类。与前者相比，后者显然更为牢固，也更具有普遍的约束力。② 从制度性工具的维度出发，地标品牌的信任机制包括但不限于以下三种有形的正式规则。

（一）准入机制

鉴于地标品牌的风土性质、质量信号功能与外部性特征，以及品牌使用主体的复杂性与农产品食品质量安全的重要性，地标品牌必须严格审查申请主体是否符合商标使用要求，不断推进和完善品牌商标使用管理制度和品牌质量标准体系建设，并且可以通过建立系统性评估体系的方式，按照特

---

① 吴元元.信息基础、声誉机制与执法优化——食品安全治理的新视野[J].中国社会科学，2012,6:116-134,208-209.

② 王晔,谢晓燕.论政策网络治理过程中信任机制的构建途径[J].生产力研究,2009,18:188-190.

定指标对申请主体进行审慎的判断与筛选。这既是品牌商标使用的准入门槛,能够将不符合资质的行为主体有效排除在外,同时也为各治理主体之间信任关系的培育与形成打下了良好的基础。

(二)披露机制

信息不对称的难题与机会主义的诱惑不仅存在于地标品牌和消费者之间,更广泛分布于品牌治理网络的各个结点之间。为了增强结点间彼此的理解与互信水平,发挥声誉的积极效应,达成互利合作的网络关系并对核心治理主体进行有效监督,地标品牌需要建立起自愿性信息披露与强制性信息披露相结合的品牌披露制度,将必要的治理信息置于公开透明的环境之中。

前者是各网络结点自发、自愿、主动向品牌与公众公布自身与地标品牌经营管理有关的信息,但可能会出现信息偏差、虚假信息、选择性披露以及延迟披露等问题,对此,需要建立反馈渠道与举报奖励机制予以约束;后者的内容、形式、发布时间必须符合地标品牌与相关法律规定的要求,这也是作为品牌治理主体应尽的义务。地标品牌可以通过召开品牌年会/质量发布会、接受媒体采访、发布内部报告等方式,将从各结点收集到的信息进行分析与共享。

(三)奖惩机制

奖惩机制实则是一种激励机制与约束机制的融合。激励机制可以进一步划分为"显性激励"与"隐性激励",前者代表的是直接的利益激励,即各结点预期通过网络间互惠合作所获得的收益。[①] 在地标品牌的治理实践中,经常出现强势农企使用地标品牌意愿性不强的现象,强势企业品牌——弱势地标品牌的结果,会进一步导致地标品牌的溢价能力与质量控制受损,以及企业销售地标品牌产品时利润的下降。对此,地标品牌有必要设计规范、合理的分润机制并予以一定的资金补贴、技术培训、渠道拓展等支持,从而保障各结点能够获得实实在在的收益,提高其参与网络治理的积极性与彼此间的依赖互信。

后者则是指基于声誉的信任激励。通过建立声誉,将过往交易行为与

---

① 陆杉.农产品供应链成员信任机制的建立与完善——基于博弈理论的分析[J].管理世界,2012,7:172-173.

未来的交易机会形成有效关联，并在重复多次的交易活动中不断完成积累。在地标品牌治理这一限定框架中，具有良好声誉的网络结点显然更容易获得长期、稳定、互利的合作青睐。相反，不良的信用记录则会带来大量交易机会的丧失。

约束机制具有多种类型与实行方式，例如法律法规的制定、市场部门的监管、行业内部的自律、多元组织的监督等，都可视为具有约束和惩罚性质的品牌治理手段。地标品牌各结点之间存在着合作、竞合、博弈、互补等一系列复杂关系以及多样化的利益追求，在约束机制匮乏的情况下，停滞、冲突甚至是欺诈或成为关系常态，并严重影响治理网络的运转与活性。虽然行政命令与市场竞争也能够发挥一定的约束作用，但地标品牌更多的还是要以法律法规、合同契约和制度保障的方式，降低道德风险与机会主义的发生率，营造互信的治理氛围，为网络化治理的绩效保驾护航。

## 第十章

# 地理标志农产品的符号化

    品牌即是符号。品牌通过符号创造,对同类产品提供差异,让生产者能够表征这是自己的作品,也让市场特别是消费者能够了解产品的差异化。自从远古时期的手工业者在陶罐底部刻画上自己的名字,通过符号打造品牌的行为就产生了。

    因此,打造品牌的第一步骤,便是基于品牌主对品牌的产品特征、定位、个性、消费者的理解等,对产品进行符号化的过程。

    地理标志农产品也需要经过符号化的过程,形成品牌符号,以符号对接市场与消费者。但地理标志农产品的符号化过程及其符号化设计与应用,与其他工业品、服务品的符号化过程有着显著的差别。

## 第一节　地理标志农产品符号化的理论基础

    与其他产业、企业品牌的符号化过程一样,地理标志农产品的符号化具有以下四个方面的理论基础。

### 一、索绪尔的二元结构符号学理论模型

    20 世纪初叶,瑞典语言学家索绪尔(Ferdnard de Saussure,

1961)创立了符号学(semiology)。① 他从语言学的视角,将符号分为能指和所指两部分,并认为"能指和所指之间是任意的,约定俗成的"②。这句话的意思是,一个符号与所指涉的对象之间并不一定具有必然联系,而是根据特定的文化习俗和特定的时间、空间、文化理解约定俗成的结果。

索绪尔对能指与所指之间的关系"约定俗成"的解释,给了品牌符号创造非常重要的使命与机会。也就是说,一个品牌符号的创造,需要通过"能指"来表达"所指",而由于品牌符号创作者处于特定的集体无意识(原型)、文化习俗等的影响,处于特定的时间、空间、文化圈层,其创造的品牌符号的能指所表达的所指,两者之间需要有约定俗成的前提(见图 10-1)。

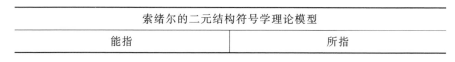

| 索绪尔的二元结构符号学理论模型 | |
| --- | --- |
| 能指 | 所指 |

图 10-1　索绪尔的二元结构符号学理论模型

## 二、皮尔斯的三角结构符号学理论模型

索绪尔所说的约定俗成,由美国的符号学之父皮尔斯的对意义元素的三角模型解释为图 10-2。

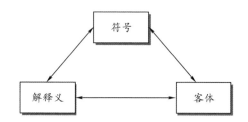

图 10-2　符号意义元素的三角模型

资料来源:John Fiske.传播符号学理论[M].张锦华,译.台北:台湾远流出版事业股份有限公司,2023:25.

图 10-2 的三角结构意为,符号对一个人而言,在某种情况或条件下,代表着某种事物。它向某人表达,也就是在该人的心中创造出一个相同的符

---

①　弗迪南·德·索绪尔.普通语言学教程[M].高名凯,刘润清,译.上海:商务印书馆,1980.
②　李幼蒸.理论符号学导论[M].北京:社会科学文献出版社,1999:1.

号,或者是一个更精致的符号。该人所创造的符号可称之为原先符号的解释义,这个符号所代表的事物,即是指涉物。①

三角模型中"解释义"的使用,被学者们称之为皮尔斯对符号学的最大贡献。皮尔斯认为,一个符号只有能被解释成符号才能成为符号,每个符号都必须能够表达一个解释项。因此,在最广泛的意义上,解释项可以被理解为符号在每个符号使用者心中所引发的一种动态的、连续的思想。② 皮尔斯又认为"一切思想都处于符号之中"③,每一种思想作为符号必须根据另一种符号进行解释。由此,"不存在任何例外⋯⋯一种法则,即每个思想符号(thought-sign)都会被翻译成或者被解释成随后一种符号(asubsequent one)"这说明,任何符号表意过程实际上都是解释义的衍义过程,因此,符号意义的生产与传播实际上是动态与开放的。④ 皮尔斯说:"存在着意向解释项(Intentional Interpretant),它决定着发送者(utterer)的心灵;效力解释项(Effectual Interpretant),它决定着解释者(interpreter)的心灵;而交际解释项(Communicational Interpretntant)或曰共同解释项(Cominterpretant)则决定的是,发送者与解释者为了使交际得以发生而相互融合(fuse)而成的心灵。可以把这种心灵称为共同心灵(commens)。"⑤

这与皮尔斯对"传播"含义的理解相关,他认为"传播"可定义为"两个心灵间的相互沟通(intercommunication)"⑥。以符号为表征的传播,是心灵之间的相互沟通,因此,对符号的理解,是符号制作者与符号接收者共同对解释义进行不断衍义的过程。

在品牌符号的生产与接受的交互过程中,品牌符号生产者在有关品牌

① John Fiske. 传播符号学理论[M]. 张锦华,译. 台湾运流出版事业公司,2003:25.

② 哈佛八卷本《皮尔斯文献》(*Collected Papers of Charles Sanders Peirce*. Cambridge: Harvard University Press,1931-1958)第 2 卷,第 308 页。转引自赵星植. 皮尔斯的三元模式在传播学中的意义[J]. 中外文化与文论,2015,3:180-189.

③ Charles S. Piece. Writing of Charles Sanders Peirce: A Chronological Edition, Vol 2. Edited by the Peircean Editions Project. Bloomington and Indianapolis: Indiana University Press, 1984:213. 转引自赵星植. 皮尔斯的三元模式在传播学中的意义[J]. 中外文化与文论,2015,(3): 180-189.

④⑤ 赵星植. 皮尔斯的三元模式在传播学中的意义[J]. 中外文化与文论,2015,3:180-189.

⑥ 哈佛八卷本《皮尔斯文献》(*Collected Papers of Charles Sanders Peirce*. Cambridge: Harvard University Press,1931-1958)第 6 卷,第 161 段;转引自赵星植. 皮尔斯的三元模式在传播学中的意义[J]. 中外文化与文论,2015,3:180-189.

的特征、定位、消费功能、消费诉求的前提下,有一个清晰的"意向解释项",而当"意向解释项"成为一个符号被市场及消费者接收、接受时,如果能够产生"共同解释项",双方之间产生了相互融合的心灵,即共同心灵,那么,品牌诉求也就通过品牌符号的生产与接收而达到了有效的沟通。

20世纪80年代至90年代初曾在苹果公司管理跨职能设计团队的知名设计师Hugh Dubberly(中文译为:"休·杜伯里"或"休·达伯利"),曾经在2000年设计经营院品牌会议(Design Management Institute Branding Conference)和2000年夏在Telluride进行的设计建议会议(Advance for Design Meeting)上先后发布过一个基于皮尔斯"三角符号理论模型"的"品牌模型"(见图10-3)。

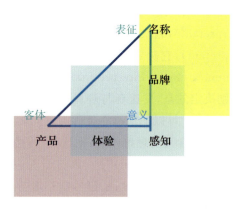

图10-3 Hugh Dubberly的三角品牌模型

资料来源:设计建议会议(Advance for Design Meeting,2000)

在该品牌模型中,Hugh Dubberly主张,一个品牌模型至少包括符号表征(品牌名称、品牌图案、品牌代言人、商业外观等)、符号所表征的客体(产品或服务)、符号的意义(消费者通过对产品的体验感知到的意义)。这一模型将消费者的感知完全纳入三角模型当中,并成为符号所表征的产品的意义的解释者,体现了对品牌中消费者认知价值的肯定。

## 三、罗兰·巴尔特的符号神话理论模型

法国的罗兰·巴尔特是首先将符号学观点应用于广告研究中的学者,他以符号学进行广告译码,挖掘出广告背后所隐藏的意义。而广告的重要作用就是建构品牌及其品牌的价值与意义。罗兰·巴尔特认为,符号表意

的过程可分为三个层次,包括符号的第一层意义,即"外延意义"(denotation),第二层、第三层意义则分别是"内含意义"(connotation)与"神话层次"(myth)。"外延意义"指的是一般常识,也就是符号明显的意义,"内含意义"和"神话层次"都与意识形态有关。外延意义的信息往往将这些意识形态加以自然化,使我们陷入社会建构的文化模式和价值体系中却不自知。符号学的解析,可以帮助我们了解各种符号、信息结构下所代表的深层意涵。"神话的效果发生于第二层符号结构,第一层中完整的符号在第二层中变成了一个空洞的能指。"[①]

罗兰·巴尔特的符号神话理论模型(见表 10-2)告诉我们,符号不仅仅存在表层的含义,更重要的是将第一层级的能指＋所指构成一个第二层级的能指,其所指便会产生神话效果。

| 1. 能指 | 2. 所指 |
|---|---|
| 3. 符号<br>Ⅰ能指 | Ⅱ所指 |
| Ⅲ符号 ||

图 10-4　罗兰·巴尔特的符号神话理论模型[②]

将符号的神话理论模型运用到品牌符号设计中,可以生成多层级的符号意义,甚至可以产生超越原来的能指、所指所在的意义层面,实现意义的神话化或者超越。这给了品牌符号创造者以超越表层意义而利用符号产生更深层次、更具有超越性、象征性意义的机会。用一个品牌符号的创造,提供超越产品表层意义的象征意义,这是品牌符号设计需要解决的重要问题。因为正如"新生活世界模型"中三个层级的意义需求一样,消费者的欲求已经超越了日常世界、现实世界,而祈求在象征世界中获得更多的深层次的满足。[③]

无论是索绪尔还是皮尔斯、罗兰·巴尔特,他们有关符号的理论均被后

---

① 罗兰·巴尔特.神话——大众文化诠释[M].许绮玲,译.上海:上海人民出版社,1999:171;罗兰·巴特.符号学原理[M].王东亮,等译.上海:生活·读书·新知三联书店,1999,6:84.

② 罗兰·巴特.符号学原理[M].王东亮,等译.上海:生活·读书·新知三联书店,1999,6:84.

③ 胡晓云.21 世纪中国广告:以"新生活世界模型"观照中国消费者[J].现代广告,2000,首文.

人所追随、延展及应用。特别是在广告界,在许多经典品牌的广告传播中,我们都可以看到上述三种符号理论的具体应用。上述理论也应当可以作为地理标志农产品品牌符号化的理论基础。

### 四、中华文化符号学及其五元符号理论模型

符号学中的文化符号学,专门研究文化符号及其在人类社会和个体生活中的作用,探讨文化如何通过符号的运用传递意义,以及这些符号如何影响人们的思维、行为和社会关系。文化符号学借鉴了语言符号学的理论,将符号视为由能指(形式)和所指(意义)构成的整体,并强调符号的意义是在特定的社会、历史和文化背景下生成的。因此,近年来,有学者[①]在皮尔斯的符号三角模型基础上,提出了中华文化符号的"五元符号理论模型"(见图 10-5),在"符形""解释项""客体"的基础上,增加了"符事""符史"二元。

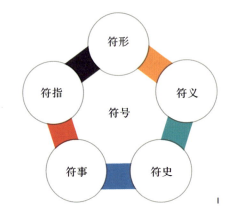

图 10-5 吴春琼、王秉安的"五元符号理论模型"

在"五元符号理论模型"中,符形指的是符号的图形,也即是索绪尔的"能指",符指指的是符号的指代物,也既是索绪尔的"所指",符义指的是符号的解释意义。如前述,"符义"项是皮尔斯对符号学的贡献。而我国两位

---

① 吴春琼,王秉安.改进的五元符号模型构建——以福建客家土楼文化为例[J].汕头大学学报》(人文社会科学版),2017,33(8):36-46.

学者通过对福建土楼的研究,提出要修正、加入"符事""符史",指出"文化是经由符号表达出来,不同文化都有各自与其他文化不同的符号体系,符号作为文化的表达物,必带上文化特性,文化意涵往往靠故事来表达和传承,因此符号中的符义也必然与这样的故事对接起来,与符号关联的故事,就简称符事,即符号后面的故事。而文化符号通常是一个长期发展的事物,在其发展过程中存在多个不同的历史面目,符号发展历史上存在的形态是该符号发展的历史,就简称符史。"①

作为地理标志农产品品牌,其在历史长河中不断发生的故事与文脉,是其品牌文化及其品牌文化力赋能的重要内容。因此,相较于皮尔斯的"三角符号理论模型",吴春琼等提出的"五元符号理论模型"更具有理论的现实应用针对性。

## 第二节　当前中国地理标志农产品的符号化现状

当我们用以上四种符号学理论进行审视,可以看到当前中国地理标志农产品的符号化现状。

### 一、当前中国地理标志农产品的符号化过程

当前中国地理标志农产品的符号化过程,可分为以下几个步骤。

*(一)地理标志农产品的命名*

地理标志农产品的命名,这是第一个步骤。相关协会等组织根据区域当地的产业特色,进行产业的品牌化发展。根据相关管理办法与法律法规,一律采用"区域名称(区域地名或区域地标性事物名称)＋品类名称"的命名要求,对地理标志农产品进行命名。这种命名一则体现了一个地理标志农产品在命名中对区域、品类的依赖性,体现了地理标志农产品对原产地的明确标注,同时,也可以让品牌名称能够因为区域的背书性,得到一定的信誉保障。因此,从原产地登记开始到 2024 年出台的新规定,均要求统一采用"地名(行政或非行政的区域地名或标志性事物名)＋品类名"的命名方式。

---

① 吴春琼,王秉安.改进的五元符号模型构建——以福建客家土楼文化为例[J].汕头大学学报(人文社会科学版),2017,33(8):36.

这种命名方式决定了地理标志农产品的品牌命名基本上只能真实反映索绪尔的"能指""所指"两方面的内容,而不可能涉及命名者的"解释义",所以基本上没有命名者的创意空间。但进入市场以后,消费者从区域名称和品类名称两个角度会作延伸判断。其通过名称而实现的对地理标志农产品的品质、功能等的判断,依赖于消费者的经验、文化水平、想象力等各种因素。因此,从表象上看,地理标志农产品的命名方式会使品牌名称提示的意义趋于统一性,但事实上,取决于消费者的接受度。

(二)地理标志农产品的专用标志获得

相关协会等地理标志农产品的申请单位在对地理标志农产品进行命名之后,按照相关要求,将相关材料递交给县政府有关部门,并递送给国家知识产权局,进行地理标志专用标志的申请。申请获得批准后,该地理标志农产品便拥有了我国地理标志(GI)专用标志(见图10-6)。之前的各种标志也换为统一的"红标"。该红色专用标志采用统一的设计。

图 10-6　中国地理标志专用标志,2020 年 4 月 3 日开始使用

事实上,该 GI 红标是表示某个农产品被批准登记为"地理标志"的专用标志。该符号在某地理标志农产品品牌的包装设计上出现时,会让市场与消费者认识到某农产品的"地理标志"身份。因此,该专用标志是每一个地理标志的身份象征。有了这一象征标志,人们对某农产品的品质信赖度、道地程度等都有了先验的认识,可以节省消费者对某个农产品的品质、工艺、独特性的求证时间。

（三）地理标志农产品的商标注册

因为我国目前尚无地理标志专门法，因此有关地理标志的知识产权保护，尚未真正处于法制化保护的水平。有众多的农产品以地理标志为前提注册"地理标志证明商标""地理标志集体商标"，以获得法制化保护。但这两类商标注册时，审核的关键符号是品牌名称，对品牌名称的设计并无识别度等方面的要求，因此，几乎百分之九十以上的地理标志证明商标、地理标志集体商标，均单纯以品牌名称注册商标。这样一来，几乎所有的地理标志证明商标、地理标志集体商标，都只以文字符号进行符号表达。而单纯以文字符号进行品牌名称表达，没有经过图形设计或没有用图形标识符号与文字符号组合形成的品牌标识，显得简单、大众而不具有创造性、差异性、识别度。这与欧美国家的地理标志证明商标、地理标志集体商标的注册情况全然不同；如美国的"爱达荷土豆""华盛顿苹果"、日本的神户牛肉等地理标志商标，均拥有非常富有创意、感染力强的商标标识，但我们中国地理标志商标基本没有。

（四）地理标志农产品的符号体系构成

完成了前述过程之后，当产品要上市销售之前，需完成地理标志农产品的符号体系构成步骤。这个符号体系包括：产品包装、广告设计、展会展示、产品型录、品牌代言人等内容。

在互联网时代，这些源于平面设计的符号体系，进一步被制作成为网络空间中的符号系统表达，甚至 3D 表达、全息表达等，过程虚拟现实的品牌世界。

## 二、当前中国地理标志农产品的符号化现状

如前所述，由于长期以来地理标志农产品商标注册的限制性，当前中国地理标志农产品的符号化水平相对较低，基本上处于只有一个商标名称的状态。

（一）地理标志农产品品牌的有效符号极少

基于前述的"中国地理标志农产品的符号化过程"，可以看到，中国的地理标志农产品都经过了或正在经历符号化的过程。所以，如果我们问相关品牌的商标所有者："你的品牌有符号了吗？"大家都会毫不犹豫地回答："有的。"

　　但是,我要说的是:"没有。"为什么这么说?因为我们多数的地理标志农产品品牌,即便注册了地标商标、拥有了地理标志专用标志,有了官方认定的标准符号,但因为平时的产品包装、广告设计都没有在应用标准符号,所以一个令人关注的现象是,地理标志专用符号在包装上均不会忘记使用,但可能会不使用商标的标准符号。

　　即便是品牌化、符号化程度较高的我国茶企品牌,也少有真正具有影响力的品牌符号。别的不说,即便是"中茶"商标符号,虽然早在20世纪50年代就注册了商标,设计也非常具有中国特色(见图10-7)。8个中国红的"中"字环绕一个绿色的"茶"字,具有中国风格。但由于该符号并未得到长期的广泛的传播,更少与年轻人交流,很多国内年轻人并不了解这个商标,可能更了解"立顿""川宁"等其他国家的茶叶品牌的符号。倒是"大益""竹叶青""八马"等品牌符号(见图10-8)越来越深入人心了。

图 10-7 "中茶"品牌的核心符号表达

图 10-8 大益、竹叶青、八马等三个茶企品牌的符号表征

近年来,地理标志农产品品牌的符号化水平问题得到重视,标准符号得到更多的应用和传播,对原来的商标的修改与创新多了起来,因此,相对具有创造力、差异性、独特性的品牌符号多了起来(见图10-9)。

图 10-9　近年来创意使用的中国茶叶地理标志品牌标识
资料来源:浙江芒种品牌管理集团。

(二)品牌本质是关系,但能够借助品牌符号建立关系的少

打造品牌是为了更好地创造价值,与消费者之间建立起相互信任、构成同盟、共同成长的长期关系。

一个地理标志农产品品牌与消费市场的关系,至少有认知关系、交易关系、利用关系、认同关系、忠诚关系等关系构成类型与层次,但我国大量的地理标志农产品品牌尚未与消费市场,特别是青年人市场、国际其他国家市场等构建起上述关系。

与消费者各种关系的缺失,与地理标志农产品没有很好地运用商标符号、符号化水平不高有较大关系。对于这些品牌的符号,消费者与市场并不认识,也没有较高的关注度、忠诚度,因此,也很少有拥有消费者解读的"超级符号"(指拥有相当的影响力和市场号召力的品牌符号),也少有消费者记忆中的"认知符号"(消费者认知到的符号)和存于消费者心智深处的"心像符号"(消费者心目中存留的品牌符号),所以,在长期关系建立的过程中,符号并未起到应有的作用。

(三)地理标志农产品品牌的多重价值尚未实现

一般而言,地理标志农产品品牌都是区域当地的支柱产业品牌,不仅是区域三产融合的基础品牌、区域产业产品的平台品牌、区域经济的富民品

牌、区域经济的先进性资源品牌(独立的知识产权价值/授权赋能),更是区域形象的支撑品牌。但各地在打造地理标志农产品品牌时,并无多重价值意识,所以,在符号化问题上并未引起高度重视。符号设计、符号传播的局限性,导致消费市场对品牌的认知、理解、兴趣不足。

## 第三节　地理标志农产品的符号化设计

### 一、符号消费是符号设计的基本前提

(一)符号消费是人类消费的重要现象

21世纪,随着生活水平日趋提高,消费者已经进入了"新生活世界模式"。这个模式说明,消费者已经呈现出多元消费并存、符号消费盛行的消费格局当中。消费者即是"生物人",具有作为"生物人"的需求,但越来越盛行于进入"社会人""符号人"的"现实世界""象征世界"的消费。品牌消费属于人作为"社会人""符号人"的消费,在消费物的同时,更消费产品与服务的符号意义与价值。[①]

符号消费在现实生活中被有意识、无意识地凸显着,正如鲍德里亚所言:"如今,消费恰恰说明了这样一个阶段,即商品完全被当作一个符号,被当作符号价值。而符号(文化)则被当作商品……消费是享乐主义的,它的过程不再是劳动和超越的过程,而是吸收符号和被符号吸收的过程。"[②]

茶,不仅仅是茶。懂茶人说,真正的喝茶,是茶本身;消费者说,我要我觉得是茶。于是,"茶颜悦色"新茶饮品牌出现在长沙街头,并响遍全国年轻人阶层;于是"TEASTONE"纯茶美学品牌出现,从年轻、时尚的茶生活体验、全新的茶美学生活方式入手,让中国好茶与年轻人走在了一起,共同演绎"中国茶,新腔调"(见图10-10)。

---

① 胡晓云.21世纪的中国广告:以"新生活世界模型"观照中国消费者[J].中国广告,2000年卷首文.

② 让·鲍德里亚.消费社会[M].刘成富,全志钢,译.南京:南京大学出版社,2000:80.

图 10-10　两个针对年轻人的茶品牌标识设计

（二）从消费物到消费符号的衍化过程

由于人类越来越关注符号消费，所以产品的身份得到了多层次的衍化。这种衍化似乎在不经意之间，但究其背后，可以看到人类追寻符号消费的象征价值的内核。

以中国茶的消费为例，我们可以看到，中国茶走过漫长历史，衍化出多重身份。

1. 茶的初始身份，只是中国地域生长的一片东方树叶，具有单纯的生物学意义。当时茶的功能身份是可以药用的树叶（生物学意义），后衍化为可以饮用的树叶（生物学意义的功能身份）。

2. 茶的产品功能身份，使得茶成为中国的饮品元素。从药饮（神农本草是药书）到清饮到新茶饮（公元前 1 世纪西汉始做初级饮料，1980 年代后进入加工业，生产快消茶饮料）。

3. 茶的文化身份出现，茶，成为中国文化的符码。从一片茶叶，茶成为药用、饮用的茶饮料，消费者在生产、饮用过程中，形成了茶的生活方式，茶成为一种文化表征，茶因此成为文学的对象，拥有了文化功能身份。茶不仅仅是百姓的"柴米油盐酱醋茶"，也成为中国文人墨客的座上宾，衍化出"琴棋书画诗酒茶"。茶拥有了几千年的茶文化，并与酒文化、咖啡文化形成消费者阶层、消费场合、消费意义与价值的比较。

随着历史发展,茶文化出现。儒家与茶——礼:温、良、恭、俭、让;道家与茶——自然:虚、静、恬、淡,天人合一;佛教与茶——修行:禅茶一味,梵我一如。中国茶道"物我玄会",日本茶道"和敬清寂"。于是,茶成为中国文人吟赋作诗的重要道具。2800 年前的《诗经·邶风·谷风》中有"谁谓荼苦,其甘如荠";《出其东门》中说:"有女如荼。"西晋文学家张载《登成都白兔楼》中"芳茶冠六清,溢味播九区"之语,成为巴蜀茶流播于大江南北的重要依据。茶成为中国皇家闲情逸致的个性表达,如《大观茶论》作者宋徽宗、喜欢龙井茶的乾隆等。茶是中国茶人专心研磨的审美对象,唐代开始,大诗人李白、白居易、刘禹锡、柳宗元都曾为茶倾情高吟,其中最为著名的是皎然和卢仝。皎然的《饮茶歌·诮崔石使君》"一饮涤昏寐,情来朗爽满天地。再饮清我神,忽如飞雨洒轻尘。三饮便得道,何须苦心破烦恼""孰知茶道全尔真,唯有丹丘得如此",成为中国首篇提到"茶道"一词的诗歌。茶是中国人礼尚往来的情致雅品。从唐宋时期开始,中国雅士便好以茶送人,喜坐雅集。茶是中国人生活方式的跨阶层元素,从柴米油盐酱醋茶到琴棋书画诗酒茶,各色人等都可以与茶伴生。茶是中国人宗教精神的表征物,寺院茶是各地茶的缘起。茶是中国人价值观的隐喻体系,喝茶之人是淡雅之人,甚至延伸至对人的品级的判断。

4. 茶的经济与金融身份,茶产业是中国经济乃至世界经济一脉。茶物质产品形成的经济价值、茶相关体验形成的经济价值、茶加工品形成的经济价值、茶文创衍生品形成的经济价值、茶的金融身份形成的经济价值等,茶的经济身份随着经济发展得以多视角开发,由此构成了中国茶的产业地位:中国茶是世界茶产业的发源地,是世界茶种、茶产业、茶文化的发源地,是世界茶的母亲。至今,中国茶在世界茶产业中,种植面积第一、产量第一、销售额第三,是中国茶饮料产业的基础,也是世界茶产业重要的原料供应国,且正在开发中国茶的金融价值。2016 年,陆羽茶交中心系统上线,意味着茶的金融属性被开发、被确定,茶成为金融的符号象征产品。

5. 茶的国际交流身份。早在公元 16 世纪,中国已有茶叶出口的历史,从海上、从陆路在南、北等方向传出。南,福州;北,中俄万里茶路。历史上,俄罗斯的第一片茶叶由中国传入,中俄万里茶道更为两国经贸往来开辟了重要商务通道。17 世纪初,中国驻俄使节曾以茶叶为礼品赠送沙俄皇帝。

1689 年签订的《尼布楚条约》,标志着中俄长期贸易的开始,自此,由张家口经蒙古、西伯利亚至俄国,贩运茶、丝为主商品的俄罗斯商队日趋活跃,茶叶输出量不断增加,茶叶迅速普及到俄罗斯各个阶层。17 世纪,湖北羊楼洞的青砖茶在俄国、欧洲已经培养出一个庞大的消费群体,中国茶逐渐风靡俄国乃至整个欧洲,尤其是西伯利亚一带,以肉奶为主食的游牧民族,"宁可一日无食,不可一日无茶",甚至必须依靠饮茶消食化腻。中国茶成为中国文化使者、中国经济国际化的重要一员。

6. 茶是消费者的身份象征。不同的茶品牌对应不同的消费人群,象征着消费者的品德与身份,如立顿,茶的快消品,象征年轻人生活方式;小罐茶,象征经典茶消费模式;千岛湖茶,专门针对游客核心人群;大益茶,诉求"茶有益,有大益"概念;八马赛珍珠,消费者诉求态度同构:"用恒心,做好茶。"

在历史发展的过程中,茶的身份与角色经过了系列变迁,并拥有了多重角色,实现了多元并举。茶的角色衍化:从一片树叶到一杯饮料、一杯有品牌的饮料、一瓶加工茶饮料、一种品牌茶饮料、一种文化象征、一种符号象征、一种信仰与价值载体。茶的身份衍化:从一片树叶到金融符码。茶的消费演化:从一杯药到符号消费与身份象征。

## 二、符号设计的基本方法论

品牌创造要实现从差异化符号到差异化价值的转型升级,符号设计可以从以下几方面着手。

### (一)基本方法论

1. 物符号的意义化:用产品提供独特品位。品牌产品是品牌存在的理由,是品牌消费的理由,是品牌的核心利益,是品牌的体验价值。有人说,雅韵是地理标志【西湖龙井】的独特韵味,那么,雅韵靠什么支撑?产区【自然生态＋人文历史】、品种(龙井群体种及龙井 43)、品质【十大手法】。【西湖龙井】有产品了吗?当然有,而且是非遗工艺的产品。但到目前为止,西湖龙井茶还只有实有品味【十大手法制作:豆香】、诉求品味"色绿、香郁、味甘、形美"、想象品味"真香灵味,自然不同",却无情绪品味、期待品味。因此,符号设计应当想办法将物符号意义化。目前,中国地理标志茶叶品牌的品牌口号如表 10-1 所示。

表 10-1　中国茶叶地理标志品牌的品牌口号①

| 安康富硒茶 | 莫干黄芽 | 千岛湖茶 | 蒙顶山茶 | 宣城黄金芽 |
|---|---|---|---|---|
| 常饮常安康 | 一叶自在莫干山 | 一叶知千岛 | 蒙顶山　给世界一杯好茶 | 领鲜中国茶 |
| 大佛龙井 | 径山茶 | | 安吉白茶 | 山西药茶 |
| 居深山心自在 | 唐宋风雅　一叶真传 | | 纯粹好茶　安吉白茶 | 一杯山西药茶　中华百草精华 |
| 宜昌宜红 | 宜昌毛尖 | | 越茗 | 湘西黄金茶 |
| 宜山宜水宜红茶 | 峡州茗茶　宜昌毛尖 | | 越江南　茗世界 | 十万山谷一叶茶 |
| 崂山茶 | 海青茶 | | 凤冈锌硒茶 | 梧州六堡茶 |
| 北茶之尊　崂山茶 | 面海向阳　岛城名茶 | | 锌有灵硒一点通 | 梧有好茶　历久弥香 |
| 磐安云峰 | 越乡龙井 | | 武当道茶 | 江华苦茶 |
| 道骨仙风　磐安云峰 | 高山藏深香　龙井在越乡 | | 朴守方圆　循心而行 | 瑶山好茶 |

2. 纯符号的功能化:用符号表征独特形象。品牌符号是品牌形象的独特表达,是品牌意义的独特传递,是品牌利益的独特外衣,是消费同好的独特暗号,是品牌信用的独特保障。将纯符号进行功能化发展与改造,能够明确表达品牌的个性、定位。图 10-11 中的"小罐茶"品牌标识,从 2015 年的金色"高端商务用茶"到 2017 年面向大众的"小罐茶",再到 2020 年的"高端中国茶",将纯符号的不同功能进行了基于定位与市场细分的表达。

图 10-11　中国"小罐茶"茶叶品牌的符号表达变化

我国地理标志品牌的商标即是纯符号,但目前这些纯符号一直处于十分原始的状态,基本没有作出过既有传承又有创新的纯符号的功能化再造。

———————————

① 资料来源:浙江芒种品牌管理集团。

随着中欧地标贸易协定的深入开展,我国的地理标志农产品品牌将在欧洲市场展开传播。如果将目前的纯符号原封不动地搬到欧洲市场,是无法体现中国地标品牌的特征的。接下来,需要花大力气进行纯符号的功能化改造,这些纯符号才能不辱使命。

3. 情感的符号化投射:用服务的行为、语言甚至表情符号表达情感、渲染地标品牌的独特体验。品牌服务是情感的符号化投射,独特体验是品牌黏度的保障,独特情感是品牌态度的表现。如"丸久小山园"与"伊藤久右卫门"两个品牌,都属于著名的宇治茶老店,但由于品牌服务不同,表达了不同的情感投射价值,因此,"丸久小山园"西洞院店茶房"元庵"的"300 年不忘初心",伊藤久右卫门极致的茶产品延伸服务与体验,其色彩符号、表情符号等的表达均体现了不同的情感投射(见图 10-12)。

图 10-12 "丸久小山园"与"伊藤久右卫门"两个品牌不同的情感符号化表达

目前,我国地标品牌的情感表达,基本采用人物(如茶农)直接表达的人与人沟通、建立关系的方式,很少采用将情感实现符号化投射的方式,未来值得尝试。

4. 空间符号创气氛美学:用场景营造独特氛围。品牌场景是品牌共享空间,是品牌对话场所,是品牌独有的城堡,是品牌的体验时光。因此,利用空间符号创造场景中的美学氛围、提升场景气氛、提高场景品质感和情感交互的可能,都是值得尝试的。

空间符号包括但不限于星星符号、箭头符号、常见符号、项目符号、序号符号以及表情符号等,能够创造出独特的空间感,如平面性空间和幻觉性空间,从而营造出不同的视觉氛围。目前,我国的地标品牌的空间符号应用达到了相当的水平,在展会、旗舰店、展会甚至虚拟空间的展示方面,均具有相当的吸引力和品牌展示效果。

5. 仪式感与语境创设:用节庆符号群链接独特文脉。节庆创造独特品牌仪式,节庆设计独特品牌场景,节庆赋予独特品牌体验,节庆唤起独特品牌归属,节庆移植独特品牌文脉。节庆的符号群设计,创设特定语境与仪式感。

目前,我国地标品牌的节庆非常多,几乎每一个地标品牌均有一个及以上的自办节庆。节庆符号根据各个地标品牌的区域风俗及对品牌调性的理解,进行仪式感的表达。西南地区的地标品牌借助少数民族的仪式符号,其符号的特定语境创设更独特、更有魅力。但其他地区的地标品牌的节庆符号,大同小异,独特性、差异化不够。

地标品牌径山茶的"径山茶宴",不仅其茶宴的流程、场景符号、仪式符号等都有其独特性,更在其中加入了"机锋",利用语言符号表达禅意的智慧,别具一格(见图 10-13)。

图 10-13  中国径山的"径山茶宴"

6. 符号传达与心智渗透:用传播构建独特关系。品牌传播是品牌与消费者的桥梁,是品牌意义的系统演绎,是品牌利益的告知说服,是圈层社会的建构工具,因此,在传播内容、传播风格、传播渠道、传播频度等方面都需要实现符号传达与心智渗透。不同区域、不同国度、不同阶层的人群,借助"原型""类型"以及"亚文化"约定俗成的符号表达,能够更快速进入消费者深层心理。

过去,我国地标品牌的品牌传播系统性、现代性较弱,因此,基本没有系统化的符号传达、以符号的意义来传达品牌意义的地标品牌。现在,一些地标品牌在做尝试,如福鼎白茶与法国交流中的新的传播方案;又如武当道茶的"朴守方圆,循心而行"等,都在进行利用文字符号进行渗透消费者心智的诉求。

7. 符号联动与意义共筑:借助平台联动,产生独特背书。平台联动是品牌背书,选择平台等于表明品牌态度,联合品牌平台,实施符号联动与意义共筑。如伊藤久右卫门与雀巢的 Kit-Kat 巧克力威化合作,推出宇治抹茶风味的饼干,口味微苦醇香,中和了威化的甜腻感,吃起来醇厚但有清香。与巧克力威化的巨头合作,既保证了合作产品的品质和口味,同时也拓展了自身的国际知名度,提升了品牌形象。又如在 2022 世界杯上,战袍品牌三分天下,耐克、阿迪达斯、彪马场外"掰手腕",都是因为懂得如何通过符号联动产生意义共筑效果。

8. 元符号与元意识链接:用数字创建独特家园。消费者数字化生存是常态,虚拟空间是精神家园。2020 年大佛龙井的云上文化节实验以及现在的全生命周期数字化管理系统探索,将实现元符号、元意识、元宇宙的链接,创建独特的品牌家园。目前,地标品牌在虚拟世界的符号建设刚刚开始。

9. 元符号及其价值观表达:用价值理念实现独特的价值认同。挖掘元符号,表达深层价值观并寻找价值观认同,创造价值观认同诉求模式,用价值理念实现一个品牌独特的价值认同。

如苹果品牌,传递"Think different(非同凡响)"的价值理念,其目的是表达自身品牌定位与风格,并寻找消费者的认同。作为利用语言符号与人物图像符号一起联袂表达的系列海报,是抓取人类心目中的"元符号"并进行"英雄"价值观表达的典型案例(见表 10-2、图 10-14)。

表 10-2　苹果电脑的"Think different(非同凡响)"的广告文案

| Here's to the crazy ones. | 向那些疯狂的家伙们致敬 |
|---|---|
| The misfits, | 他们特立独行 |
| The rebels. | 他们桀骜不驯 |
| The trouble makers, | 他们惹是生非 |
| The round pegs in the square holes. | 他们格格不入 |
| The ones who see things differently. | 他们用与众不同的眼光看待事物 |

续表

| They're not fond of rules, | 他们不喜欢墨守成规 |
|---|---|
| And they have no respect for the status quo. | 他们也不愿安于现状 |
| You can praise them, quote them, disagree with them, | 你可以赞美他们，引用他们，反对他们 |
| disbelieve them, glorify or vilify them, | 质疑他们，颂扬或是诋毁他们 |
| About the only thing that you can't do is ignore them. | 但唯独不能漠视他们 |
| Because they change things. | 因为他们改变了事物 |

图 10-14　苹果品牌 35 张系列"Think different（非同凡响）"海报①

　　又如华为品牌的广告文案，在中英文不同的语境里，诉求着同样的价值观，以便与年轻人进行深层次的交互。

———————

①　资料来源于苹果官网。

中文文案:他们说前面没有路了/我说:是吗?/路不在脚下/在这条叫作可能的路上 在心里/我早已做好决定/无视挑战和质疑/把难关当作前进的动力 Obstacles can be the impetus/把逆境化作开山劈道的勇气 Difficulties can inspire courage 一步一步 不惧不退/将不可能变作可能——Make it possible

英文文案:Impulsive can be passionate. /Reckless can be creative/Playful can be interesting/Naive can be brave. /Trouble marker can be inspirational. /Dreamer can be dream maker/We are youth power/—Make it possible

中文文案,一直强调青年人要不惧困难,要努力奋斗。英文文案,一直都在表现一群年轻人爱玩,但却在玩中寻找梦想,这就和中国的文化不同。

两则文案虽不是直接互译,但广告的核心价值观一致。

品牌创造,从差异性符号到差异性价值,获得品牌溢价及独立价值获得,才算使命达成。如何利用符号化的过程,创新我国地理标志农产品的品牌价值,获得更好的品牌声誉,提升其品牌文化力,还有许多难题等着我们去解决。

(二)案例探索:符号化赋能品牌

如何通过符号化对地标品牌进行赋能,以满足消费者符号消费的需求,创造品牌的独特价值结构,这是笔者近年来与团队在持续探索的。

除了当地人,消费者与地标品牌之间,本属两个互不相关的世界,要通过品牌产品的功能特征,与消费者声息相依,成为消费者的生活资料,通过符号生产过程,让地标品牌为消费者彰显个性,成为消费者的生活角色,以增加消费者的处世价值,提升其生活意义。

1. 探索案例之一:西湖龙井茶。从过去的八个字诉求"色绿香郁味甘形美"到取自宋徽宗《大观茶论》中的"凡卓绝之品,真香灵味,自然不同",提出新口号:"真香灵味,自然不同",并进行品牌调性的符号化处理(见图10-15)。

图 10-15　西湖龙井茶的品牌形象片,2023 年 CCTV 播发①

2. 探索案例之二:大佛龙井茶。发掘深山里种的龙井茶的特质,提出品牌主题口号"居深山,心自在"(见图 10-16)。

图 10-16　大佛龙井茶的品牌主题口号"居深山,心自在"②

---

① 资料来源于燧人影像广告公司。
② 资料来源于浙江芒种品牌管理集团。

　　3. 探索案例之三:安吉白茶。根据安吉白茶的品种特征和消费感知,提出品牌口号"纯粹好茶,安吉白茶",直观展现安吉白茶纯粹的优异品质,链接纯粹自由的生活方式与人生观,形成纯粹的产品品质与生活方式相结合的消费关系(见图 10-17)。

图 10-17　安吉白茶的品牌辅助符号①

　　4. 探索案例之四:安康富硒茶。根据安康富硒茶的特点、"安康"区域名称、中国文化中"安康"二字的汉字符号意义解释以及对"安康"的终极价值追求等,提出品牌口号"安康富硒茶,常饮常安康"(见图 10-18)。

图 10-18　安康富硒茶的包装设计符号与文字符号表达②

---

　　①②　资料来源于浙江芒种品牌管理集团。

5.探索案例之五：江华苦茶。以江华苦茶的种植区域、种植人群的瑶族民族特色、茶产品的生态好茶特征，提出品牌主口号"江华苦茶，瑶山好茶"，并以瑶族富有民族特色和情感投射的符号元素进行品牌标志的符号设计（见图10-19、图10-20、图10-21）。

图 10-19　江华苦茶的品牌标志符号设计①

图 10-20　传播辅助图形 1 采用了瑶族姑娘形象与服饰特征表达②

①② 资料来源于浙江芒种品牌管理集团。

图 10-21　江华苦茶的"瑶家礼"——喜礼设计①

6. 探索案例之六：梧州六堡茶。根据梧州六堡茶种植区域的地理位置、历史名茶的声誉、黑茶工艺特色、越存越有保健养生功能价值等特征，提炼品牌主题口号"梧州六堡茶，梧有好茶，历久弥香"，并用品牌标志展示梧州六堡茶辉煌的海上之路走向国际的历程（见图 10-22）。

图 10-22　梧州六堡茶的品牌标志设计"茶船"②

①②　资料来源于浙江芒种品牌管理集团。

7. 探索案例之七：崂山茶。打破"崂山道士"的负面传说，利用崂山的北国地理位置和茶品特征，提出主题口号"北茶之尊，崂山茶"，并辅以"一杯崂山茶，万般青岛美"的传播口号，以表达崂山茶在享有美誉的青岛的表征意义。海报及包装设计截取了崂山的典型场景进行表达（见图10-23）。

图 10-23　崂山绿茶的系列海报设计①

8. 探索案例之八：武当道茶。挖掘道家、武当道教文化渊源，"臣以神遇而不以目视，官知止而神欲行"（《庄子・养生主》），"从心所欲，顺理而行"（道家学者成玄英），应对当下消费者的生活状态与价值观，提出品牌口号"朴守方圆，循心而行"，以此表现武当道茶的高品质，并提供了生活价值反思（见图10-24）。将品牌价值支撑体系构建为：

法自然，500～1200米适宜海拔，尽情沐浴阳光，自在呼吸新鲜空气，与自然万物相偎相依；循心行，春雨温润，每一颗芽，经历风雨洗礼，芽叶肥壮，自由生长；静修炼，静谧山间，远离世俗凡尘，潜心积淀，散发回味醇香；严取舍，淳朴茶农，严格限制采摘时间，精挑细选，恪守品质优先；守方圆，杀青、过筛、烘焙、发酵，闻道而长，朴守方圆，承受更多磨炼；益众生，常饮此茶，修身养性，心平气舒，遇事宠辱不惊，闲看花开花落。

---

① 资料来源于浙江芒种品牌管理集团。

图 10-24　武当道茶的"道"汉字元素变形设计、披着茶的武当山景①

　　上述案例,在探索过程中,均希望通过设计赋能,形成每一个中国茶叶区域公用品牌独特的价值结构与表达,满足消费者的符号消费需求。

---

① 资料来源于浙江大学 CARD 中国农业品牌研究中心,作者为课题主持人。

## 第十一章

# 原型品牌:地理标志农产品品牌的人格化

将品牌人格化,以解决品牌与消费者的沟通问题,增加品牌的亲和力,这是长期以来品牌打造者采用的方法论。过去常用的方法是采用品牌代言人策略,借助代言人使品牌人格化,产生接近性,营造彼此的良好关系。因为品牌传播是由品牌主利用各种媒体与目标消费者及其相关利益者进行相关信息沟通,旨在构建品牌个性及核心价值,并形成品牌消费与品牌忠诚的信息传播活动。①

地标品牌,即地理标志农产品品牌的传播,可以借助品牌代言人策略,提供品牌亲和力,因为地理标志农产品品牌拥有独特的区域生态、文化、生活方式、区域人群等特征,直接将区域人群(如工艺大师、非遗传承人等)作为品牌代言人实现品牌人格化,也能够获得较好的传播效果。如小罐茶,在其品牌刚刚面世时,借助六大茶类的非遗传承人进行品牌代言,实现了品牌与消费者最快速度的链接,并获得相当程度的品牌信赖。

但根据国际上许多成功品牌的经验,采用"原型"进行品牌的人格化塑造与诉求,可以直指消费者的集体无意识,产生更大程度的品牌传播说服力与品牌信赖感。

---

① 玛格丽特·马克,卡罗·S.皮尔森.很久很久以前……以神话原型打造深植人心的品牌[M].许晋亨,等译.汕头:汕头大学出版社,2003.

# 第一节　原型理论与品牌化

## 一、原型理论

所谓原型(archetype)，由瑞士心理学家容格(Carl Gustav Jung)"从西塞罗、普利尼、奥古斯丁等古典大师的思想中借来的""具有集体本质，透过神话的元素出现在世界各地的形式或形象，同时，也是个人身上源自潜意识的产物。"①

原型心理研究是荣格心理学的核心课题，他有一个基本假设，即人的精神结构由有意识、个体无意识、集体无意识三个层面，集体无意识包括本能和原型。在容格的眼里，原型无处不在。"生活中有多少典型情境，就有多少原型，无数次的重复已将这种经验刻入我们的心灵之中。"荣格认为，这一共同属性的由来源于"普遍一致和反复发生的领悟模式"。②在荣格看来，人类普遍的原型有四种：面具、阿尼玛(anima)和阿尼姆斯(animus)、阴影、自我灵魂，原型具有四个心理学功能：思想、情感、感觉、直觉。③

荣格认为，在以往的历史中反复发生而形成的人类基本经验，这些经验伴随着人类的情绪、情感而形成了一个结构性的心理残余物，即无论如何都无法去除的一个意向性结构，进而也诞生了一个反馈系统：重复的经验和原型的结构之间形成了一个内部循环结构，而这正形成了人类心灵中取之不尽、用之不竭的素材，即来自全人类的意识世界，是一种无意识所建构的符号体系。在荣格看来，人的心理是由遗传、重复、民族文化的代际传承等形式固定下来，是预先设定好了的。"一个人出生后将要进入的那个世界的形式，作为一种心灵意象，已先天地为人所具备。"④

原型概念得到了后世许多研究者的关注和延伸研究。如霍尔提出，正是因为人们频繁面对着这一领悟模式，使得经验被不断重复，且深深地镂刻

①② 卡尔·古斯塔夫·荣格.心理学与文学[M].冯川,等译.上海:生活·读书·新知三联书店,1987:5.

③ 卡尔古斯塔夫·荣格.荣格文集:原型与集体无意识[M].徐德林,译.北京:国际文化出版,2011,83.

④ Jung,C. G. Collected Works of C. G. Jung. V0. 6. 9[M]. Princeton:Princeton University Press,1979:188.

在人们的心理结构之中。这种镂刻不是以充满内容的意象形式，而是最初作为没有内容的形式。[①] 2004年，美国学者肯特认为，这种社会性的集体无意识寄托了人类社会的早期崇拜。集体无意识在所有人身上都一样，因而构成我们每个人身上都有的超越个人品性的共同心理特征。[②] Roesler 在2012年认为，荣格的"原型"是指某一国家或民族文化群体在长期生活实践过程中形成的、通过文化延续而非生理传承保留下来的共同记忆、民族文化心理和精神。[③] 我国的胡经之等人也提出，作为一种遗传的人类普遍思维方式与潜能，原型与集体无意识有很强的关联，所有原型的集合构成了集体无意识。[④] 原型是在大量重复出现的符号象征、神话传说等一切形式下构筑的心灵本体，成为集体无意识中人类共享经验的表达。集体无意识则包括婴儿记忆开始以前的全部时间，实际上是人类大家庭全体成员所继承下来并使现代人与原始祖先相联系的种族记忆，最终形成人类心灵中共有的、超越个体局部经验的普适原型。[⑤]

学者们的研究充分说明，原型是人类对外部世界本能地作出反应的某种先验存在。原型超越了时间与空间的限制，潜藏于人类的意识深处。尽管原型本身无法被直接描述或看见，但它可以通过原始意象解码，以特定的外在形式具象化，并在不同的历史时期得以传承与延续。这一发现不仅在当时产生了革命性的影响[⑥]，也将对后世的人类产生先验的影响。

自荣格开始的有关"原型"的理论研究，将人类最早的原型理解为神话，因此，后世也将原型理论称之为"神话原型理论"，是从神话开始存在于人类心理结构中最古老的"印记"。[⑦] 最基本的原型就是神话，神话是人类心灵结构的外化体现。荣格表示，原型的另一种众所周知的表达方式是神话与童话……神话首先而且主要关涉心理现象。[⑧][⑨] 加拿大的弗莱在其专著中

————————

① 霍尔.荣格心理学入门[M].冯川,译.北京:生活·读书·新知三联书店,1987:45.

② 肯特·沃泰姆.形象经济[M].刘舜尧,等译.北京:中国纺织出版社,2004:79.

③ Roesler,C: Are archetypes transmitted more by culture than biology? Questions arising from conceptualizations of the archetype[J]. Journal of Analytical, 2012, 57(2): 223-246.

④⑤⑥ 胡经之,王岳川.文艺学美学方法论[M].北京:北京大学出版社,1995:119,117,118.

⑦ 玛格丽特·马克.很久很久以前 以神话原型打造深植人心的品牌[M].许晋福,等译.汕头:汕头大学出版社,2003:14.

⑧ 卡尔·古斯塔夫·荣格.原型与集体无意识·荣格文集(第五卷)[M].徐德林,译.北京:国际文化出版公司,2011:7.

⑨ Spangenberg K. Brand archetypes[D]. Seattle: University of Washington, 2021: 32.

认为，"原型即那种典型的反复出现的意象"。"原型"作为一个中心概念，往往指在不同作品中经常出现的具有稳定性的象征、神话、意象等。①

因此，原型理论或者说神话原型理论，在人类发展的进程中，特别是在文学创作、艺术中得到较为广泛的应用。

## 二、原型理论的品牌化实践

20世纪40年代开始，原来在文学艺术中被广泛应用的"原型"及其理论探讨，跨越行业在广告业中得以被关注、被应用。广告内容的设计与构成不外乎两个目标：其一，品牌创造与提升；其二，产品营销与传播。当时的广告公司及品牌主逐步认识到，广告及其品牌传播可以借助原型，抵达消费者心灵深处，形成品牌情感附着、品牌价值观认同等，完成品牌沟通的任务。

基于荣格所提出的神话原型理论而进行的品牌化实践由此开始，并在数十年的探索中成就了众多品牌。如从品牌命名方面，有的品牌就从古希腊神话中汲取要素进行命名，NIKE，其名称源自古希腊神话中的胜利女神Nike；奢侈品品牌HERMES，其品牌名称来源于古希腊神话中的商业之神赫尔墨斯；还有如"象牙"香皂的产品命名等，都源自神话元素。在品牌符号设计方面，如星巴克的品牌标志，其意涵与形式就来自古希腊神话中的塞壬女妖。塞壬在神话中被塑造成人面鸟身的海妖，她拥有天籁般的歌喉，常用歌声诱惑经过她身边的航海者。星巴克的品牌标识设计成了一个貌似美人鱼的双尾海神形象，这个形象就源于塞壬女妖。品牌标识上的美人鱼形象传达了原始与现代的双重含义，她的脸美丽而朴实，但用了现代抽象形式的线条设计表达。星巴克选择塞壬女妖作为品牌标识的原型，是想借其美丽而又危险的形象，传达星巴克的独特品牌魅力。这一品牌标识于1971年设计完成并使用，由美国西雅图的设计师泰瑞·赫克勒从一幅16世纪斯堪的那维亚的双尾海神木雕图案中获得的设计构思。

可以说，在众多的富有影响力的欧美国家品牌中，都能够寻找到古希腊神话原型。采用神话原型塑造出的品牌形象，有许多获得了消费者的喜爱，并代表品牌与消费者交互，形成情感交流、情绪价值，使品牌能够经久不衰。

原型理论的品牌化实践所呈现的现象，得到了有关研究者的高度关注。

---

① 诺思洛普·弗莱.批评的解剖[M].陈慧，袁宪军，吴伟仁，译.吴持哲，校译.天津：百花文艺出版社，2006：99.

时任国际知名广告公司扬雅(Y&R,也译为"扬·罗比凯")的副总裁玛格丽特·马克,和在全球顶级精神分析学学院帕西菲卡研究学院担任校长的卡罗·皮尔森,作为CASA原型研究与应用中心的主席,将荣格的"原型"及其理论、应用等,引入品牌的意义系统管理。他们认为,每个品牌,除了功能利益,其意义系统已经占据重要地位,成为品牌资产。而利用原型来建构品牌意义、维护品牌意义,是能够让品牌受人喜欢的必要条件。经过对众多有着国际影响力和品牌生命的品牌的相关研究,进一步通过BAV系统、数据分析和神话传说素材等经验资料的分析,两位学者提炼了12个拟人化神话原型(表11-1),并提出主张,符合这十二类神话原型的品牌,能够得到消费者的高度评价,获得更好的品牌成长。

表 11-1　马克与皮尔森的"12 种原型"

| 原　型 | 说明人 | 品牌范例 |
| --- | --- | --- |
| 创造者(The Creator) | 创造新东西 | Williams-Sonoma |
| 照顾者(The Caregiver) | 照顾他人 | AT&T |
| 统治者(The Ruler) | 发挥控制力 | 美国运通 |
| 弄臣(The Jester) | 快乐一下 | 美乐淡啤酒 |
| 凡夫俗子(The Regular Guy) | 自在地做自己 | 温迪 |
| 情人(The Lover) | 寻找爱并爱人 | 贺轩 |
| 英雄(The Hero) | 做出勇敢的行为 | 耐克 |
| 亡命之徒(The Outlaw) | 打破规则 | 哈雷摩托 |
| 魔法师(The Magician) | 蜕变 | Calgon |
| 天真者(The Innocent) | 维持或重塑信仰 | 象牙香皂 |
| 探险家(The Explorer) | 保持独立 | 利瓦伊牛仔 |
| 智者(The Sage) | 了解周遭世界 | 欧普拉读书会 |

资料来源:玛格丽特·马克,卡罗·皮尔森.很久很久以前……以神话原型打造深植人心的品牌[M].许晋福,译.汕头:汕头大学出版社,2003:18.

在马克和皮尔森的研究中,包括了天真者、探险者、智者、英雄、亡命之徒、魔法师、凡夫俗子、情人、弄臣、照顾者、创造者和统治者等十二个原型。这十二种不同的神话原型,反映了人类不同的需求和欲望,这些独特的欲求表现为一系列的人格特质和消费动机。当品牌运营者将这些原型运用于品牌传播、品牌形象管理与品牌消费意义输出时,上述原型无疑成为推动品牌成长的原生动力。①

马克和皮尔森的研究证明,运行良好且影响力强大的品牌,都有其明晰的原型基础,在西方文化之源"神话人物"的基础上,12 种原型与消费者之间构成了各种正向的认知、态度关系,一旦某品牌体现了某个神话原型,那么,消费者就会因为该原型而被说服。

经过马克和皮尔森的研究,原型资源与品牌的意义系统得以无缝对接,丰富的神话原型资源所蕴含的文化维度、意义指向如同宝库,被后世的品牌传播者打开。这正如荣格所说:"人生中有多少典型情境,就有多少原型。"②神话原型成为现代品牌创造过程中得以被关注、被运用的元素,创造了一个品牌与消费者之间独特的情境、愿景和场景。

与马克、皮尔森的研究相媲美的研究成果,来自美国的另一位学者肯特。作为传播学者的肯特,同样在"如何才能创造有效的形象""创造更能连接客户的形象的关键为何"等品牌形象缔造等核心问题上,找到了形象与消费者连接的秘密——原型。肯特认为,原型是建构形象的砖瓦材料,透过形象优势,原型创造和驱动消费者动力。肯特发现,形象其实具有引起消费者潜意识反应的基本共性和心理动力,每一个形象都基于一套共同的创造魅力,成为诱导和建立消费者信念的潜意识机制。由此,肯特也提出了 12 个在形象经济中应用最为普遍的原型(见表 11-2)。③

表 11-2 肯特的"12 种原型"

| 原 型 |
| --- |
| 终极力量(The Ultimate Strength) |
| 塞壬(The Siren) |
| 英雄(The Hero) |
| 反英雄(The Anti-Hero) |
| 创造者(The Creator) |

① Spangenberg, K. Brand archetypes[D]. Seattle:University of Washington, 2021:72.
② 卡尔·古斯塔夫·荣格. 荣格文集[M]. 高岚,主编. 申荷永,高岚,译. 长春:长春出版社 2014:48.
③ 肯特·沃泰姆. 形象经济[M]. 刘舜尧,等译. 北京:中国纺织出版社,2004:9.

续表

| 原　　型 |
|---|
| 变革大师(The Change Master) |
| 权力经纪人(The Powerbroker) |
| 智慧老人(The Wise Old Man) |
| 忠诚者(The Loyalist) |
| 圣母(The Mother of Goodness) |
| 小骗子(The Little Trickster) |
| 哑谜形象(The Enigma) |

资料来源：肯特·沃泰姆.形象经济[M].刘舜尧,等译.北京：中国纺织出版社,2004：109.

　　从表 11-2 可以看到,肯特的 12 个原型构成的原型体系,与马克和皮尔森的 12 个原型体系达到了高度重合。由此可见,在西方的品牌打造与形象建构中,至少有近 10 种神话原型被后世品牌塑造或形象管理者所熟练运用,并打造了具有相当影响力和形象说服力的原型品牌。

## 第二节　中国地理标志农产品品牌的原型品牌设计

　　如前文所述,中国地理标志农产品具有十大基础特征、四大核心特征。其两个层面的特征,决定其拥有多层次、丰富、富有独特个性的神话原型基础。如何发现其神话原型并进行有效的品牌设计表达,以塑造具有与消费者的心灵对应、集体无意识反应的原型品牌,谋求品牌与消费者的共生关系,这是未来我们要解决的重要问题。

### 一、中国地理标志农产品品牌的神话原型

　　按照荣格的原型理论,中国地理标志农产品不仅拥有其原型可以去发现、设计,以对应国内外消费者,同时,可以借助神话进行神话原型的体系建设,以便塑造原型品牌。

　　(一)以神话塑造原型品牌的理由

　　1. 理由之一：21 世纪的人类需要神话,21 世纪是神话重述的世纪。美国学者皮尔森曾强调神话在当今社会中日趋重要的原因。他认为,现代生

活是矛盾的,一面极具创造性,一面又空虚无根。而神话"是永垂不朽的隐喻,将不同时空的人们联结起来,使人无惧于超越边际、面对未知,并能启发内外潜能,以改变既有模式,并学习对自我真诚及彼此信赖"①。

按照我国学者叶舒宪的观点,19世纪是西方理性宣布神话消失的世纪,20世纪是神话全面复兴的世纪②,而在21世纪,英国坎农格特出版社将"重述神话"作为一个全球项目来实施,动漫电影《哪吒》、游戏《黑神话·悟空》受到广泛赞誉,获得了高票房和高购买价值。这说明,21世纪依靠"重述神话"能够对应人类对理想社会的渴求、对英雄人物的期待,体现了价值传播的内核。

2. 理由之二:神话是人类集体潜意识的表达,神话可以链接人类原生、共同的想象与行为。荣格的《金花的秘密》译者序说到,荣格找到了人类心灵深处最为根本的人生动力。人类的心灵结构是相同的,而且有着共同的心路历程。在不同的种族与文化背后是共同的发源地——集体潜意识。集体潜意识处在人们所熟知的意识与潜意识之下,是更深的一层。在这一层面,人类共享各种原型。原型的内容大多可以宗教涵义来理解,又往往以神话形式来展现。神话其实是被误读的心理学,是对最深层心理体验的拟人化投射。荣格同时认为,接触了解东方精神的过程,象征着我们开始接触对于我们很陌生但在我们心中本有的特质。东方人知道自己动手丰衣足食,要想得救还要靠自己,人能弘道,非道弘人。对我来说,最重要的事是突出东西方的象征体系与心灵状态之间相一致的地方。东方的精神深入我们所有的孔穴,直达我们最脆弱的地方。它可能是一种危险的传染,但也可能是药方。③ 而小说家苏童在其《碧奴》序言中说到,从某种意义上,神话是飞翔的现实,沉重的现实飞翔起来,也许仍然沉重,但人们借此短暂地脱离现实,却是一次愉快的解脱,我们都需要这种解脱。英国坎农格特出版社在"重述神话"项目丛书的扉页中写道,神话是代代相传、深入人心的故事,它表现并塑造了我们的生活——它还探究我们的渴求、恐惧和期待;它所讲述的故事

---

① Richter N F,Hauff S,Schlaegel C,et al. Using cultural archetypes in cross-cultural management studies[J]. Journal of International Management,2016,22(1):63-83.
② 叶舒宪.神话意象[M].北京:北京大学出版社,2007:序言.
③ 卡尔·古斯塔夫·荣格.金花的秘密:中国的生命之书[M].张卜天,译.上海:商务印书馆,2016:80.

提醒着我们什么才是人性的真谛。①

3. 理由之三：相关品牌研究证明，成功品牌能够回溯人类共同的原型神话特质。无论是马克、皮尔森的研究，还是肯特的研究，都足以证明，成功品牌能够回溯人类共同的原型神话特质，将品牌人格化，并因触及消费者的集体无意识，能够让品牌产生心灵共鸣和认知同构。叶凤琴等人曾专门探讨了中国品牌原型研究所具有的宝贵价值。她认为，原型具有与消费群体进行深层有效沟通的力量，在分析了 Interbrand 发布的 2014 年"全球品牌价值排行榜"前 30 名品牌后发现，这些超级品牌有一半以上在广告中运用了原型，原型也成为塑造中国品牌成为国际强势品牌的密钥。②

4. 理由之四：中国地理标志农产品品牌拥有丰富、鲜活、多层级的神话史。拥有悠久文化的多民族的中国，从远古到近现代，拥有丰富的神话传说，这些神话传说不仅仅其远古神话体现了荣格所述的人类"最初的形式"，更连绵不绝地通过朝代延续、文脉发展，涌现出鲜活的、多层级的神话人物和神话故事。这些神话人物和神话故事可以成为地理标志农产品品牌打造的独特的人格化表达元素，缔造原型品牌。

(二)中国地理标志农产品品牌的神话原型体系

以中国地理标志农产品品牌中最具有文化属性的茶叶地标品牌为例，当我们用神话思维研究中国茶的历史，就可见中国茶的神话史拥有丰富的人物、事件；拥有独特的、一以贯之应时而生的茶的精神。过去，全球其他地区的人所理性认识的中国茶，是药，是理性的、节制的，而用中国茶的神话人物去对应基于希腊神话的 12 个原型，我们都能够找到对应性的神话人物，找到共通的生死观、爱、英雄情结。以历史为轴，以茶为要素，我们可以寻找、挖掘出非常丰富、鲜活、多层级的神话原型结构。

1. 中国茶的神话史之一：以中原神话为主体，以时间为轴，可以看到以下神话原型及延伸传说的神话人物与神话故事(见表 11-3)。这些丰富的神话人物与神话故事，不仅仅是中国茶神话的最初形式，更在历史的长河里，显示出各个时间段中不同的神话色彩、神话内容和神话特征。

---

① 苏童.碧奴[M].重庆：重庆出版社,2006：序言及扉页.

② 叶凤琴,黄秀莲.反思与超越：中国品牌原型研究价值探讨[J].广告大观》(理论版),2016,1：66-75.

表 11-3 中国茶的神话史之一:以中原神话为主体的神话史

| 远古时代(距今 170 万年前—公元前 2070 年,原始社会) | 上古时代(夏商周秦汉,史前时代) | 中古时代(魏晋南北朝时期) | 近古时代(宋元明清) | 近现当代(1840 年至今) |
|---|---|---|---|---|
| 代表神话人物神农(创世神话人物系列)河姆渡茶生活代表茶性精神尚德精神 | 代表神话人物吴理真(西汉)代表茶性精神人与自然和谐共存 | 代表神话人物杜育《荈赋》陆羽《茶经》皎然、白居易等茶诗谢灵运山水诗派代表茶性精神自由自在 | 代表神话人物宋徽宗蔡襄、苏轼、黄庭坚等文人雅士"群仙"代表茶性精神清正和雅,乐天由人 | 代表神话人物吴觉农非遗传承人(徐志高、范俊雯、章志峰)代表茶性精神信念 |
| 遇七十二毒,得茶而解之 | 驯化自然茶种开启种茶历史 | 发现茶之特性建构茶理论体系传播茶性 | 建构茶学理论传播茶性与茶生活建构茶文学 | 复兴茶文化传播非遗茶文化 |

2. 中国茶的神话史之二:中国 56 个民族神话史(见表 11-4)。我国 56 个民族拥有中华民族共同的神话史,同时拥有属于各少数民族、族群、深植古村落的神话史。不同的神话史包括不同的神话人物、神话象征物、神话故事,以及与茶相关的神话传说、茶习俗、茶工艺等。如蒙顶山茶的神话主人公是西汉时就在山上种茶的吴理真;云南景迈山上的布朗族将古老茶树称之为茶神;湘西苗族聚居区有祭祀茶神的习俗,分为早茶神、日茶神和晚茶神,仪式严肃,禁止笑声,体现了苗族人民对茶神的敬畏之情;藏族则流传着吐蕃王都松芒布杰引进藏茶的神话传说;云南白族则将金鸡作为民族和茶文化的图腾。不同的少数民族拥有非常独特而丰富的茶神话,都是打造各地原型品牌的基础。

表 11-4　中国茶的神话史之二:中国 56 个民族茶神话史

| 中国 56 个民族的茶生产、茶生活史,积累了丰富独特的茶神话 |
| --- |
| 56 个民族与茶有关的独特的神话人物、神话传说、神话故事<br>对应独特的茶产地·茶品牌·茶工艺·茶习俗·茶礼 |

3. 中国茶的神话史之三:中国 1000 个茶叶区域公用品牌的茶神话史(见表 11-5)。我国有 1000 个产茶县,这些产茶县中有丰富的茶神话故事、茶文化传承历史。这些独特的神话与传说不仅具有各个县域内的知晓度,更能够透过消费者的原型心理,形成消费者的互动、亲和关系,达到不同县域的茶叶区域公用品牌形象塑造与传播的目的。

表 11-5　中国茶的神话史之三:中国产茶县及茶叶地标区域公用品牌的茶神话史

| 613 个茶叶区域公用品牌的茶生产、茶生活史,积累了丰富独特的茶神话传说 |
| --- |
| 产茶县中与茶相关的代表神话人物、神话故事<br>独特的茶产地·茶品牌·茶工艺·茶习俗·茶礼 |

4. 中国茶的神话史之四:中国历代茶工艺、茶器具的神话史(见表 11-6)。不同的茶都有不同的茶工艺、茶器具匹配,因此便有了别具一格的神话传说。如蒙顶山茶的"龙行十八式",相传由北宋高僧禅惠大师在蒙顶山结庐清修时所创。其技艺特点是茶艺表演融传统茶道、武术、舞蹈、禅学、易理于一炉,每一式均模仿龙的动作,充满玄机妙理,令人目不暇接。过去,"龙行十八式"只在蒙顶山僧人中流传,直到清代才逐渐传入民间。如曼生壶是清代嘉庆年间由陈曼生设计、杨彭年和杨凤年制作的紫砂壶。曼生壶将文学书画篆刻与壶艺完美结合,开创了独特的壶艺风格,在壶史上留下"壶随字贵,字依壶传"的经典名言,成为后世有关紫砂壶的传说。又如中国宋朝时制作的茶筅,在后世传入日本,成为日本茶道中不可或缺的茶道具,其传说流传千年。又如南宋审安老人(真名:董真卿)的《茶具图赞》,将《茶具图赞》的赞语给十二件茶具赋予了个性,不只让人了解宋代人对官员的品德要求,达到了"以器载道"的目的,也把流行于宋代的茶具样式、形制的十二种茶具比喻作十二先生,将茶器具拟人化,产生了神话色彩效果。在现代,茶叶地理标志品牌尽可以将其实现现代化表达,增加其拟人化的色彩,以传播茶品牌、茶器具、茶历史知识。

表 11-5　中国茶的神话史之四:中国历代茶工艺、茶器具的神话史

| | | |
|---|---|---|
| 一、韦鸿胪(茶焙笼)<br>名:火鼎;字:景旸;号:四窗间叟。<br>姓"韦",表明由坚韧的竹制成,"鸿胪"为执掌朝祭礼仪的机构。"胪"与"炉"谐音双关。"火鼎"和"景旸"表明它是生火的茶焙,"四窗间叟"表示它开有四个。 | 五、胡员外(水杓)<br>名:唯一;字:宗许;号:贮月仙翁。<br>姓"胡",暗示由葫芦制成。"员外"是官名。"员"与"圆"谐音,"员外"暗示"外圆"。 | 九、陶宝文(茶盏)<br>名:去越;字:自厚;号:兔园上客。 |
| 二、木待制(茶臼)<br>名:利济;字:忘机;号:隔竹居人。<br>姓"木",表明是木制品,"待制"为官职名,为轮流值日,以备顾问之意。 | 六、罗枢密(茶筛)<br>名:若药;字:傅师;号:思隐寮长。姓"罗",表明筛网由罗绢敷成。"枢密使"是执掌高级军事的最高官员,"枢密"又与"疏密"谐音,和筛子特征相合。 | 十、汤提点(汤瓶)<br>名:发新;字:一鸣;号:温谷遗老。 |
| 三、金法曹(茶碾)<br>名:研古、轩古;字:无错、仲鉴;号:雍之旧民,和琴先生。<br>姓"金",表示由金属制成,"法曹"是司法机关。 | 七、宗从事(茶帚)<br>名:子弗;字:不遗;号:扫云溪友。<br>姓"宗",表示用棕丝制成,"从事"为州郡长官的僚属,专事琐碎杂务。 | 十一、竺副帅(茶筅)<br>名:善调;字:希点;号:雪涛公子。 |
| 四、石转运(茶磨)<br>名:凿齿;字:遄行;号:香屋隐居。<br>姓"石",表示用石凿成,"转运使"是宋代负责一路或数路财赋的长官,但从字面上看有辗转运行之意,与磨盘的操作十分吻合。 | 八、漆雕秘阁(盏托)<br>名:承之;字:易持;号:古台老人。 | 十二、司职方(茶巾)<br>名:成式;字:如素;号:洁斋居士。 |

资料来源:南宋审安老人.茶具图赞[M].杭州:浙江人民美术出版社,2013.

不唯茶叶地标品牌如此，其他产业类别的地理标志品牌也是如此，均有着基于中华文化框架下不同时间、区域空间、产业特征、产品生产及消费人群的多层级的神话原型资源。如何认准这些资源的原型价值，并通过创意设计呈现给市场和消费者，是最关键的问题。

## 二、中国神话原型的品牌设计表达

有学者曾经提出，根据意识形态的不同层级，可将消费者处理信息时启动的原型分为三个层次：普遍图式、文化原型和品牌原型。[①] 这三者之间的关系是逐层递进的，并最终具化为品牌的表征，通过品牌形象、个性和价值观展现出来。首先，普遍图式反映了人类社会共同的原型特征，是具有普适性的人文价值、人物崇拜或心理图式[②]；其次，文化原型反映了人类社会差异化的原型特征，是指某一个国家或民族文化群体在长期生活实践过程中形成的、通过文化延续而非生理传承而保留下来的共有特征或属性[③]，其表征主要包括行为模式、价值观、仪式、国民性格、特有标识、人物形象以及主题故事等；再次，品牌原型一般发端于其所涉及的文化原型，涉及企业及其产品的精神内涵和符号价值，反映了市场中品牌独特的个性化原型特征，是消费者结合之前的经验和文化特征对产品形成的相对比较稳定的知识结构，并在产品类别化时所采用的具有一定关联的产品属性和特征[④]。[⑤]

将中国神话原型进行品牌设计表达，可促使品牌人格化，打造品牌亲和力和神秘色彩共存的品牌形象；可促使品牌价值现代化，对接当今与未来的消费者；可促使品牌故事产生现代延续，让品牌真正植入消费者生活之中。

因此，中国神话原型的品牌设计表达包括以下四个方面。

---

① 刘英为，等. 全球化背景下中国品牌原型化战略研究[J]. 管理世界，2016,4：182-183.

② Torelli C J，Ozsomer A，Carvalho S，et al. Brand concepts as representations of human values：Do cultural congruity and compatibility between values matter? [J]. Journal of Marketing，2012，76(4)：92-108.

③ Roesler C. Are archetypes transmitted more by culture than biology? Questions arising from conceptualizations of the archetype[J]. Journal of Analytical Psychology，2012，57(2)：223-246.

④ Sujan M. Consumer knowledge：Effects on evaluation strategies mediating consumer judgments[J]. Journal of Consumer Research，1985，12(1)：31-46.

⑤ 汪涛，等. 全球化背景下中国品牌文化原型资源开发——基于原型理论的研究框架[J]. 华东师范大学学报(哲学社会科学版)，2020,6.

（一）识别中国神话原型

这是最关键的第一步。在人类整体共通的价值观与情感流向的框架中寻找并洞察具有普遍图式的神话原型，继而洞察"文化原型"与"品牌原型"。马克与皮尔森所做的研究的第一步，便是从古希腊神话中去寻找"普遍图式"，并由其"普遍图式"中抽离出"文化原型"。如从神话人物中找到"英雄"的文化原型，并通过对经典品牌的品牌形象、品牌个性、品牌表达等的研究，找到"品牌原型"。从"普遍图式"到"文化原型"到"品牌原型"，每一步的判断、甄别、利用与表达一环紧扣一环，才能创造出一个品牌中存储着"普遍图式"与"文化原型"的原型品牌。

识别中国地理标志品牌的"神话原型"，也应当从人类整体共通的价值观、情感倾向等入手，寻找在中华文化框架下的"文化原型"，并通过品牌设计与表达，将其植入品牌的灵魂、品牌形象与品牌个性当中，形成"品牌原型"。比如，对英雄的崇拜是人类的"普遍图式"，而在不同的文化框架下，对"英雄"这一"普遍图式"的理解及其具象化认知是不同的。在古希腊神话中，"英雄"的代表性人物首先是赫拉克勒斯，这个完成了 12 项壮举的英雄，拥有超强的力量，被誉为"十二功"的英勇胜利者；其次是阿喀琉斯，他是特洛伊战争中最杰出的希腊英雄之一，被誉为"希腊最伟大的英雄"，其故事被广泛流传。而这两个英雄具有同样的英雄共性（神性血统、英勇无畏、拥抱人性、超凡能力），但同时具有不同的英雄个性（前者不仅英勇且也内敛忍耐，而后者虽英勇但残忍暴戾）。中国神话以《山海经》为典范，拥有既具有英雄共性特质同时又具有文化个性的英雄个体，如"后羿射日""夸父追日""大禹治水"中三者都是英雄，但每一个英雄都有其中华文化价值观框架下不同的个性表达。

美国神话学者坎贝尔认为，对于人类物质和精神活动所产生的一切成果来说，神话一直是活的灵感。把神话说成是无穷无尽的宇宙力量注入人类文化现象的孔道也绝非言过其实。[①] 因此，根据品牌的定位、形象塑造的需要，对神话原型进行谨慎识别、优选利用，才能创造出既能够塑造出经典的品牌形象、又能够调动受众与消费者心理原生图谱及其情感偏好的地理标志品牌。

---

① 约瑟夫·坎贝尔.千面英雄[M].张承谟，译.上海:上海文艺出版社,2000:1.

（二）神话人物的现代化品牌设计表达

以《山海经》《封神演义》为典范,中国的神话汗牛充栋,中国的神话人物更浩如沧海。目前,在地理标志品牌的形象设计表达中,不乏采用神话人物进行设计表达的,但在具体的表达中,大多采用照搬神话人物的方法进行,有的直接采用神话人物的名称作为品牌名称,有的将神话人物作为品牌的IP形象,体现其品牌个性,如"太白金星""嫦娥""哪吒""黄帝""女娲"等,均被多个品牌采用。

地理标志品牌"平利女娲茶"（地理标志证明商标）,就是因为安康市平利县是女娲的诞生地,有"女娲故里"之称。女娲山遗址位于平利县女娲山乡七里垭村,为传说中三皇之一的女娲氏治所。据战国成书的《山海经》和晋代《华阳国志》等多种史籍记载,中华民族的始祖女娲就诞生并生活在陕西平利县女娲山一带。平利县不仅将女娲作为当地茶叶地标品牌命名的一部分,并采用女娲形象进行品牌的包装设计（见图11-1）。

图 11-1　平利女娲茶的包装两幅设计

女娲的原始形象由蛙图腾演变而来,这与古代对蛙的崇拜及生殖崇拜有关。在彩陶艺术中,蛙纹形象丰富,延续时间长,反映了蛙在古代文化中的重要地位。先秦时期,女娲的形象并未明确记载为人首蛇身,伏羲形象出现后,女娲跟随伏羲变为了人首蛇身。这一变化可能与蛇的生殖崇拜及父系社会的兴起有关。从秦汉开始,女娲与伏羲的形象逐渐统一为人首蛇身的交尾像,成为对偶神。此后,根据不同时代和不同地域的社会、文化、历史背景及民间信仰,女娲的形象也有所差别。从蛙到人首蛇身,女娲的原始形象逐步得到确定。在以下两个企业的"平利女娲茶"设计中,我们看到,前者虽表达了神话的形象,但与女娲图腾并无关联,似乎是一个流亡在路上的小女子。后者将女娲与当代采茶女性形象进行了跨越时空的链接,女娲既是该采茶女子,该采茶女子便是当代的女娲,与神话传说中的女娲形象几乎没有任何形式感上的关联,如果看不到"女娲茶"三个字,消费者断然不会将其与神话形象进行链接,也就枉费了神话中"女娲"的独特魅力与价值。

因此,如何利用神话人物及其神性、人性、个性、形象的特质进行神话人物的现代化设计,以符号化表达神话人物所蕴含的价值观、精神力量,并将其真正附着在产品上,唤起消费者对"普遍图式"的认同与情感交互,这是我国地理标志品牌设计表达中需要进一步深入探索的。

在该问题上,可以多借鉴欧美国家在神话原型的现代化设计方面的延展理念、表达风格选择。如星巴克,在处理星巴克品牌标识与"塞壬"(海妖)的关系时,既让人一眼便能够追索到"塞壬"(美丽且有危险的魅力),又进行了现代化设计表达(见图 11-2)。

图 11-2　星巴克咖啡第一版品牌标识与神话原型"双尾美人鱼木雕"

从图 11-3 第 2—4 版的星巴克品牌标识中可以看到,星巴克品牌标识越来越简洁、越来越现代,将塞壬女妖的袒胸露乳形象作了极大的调整,最后一版更清新、更富有美丽动人的现代感,人物具有现代审美所能够接受的赏心悦目的美。

图 11-3　星巴克咖啡第 1—4 版品牌标识①

（三）神话故事的现代化品牌设计表达

人类有众多最初形态的神话,也有后来的文学神话以及年代久远后真实人物、故事演变成的神话。在这些神话中,不仅有神话人物,且有精彩绝伦的神话故事,将这些神话故事及其主体元素作为品牌命名、品牌设计的重要元素,甚至作为品牌故事的核心要素,是众多经典品牌的做法。如耐克(NIKE),其品牌标识源自希腊神话中的胜利女神奈姬(Nike)和她的故事,象征着速度和胜利的故事。所以,后世耐克的品牌故事,如"你是如此美丽"等,都是按照神话故事的方向进行的创意表达。玛莎拉蒂(MASERATI)的车标是波塞冬三叉戟,取材于希腊神话中的海神波塞冬的神话故事,象征着力量与掌控水域的能力,而玛莎拉蒂的核心消费者是追求驾驶快乐的成功人士。爱马仕(Hermès)的品牌定位源自诸神使者赫尔墨斯,体现了品牌对与神话人物与故事紧密相连的尊贵、机敏与多功能性的品牌价值追求。

我国茶叶地理标志品牌中涉及的"神农尝百草""吴理真种茶""武夷山君茶神"等,都属于与茶叶地理标志品牌相关的神话故事,后世的"陆羽著经"、"皎然道茶"、佛印禅师与苏东坡斗机锋故事等,都因为年代久远且传说甚广,已然拥有了神话色彩。因此,神话故事以及延伸的富有神话传说色彩的传说、典故,都能够作为神话故事进行现代化改造,以表达一个品牌的个性与定位。

如径山茶,在其品牌定位时,将拥有自隋唐开始的风雅历史的神话色彩作为其主体故事性演绎,将品牌传播口号定为"唐宋风雅,一叶真传",把唐宋与风雅有关的爱茶人与爱茶故事纳入品牌之中,并在其包装设计中采用

---

① 资料来源于星巴克咖啡官网。

了著名的"文会图"，表达了历史感，讲述了久远的文人饮茶故事，增加了宋式美学及其神秘色彩，不仅让古人的生活样式成为现代人的生活模板，同时实现了传统与现代的和谐融合、品牌故事性的延展（见图 11-4）。

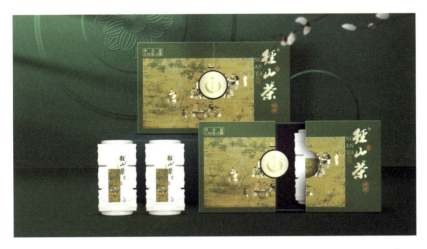

图 11-4　以北宋赵佶（宋徽宗）等画的"文会图"为主体的径山茶包装设计①

（四）神话价值观的现代化品牌设计表达

每一个神话故事均象征或隐喻着不同的价值观，如"夸父追日"象征着追求力量、永不放弃的精神；"吴刚伐桂"象征着执着与坚持的精神；"女娲补天"象征着改造天地的雄伟气魄和大无畏的斗争精神；"嫦娥飞天"象征着对美好生活的向往与追求以及女性力量与自主命运的探索；"后羿射日"显示了挑战传统和权威的勇气与能力。

从产业类别分门别类来看，我国的茶叶地理标志品牌，其神话故事的价值观充分体现了"尚德、包容、乐生、和雅"的价值特征。通过人类原型神话与中国茶价值语境"尚德、包容、乐生、和雅"构成的文化语境，协同运用人类神话思维与中国茶感性、具象、拟人、情感化的特质表达构成的情境语境，可以创造中国茶叶地理标志品牌的品牌语境。当然，不同区域、生态、文化特征的茶叶地标品牌，应当抓住普遍图式、文化原型更深处的品牌原型，进行不同的品牌原型探寻与品牌个性设计与表达，才能创造出普遍图式，相同的文化原型以及相同的茶文化语境前提下的自身的品牌个性。现实中，笔者

_____

① 资料来源于浙江芒种品牌管理集团。

与同事也进行了多个地标品牌的探索，形成了同一品类地标产品不同的品牌个性与人格化象征。

同样是茶地标品牌，大佛龙井的核心表达为"居深山，心自在"，隐喻大佛龙井茶远离喧嚣、自在而生的价值观；安吉白茶的核心表达为"安吉白茶，纯粹好茶"，隐喻一清二白的纯粹人生追求；西湖龙井茶的核心表达为"真香灵味，自然不同"，隐喻卓绝之人必定真实而具有灵性，与常人自然不同。

原型品牌源于神话原型，并通过各种方式将神话原型进行现代化的品牌设计表达，以形成品牌人格化的特质，产生与消费者源自集体无意识的亲和与认同，构成品牌与消费者的对话关系与意义认同，这是地理标志农产品品牌最具有适配性的品牌战略与塑造方法。

## 第十二章

# 文脉品牌:地理标志农产品品牌的文化溢价

如前所述,得到登记、注册保护的地理标志农产品,一般都具有无法复制的文脉特征,因为其特定的产品品质特征必须主要来源于特定的地理生态环境与历史人文因素。因此,可以通过发现其文脉特征并传承或重塑其文脉特征,创造独特的文脉品牌,衔接并创新文脉价值,提升品牌溢价。

## 第一节　文脉与文脉品牌

### 一、何为"文脉"

"文脉"(context)一词,原指语言学中的上下文关系,又被引申为某事物在时间或空间(场景)上与其他相关事物之间的联系。先前相关的"文脉"分析研究原着重于语境的特殊性,引申意义则强调一个事物和其他事物之间的渊源关系,有学者曾简明地将其概括为"一种文化的脉络"。美国人类学家克莱德·克拉柯亨曾界定为"历史上所创造的生存的式样系统",德国的恩斯特·卡西尔则以符号系统诠释文脉,并强调"人对外部事物意义的认知就是对符号意义的破译工作"[①]。因此,摆脱既有的符号形式特征的限

---

① 恩斯特·卡西尔.人论[M].甘阳,译.上海:上海译文出版社,1985:12.

制，以全新的形式与结构再诠释与发展其意义，才是文脉之所在。[①]

文脉思想被 20 世纪 60 年代以后产生的后现代主义推崇到相当的高度。他们看到了现代主义建筑和城市规划设计对文脉的漠视，试图恢复城市原有的秩序与精神，主张从传统、民间、地方的文脉中找到现代城市建筑的立足点。该思潮并非简单地将文脉传承理解为简单的复古行为，而是将文脉理解为激发创作的灵感或原材料，经过撷取、改造、移植等创作手段，实现新的创作，使建筑与文化与当代社会有机结合，即"各个部分、各种式样及辅助系统（在以前文脉中曾存在过的）都用于新的创造的综合之中"[②]。

## 二、何为"文脉品牌"

当文脉与品牌链接，日本学者阿久津聪等强调，品牌的文脉包括有关品牌的联想、品牌的背景知识和信息、品牌商品的消费环境等。[③] 而我们在2007 年出版的专著《中国农产品的品牌化——中国体征与中国方略》中则强调，品牌文脉是指一个品牌的脉络体系与根脉渊源。"品牌的脉络体系"是指有关品牌本身的联想、背景知识和信息、品牌商品的消费环境等，与日本学者所理解的意义一致；而"根脉渊源"指的是一个品牌生产的地域背景、文化特色、价值独特性等。当"文脉"一词与品牌相关时，我们强调的是一个品牌与其他品牌、事物、人、环境、历史、文化等之间的各种渊源关系及其故事性。[④]

当时，在调研了我国内地 29 个省市农产品品牌建设的情况后，我们发现了较为严重的两大倾向：其一，许多农产品经营者并没有尊重文脉，在产品的包装设计、符号呈现、品牌个性的表达中，人为地令文脉断流，抛弃了文化传承，不仅导致产品的文化断层，也让消费者摸不着头脑；其二，一些农产品如茶叶经营者，努力利用文脉、传承文脉，将文脉作为品牌的重要利益诉求，比如"贡品""万国博览会金奖"等，但在运用文脉的过程中，缺少对消费

---

① 资料来源于浙江芒种品牌管理集团。

② 肯尼迪·弗兰姆普敦. 现代建筑——一部批判的历史[M]. 张钦楠，等译. 北京：中国建筑工业出版社，1988：135.

③ 阿久津聪，石田茂. 文脉品牌——让你的品牌形象与众不同[M]. 韩中和，译. 上海：上海人民出版社，2005：2.

④ 胡晓云，等. 中国农产品的品牌化——中国体征与中国方略[M]. 北京：中国农业出版社，2007：142-151.

者的"文脉心像"和地域、产品文脉关联度之间的洞察与沟通,对文脉的运用缺乏时尚化演绎。在《中国农产品的品牌化——中国体征与中国方略》一书中,我们强调,因为农产品的农耕文化背景,农产品品牌的创造应当更加强调文脉的传承关系,利用文脉的力量提升品牌价值,并提出了如何尊重文脉、利用文脉的专业建议:演绎历史文脉、承袭地域文脉、挖掘产品文脉,并通过文脉资源的整合,传承文脉体系,创新文脉意义,加强时尚化表达,链接现实消费生活。[①]

我国的地理标志农产品基本上都是农产品,都具有或者说必须具有独特区域性特征带来的独特的文化性、故事性,无论其文化性、故事性来自地域、历史、文化还是产品本身。对于地理标志农产品而言,文脉不仅仅是与品牌本身有关的脉络或渊源,更是品牌发生、生长的"语境",包括地域文化、地理特色、价值观等,这些都是与地理标志农产品品牌相生相长的脉络体系。所以,一个地标品牌必定具有文脉的依赖性。如果我们能够发现地理标志农产品的文脉,挖掘、保护并传承其文脉价值,创造"文脉品牌",对于提升其品牌溢价将具有特殊意义。

因此,文脉品牌指的是借助于一个品牌的脉络体系及其根脉渊源而形成的品牌。因其对历史文化等文化性元素的依赖性,文脉品牌所拥有的文化性、故事性、独特性、无形价值溢价功能,是单纯从物性角度强调产品物理功能的品牌所无法企及的。

## 第二节 "文脉品牌"塑造方法论

### 一、"文脉品牌"塑造的三大步骤

(一)探索消费者的"文脉心像"

创造"文脉品牌",首先需要探索消费者的"文脉心像",同时探索、发现、挖掘地理标志农产品的文脉及其原型,并将其文脉与原型对接消费者的"文脉心像",与消费者进行心智链接。

---

① 胡晓云,等.中国农产品的品牌化——中国体征与中国方略[M].北京:中国农业出版社,2007:142-151.

在这里，消费者的"文脉心像"（context heart image）指的是消费者心目中有关地理标志农产品的文脉资源与文脉消费价值评价倾向。每一位消费者对事物都会有其发自内心的判断，对一个地理标志农产品也如是，即便之前并不了解该产品。在品牌传播中会出现的"认知不调和"现象，即源于此。探索"文脉心像"的目的，是发现、挖掘地理标志农产品与消费者的潜意识、集体无意识、认知与经验之间的弥合程度。一种文脉元素、文脉特色是否能够引发消费者的关注、偏好、消费热衷、口碑传播等，都要看两者之间的弥合程度。弥合程度越高，认知障碍越少，同频共振的可能性越大，将文脉植入消费者心智的说服力也就更强。

（二）发现文脉价值，促进文脉现代化

品牌构建内容与程序基本分为四大板块：建立品牌识别（符号识别、个性识别、意义识别、价值识别）、形成品牌认知（品牌形象认知、利益认知、情感认知、自我关系认知、价值认知—品牌意涵理解）、产生品牌态度（品牌偏好、价值发现、自我表达—品牌态度一致性）、激发品牌行为（品牌消费行为、促成口碑、品牌忠诚—品牌行为的正向互动）。

在地理标志农产品的品牌化过程中，要达到品牌传播要素的形成（品牌识别）、品牌认知关系的构成（品牌认知）、品牌态度的一致性（品牌态度）、品牌行为的正向与互动性，并提升品牌溢价，其关键点是在建立品牌识别的过程中，要发现、挖掘、传承、改造、创新文脉价值。而在形成品牌认知、诱导品牌态度、激发品牌行为的过程中，其关键点在于有效传播品牌文脉的意涵。

在品牌系统工程中，品牌识别勾勒品牌符号、品牌个性、品牌形象的差异化，品牌传播链接品牌、企业、产品与消费者以及所有相关利益者。而发现文脉的价值，并对其进行传承与创新，不仅能够发现文脉的特殊价值，对品牌战略实施、品牌创意设计和品牌个性化生命的形成，也将产生重要的作用。

根据以消费者为中心的品牌塑造原则，要发现文脉价值，形成文脉对品牌构筑的作用程序，首先要探索、发现消费者的"文脉心像"，即消费者心目中有关品牌的文脉资源与文脉消费价值倾向；继而考察品牌本身是否拥有相关的文脉资源，从"文脉心像"出发，审视其品牌的市场价值、消费反应，并通过符号进行文脉的现代化。

将地标品牌文脉现代化并非易事，首先需要进行消费者定位、消费者

"文脉心像"特征理解，并采用锁定消费者所喜爱的符号、呈现方式进行现代化改造。目前，多数地标品牌基本上将文脉内容原本照抄，呈现方式老旧，与时代特别是年轻人的审美需求相隔十万八千里，因此，始终给人以陈旧、传统的品牌印象。要破除这种印象，必须努力实现文脉的现代化表达。

（三）利用有效媒介，实现点对点精准传播

文脉传播要实现点、线、面结合，并进行有效媒介点对点地精准传播。每一个消费群体，均有其亚文化群体的社群关系、实有的或者虚拟的社区交互场所。地理标志农产品品牌的核心消费者大致有三种人群：首先是区域内的"原乡人"，对其有特殊的情感与口味偏好；其次是区域内走出去的"离乡人"，对故乡的情感产生"爱屋及乌"的消费期望；其三是"旅乡人"，到一处去旅游休闲，会对一地的特产产生尝试兴趣。

根据以上三种核心消费者的媒介接触特征，可以实现有效的精准传播。通过整合传播，其文脉能够获得消费者的认知印证（见图12-1）。一旦传播的文脉与消费者的"文脉心像"之间产生同构共振，消费者便会认可文脉的核心意涵，进行文脉品牌消费，地标品牌的独特文脉价值得以形成。

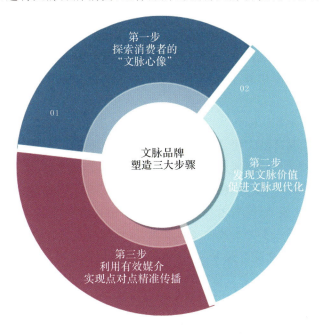

图 12-1　"文脉品牌"塑造的三大步骤及其循环发展

目前，大量的地标品牌，其文脉传播的媒体载具、内容选择都极其单一，基本上是相关活动的新闻报道或者行业展会展陈等，这与核心消费人群的媒介接触习惯产生了偏移，且传播内容设计及其符号运用过分传统，导致年轻人无法接触到有效的文脉价值，需要尽快改变这种现状。

## 二、"文脉品牌"塑造方法论

### （一）撷取文脉元素，重塑品牌核心价值

撷取地理标志农产品的相关文脉元素，进行与消费者"文脉心像"的同构共振，形成品牌识别与品牌传播的核心价值内容。

撷取，即采集精华，语出宋代陆游的《东篱记》："放翁曰：婆娑其间，掇其香以嗅，撷其颖以玩。"撷取的过程，就是对某个地理标志农产品的区域文脉资源进行挖掘、盘点、选择、萃取的过程。我国历史源远流长、文脉众多，每一个地理标志农产品都生长在不同的文脉体系当中，如何发现、辨析、撷取地理标志农产品本身的文脉优势，与消费者的"文脉心像"进行链接，有效提供地理标志农产品消费的文脉价值，成为一个专业问题。

如"户县葡萄"地理标志农产品，2016 年，因其产品的核心价值"户太 8 号"品种被其他地区广泛种植，原本具有的品种优势丧失，在西安市场销售时面临"户太 8 号"品种红海竞争，"户县葡萄"优势顿失。为了避开西安市场基于品种的红海竞争，"户县葡萄"意欲进入上海市场，与东部市场消费者对接。

为了对应上海国际化、时尚化的大市场，必须重新挖掘"户县葡萄"的优势。经过对户县区域文化、产业特征等各方面的调研，发现除了"户太 8 号"品种优势之外，"户县葡萄"具有众多的文脉背景：历史文脉，文王故里，汉唐京畿，建制 2200 年，全真祖庭重阳宫、最早国家铸币厂所在地；地域文脉，西安近郊、秦岭北麓、农民画之乡；产品文脉，种植规模 6 万亩，研发葡萄品种"户太 8 号"。进一步考察各种文脉资源，探寻与消费者"文脉心像"的链接可能，发现在诸多文脉资源中，有三个文脉资源值得重视：农民画之乡；户县地处秦岭山脉，"秦岭"是人所共知的地标；葡萄上市期间正好是多个中国特色节庆时间。于是，品牌设计充分采用种植葡萄的农民特殊的生活方式：白天种植葡萄、晚上画户县独特风格的农民画，将户县葡萄种植者的生活方式与消费者"文脉心像"进行链接，对"画家"与"种葡萄者"的双重身份这一文

脉进行彰显。利用种植者的生活方式,强调种植葡萄与画画之间的艺术品关联、精细化专业精神关联,提出"户县葡萄"的品牌定位为"户县葡萄,农作艺术品",同时,针对上海市场消费者不太了解户县的认知前提,提出"户县葡萄"的传播口号:"粒粒香甜醉秦岭",将"秦岭"这个中国人所共知的地标作为品牌所在区域区位的指引,并增加生态环境价值的隐形联想诉求。

同时,他们撷取其独特的系列元素、产品上市期间的节庆等,链接与"户县葡萄"的消费关系,形成了系列品牌形象包装设计(见图 12-2):推出文化主题礼盒,如传统文化礼盒、民俗特色礼盒,选用农民画、鼓舞、道教文化等当地特有的符号元素,表现户县独特的民俗文化特征,并通过产品的特色包装,展示户县的旅游景点,实现农旅融合:在葡萄成熟季节(8—10 月)推出节庆主题礼盒装:七夕节(8 月)推出"浪漫七夕,情定户县"主题礼盒;中秋节(9 月)推出"中秋佳节,团圆户县"主题礼盒;国庆节(10 月)推出"普天同庆,相约户县"主题礼盒。

图 12-2　"户县葡萄"地理标志农产品的文脉品牌形象塑造①

通过撷取"户县葡萄"在种植区域、种植过程、种植人等方面的文脉元素,为原来基于技术语言、单一的"户太 8 号"葡萄品种,增加了丰富而独特的文脉色彩、无形价值,使得其进入中国消费桥头堡市场——上海市场有了独特而足够的文脉底气、文化价值,获得了上海市场的好评。

可见,在撷取文脉的过程中,选择何种文脉与消费者的"文脉心像"进行对接是关键。所选择的文脉元素必须具有真正的独特性、对产品品质的决定性作用力、对应消费者的"文脉心像",引发消费意向与消费期待。如"户县葡萄"的系统品牌设计,会引发消费者类似的评价:"像制作艺术品一样的种植葡萄,其葡萄一定是品质不一般的""在秦岭山脉种植的葡萄,一定得尝

---

① 资料来源于浙江大学 CARD 中国农业品牌研究中心,作者为课题主持人。

一尝"等。作为地理标志农产品的"户县葡萄"由此突破了区域限制,成为东部消费市场的新宠。

(二)移植文脉元素,提炼品牌核心价值

移植地理标志农产品的相关文脉元素,与消费者的"文脉心像"同构共振,才能形成品牌识别与品牌传播的核心价值内容。

移植,其原意是将植物移动到别处种植,是一个科学术语。这里指的是将区域文化或者一定语境范围的相关文脉移植到地理标志农产品身上,体现其独特的形象、个性、精神气质和产品利益等。

移植文脉及其元素的基本前提,是其文脉与地理标志农产品的生产、工艺等相关特质的匹配度,匹配度越好,说服力越强,传播效果越高。

陕西武功县生产的武功猕猴桃,是地理标志证明商标。从该产品生长的区位地理生态环境、种植历史、种植规模、市场影响力而言,武功县都无法与其周边的周至猕猴桃、眉县猕猴桃相比拟。但武功猕猴桃有其他国内外猕猴桃产品所无法替代的地理标志农产品特色:其一,种植生长在名为"武功县"的区域境内,"武功"一词,是中华文脉的重要元素,通过它,人们能够联想到武功猕猴桃与中华文脉的关系;其二,武功县是农业始祖后稷教民稼穑的圣地、中国农耕文明的发祥地之一;其三,武功猕猴桃产区,光照充足,全年光照时数为 2100 小时,为全国猕猴桃产区的最高值,武功猕猴桃产区土壤肥沃,有机质含量高出全省产区平均值 1.2%;其四,武功昼夜温差大,糖分积累多,境内水资源丰富,三条河流同属渭河水系,润泽全境。最值得关注的是,武功猕猴桃产业体系发展完善。在经营主体上,武功猕猴桃产业采取龙头企业、合作社为主导(其他国内猕猴桃产区大多为千家万户生产);在渠道建设上,初步实现"互联网+果业"发展模式;在标准化生产上,出台《武功猕猴桃标准综合体》,加强猕猴桃标准化生产;在技术支撑上,积极与西北农林科技大学等科研单位合作,获得了坚强的技术后盾。

2016 年,武功猕猴桃提炼了自身背后的产业价值链特色。农耕始祖:后稷教民稼穑圣地,中华农耕之源;天时地利:光照充足土质肥沃,纳天地之灵气;规范管理:标准化组织化管理,技术规范领先;监测溯源:果园精准监测溯源,保障安心品质;匠心守护:严格规定采摘时间,充分沉淀营养。

进而针对消费者对"武功"的文脉联想,将"武功"这一源自区域名称的文脉移植到武功猕猴桃的产业与产品身上,确立武功猕猴桃的核心价值,提出品牌口号为"下功夫,成好果",并将五大价值支撑进一步提炼为"下功夫"的"一招五式",阐释"下功夫,成好果"的具体内涵。

"下功夫,成好果","功夫"是核心重点,是和武功县内外兼具的链接点,亦是武功猕猴桃符号创意的出发点。将功夫元素和猕猴桃结合,通过拟人化的表达,进一步加深消费者对武功、对功夫、对品牌核心价值的认知。基于此,创意武功猕猴桃的虚拟品牌代言形象"武功小子"(见图 12-3)。

图 12-3 "武功猕猴桃"地理标志农产品的"武功小子"文脉符号设计

移植中华文脉中关于"武功"与"功夫"的惯性想象,实现与"武功县"的"武功"二字、武功猕猴桃生产过程中的"下功夫,成好果"的品牌链接。进而以"比武"的概念,表达品牌的自信,让"武功小子"以互联网的方式进入电商市场(见图 12-4)。

图 12-4 "武功猕猴桃"地理标志农产品的"武功小子"在互联网中的传播形象①

2018 年初,武功县政府工作报告显示,2016—2017 一年间,"武功小子"打响了"武功猕猴桃"地理标志证明商标区域公用品牌,因销售势头好,规模在原有 8 万亩的基础上,增加了 2 万亩,进入了"全球百大优质原产地,天猫

---

① 资料来源于浙江大学 CARD 中国农业品牌研究中心,本书作者为课题主持人。

直供"①,成为"亚洲果蔬产业博览会 2018 年度中国最受欢迎的区域公用品牌"前三强。②

2016—2023 八年间,武功猕猴桃塑造了以"武功小子"为主体形象、以"下功夫,成好果"为价值诉求,打造了极富好感度的地理标志农产品品牌。

2024 年 8 月 23 日,第九届果业品牌大会在云南丽江举办,品牌盛典上揭晓了 2023 果品区域公用品牌价值排行榜,"武功猕猴桃"区域品牌价值已达 21.12 亿元。该案例充分说明了移植文脉元素、创新品牌核心价值的有效性。

(三)改造文脉元素,创新品牌核心价值

改造地理标志农产品的相关文脉元素,与消费者的"文脉心像"同构共振,才能形成品牌识别与品牌传播的核心价值内容。

改造,指选择、修改、改变旧的和创造新的等意思。初现于《诗·郑风·缁衣》:"缁衣之好兮,敝,予又改造兮。适子之馆兮,还,予授子之粲兮。"这里是指当地理标志农产品的区域资源、地理生态环境因素、历史文化因素与现时的消费时代、消费观念、消费对象不能直接产生链接时,可以基于文脉原义实现适当的文脉改造,以实现良好的沟通对接。

文脉改造的前提,是不能够歪曲原文脉的原义,以免造成不尊重文脉、人为切断文脉的恶果,也避免引发认知不调和心态,导致对品牌态度、品牌价值观、品牌诉求的反感。

以湖北省十堰市地理标志农产品"武当道茶"的文脉品牌化为例。十堰市的"武当道茶"产业,背靠著名的道教名山——武当山,因此,其地理标志农产品名曰"武当道茶"。当该产品进行品牌化时,如何定位自己与消费者的关系,如何创造"武当道茶"文脉与消费者"文脉心像"之间的同构关系等一系列问题被提了出来。审视"武当道茶"的区域生长环境可见,该地理标志农产品生长于武当道教的祖庭——武当山系,究其生命历程,可见其每天都在"闻道而长"。武当道教的独特性在于其重视内丹修炼,强调忠孝伦理、三教融合。由上述分析可见,该茶具有以下特征。

---

① 武功县政府:《武功县政府工作报告》,2018 年 2 月 1 日。

② 武功果业局:《"武功猕猴桃"荣登 2018 年度中国最受欢迎区域公用品牌 10 强榜单》,2018 年 11 月 14 日。(内部资料)可参见张斌峰,马沅聪,《务出优质果 拓出致富路》,陕西日报 2023 年 6 月 12 日。

法自然：500～1200米适宜海拔，尽情沐浴阳光，自在呼吸新鲜空气，与自然万物相偎相依；循心行：春雨温润，每一颗芽均经历风雨洗礼，芽叶肥壮，自由生长；静修炼：静谧山间，远离世俗凡尘，闻道而长，潜心积淀，散发回味醇香；严取舍：淳朴茶农，严格限制采摘时间，精挑细选，恪守品质优先；守方圆：杀青、过筛、烘焙、发酵，坚守制茶工艺方圆，承受更多锤炼；益心身：常饮此茶，修身养性，心平气舒，遇事宠辱不惊，闲看花开花落。

探寻武当道茶文脉的过程，也是探寻武当道教与当下消费者价值观关系的过程，通过探寻发现其文脉内涵，进一步对接消费文化，强调品牌态度。

根据调研结果，当下消费者特别是互联网时代的原住民，其人与社会之间的关系现状是：积极寻求自由状态，但不想守规则。而武当道精神是顺道、苦修。综合消费者需求与武当道文脉，将道家文化与武当精神转化为武当道茶的品牌价值基础，同时，将顺应自然的品质与追随内心的品格相融，实现哲学高度的辩证统一，确定"武当道茶，朴守方圆，循心而行"的品牌口号，以此亮相"武当道茶"的品牌态度：遵循规则，方得自由。同时，也以此隐喻"武当道茶"的品牌品格：按照高品质茶的制作规则，严修每一个环节，方能成就一杯好茶（见图12-5）。

图12-5　武当道茶的品牌标识及品牌口号①

---

① 资料来源于浙江大学CARD中国农业品牌研究中心，本书作者为课题主持人。

## 第三节 "文脉品牌"塑造的着力点与案例探索

### 一、"文脉品牌"塑造的着力点

（一）尊重文脉

对独特文脉的尊重、传承、张扬便是一个品牌的内在生命力。在地理标志农产品的品牌化过程中，产品制作者、品牌运营者要对文脉有发自内心的尊重，要在其独特文脉基础的前提下，尊重文脉、依赖文脉、传承文脉、张扬文脉，将文脉作为一个品牌的核心要素或核心依赖，并在品牌识别、品牌传播中令消费者感受到这种发自内心的尊重，继而引发消费者对文脉的关注与文脉的尊重。

目前，一些地理标志农产品品牌的创意设计，出现了两极现象：一种是拘泥于文脉原有的呈现方式，没有分清楚文脉在"能指""所指"之间的"约定俗成"的关系，品牌的"能指"系统没有在传承、延续基础上的创新，导致"食古不化"；另一种是设计不依赖文脉原型，随意改变文脉的本质内容、风格、调性，导致品牌的形象与意涵出现严重的篡改。这两种现象都是对文脉的不尊重，会湮没一个地理标志农产品的品牌文脉，扭曲其在消费者心中的"文脉心像"，致使品牌与消费者之间出现裂痕，也将导致文脉断流。

（二）坚守文脉

文脉是多元或多重的，要善于发现、选择并保护、坚守其文脉价值。地理标志农产品生长于特定区域，而一个区域的文脉是多元、多重的。发现其多元、多重文脉前提下的文脉指向性、文脉价值差异、文脉与品牌的内在匹配性，是品牌管理者与设计者的关键工作。当一个地理标志农产品成为某一有着独特价值文脉的传承者，那么，它的独特性也便不容置疑了。

品牌文脉的保护与坚守，首先要探究文脉本身的价值与价值感，如果该文脉具有延续的价值与价值感，必须想办法坚守。比如地理标志农产品品牌"龙井茶"，随着规模化、产业化生产，"龙井茶"的体量越来越大，势必要走向工业化、机械化生产。但同时，其手工工艺制作是"龙井茶"之所谓成为顶级奢侈品的核心价值。许多消费者对"龙井茶"的偏好，就是源于其在品种、工艺、品质、文化方面"四位一体"的独特性。因此，手工工艺这一文脉核心价值，并不能因为规模化生产和工业化发展而丢弃，而是必须坚守。

（三）文脉的现代化

品牌管理与运营、设计等，应当充分考虑地理标志农产品文脉特征与消费者现代生活之间的关系。如何将悠久甚至古老的特色文脉在传承中链接国际化、时尚化、快节奏的现代生活？这是一个难题。大多地理标志农产品都没有跨越文脉的局限性，有的甚至使文脉成为产品与消费者之间沟通的历史文化障碍。这就需要努力平衡两者之间的关系，既尊重文脉原义，又应对当下消费社会，让一个地理标志农产品既表达历史、传达文脉特征，又在其形式感、符号体系、价值延伸等方面凸显与现代消费者的对应关系。

在传承品牌老文脉、创造品牌新文脉的过程中，应当有国际化、未来性视野。随着地理标志农产品"中欧地理标志互认"的推进，我国众多地理标志农产品将以地理标志农产品的身份进入欧洲市场，随着品牌影响力的扩大，还将渗透全球大市场。面对全球大市场，不同国度的地域背景、文化特质、历史故事、人物个性、产品背书等等因素，不仅是一个地理标志农产品进入国际市场的整合背书，更是引发兴趣性、文化性、体验性消费的重要内容。因此，选择对国际消费者更有吸引力、更能够诱发消费的文脉是有效路径。

（四）文脉的螺旋式发展

文脉不是静态与固态的，它渐变于历史的长河之中。人类历史就是一边传承、利用着文脉，一边创造着新的文脉，如此，才让文脉延续永远。

在尊重文脉、协调历史文脉与现代生活关系的同时，品牌运营者要侧重于将文脉作为品牌创塑的灵感源泉、品牌的原型进行保护、坚守、传承基础上的整合创新；要将文脉及其各种元素进行撷取、移植、改造及有机整合，创造出新的品牌价值观、消费元素及其新的消费可能；在新文脉的创造过程中，古老的文脉灵魂存于新的形式中，成就新的品牌文脉内容，让品牌与时代大潮一起，不断开出生命之花，不断向前延伸。

总之，独特的文脉是地理标志农产品的天赋品牌资源，在创造差异化品牌的进程中，它具有独一无二的品牌营建价值，如何加强文脉利用、凸显文脉特征、提升文脉价值、创造品牌文脉新境界，这是地理标志农产品品牌化中的重要命题，需要持续不断地探索、研究。

## 二、"文脉品牌"塑造的案例探索

（一）梁平柚以文脉元素打通品牌的"任督二脉"①

1. 地理标志农产品概况

梁平柚是重庆市梁平区的特产，与广西沙田柚、福建文旦柚齐名，是全国三大名柚之一。梁平柚果实呈高扁圆形，果形美观，色泽橙黄，皮薄光滑，油胞较细，果皮芳香浓郁，果肉淡黄色，吃后略微有麻的口感，带有回香。其营养丰富，具有祛除胃中浮风恶气、消食平喘去痰、利尿生津、治疗便秘等保健功能，有"天然罐头""养生药柚"等美称。2008年6月，梁平柚顺利通过了农业农村部农产品地理标志农产品认证（AGI00020），证书持有者为梁平县经济作物站，保护的区域范围为重庆市梁平区辖33个乡镇、315个村，东经107°24′～108°05′，北纬30°25′～30°53′。

2. 品牌升级：紧扣文脉，推陈出新

（1）品牌化背景

梁平柚虽然在品种品质、人文历史上拥有优势，但品牌化程度不足和品种维护不当等因素也曾使其陷入低谷。20世纪90年代，大量青壮年进城打工，农村劳动力匮乏，柚树无人照管，致使收获的柚子品质下降，变得又苦又麻；部分柚农为了利益早采早收，柚子因为未到时间而滋味酸麻，被消费者排斥；周边省份的引种，冒牌"梁平柚"挤占市场，"梁平柚"因此口碑受创，采购商减少，柚品的价格也一路走低，越来越多的"梁平柚"柚农家中堆满了滞销的柚子，部分柚农被迫"弃柚从耕"。

在市场占有及营销方面，当时梁平柚在重庆主城柚子市场的占有率不足10%。为了复兴梁平柚的往日辉煌，重塑品牌形象，找准市场定位，提升知名度和认可度，2018年，梁平柚品牌运营者委托专业团队为其进行品牌战略规划。

专业团队认为，"梁平柚"是一个文脉品牌，是借助于一个品牌的文脉体系及其根脉渊源而形成的品牌，因其对历史文化等文化性元素的依赖性，文脉品牌所拥有的文化性、故事性、独特性、无形价值溢价功能，是单纯从物质性的角度强调产品物理功能的品牌所无法企及的。产品品质可能在市场角

---

① 该案例由芒种品牌管理公司提供。

逐中出现同质竞争,但是"梁平柚"所有的"百年历史"和"有名堂"的人文历史背景是别的品牌所没有的,是"梁平柚"的法宝。重塑"梁平柚"的品牌形象,要进一步塑造、加深文脉印象,让名柚成为文脉的"代言人"和传承者,让品牌文脉更好地延续。

(2)塑造品牌人格,促进品牌年轻化

①品牌主形象与"柚娃"

如今,消费者追求的不再单单是满足需求的物理功能性消费,而是更多地体现在消费过程中的个性化实现以及自我价值认同的满足感。正如在本书第十一章"原型品牌:地理标志农产品品牌的人格化"中谈到的,将品牌人格化,以解决品牌与消费者的沟通问题,增加品牌的亲和力,这是长期以来品牌打造者采用的方法论。过去常用的方法是采用品牌代言人策略,借助代言人,使品牌人格化,产生接近性,营造彼此的良好关系。而梁平柚不同,直接将其产品梁平柚进行了人格化、脸谱化表达,使得柚子不仅仅是一个产品,更是一个健康、生动、快乐的人物形象,产生了人格化的形象记忆和情绪价值。

在品牌符号的创意上,梁平柚基于对消费市场的思考,确立了为梁平柚塑造一个"人格化"形象的战略方向。形象设计以柚子的果形为创作蓝本,结合梁平柚特色木版年画开脸的艺术形式,将柚子进行拟人化,最终形成了一个个性鲜明、简洁可爱的品牌符号(见图 12-6)。

图 12-6　梁平柚品牌主形象

品牌主形象以梁平柚的形状为创意原点,融入人物特征,形成了一个活泼可爱的"柚娃"卡通人物形象。"柚娃"举着大拇指,为梁平柚的出色品质和"百年名柚"的身份点赞,还与口号中"有名堂"和"柚出色"相呼应。同时,大拇指的设计巧妙地将柚瓣儿形状的形象融入其中,让整个人物更生动形象、富有趣味。

主形象整体以黄色为主基调,体现了产品的色彩特征;以绿色柚子叶做头饰,彰显绿色生态的生长环境;以淡黄色柚瓣儿做嘴巴,符合柚子内外颜色的差异性,增添真实感和可信度;以红色的腮红点缀其中,使"柚娃"的形象更灵动,跃然纸上;最后,以黑色为轮廓,凸显人物形象,寓意柚子是来自大地的恩赐,享受泥土的滋润,更接地气、更贴近生活。

梁平柚三字以书法体书写,表现出梁平的历史悠久和文化底蕴;书法笔触圆润,与"柚娃"的形象相呼应,更添几分俏皮;"柚香柚甜柚出色"以黑体错落于手指上方,既是对产品特征的强化,又似"柚娃"对"梁平柚"品质的认可,犹如他品鉴后的感受,无形中更拉近了品牌与消费者的距离,增强了信任感。

拟人化的手法使整个品牌主形象拥有了"人格",更有可能融入现代市场,尤其是年轻消费者的市场,有利于品牌传播和形象应用。同时,"柚娃"的形象可以有多种形式,在之后的传播中可应用于不同场景的宣传,增加品牌与消费者接触的机会。

②品牌辅助形象与文脉传承

品牌设计辅助图形的创意,以梁平国家级非物质文化遗产"梁平抬儿调"为创意原点,结合梁平癫子锣鼓、梁山灯戏、梁平木版年画等非遗文化元素,辅以活泼、鲜亮的色彩,构建了一幅"梁平柚"喜获丰收、梁平农人乐观豁达的幸福生活画面,预示着"梁平柚"是一颗让人快乐的果实。画面中大家欢快地抬着一个金黄的大柚子,唱着"抬儿调"胜利归来,紧随其后的是梁平癫子锣鼓的"锣鼓喧天"、梁山灯戏的"嬉闹诙谐",路边是一棵百年柚子树,背景是若隐若现的历史人文景观"万石耕春"景象和双桂堂,整个画面和谐丰富,向人们展示了梁平的历史风貌和品牌文化,创造了品牌的故事性、文化性(见图 12-7、图 12-8)。

图 12-7　充满故事性的海报画面

图 12-8　充满文脉传承性、故事性的产品包装①

梁平柚根据产品特点以及新的品牌主形象，设计了全新的产品包装，让生产者可以以统一的形象进行销售，维护了地理标志农产品的价值收益，降低了冒牌品牌横行市场的概率。产品包装设计以"柚色"作为包装的主色调，既贴合消费者印象中对梁平柚及柚子的印象，又能够以鲜明活力的色彩抓住消费者眼球。包装的形式既有适应现代范、年轻化的纸箱和礼盒包装，也有适应以往消费习惯的网袋包装、单个包装，适合日常消费、节日送礼等多个场合。

2008 年以来，梁平柚走过低谷，克服困难，从 2018 年开始崛起重生，以强劲的实力冲出自己的一片天地。2022 年，其综合产值达 50 亿元。这棵具有 200 多年历史的柚树，不仅可以继续长出更多"金果子"，更能够成就百年品牌，将独属于梁平的文脉传承下去。

（二）庆元香菇：以独特文脉，与消费者"一见如故"②

1．地理标志农产品品牌概况

庆元香菇的产地是浙江省丽水市庆元县。庆元县真菌资源丰富，是世界人工栽培香菇的发祥地，有"世界香菇之源""中国香菇城"等称号。2003年，"庆元香菇"注册为地理标志证明商标；2020 年 10 月，登记为农产品地理标志；2020 年 7 月 20 日，"庆元香菇"入选中欧地理标志首批保护清单。

2．品牌溯源：八百年匠心传承

庆元香菇栽培历史悠久，是世界香菇之源。最早的历史可以追溯至宋

---

① 资料来源于浙江芒种品牌管理集团。
② 该案例由芒种品牌管理公司提供。

朝，即菇神吴三公(真名吴煜)所在的朝代。宗谱载"吴氏祖先于唐代由山阴(今绍兴)迁至庆元"，吴三公于宋高宗建炎四年(1130)三月一十七日出生在龙、庆、景之交的龙岩村，因其在兄弟中排行第三，故称三公。吴三公发明了砍花法和惊蕈法，为后世培育食用菌类产品提供了有效且实用的技艺。

庆元民间有"朱皇钦封龙庆景，国师讨来做香菇""国师献山珍，香菇成圣品，皇帝开金口，谕封龙庆景"的说法，说的是明朝年间，因久旱无雨，皇帝朱元璋为祈雨需素食，数日后已食而无味，国师刘伯温献上香菇，朱元璋食后顿觉神怡，赞不绝口，下旨把香菇定为岁岁需上贡皇家的"贡品"，并敕定香菇为刘伯温国师家乡处州府龙泉、庆元、景宁三县生产的专利产品，并封赠吴三公为"羹食公侯"。自此，庆元民间把香菇视为"皇上圣品""菜中之王"。

**3. 品牌升级：依托资源禀赋，提炼品牌价值**

庆元香菇的品牌历史、品牌故事、品牌优势都十分明显，但由于各地对香菇技术的掌握，大量的香菇种养竞争者出现。2016年，庆元县政府洞察到了品牌化发展的瓶颈，决定以"庆元香菇"这一优势产业作为庆元农业品牌化的突破口，进行资源整合、品牌升级。

(1)品牌定位：香菇之源

与全国其他香菇产区比较，香菇的文脉特征是"庆元香菇"所独有的。庆元是"世界香菇之源"，具有独特的香菇文化、信仰体系以及深厚的香菇情结。庆元香菇种植历史已有八百多年，虽历经挫折困境，仍能重整旗鼓，并占据一定市场。与此同时，在当下的市场环境中，消费者对于农产品的消费需求已超脱产品本身，更关注产品背后的价值与情感，而"庆元香菇"恰是带着庆元县对香菇文脉的热爱之情，带着对家乡所属文化的珍惜之情的地理标志农产品，能够引发消费者的共鸣。

因此，"庆元香菇"以自身优势对接农产品市场的消费趋势，彰显其独特的品牌文脉价值，发展出富有差异化的品牌定位：来自世界香菇发源地、世代传承八百年、具有优异品质和独特文脉的香菇品牌。

(2)品牌价值：五大支撑

"庆元香菇"在文脉、环境、品质、技艺、匠心等方面均具有丰富的品牌价值资源：庆元是世界香菇之源，有八百多年香菇种植历史，文脉传承源远流长；是中国生态第一县，森林覆盖面积达86%，香菇种植环境原生如初；"庆元香菇"品相好口味佳,品质淳正出众;"庆元香菇"种植技艺八百多年来代代相传,技艺精湛,是国内其他产区学习香菇种植技术的典范;庆元菇农一直坚守虔诚的匠心,拥有一套独特的香菇文化和信仰体系。由此,"庆元香菇"品牌从文脉、环境、品质、技艺、匠心等方面发展出五大价值支撑。

　　菇源如故:历史悠久,香菇之源;菇境如故:生态优质,原生如初;菇品如故:色味俱佳,品质淳正;菇艺如故:世代传承,技艺精湛;菇心如故:信仰菇神,匠心虔诚。

图 12-9　"庆元香菇"价值支撑体系[①]

### 4. 品牌口号:文脉相率

　　"庆元香菇"所具有的价值支撑正是现在消费者所追求的超脱产品本身的价值,十分符合当下农产品消费回归传统重拾记忆的消费趋势。因此,"庆元香菇"采用拟人化的表达,将品牌口号确立为"庆元香菇 一见如故"。

　　"一见如故"这一成语的原意是指初次见面就像老朋友一样合得来,形容朋友间的情投意合。品牌升级时,消费者购买香菇时对品牌选择尚未形成认知,对"庆元香菇"的品牌认知也有所缺失。对于全国多数消费者而言,"庆元香菇"产品虽然已走上万千食客的餐桌,但对"庆元香菇"这一品牌却相对陌生。初次见面却似曾相识,这是"庆元香菇"品牌与消费者之间的深层链接。"一见如故"表达出消费者对品牌的喜爱和消费黏性。

　　拆解"一见如故",从"如故"入手,能延伸更丰富的内涵。"如故"即"如初",指事物跟原来一样,多形容事物保持原本美好的状态。在"庆元香菇"的价值支撑中,不论文脉、环境、品质,还是技艺、匠心,经过八百年的传承,依然保有当初吴三公开创世界香菇之源的美好状态。如今的消费者,见到"庆元香菇",仍能感受到这种如初如故的美好状态。

---

　　① 资料来源于浙江芒种品牌管理集团。

　　"故"是"故乡"，是庆元作为世界香菇之源、世界香菇故乡这一重要行业地位的彰显；"故"是"故友"，是庆元与外界通过香菇"以菇会友"的重要载体。消费者通过一朵小香菇，能够认识了解整个庆元。

　　"庆元香菇，一见如故"这一品牌口号，针对香菇消费的品牌认知模糊问题，顺应农产品消费的情感消费趋势，彰显庆元作为世界香菇发源地的重要行业地位以及"庆元香菇"淳正如初的优异品质，并使庆元通过香菇实现与外界的沟通，以菇会友。这一品牌口号个性鲜明，确立了"庆元香菇"品牌的差异性特征，同时，朗朗上口，便于传播。

　　5. 提炼文脉，重塑传播形象

　　(1)品牌主形象(见图 12-10)。"庆元香菇"于 2003 年成功注册为证明商标，但该商标的使用度较低，"庆元香菇"产业相关农户、农企认可度不高，消费者对该商标亦缺乏认知。"庆元香菇"原有商标设计年代较早，与当下受众的审美标准存在较大差距，且不具备鲜明的品牌个性，亦难以传递重新构建完成的品牌价值体系，因此"庆元香菇"决定更换品牌标志。

图 12-10　"庆元香菇"品牌主形象①

　　新的品牌主形象以菇盖厚实、不规则，菇脚斜出、微翘的一朵香菇为基础展开演绎。此香菇形象是传统优质香菇的典型形象，彰显"庆元香菇"的品类特征；菇盖形象与斗笠相近，菇脚形象又似老者胡须，整体与传说中吴

———————————

　　①　资料来源于浙江芒种品牌管理集团。

三公头戴斗笠的形象相似,体现庆元作为吴三公故乡、世界香菇之源的地位;同时,菇脚形象犹如涓涓溪水,菇盖形象犹如古朴廊桥,传递庆元这一"中国廊桥之乡"的形象;主形象线条以书法笔触描绘,品牌名称以厚重质朴的手法书写,色彩以接近香菇原色的棕色为主色,体现庆元的深厚文脉与古朴品质。"庆元香菇"品牌主形象整体简约大方,具有鲜明的品牌个性,既能体现"庆元香菇,一见如故"的品牌核心价值,又符合当下消费者的审美标准。同时右下角有"丽水"这一产地标识,可以让更多人了解到"庆元香菇"的地理位置,在说到浙江丽水的时候能够产生联想。

　　(2)品牌衍生形象(见图 12-11)

图 12-11　"庆元香菇"品牌衍生形象①

---

　　①　资料来源于浙江芒种品牌管理集团。

基于品牌主形象和人物故事，创制品牌衍生形象，借助"庆元香菇"的匠心栽培背景和过硬的技术功底，设计出一组"香菇种植功夫图"，借助山水、廊桥、香菇等元素，配合辛勤栽培的青年、老年菇民，传达当地菇民认真种植、用心钻研、真情培育的精神。

（3）产品包装形象（见图12-12）

图 12-12 "庆元香菇"产品包装①

"庆元香菇"以自身顽强的品牌发展精神，经历八百多年的曲折发展，成长为今日行业内的顶尖实力品牌。这个让人"一见如故"的香菇品牌，为大家带来生活的"鲜味"，也带来了老朋友般的温暖及其背后的温情故事，这份淳正如初的菇香将持续流传。

---

① 资料来源于浙江芒种品牌管理集团。

## 第十三章

# 地理标志农产品品牌的品牌代言者选择[①]

　　2011年,地标农产品品牌白水苹果邀请演员许晴担任品牌代言人,此举作为地标农产品品牌一个投入较大的传播策划,引发了众多关注。各方对此举的评价及其立场截然不同,当地果农等对贫困县白水高价聘请代言人许晴保留意见,认为"找明星不如找袁隆平代言""砸重金请明星代划不来";白水苹果果业管理局代表认为"明星代言提高苹果知名度";白水县政府官员则认为"做广告是好事,不见得非要请明星";白水县认为,许晴代言有效,并在2015年与其续约。[②] 此事引发了地理标志农产品品牌代言人选择的问题讨论。根据地理标志农产品品牌的十大基础特征、四大核心特征,同时匹配其核心消费者群体的特征,应当选择怎样的品牌代言人类型进行有效代言,这是关系品牌代言策略有效性的核心举措。

---

　　① 胡晓云.品牌代言传播研究[M].杭州:浙江大学出版社,2012.

　　② 苑广阔.国家级贫困县耗资千万请许晴代言苹果值不值?[EB/OL].(2011-10-20)[2023-12-26].http://www.chinanews.com.cn/gh/2011/10/19/3400837.shtml.

## 第一节　品牌代言者类型及其符号特征

### 一、品牌代言人及其品牌代言传播

(一)品牌代言人

品牌代言人指的是为品牌发言、发表支持(或推荐)品牌的言论、展示支持(或推荐)品牌的行为、形成符合品牌个性的符号性和象征意义的品牌传播者。

品牌代言人与品牌名称、品牌标志、象征符号、标语、包装等一起,被界定为"品牌要素"。①"品牌代言人"相对应的英文词汇表达为"Brand Spokesperson"或"Brand Endorser",国内称之为"品牌形象代言人""品牌形象使者"等。

品牌代言人是品牌的战略性要素之一,是品牌特殊的象征性符号,是由相关企事业单位及其品牌管理者利用或创造,整合性、策略性地代表品牌发言、提供品牌信息,发表支持(或推荐)品牌的言论,展示支持(或推荐)品牌的行为,在各个与信息接收者、消费者接触的接触点上表现与品牌之间的良好互动关系,并集中体现品牌个性、表现品牌特质的真实(或虚拟)的人、动物、其他生物体或静物、组织或群体。

根据品牌管理者的品牌战略和品牌传播策略构想,品牌代言人被赋予为品牌代言的特殊使命,在品牌传播的任何接触点上以代言者或推荐者身份出现。从品牌代言的多样性和完整性角度而言,品牌代言人应当称之为"品牌代言者"。②

(二)品牌代言传播

品牌代言传播策略的前身是广告代言传播,它是随着品牌及品牌化(branding)的实践与理论的产生与发展、随着整合营销传播(IMC)和整合品牌传播(IBC)等新的说服性传播理论及实践的产生与发展应运而生的传

---

① 小泉秀昭.ブランド構築における有名人広告の戦略的考察:情報源効果と意味移伝のコミュニケーションモデル[J].日経広告研究所報,1999,187:40-50.

② 胡晓云.品牌代言传播研究[M].杭州:浙江大学出版社,2012:10.

播策略。

在品牌消费和品牌竞争时代,品牌传播从整合角度取代并涵盖了单一的广告通道,单纯的广告代言传播无法满足品牌传播的需要,而品牌代言传播能够使品牌传播从单一走向整合,从手段走向策略,从产品走向品牌,从渠道走向要素。因此,品牌代言传播及其策略成为品牌时代的重要传播策略,它超越了单纯作为广告表现策略与方法应用的名人广告、明星广告、形象代言人、广告代言人等单一手段和单一传播信道层面的广告传播策略,是一种实施品牌战略意图的品牌传播策略类型。

在品牌代言传播活动中,代言者在传播中的身份属于传播中介,当信源信息传播的决策者选择了代言者策略,代言者便成为信源(品牌主)与信息传递对象之间的传播中介。[①]

品牌代言传播(Brand Spokesperson/Endorser Communication),指的是在品牌传播过程中使用"代言传播"策略,利用代言人或代言者的形象及其推荐言行实现传播目标的传播现象、传播策略。具言之,它是品牌管理组织根据品牌战略目标,采用创造或利用真实(或虚拟)的人、动物、生物或静物、组织或群体等信源为品牌发言,发表支持(或推荐)品牌的言论,展示支持(或推荐)品牌的行为,形成符合品牌个性的符号性和象征意义的品牌传播活动。在品牌代言传播活动中,作为信源的品牌代言者以品牌的信源代言者身份出现,并整合信源,一致表现与品牌间的良好互动关系,构建并集中体现品牌个性,表现品牌特质,提升品牌核心价值与符号意义,是品牌战略管理的重要策略之一。

(三)品牌代言策略的应用价值

根据美国传播学者 Gordon. L. Patzer 的论点,在品牌代言传播过程及其体系中,品牌代言者的身份属于传播中介。终端信源——品牌经营管理者选择了采用品牌代言传播策略,使得品牌代言者成为传播中介。因此,品牌经营管理者是品牌代言传播过程及其体系中出现的代言者的信源,而品牌代言者又是传播接收者的信源。

作为品牌传播过程中连接终端信源和终端接收者的信息中介者,品牌代言者作为品牌信息的二级传播者,担当着品牌信息发布者和品牌推荐者、

---

① Gordon L. Patzer. The Physical Attractiveness Phenomena [M]. New York: Plenum Press, 1985: 183.

体验者、证明者、象征者等多种身份(见图 13-1)，在拥有这一特殊身份实施了有效的代言传播之后，品牌代言传播策略便可能产生特殊的应用价值。

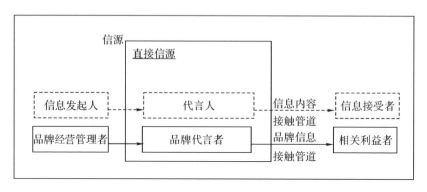

图 13-1　品牌代言者在品牌传播中的身份

1. 可避免品牌信息的非人格化传达，体现品牌的亲和、感性的人格与符号魅力。利用品牌代言传播策略进行品牌信息的传播与沟通时，将利用人和动植物、组织甚至静物的亲和力替代品牌信息的物理属性、理性因素，用感性的、贴近相关利益者的情感因素和形式进行信息传递，使品牌信息富于人性化，并同时传达人格与符号的魅力，为品牌资产加分。正如大卫·艾克所提出的，将品牌作为人、作为符号。

2. 可避免品牌信息的零散展示，使品牌获得统一性和整合力。品牌代言者属于整合品牌传播中的战略性符号，它不单在广告中得以表现，更在品牌传播的所有接触点和相关利益者接触与交流，形成"一种声音""一个形象"的整合品牌传播。他(她、它)们不仅整合了品牌信息元素，使相关利益者能够在短时间内简单快速地获取信息，更能够统一、整合地体现品牌个性，而整合营销传播可获得整合认知的优势，涵盖接触的各个方面并产生整合的力量[1]，品牌代言传播策略可利用代言者创建整合力量，达到整合传播的整合优势(见图 13-2)。

3. 可利用品牌代言者作为第三方信源的可信度，获得终端信源直接表达所不可能达到的背书效果。因为有其人所共知的利益驱动和作为说服性

---

① 唐·舒尔茨.21世纪企业决胜关键——整合营销传播[M].吴怡国,译.北京:中国物价出版社,2002:21-23.

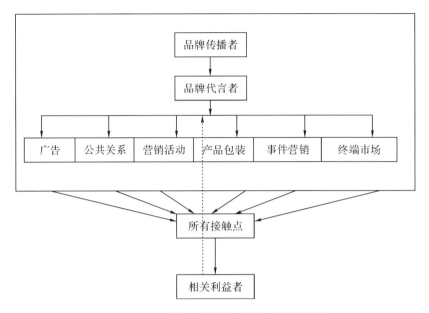

图 13-2　品牌代言传播策略的信息整合图景

传播的"一般不为人所需要的传播行为"特征①,信息接收者对作为终端信源的企事业单位的言语行为存在着一定程度的负面判断,用第三方即品牌代言者进行中介表达,能够增加可信度,令相关利益者对品牌代言者产生好感并对品牌形成正向态度,加强品牌传播的有效性。

4. 可深层次对应相关利益者。品牌主体可按照对相关利益者的特性认知,通过创造和利用代言者,建构品牌符号体系,塑造品牌个性及其气质,体现品牌的独特性、差异性,表现品牌形象,深层次对应相关利益者。差异化战略是三大竞争战略中的重要战略,而利用品牌代言传播策略可达到差异化品牌战略的实现并同时成就品牌资产。在高度竞争的市场环境里,产品的技术因素等很容易被模仿,而一个品牌所具有的独特个性及其气质资产,是无法复制的。

因此,有效利用品牌代言人(者),实施品牌代言传播策略,可以提升品牌的亲和力、独特魅力,提高品牌的口碑与消费示范性,促进品牌价值增值,

---

① 保罗·梅萨里. 视觉说服——形象在广告中的作用[M]. 王波,译. 北京:新华出版社, 2004:5.

并"爱屋及乌",达成品牌忠诚。

## 二、品牌代言者类型及其符号特征

历史上,因品牌方与品牌策划公司等的共同努力,开发了众多类型的品牌代言人(者)。这些品牌代言人(者)有其自身的符号特征。

(一)品牌代言者类型

根据众多学者的研究结论以及作者本人对历史上出现过的品牌代言人(者)的应用研究,得出以下有关品牌代言人的类型分类(见表13-1)。

表 13-1　品牌代言者类型分类

| | 人—动物—生物体或静物—组织或群体 |
|---|---|
| 真实 | (1)演艺明星;(2)体育明星;(3)专家(某一领域的专业权威人士);(4)企业领袖(CEO);(5)企业员工;(6)典型消费者;(7)名人(除了明星、专家、企业领袖等之外的知名人士,如政治家、社会活动家等);(8)动物;(9)动物明星;(10)美女或美男;(11)儿童;(12)其他生物体;(13)公益组织;(14)娱乐组织;(15)专业或行业协会组织;(16)静物 |
| 虚拟 | (17)已创造的角色的再利用(如米老鼠等代言新品牌);(18)虚拟演艺明星;(19)虚拟体育明星;(20)虚拟专家(某一领域的专业权威人士);(21)虚拟动物演艺明星;(22)虚拟企业领袖(CEO);(23)虚拟企业员工;(24)虚拟美女或美男;(25)虚拟名人(除了明星、专家、企业领袖等之外的知名人士,如政治家、社会活动家等);(26)虚拟儿童;(27)虚拟典型消费者;(28)虚拟公益组织;(29)虚拟娱乐组织;(30)虚拟专业或行业协会组织;(31)卡通人物造型;(32)卡通动物造型;(33)卡通奇幻形象造型;(34)拟人化造型;(35)虚拟生物体;(36)虚拟静物 |

资料来源:本研究根据四种互补标准分类而成。

(二)品牌代言者类型区分

1. 真实或虚拟的人

这一类型的品牌代言人是真实或虚拟的人。根据品牌战略管理者的目标,这些真实或虚拟的人被赋予为其品牌代言传播的特殊使命,在品牌的整体传播活动中以代言者的身份进行相关表现。而以真实或虚拟的人作为品牌代言或推荐者代表品牌发言、提供品牌信息,发表支持(或推荐)品牌的言论,展示支持(或推荐)品牌的行为,在各种活动中表现与某品牌之间的良好互动关系,并集中体现品牌个性、表现品牌特质的传播策略,一直被作为代言人应用的主要构成部分。

（1）由真实的人担任的品牌代言人。从历史和现实应用角度来看，该类品牌代言人大致包括 9 种类型的真实的人，即演艺明星、体育明星、专家（某一领域专业权威人士）、企业领袖（CEO）、企业员工、典型消费者、名人（除了明星、专家、企业领袖等之外的知名人士，如政治家、社会活动家等）、美女或美男、儿童等 9 类。

演艺明星指主要从事演艺事业并获得高知名度和注目率的演艺人员。体育明星指主要从事体育事业并获得高知名度和注目率的体育人员。专家指在某一领域中具有相关知识并因此成为专业权威的专业人士。企业领袖（CEO）指的是某企业的领导人。名人指有相当知名度的知名人士，除了有相当知名度的明星、专家、企业领袖等之外，还有如政治家、社会活动家等人（本课题中一般单指政治家、社会活动家等）。企业员工指的是某企业中的普通工作人员或一般的部门主管。典型消费者指的是某一产品或品牌主要的、重要的消费者。美女或美男指具有美丽容貌等生理吸引力的男女。儿童泛指年龄未达少年期的幼小孩子。

（2）由虚拟人担任的品牌代言人类型。虚拟人包括虚拟演艺明星、虚拟体育明星、虚拟专家、虚拟企业领袖（CEO）、虚拟企业员工、虚拟美女或美男、虚拟名人（指创造的除了明星、专家、企业领袖等之外的知名人士，如政治家、社会活动家等）、虚拟儿童、虚拟典型消费者、卡通人物造型（包括机器人）、拟人化造型等 11 类。

和真实的人比较，虚拟人大多属于想象创造的产物，是属于借助想象和技术创造出来的人物形象。其中的虚拟演艺明星、虚拟体育明星、虚拟专家、虚拟名人、虚拟企业领袖、虚拟企业员工、虚拟儿童、虚拟典型消费者、虚拟美女美男等会出现三种可能性：一种是在设计之前已经有相关的真实的原型存在；一种是整合各个真实原型的特征然后进行设计创造；一种是在设计之前没有相关的真实原型存在。前两种属于对真实原型的符号化设计或者卡通化，如将某名人卡通化的案例，美国通用面粉公司的贝蒂·克罗克是众多原型的结合，绿巨人则属于完全依靠合理想象所创造的虚拟人。当然，合理想象也一定会受到集体无意识即原型心理的影响。

已创造的人物角色的再利用，是指将已经被创造并或许已为人熟知的小说、童话等艺术作品中创造的形象作为代言人使用，如将日本的一休哥、铁臂阿童木、中国的葫芦娃等作为某品牌的代言人。

卡通人物造型指采用卡通、动漫等技法创造出来的人物形象，如卡通的海尔兄弟形象。拟人化造型指采用拟似人物的造型方式创造的人物形象，如米其林轮胎的米其林男子形象。

2. 真实或虚拟的动物

真实或虚拟的动物担当品牌代言者的包括各类动物、动物明星、卡通动物造型、虚拟动物明星（已创造的动物角色再利用）等四种。

与人和虚拟人类似，动物和虚拟动物的区别在于，前者是一种物质形态的客观真实存在，后者是通过想象和技术参与制作而成的。利用真实的动物作为品牌代言者的品牌不多，但利用真实或虚拟的动物作为品牌代言者的有成功案例，如著名的百年啤酒品牌百威。

具有百年品牌史的百威一直采用真实与虚拟的动物、真实的人三种类型互补的品牌代言传播策略，在不同的时期和空间使用了马、狗、青蛙、蜥蜴、蚂蚁、典型消费者等众多的动物和人类品牌代言者。

动物明星指的是具有相当知名度和关注率的动物，一些具有特殊才能的动物会成为明星继而成为一些品牌的代言者。但真实的动物担任代言者较少见，较多的是利用已创造的虚拟动物明星，如加菲猫、米老鼠、兔八哥、金刚等多为虚拟动物明星，而许多品牌会利用这些虚拟动物演艺明星代言。如在法国冠军超市（Champion Supermarkets）的品牌促销活动中，利用兔八哥、金刚等消费者熟知度非常高的虚拟动物明星作为品牌代言者进行品牌接触活动，虚拟动物明星大多为卡通动物造型。

3. 真实或虚拟的生物体或静物

除了人和动物之外，由真实或虚拟的生物体或静物为品牌代言的情况较少见但呈现越来越多的现象。此类代言者包括生物体、虚拟生物体、卡通奇幻造型、虚拟静物等四种。其中，虚拟的卡通奇幻形象造型在卡通造型技术的支持下使用得越来越多。卡通奇幻形象造型的品牌代言者是指以卡通技术创造的奇幻形象为某品牌代言，这一类品牌代言者中，过去最具典型性的数"Qoo"即酷儿。酷儿饮料于1999年在日本研制成功，2000年成为可乐在日本市场的第三大品牌，2001年相继在香港、新加坡等地上市，很快成为当地首位果汁饮料品牌。当年年底在中国内地陆续上市，不到一年，与统一、康师傅位于同一阵营。从产品导入至今，"Qoo"奇幻形象就一直伴随着该品牌饮料,作为品牌的形象与消费大众接触、互动,并有了酷儿网站、酷儿俱乐部等集聚品牌忠诚消费者的特殊接触管道。

虚拟生物体和生物体、静物或虚拟静物的代言现象不多见,但随着代言的符号化倾向越来越明显,静物或虚拟静物的代言符号已体现出独特代言价值。如"竹叶青"茶叶品牌就在采用名人(体育明星)代言时,同时采用了围棋棋子这一象征性静物,符号化体现"竹叶青"茶叶品牌的品牌核心理念。特别是通过对静物的虚拟化、卡通化创造出的如"伢伢"(纳爱斯儿童营养牙膏)的新创虚拟静物代言者,如果设计可爱,能够得到很高的注目率、喜爱度、知名度和代言品牌的指名消费。

### 4. 真实或虚拟的组织或群体

作为品牌代言者的真实或虚拟的组织或群体分两部分,每部分各有三种类型。真实的包括真实存在的公益组织或群体(如绿色环保组织)、娱乐组织或群体(如F4组合)、专业或行业协会组织或群体(如中国广告协会)等。虚拟的组织或群体包括利用想象创造出来的或利用网络虚拟形成的公益组织或群体、虚拟娱乐组织或群体、虚拟专业或行业协会组织或群体等。虚拟组织或群体也包括将已存在的组织或群体的虚拟化或卡通化利用,如美国万宝路香烟的品牌代言群体西部牛仔群体形象,是由一群模特扮演而成的西部牛仔群体。杭州市城市品牌2004年对日本传播时采用了真实的代言群体——女子十二乐坊。各类茶叶区域公用品牌也在采用"非遗传承人"群体代言。

### (三)品牌代言者类型的符号意义特征

### 1. 真实与虚拟两极的符号学解释

在有关品牌代言人研究的十五种理论模型中,来源可信度与相似性理论模型、吸引力理论模型、意见领袖理论、品牌形象与品牌人格理论等,基本立足于真实存在的人特别是具有一定的可信度、专业性、吸引力、相似性、高社会评价和品德因子的真实的人而作的结论。但如果从社会影响理论、归因理论、文化意义转移理论、精细可能性模型、卷入度模型特别是符号学理论模型、原型理论模型分析,虽然同为人、动物、生物体或静物、组织与群体,但因为真实与虚拟、新创与既存的差异,会导致品牌代言传播策略产生完全不同的传播效果。

从符号学理论分析来看,"真实"体现为作为物质形态或组织客观存在的意义,而"虚拟"则体现为人为的、非物质客观存在的"游戏"。① 因此,真实的"真"和虚拟的"假"的符号学解释,会连带到归因倾向,顺从、认同和内化与否,对文化意义的认定、卷入度的深浅高低、信息处理方向的选择等。

(1)真实的共性特征

真实的代言者的共同特征是均作为物质形态或组织客观、真实地存在,因此,他们具有真实存在性、易消逝性、非可控性、非可塑性、社会性等共性特征。而物质存在性、易消逝性、非可塑性和非可控性会带来代言者真实的个性、吸引力、短期效果、成本风险等延伸共性;社会性则带来知名度、专业性、社会评价、匹配性、品德等延伸共性。这些共性特征导致作为真实的人、动物、生物体、组织群体在担任品牌代言者时不可忽视的矛盾:品牌长期发展与真实存在的非可控性之间的矛盾,生理吸引力和社会评判负面信息之间的矛盾,非可塑性和品牌延伸之间的矛盾等。真实的人、动物、生物体、组织群体的非可塑和非可控性导致策略实施的风险加大。相对而言,静物的非可控风险不大。

同时,真实的人具有身份复杂性。如前所述,演艺明星、体育明星等在美国后来特别是在其他国家,也成了名人中的一分子而且是重要的组成部分;CEO代言现象分为代言在职品牌和代言它品牌两种;而专家、企业领袖等成为名人(宽泛意义上的)才具有更大的代言价值。因此,真实的代言者会因为真实存在而具有共性矛盾,也具有价值互补和力量融合的可能。

(2)虚拟的共性特征

虚拟依靠想象和技术创造所带来的共性特征,是非物质化的客观存在(当然,当虚拟形象成为一种实物呈现时,是另一种方式的客观存在)。而非物质化的客观存在所产生的符号意义为非真实、想象、象征、游戏等。因此,虽然虚拟是人为的虚拟,并可能被赋予了真实世界的文化意义,也存在着真实世界的价值评判,但它同时是一种非物质的真实存在,是一种以语言或象征建构起来的存在,具有被人控制的可控性、可塑性、可对应性等特征。同时,虚拟也许会带来人们对它的可信度的怀疑,或者作出非真实的认定,认为人们在虚拟环境里的生活状态皆是象征和语言建构的"游戏的世界"。②

①② 古田隆彦.生活市场最先端—ポスト感性时代の読み方[M].东京:ビジネス社,1987:3-25.

2. 既存与新创的差异性

(1)"既存"的特征

既存的品牌代言者包括两部分，一部分是已存在的具有物质形态或组织结构的人、动物、生物体或静物、组织或群体，包括前述的真实的代言者的全部。这一部分既存的品牌代言者具有作为真实代言者的真实存在性、易消逝性、非可控性、非可塑性、社会性等共性特征，而物质存在性、易消逝性、非可塑性和非可控性会带来代言人真实的个性、吸引力、短期效果、成本风险等延伸共性；社会性则带来知名度、专业性、社会评价、匹配性、品德等延伸共性。既存的品牌代言者的另一部分是指已存在的通过想象以语言文字或技术创造出来的、虚拟的动物、人物、生物体或静物、组织或群体等。这部分代言者包括前述的虚拟代言者中"已创造的角色的再利用"类型。作为已创造的角色，这一部分品牌代言者已通过想象与技术参与，具备了非物质的或物质的存在性、非可塑性和非可控性，并通过其他方式在人们心目中获得了个性、吸引力及其社会性，及由社会性带来的知名度、社会评价等。因此，既存的品牌代言者在被某品牌利用时，属于二次接触，是已存在的特性和作为代言者的特性两者的叠加。这种叠加，使既存代言者具有文化意义让渡和信息源效果意义，也增加了匹配的重要性。

(2)"新创"特征

新创的品牌代言者与既存的品牌代言者不同，是通过想象和技术新创造出来的动物、人物、组织及其其他想象生物、静物等，它是一个完全新生的事物。因此，虽然带着创造者投射的印记，但它是新鲜的，是按照人们的意志创造的。因此，它具有可塑性、可控性等特征，但同时没有既存代言人的知名度、个性印象等已有代言者的特征，与人们之间的沟通需要更多的认知和解读。

3. 各种类型品牌代言者的符号意义差异

(1)真实代言者的符号意义差异

在九类真实的人所具有的符号意义中，除了作为真实的客观存在物和作为人的理性与感性结合、社会性等共性之外，也有重大差异。如上述演艺明星、体育明星、名人、专家、企业领袖等五种类型，因具有一定的知名度、注目率、吸引力、专业话语权等因子而体现为"意见领袖"的代言或推荐的价值。企业员工因是企业中的普通人员或一般的部门主管，他们表现和承载着企业的服务特质、企业文化、员工面貌，典型消费者因是某一品牌的消费者，他们具有和消费者之间的成员相似性或态度相似性、产品体验性等象征意义。美女或美男因具有美丽容貌而存在吸引力并成为美丽的代名词，儿童则因幼小而具有可爱、纯洁的象征意义。因为各种存在要素的不同，他们更体现了符号意义的差异性。

名人（包括明星等）因是知名人士，其符号意义一般显示他或她由于是社会中知名的、引人注目的、杰出的或者显要的人物，而具有在社会中的相对控制力，具有意见领袖的影响力。因此，和名人、明星匹配的品牌与和其他类型代言人的匹配有本质差异，同时也更能让消费者产生移情心理、产生文化意义让渡。

明星一般分为演艺明星、体育明星两类。明星具有知名、个人魅力强、具有某种专业话语权等共性特征，不同的是，体育明星一般只是单一的体育专家身份和名人身份的结合，演艺明星则是真实身份、原角色身份、表演角色身份三重身份的结合。前一种身份真实并蕴藏着内含意义，后两种身份属于真实和虚拟两种符号的叠加。作为真实身份出现时，名人与明星的符号意义强于其他意义；作为原角色身份出现时，角色身份超过其他意义；作为表演身份出现时，表演内容的意义显示超过其他意义。三重身份集于一身，在不同的身份为主亮相时，其代表的符号意义不同。

专家因是某方面的权威，其符号意义是专业、内行、严谨甚至刻板等；企业领袖所代表的符号意义是个人的能力、魄力、智慧所形成的传奇色彩和令人崇拜和信仰的理想与成功；而儿童的符号意义是真实、天真、纯洁、希望等。

真实的动物与动物明星、生物体因其所处的文化环境、与人之间的关系体验而被附加符号意义，各种动物与生物在各种文化和与人的关系中都具有约定俗成的符号象征意义。如中国文化符号和中国人眼中的狼的凶狠、狐狸的狡猾、狮子的彪悍、老虎的威严、兔子的温顺、猩猩的强大等。

真实的组织与群体由于分类不同而体现不同的符号意义。非营利性组织一般体现的是具有人文关怀、公正无私的符号意义（当然，如果出现了"郭美美"事件，则可能会产生一定的甚至重大的影响。但针对中国内地"80后""90后"的两度调查显示，该事件对这一群体对公益组织的评价基本没产生负面影响)①;行业与专业组织体现专业和权威性符号特征;娱乐群体组织则体现其娱乐性、吸引力等意义。

（2）虚拟代言者的符号意义差异

虚拟是想象、创造、技术、游戏的产物，更体现符号的象征意义。其中的虚拟明星、专家、名人、企业领袖、员工、儿童、典型消费者、美女美男、已创造的动漫形象等因存在原型会出现符号叠加意义，体现真实原型和符号化形象的叠加。原型和虚拟人、动物、生物体或静物、组织与群体的相似性、匹配性及其想象力将成为视听众在接受虚拟人（者）时的评判标准之一。而如纳爱斯儿童营养牙膏的"伢伢"这一类的虚拟代言者，因为是牙齿和儿童形象两种真实的人与物的原型的叠加组合，将体现两个原型组合的符号意义，牙齿静物原型基础上张扬的可爱儿童形象，使得"伢伢"更惹目标消费者喜爱。

真实的代言者是既存的，而虚拟的代言者是新创的。既存的因已有了存在的历史同时具有知名度、社会评价等先期特征或影响力，新创的则无任何先期特征或影响力，而虚拟并既存的类型也存在着先期特征或影响力。当真实与虚拟结合，代言者符号将显示出新的意义。如日本"午后红茶"品牌采用已故明星赫本代言，在真实、既存的先期特征与好感度基础上，对代言人进行虚拟的故事演绎，既延续了代言人的先期特征与好感度、影响力，同时又开发了与品牌共同成长的生命未来。

# 第二节　不同类型品牌代言者的代言适用性

将上述对不同类型品牌代言者类型和符号意义解析，与代言人相关理论模型、历来有关成果进行结合分析可见，不同类型的品牌代言者具有不同的代言适用性。

## 一、真实品牌代言者的代言适用性

过往的研究模型和相关研究只涉及了名人、明星（演艺与体育）、专家、企业领袖、典型消费者、企业员工、非营利组织代言等 6 种真实的代言者类型。根据已被应用的真实代言者类型，如今已存在着以下 16 类真实的代言

①　胡晓云.品牌代言传播研究[M].杭州:浙江大学出版社,2012:98.

者（见表 13-2）。

表 13-2　真实的品牌代言者类型

| 序号 | 真实代言者类型 |
|---|---|
| 1 | 演艺明星 |
| 2. | 体育明星 |
| 3. | 专家（某一领域专业权威人士） |
| 4. | 企业领袖（CEO） |
| 5. | 企业员工 |
| 6. | 典型消费者 |
| 7. | 名人（除了明星、专家、企业领袖等之外的知名人士，如政治家、社会活动家等） |
| 8. | 不知名的美女或美男 |
| 9. | 儿童 |
| 10. | 动物 |
| 11. | 动物明星 |
| 12. | 其他生物体 |
| 13. | 公益组织或群体 |
| 14. | 娱乐组织或群体 |
| 15. | 专业或行业协会组织或群体 |
| 16. | 静物 |

1. 名人（包括明星）代言人的代言适用性

（1）类型适用性

比较虚拟代言人，名人（包括明星）代言人具有真实共性；比较同具有真实共性的代言人，名人（包括明星）代言人具有"意见领袖"的特质；比较同具有"意见领袖"特质的其他类型的代言人，名人（包括明星）代言人具有更强的个人魅力、知名度、关注度以及专业话语权。因此，名人（包括明星）代言人在吸引注意力，表现产品口味，对购买产生影响，对同性的指向和说服，增强广告态度、品牌态度、对广告的记忆度、信息清晰度、广告吸引力方面都相对较强。[①]

名人（包括明星）代言人的品牌适用性较广泛。对于品牌卷入度低的消费者而言，名人（明星）代言可通过使消费者确认并认同，产生较好的广告态度、品牌态度、可信度并产生购买意愿。同时，名人（明星）也适合担任高价格、高风险、高质量认知、高感性产品或品牌的代言人。处于鼎盛期的名人（明星）适合代言导入期品牌，具有潜质和成长性的名人（明星）适合担任成长期品牌。

---

①　胡晓云.品牌代言传播研究[M].杭州:浙江大学出版社,2012:102.

（2）保证因素

大量研究证明，要使名人（明星）代言人发挥最好的代言作用，信源的可信度、专业性、吸引力、相似性、喜爱度、熟悉度、品德因子、社会评价等是适用的选择标准，但在具体使用该选择标准时，需要保证下列相关条件。

①名人（明星）与产品的相关度、与目标对象的相关度高。名人所传递的信息应当和产品的核心实质保持一致，名人代言人要获得成功，必须是有见识、有经验、有资格对该产品发表意见的人。名人代言是否成功取决于名人在代言过程中体现的意义，是否确切并是否被准确理解。整个过程中最难把握的可能就是消费者领会名人注入产品中的意义的方式，品牌代言人要可信，需要有名气声望、产品相关和可信任性。

②须合理使用生理吸引力。要达到名人（明星）代言效果，名人（明星）的吸引力要强，但应当考虑名人（明星）生理吸引力和品牌的匹配度。同时，产品或品牌卷入度低时，可能会因名人的属性而妨碍核心信息传达，高吸引力可以产生积极的传播影响，但未必能对消费者产生购买影响。如果高吸引力和高专业性结合，则可使视听众产生积极的品牌态度和购买意向，光有吸引力则对购买意向无明显影响。具有生理吸引力的名人（明星）代言能增加生理吸引力产品的信赖性，但对于不能增加吸引力的产品并不一定能发挥更好的优势；具有生理吸引力的代言人对视听众的品牌态度和购买意图有积极影响，但代言人的专业性比生理吸引力更能引发代言人和产品的匹配。

③根据不同的传播目标，要合理搭配诉求方法和暴露频次。根据对记忆度、广告态度和品牌态度改变或提升的目标，应搭配理性诉求；根据购买意愿目标，应搭配感性诉求；即使名人（明星）的可信度高，曝光频次也要达到 2 次才能获得最好的记忆度效果。

④控制多品牌代言现象。尽管多个名人（明星）代言人在吸引各种不同的目标消费者方面是有益的，但最好采用名人（明星）独家代言，不能使用代言品牌达到 4 个的名人（明星），因为那样不仅会影响视听众对该代言人的喜爱度和信任度，且对代言品牌的态度及其购买意图都产生反作用。

⑤为了增加品牌信息可信度和促进购买，多采用双面代言策略。名人代言人采用双面代言策略的效果最好，同样的名人广告，双面说服的效果明显优于单面说服。

⑥努力寻找商业代言和公益代言配合的机会。在名人（明星）已有商业

代言背景时,增加公益性代言会使消费者对名人(明星)的评价以及传播活动的态度评价更高。

⑦拓展新媒体机会。名人(明星)代言的新媒体适用性较强,如名人代言的部落格的代言效果都显著优于专家代言与无代言。

⑧演艺明星的三重身份中,应谨慎使用在传播中角色扮演特别是扮演专家的策略。名人扮演的角色为专家身份时,并不一定能够相对增加其可信度。如以张铁林作为对象,去解剖其文化意义转化的话,可以发现,张铁林在其职业特性和个性特性上,体现出了特殊的文化转化意义:在受众眼里,张铁林是个明星,是个持有英国护照、在国外学习过表演相关专业、具有一定的专业学术底蕴的影视明星(身份一);他擅长扮演中国皇帝,是个"皇帝专业户"(身份二)。因此,如果请张铁林担任某品牌的代言人,他的职业身份便能够体现出与皇帝形象相关的、围绕"宫廷"意义系统的文化象征。从这个意义上,皇帝形象的表演创造了张铁林的双重身份和符号特征,而张的双重身份和符号特征会将特定的文化意义转化到与其相关或者是请其代言的企业、商品身上,并进一步转化为消费者消费产品及其生活方式的文化意义。

⑨合理使用性别差异。不同性别的代言人适合代言不同的产品,如女性比男性更适合促销具有阴柔特征的产品;不同性别的视听众或消费者对不同性别的代言人的信任度不同,无论男女,名人(明星)代言人都对同性更具有说服力。

⑩增强风险意识。作为真实的代言人,其共性特征中的易消逝性特别是社会性所带来的问题,对真实的人担任品牌代言人的适用性造成困难,生老病死会加重代言风险,负面信息会降低消费者评价。负面信息在传播活动前被披露,对品牌影响较大,品牌与推荐人的关联度越强,负面信息对品牌态度的影响越大,代言人行为影响企业的行为并影响代言的经济价值,代言人负面信息会显著影响传播效果。

2. 专家代言人的适用性

专家(expert)为具有与代言品牌知识相关的专业人士,因此,他(她)是某一方面的行家,其符号意义是专业、内行、严谨甚至刻板。专家既具有真实特征又具有"意见领袖"地位,但专家的生理吸引力或公众知名度、公众关注度等不及名人(明星)。利用专家代言人的目的,是利用专家的专业性而让消费者相信其对品牌代言、推荐或认同是基于他的专业判断、经验和专业水平。因此,专家代言人及其策略的适用性受到作为真实的人的共性特征影响之外,还有其特殊性。

(1)类型适用性

相对于其他代言人类型而言,具有专业性的专家适合代言高品牌卷入度、高经济或功能风险的产品或品牌,因为专家的专业性可以为消费者关注或购买行为的产生提供品牌背书。

(2)保证因素

要使专家代言策略达到好的效果,具有最好的可信度、说服力、代言品牌购买促进力,除了与名人(明星)代言人一样,注意作为真实的人的共性特征带来的风险因素之外,专家代言人策略使用的保证因素还有:①专家依靠其专业性取胜,而非吸引力或其他因素,而代言人专业度是影响购买意愿的主要因素,因此,专家代言人的代言或推荐说辞必须有专业性;②搭配理性诉求方式,配合专家的严谨、内行的符号意义;③使用多个专家代言,共同形成专家背书效果;④代言内容与产品特性的匹配性高;⑤专家代言对男性的影响比对女性要高,可多针对男性视听众或男性消费者;⑥对应消费者高卷入的产品或品牌,专家代言的可信度高。①

**3. 典型消费者代言人的适用性**

典型消费者代言人除了和名人、明星、专家等的真实共性外,其个性特征、符号意义显示出较大差异,因此,其适用性和保证因素也不同。

(1)类型适用性

典型消费者(typical consumer)是代言产品或品牌的真实消费者,他(她)们与视听众或目标消费者处于成员相似、态度相似位置,具有可靠、亲和的特征。典型消费者可分两类:一类与名人(明星)、CEO等一样,本身就具有相当的知名度和个人魅力,具有专家的专业性,是对某品牌消费的典型消费者和意见领袖的重合体;另一类是没有知名度和影响力的典型消费者。前一类是双重的意见领袖,后一类是代言品牌的消费成员。后者对品牌的知名度、喜爱度、购买促进等影响力比不上前一类,但因为相似性和熟悉度高,可靠而亲和,有其独特的适用性。代言人得到消费者认同,是因为具有

---

① 胡晓云.品牌代言传播研究[M].杭州:浙江大学出版社,2012:103-110.

亲切熟悉的感受、引领流行时尚的指标性这两大特质。一般而言,高品牌卷入前提下,典型消费者的吸引力对传播效果与销售促进影响明显;低品牌卷入前提下,典型消费者的专业性对传播效果与销售促进影响明显。因此,典型消费者代言策略的适用性较广泛。

(2)保证因素

①代言人具有真实的消费体验性和相关性。将典型消费者模特与各种产品搭配研究发现,典型消费者的影响力依赖于与和他搭配的产品;②搭配理性诉求并使传播频率达到四次,可达到最好的信息内容记忆效果和品牌态度;③多位代言人联动,多个典型消费者代言人一起联合代言一个品牌会产生最好的传播效果;④目标对象可为女性,因为典型消费者代言对女性品牌态度的影响力比对男性要大;⑤为达到最好效果,可采用双面代言策略,因为在单面说服条件下,非名人代言的传播效果最差;⑥慎用同龄代言人,有研究得出结论,同年龄的典型消费者代言效果最差;⑦充分表现代言人的代言品牌使用体验,在人们的经验和认知中,典型消费者应当是对某一品类产品和某一品牌商品存在高度消费可能性的消费者,他们的符号意义表现为使用经验足。①

4. CEO(企业领袖)代言人的适用性

CEO所代表的意义是个人的能力、魄力、智慧所形成的传奇色彩和令人崇拜和信仰的理想与成功,具有个人魅力和传奇色彩、成功等的象征意义。CEO担任代言人一般有两种情况:为自己任职的品牌做代言人;为其他品牌做代言人。在为自己任职的品牌做代言人时,CEO体现为企业家或领导者身份的独特意义,这是CEO的天然属性,如杰克·维尔奇和GE、比尔·盖茨和微软、维京和布朗逊、卡莉·菲奥里拉和HP、柳传志和联想、张瑞敏和海尔、马云和阿里巴巴、李彦宏和百度等,都是企业领袖有意识地担任在职品牌的代言人。在为其他品牌担任代言人时,CEO体现为名人象征或"意见领袖"地位。因此,CEO是他所任职品牌的潜在资源,也是其代言品牌的"意见领袖",有其独特的代言适用性。

(1)类型适用性

CEO适用于为自己任职的品牌代言或推荐,也适用于作为"意见领袖"

① 参见胡晓云.品牌代言传播研究[M].杭州:浙江大学出版社,2012.

为其他品牌代言。

（2）保证因素

①以往研究证明,该CEO作为名人及其"意见领袖",必须具有可信度、专业性、个人吸引力、知名度、好的社会评价、具有与品牌特质一致性等因素,才能担任代言。②产品高卷入状态下,CEO的专业性对传播效果与销售促进影响明显;产品低卷入状态下,CEO的吸引力与专业性对传播效果与销售促进影响明显。因此,在为他品牌担任代言人时,CEO代言人应当以专业性匹配消费者高卷入的品牌,以吸引力匹配消费者低卷入的品牌。③在为他品牌担任代言人时,因是以名人或专家等"意见领袖"身份出现,其与品牌特质的匹配性、产品适用性、产品真实消费和体验等都是增加可信度的重要因素。④CEO能让男性消费者对其名字记忆最深刻,男性消费者对CEO的成功的关注度高于女性,因此,他品牌的目标消费者更适用于男性。⑤CEO自述者比不自述者的广告能使消费者产生正向的态度,传播效果也较好,以CEO为代言人时,具体表现应让其自述为CEO,以增加传播效果。

5. **企业员工代言人的适用性**

企业员工因都是普通的劳动者或生活者,也没有名人、明星、专家、企业领袖等的知名度、吸引力、公众关注度等要素和象征符号意义,但他们每时每刻都在表达着一个企业或品牌的文化特质和精神风貌,是一个品牌最基层也是最真实可信的表达。有研究证明,以员工为代言人之传播效果比名人代言人要好。①

（1）类型适用性

因为企业员工和企业、品牌之间的特殊关系,企业员工最适合担任在职企业或品牌的代言人。

（2）保证因素

获得企业员工代言人策略最好效果的因素有二:①担任代言人的企业员工应当是真实能够代表该品牌特质的;②是一种基于真实的代言或推荐,而非虚假的表演。

6. **真实组织或群体组合代言者的适用性**

真实的组织或群体组合代言者一般包括公益组织或群体、娱乐组织或

---

① 赖仲妍.广告代言人类型、广告诉求对广告效果之研究——以原住民文化村为例[D].台北:台湾中国文化大学观光事业研究所,2003.

群体、专业或行业协会组织或群体三类。这三类组织或群体中，所谓的第三方组织或群体（TPO）一般只包括非营利的公益组织和群体。这三种不同的组织和群体的文化意义不同，相关组织或团体，特别是行业协会、行业学会，其符号意义体现出权威性特征，当这一类组织团体成为某品牌代言人时，可增加专业性和权威性，如"中华牙医学会"和高露洁。而第三方组织如绿色组织、消费者保护组织等，则体现出人文关怀意义，当该类组织团体作为代言人时，体现出企业与环境等的良好互动关系。当娱乐团体如一些歌唱组合作为某品牌代言人或广告代言人时，更侧重的是品牌的人气聚集即"意见领袖"作用，阐释品牌风格与神韵的作用。因此，不同的组织或群体担任品牌代言者的适用性也不同。

公益组织或群体由于其存在的宗旨和非营利性质而得到较高的社会评价，较高的社会评价又使得公益组织或群体担任品牌代言者时的可信度较高。研究证明，对同一产品或品牌而言，具有可信度的 TPO 代言比名人代言在产品质量、品牌信息价值上，均对消费者更具有说服力；具有可信度的 TPO 代言比名人代言在代言有形产品时更有效；对有形产品而言，低质量认知的品牌—TPO、高质量认知的品牌—名人代言这两种组合更能增加消费者对产品质量的认知。①

名人代言比 TPO 代言更能引起注意，但被测者更喜欢 TPO 代言的广告；被测者认为与产品具有一致性的 TPO 比不具有一致性的 TPO 更专业、更值得信赖、更能引起购买意图；和产品没有一致性的名人代言最不能引起消费者的购买意图；问题导向性广告中，名人代言比 TPO 代言更能吸引消费者注意；和产品一致性的 TPO 则被认为最具有可信度。② 可见，TPO 适用于代言与其特质一致性的品牌，适用于代言品牌卷入度低的品牌。

具体实施时，应当在选择代言组织时考虑 TPO 和品牌的一致性，以增加可信度；利用 TPO 获得视听众对传播活动的喜爱；在传播时明确强调品牌的质量。

---

① Biswas D, Biswas A, Das N. The Differential effects of celebrity and expert endorsements on consumer risk perceptions. The role of consumer knowledge, perceived congruency, and product technology orientation[J]. Journal of Advertising, 2006, 35(2): 17-31.

② Gnewuch T L. Glitz or goodness: Assessing the comparative effectiveness of endorsements by celebrities vs. nonprofit organizations[D]. Madison: The University of Wisconsin Madison, Department of Mass Communication, 2002.

与公益组织或群体的非营利性质不同,专业或行业组织或群体、娱乐组织或群体一般要考虑整个行业或单一组织群体的营利问题,因此,其可信度、社会评价等不同。娱乐组织或群体的文化意义、象征性等与演艺明星类似,所不同的是,组织或群体涉及一群人一个组织机构所表征的文化意义和象征性。关于后两者的代言适用性,前人无研究成果,本课题综合分析相关理论模型和研究成果认为,专业(行业)组织或群体相对更具有专业性,而娱乐组织或群体相对更具有吸引力,前者适用于为一个行业或专业代言或推荐,后者适用于以吸引力引起高度关注度,并演绎特定风格的品牌。

## 二、虚拟品牌代言者代言适用性

如将"已创造的虚拟形象再利用"计算为一类的话,被使用或可使用的虚拟的品牌代言人类型已达到20种之多(见表13-3)。

**表 13-3　虚拟代言者类型**

| 序号 | 虚拟代言者类型 |
|---|---|
| 1. | 虚拟演艺明星 |
| 2. | 虚拟体育明星 |
| 3. | 虚拟专家 |
| 4. | 虚拟企业领袖(CEO) |
| 5. | 虚拟企业员工 |
| 6. | 虚拟不知名的美女或美男 |
| 7. | 虚拟名人(除明星、专家、企业领袖等之外的知名人士,如政治家、社会活动家等) |
| 8. | 虚拟儿童 |
| 9. | 虚拟典型消费者 |
| 10. | 虚拟动物演艺明星 |
| 11. | 卡通人物造型 |
| 12. | 拟人化造型 |
| 13. | 卡通动物造型(如美的空调北极熊) |
| 14. | 卡通奇幻形象造型(如 Qoo,酷儿) |
| 15. | 虚拟生物体 |
| 16. | 虚拟公益组织或群体 |
| 17. | 虚拟娱乐组织或群体 |
| 18. | 虚拟专业或行业协会组织或群体 |
| 19. | 虚拟静物 |
| 20. | 已创造的角色的再利用 |

1. 虚拟代言者的适用共性

（1）虚拟代言者是想象创造的产物，但并非凭空想象，而是带着人类的印记，受到原型心理的影响，并同时是现实世界的投射。因此，虚拟代言者会被创造者赋予人类原型或者独有文化对原型解释的影响，并同时体现真实世界的人、物、组织的特征，不同类型的虚拟代言者会被远古文化、民族文化及其现实世界打上不同类型的真实的人、物、组织的特征（见表13-4）。

表 13-4　真实与虚拟的对应

| 真实 | 虚拟 |
| --- | --- |
| 虚拟演艺明星 | 真实的演艺明星 |
| 虚拟体育明星 | 真实的体育明星 |
| 虚拟专家 | 真实的专家 |
| 虚拟企业领袖（CEO） | 真实的企业领袖 |
| 虚拟企业员工 | 真实的企业员工 |
| 虚拟不知名的美女或美男 | 真实的不知名美男美女 |
| 虚拟名人 | 真实名人 |
| 虚拟儿童 | 真实儿童 |
| 虚拟典型消费者 | 真实典型消费者 |
| 虚拟动物演艺明星 | 真实动物演艺明星 |
| 卡通人物造型 | 真实的人的艺术化 |
| 拟人化造型 | 真实的人的艺术化 |
| 卡通动物造型 | 真实动物的艺术化 |
| 卡通奇幻形象造型 | 按照各种形象想象而成 |
| 虚拟生物体 | 真实生物体 |
| 虚拟公益组织或群体 | 公益组织 |
| 虚拟娱乐组织或群体 | 真实娱乐组织 |
| 虚拟专业或行业协会组织或群体 | 真实专业组织 |
| 虚拟静物 | 真实静物 |
| 已创造的角色的再利用 | 按照真实的人、物、组织的想象创造 |

因此，虚拟代言者类型世界也会反映真实世界的面貌，视听众也会将对真实世界的认知和评判平移到虚拟代言者世界中。而这种反映和平移，会导致虚拟代言者不同类型不同的可信度、吸引力、匹配评价或社会评判，但这种反映和平移不是机械的，会发生因虚拟而产生的变化。

（2）有真实模本的虚拟名人（明星）、专家等存在两种不同的状况。如虚拟名人（明星）的产生，一是将现实生活中真实的名人（明星）艺术化，根据真人形象塑造虚拟形象,并赋予其人的个性;一种是新创造一个虚拟的人,并赋予名人(明星)身份。前一种是真实和虚拟两者的叠加,虚拟代言者身上反映并延续了真实名人(明星)的可信度、吸引力、专业性或者社会评价等,甚至会反作用于真实的名人(明星)模本。人们对其的可信度评价中,首先会因为该虚拟名人(明星)是否与原模本逼真相似,在各种因素上是否具有与原模本的相关和匹配性。后一种是塑造的名人(明星),是否具有代言人应当具备的可信度,看创造者的塑造效果。虚拟专家、虚拟企业领袖(CEO)、虚拟企业员工、虚拟不知名的美女或美男、虚拟儿童、虚拟典型消费者等都存在以上两种可能性。

(3)虚拟代言者具有相对的可塑、可控、持续性、对应性和经济性五大特征,因此,可以用经济的手段按照意愿和品牌特征塑造并控制代言人,使代言人与品牌个性间具有更好的对应性。"虚拟代言人、动画角色用来为品牌代言,不会像真人名人那样带来天生一些毛病;它们不会因为其私下的行为扰乱主办方。"[1]虚拟代言人比明星代言人的优势为成本低、形象专属、个性明显、可靠性高。因为虚拟代言人可度身定做、系统设计。[2] 以上特征使虚拟代言人的适用性非常广泛,可减少因代言成本、易消逝、社会评价不良、对应性差、可控性弱等真实的人带来的众多风险。

(4)虚拟代言者更多地作用于视听众或消费者的认知及其态度,较适用于服务业的品牌传播。研究证明,在享受型服务业广告中,虚拟代言人比其他三种类型的代言人在提高被测者的广告喜爱度、品牌购买意图方面更有效;虚拟代言人在享受型服务业广告中的表现比在实用性服务业广告中的表现更得被测者的喜爱和信任[3],虚拟人物代言人广告可加强人们对品牌的注意,并提升传播沟通效果。[4]

2. 保证因素

虚拟代言者要取得好的代言效果,除了其要与产品具有相关性、匹配性,具有可信度、熟悉度、喜爱度之外,在使用时还要考虑以下几点。

---

① Gail Tom 1998;Tom et al. 1992.引自胡晓云.品牌代言传播研究[M].杭州:浙江大学出版社,2012:39.

② 李平平.虚拟代言人的务实操作[J].企业改革与管理,2004,8:62-63.

③ Stafford,2002.引自胡晓云.品牌代言传播研究[M].杭州:浙江大学出版社,2012:39.

④ 黄于真.虚拟人物代言广告效果之研究[D].台中:朝阳科技大学,2006.

(1)充分考虑虚拟代言者对行为改变影响力不足的问题。虚拟代言者虽然可以加强视听众对品牌的关注,用喜爱因子影响消费者的广告态度,但广告态度的提升并不一定会增加购买意愿。要将代言产品的诉求置入,搭配符合消费者购买行为的推广方法,提升对品牌的态度,才能提高购买意愿。①

(2)针对虚拟代言者对成人和儿童的影响力、影响方式不同的问题,进行目标对象的匹配性诉求。研究证明,成人消费者对较熟悉、喜爱的虚拟人物会产生较好态度,而如果儿童喜爱、熟悉虚拟代言者则即使不了解产品内容也会产生购买意愿、产生品牌联想,并在无形中被虚拟代言者影响到长期的购买偏好。②,动物拟人化代言人则较不受大学生欢迎。③ 不同类型的虚拟代言人会偏向不同的途径影响态度,消费者会受到专家角色影响,偏向以中央路径进行决策;喜爱虚拟代言人则会促使消费者更依赖边缘路径;产品相关角色也通过中央路径改变消费者态度,但影响甚微。④

(3)新创的虚拟代言者与已存在的不同,需要高暴露频次解决认知度较弱的问题。

(4)视听众对虚拟代言人的形式美感要求较高,并体现出另类特色。研究证明,外形接近真人的虚拟代言人(如动物拟人化、卡通插画、计算机虚拟真人)中,受测者喜爱并信服美感度高的是卡通插画代言人,但在美感度不高与不相关借景效果下,卡通插画代言人的广告效果最差;丑的计算机虚拟人物反而受到喜爱并有说服力。因此,须针对表情、五官、造型、配件、个性背景以及姿态等六个类别设计、调整到最理想状态,让目标视听众喜欢,因为喜爱是虚拟代言人影响消费者的因子之一。

虚拟代言人的优势是无须支付高额代言酬金,无负面信息,可量身定制,更能体现品牌魔力(brand magic),形象稳定专一,可与品牌共成长,形象积极可爱,极易获得年轻消费者喜欢,但无知名度,视听众接受需要长时间,需要投入高成本做IMC,结果具有不确定性。⑤

根据真实与虚拟、既存与新创、历史与现实应用以及不同生物属性(人、

① 黄于真. 虚拟人物代言人广告效果之研究[D]. 台中:朝阳科技大学,2004.
② 柯佩汝. 卡通代言人的广告效果研究[D]. 台北:世新大学,2003.
③ 吴玮茵. 代言拟似真人程度之广告效果研究[D]. 桃园:中央大学,2001.
④ 田治平. 角色代言人在推敲可能性模式的影响途径[D]. 桃园:中央大学,2006.
⑤ 刘世雄. 虚拟代言人,面对欧美的选择[J]. 广告大观(理论版),2003,6:23-24.

动物、生物体或静物、组织或群体)这四大标准,本章不仅分界了 36 种不同类型的代言者,并根据符号学理论对之进行了符号意义的解剖。不同类型的代言者有着不同的符号意义,并蕴含或呈现着不同的信源可信度、不同的信源相似性、不同的文化价值、不同的社会评价与不同的归因、不同的原型意义,也呈现出不同的个性特征、在信息传播中不同的位置和传播价值。而以上诸多的不同,使得不同类型品牌代言者进行代言时的适用性存在重大差异,并且在使用时,需要在品牌卷入度、诉求方式、单一代言或多重代言策略、目标消费者的性别等问题上进行相关对应或匹配,才能获得有效的代言效果。

其次,根据信源理论、符号学理论及其以往的研究结论分析可见,36 种不同类型的代言者存在着不同的分界和适用性,各类型的代言优势或代言劣势之间存在着互补性,如真实与虚拟、既存与新创、不同生物与静物特征之间均存在着互补的符号意义和互补的代言价值。

## 第三节　地理标志农产品品牌的品牌代言人选择与策略要求

根据以上有关不同品牌代言者的类型特征、符号意义、适用性研究结论,针对地理标志农产品品牌在资源方面的独特性,可以在品牌代言者的元素提取、品牌代言传播的独特性两方面,进行有效的品牌代言传播探索。

### 一、品牌代言者的元素提取法则

(一)地理标志农产品品牌的代言适用元素分析

与其他产业的品牌构成元素不同,地理标志农产品品牌有中生有,先天拥有品牌代言者资源。

1. 从真实的人、动物、植物来看,均存在着担任品牌代言者的有效匹配性。(1)地理标志农产品品牌的生产者,包括第一线的农民、合作社组织及其会员、农业企业 CEO 等,因其对产品生产的实际贡献与信源可信度,均可作为有效的品牌代言者。(2)地理标志农产品品牌的产品基本是植物与动物,这些植物与动物有其与生俱来的独特外形与动物的可爱度、吸引力。从植物而言,如一棵古茶树,一个橘子、苹果、柚子等,都可以通过设计,成为品牌代言者。这些真实的人、动物、植物,有其因真实而带来的说服力。

2. 从虚拟代言者的创造与设计而言,可以借助地理标志农产品品牌在生产过程中相关的真实的人、动物、植物为原型,将其动漫化,实现二维世界的表达。虽然虚拟不如真实般具有实有的说服力,但虚拟人、动物、植物的拟人化造型,将独特的物性、独特的人性(可爱的、忠诚的等)与消费者的审美偏好、象征意义理解进行匹配表达,会形成相当程度的关注度、吸引力甚至爱屋及乌的代言效果。

3. 地理标志农产品品牌均具有一定的区域生态范畴与历史文化特征。这些特定生态范畴中,有独特的神话原型、传说人物、产业故事等存在,将品牌文脉及其环境文脉中存在的上述原型、人物、故事进行有效的现代化设计,应当比完全依靠想象创造出来的设计形象更具有可靠性和说服力。

4. 邀请与地理标志农产品品牌之间存在着正向关联性的名人、明星、专家等为品牌代言,可以借助其故乡情怀、行业影响力等,使品牌代言策略产生低价格、高价值、高影响力、亲和力的效果。

(二)地理标志农产品品牌的元素选择

在上述众多的与地理标志农产品品牌匹配度较高的品牌代言者中,可以进一步选择区域地标、手艺人、典型消费者等相关的元素,实现真实与虚拟相结合的品牌代言者元素选择与设计。

1. 区域地标元素

区域地标元素,指的是在地理标志农产品品牌所在范围内具有地标性价值的元素,包括文化(神话)原型、著名建筑或场所等。区域地标通常能够体现一个地理标志农产品品牌的底蕴与灵魂,选择区域地标元素担任代言,可以凸显区域特色。

(1)神话原型。如武功猕猴桃,采用品牌代言策略,将武功县所蕴含的最具有地标意义的"武功"进行有效的内涵衍化,并将"武功"进行卡通形象化塑造,创造出了"武功小子"这一形象,以代言"武功猕猴桃",起到了非常好的代言效果。

这种区域地标元素,在中华大地上蕴藏着许多,且各具特色,如"平利女娲茶",便是将当地神话传说中的"女娲"作为品牌代言者,在品牌所有的表达中,全部围绕"女娲"进行系统化视觉传达,令人印象深刻。

(2)区域自然与建筑地标。如西湖龙井茶与西湖、阳澄湖与阳澄湖大闸蟹、径山与径山茶、蒙顶山与蒙顶山茶、武夷山与武夷山大红袍、赤壁与赤壁青砖茶、长白山与长白山人参等，均利用区域自然或建筑地标进行品牌命名。这些地标均具有品牌代言的效果。

（3）区域标志性人物。利用区域标志性人物代言，能够加大地理标志农产品的对外影响力，同时更能够增加品牌的亲和力，因为他们同时拥有名人效应和典型消费者的代言效应。

**2. 产业核心元素**

产业核心元素包括自然与人文构成的地标、独特品种、独特工艺、产业传说与产业人物。

（1）产业地标代言。指的是在产业发展中由自然与人文联袂构成的地标，如甘肃庆阳的"庆阳苹果"地理标志农产品品牌，其"董志塬"就是典型。"董志塬"属黄土高原、陇东高原的一部分，是甘肃省庆阳市的第一大塬，也是黄土高原最大的一块塬面，号称"天下黄土第一塬"。董志塬是汉民族的发源地之一，先周时期周祖公刘在此"教民稼穑"，分布在庆阳市西峰区、宁县、合水县和庆城县的 24 个乡镇，人口约 50 万，是庆阳市的主要农业区，盛产小麦、玉米、高粱、糜谷、豆类和油料等，素有"陇东粮仓"之称，古有"八百里秦川，不如董志塬边"之说。董志塬古称"豳地"，《诗经》中的《诗·豳风·七月》就描述了豳地周人辛勤劳作的生活。周文王之子周公在先人训典的基础上整理成《周礼》，而儒家学派正是孔子在《周礼》的基础上创立的。由此追溯，董志塬应是华夏文明的源头。特别是董志塬上有一棵"华夏苹果第一树"，至今硕果累累。苹果树的旁边，是当年栽种者的衣冠。将"董志塬"及"华夏苹果第一树""衣冠冢"作为产业核心元素，为"庆阳苹果"代言，具有生动性和历史感。

（2）品种活化代言。地理标志农产品品牌均有独特的品种，是其产业核心元素。将独特的品种作为品牌代言者原型，且采用设计处理，将其动漫化、拟人化，可以将产品物理形态转换为人性特色。如日本金芽米，便在其品牌传播中凸显了"金芽"特型，静物代言，但品种的力量就在那里，令人关注。如我国重庆的"梁平柚"，其超级符号便是其独特的柚子品种形象。

（3）工艺人格化代言。独特的工艺特色，造就不同的产品体验性，比如，同一片东方树叶——茶，在中国成就了六大茶类，成就了数百个茶叶地理标志品牌，这里面，工艺是关键要素。工艺是一个流程体系，可以将工艺流程用人物形式来替代进行品牌代言。比如"小罐茶"创始初期，聘请了八位大师为其代言，达到了万众瞩目的关注度。当然，因为其"小罐茶，大师作"的品牌口号有误导嫌疑，后来被批评。但如果不是"大师作"这个概念，单单采用制茶大师代表不同的顶级工艺、进行不同茶类的推介，这一品牌代言传播策略本身是无可厚非的（见图 13-3）。

（4）品牌代表代言。如 CEO、工艺大师、品种研发者、典型生产者（农民、合作社成员）、典型消费者等，代言者的身份将传递品牌信息的可信度、态度、亲和力，具有充分的信服力，让消费者产生品牌忠诚。如日本青森苹果与木村秋则，木村秋则种植苹果的经历，成为青森苹果的精神特质，传递了青森苹果品牌的品质信仰。

图 13-3 "小罐茶"茶企品牌的工艺特色代言策略①

（5）其他元素代言。具有品牌匹配度、信源可信度、专业度、吸引力的明星、名人的代言，可以在短时间内借助名人效应，产生高关注度。

## 二、地理标志农产品品牌的品牌代言策略要求

（一）品牌代言信息的一致性

因为消费者已经处于嘈杂的信息环境之中，因此，地理标志农产品品牌的代言必须高度重视品牌信息的一致性传播，尽量避免频繁更换品牌代言者、信息内容繁杂不一的情况出现。

1. 频繁更换代言者，将在加大品牌传播投入的同时加重消费者信息获取的成本、精力，导致品牌形象不一致的情况出现。因此，要杜绝因为品牌

---

① 资料来源于小罐茶官网，https://www.xiaoguancha.com/xgc。

管理人员更换导致的代言者更换、严谨选择代言元素、严格遵循两者合作关系、共同保护代言者声誉、启动代言人合理更换机制。

2. 信息内容不一致，同样会加大品牌传播的成本投入，同时加重消费者的品牌信息获取成本，导致品牌信息认知的非系统化现象。要系统化、专业化创意品牌信息，并通过代言者一致性的表达，加深消费者对品牌一致性的印记。

（二）品牌代言信息的感性表达

借助代言者，采用相对感性的表达内容、表达形式进行地理标志农产品品牌的代言信息表达。代言策略便是希望将品牌信息人格化、感性化，创造亲和力、可信度，如果品牌信息过于技术化，不仅代言者表达起来困难，也给消费者视听带来理解困难和感官疲劳。更重要的是，地理标志农产品品牌的产品，都是可吃可喝可体验的食品，因此，代言信息相对感性化，会使品牌代言者的代言信息更具有体验性、可感性，从而创造品牌的吸引力。

1. 感性的代言者。选择感性的代言者，可以引导消费者产生更深入的体验感、代入感，引导消费者进入消费情境，达到代言目标。

2. 感性的代言表达。感性的代言内容与表达形式，更能够渲染气氛、营造场景、沟通情愫，产生品牌产品、品牌代言者、品牌消费者等相关利益者之间的无缝交流，产生水乳交融关系。

（三）品牌代言信息的可信度强化

地理标志农产品品牌的一个共同的难题是，如何让消费者认知到产品是"道地生产"。如果让消费者产生对是不是某区域"道地生产"的怀疑，那么，不仅品牌信息传播无效，更会影响到品牌声誉。因此，无论代言者的选择、代言内容的创意，还是代言表达的呈现，都要强化品牌信息的可信度。唯有可信，才能表现地理标志农产品的特有、稀有、道地特征，才能让消费者心悦诚服、心向往之。

1. 代言者的高度可信性。代言者本身的高度可信，预示着代言的品牌信息的可信度。因此，选择代言者最基础、最高的标准是可信。如"竹叶青"牌峨眉山茶，其在选择代言时，邀请了常昊作为第一任品牌代言。常昊的低调、真诚、平常心，均给了消费者足够的可信度，因此产生了非常好的品牌代言效果，演绎了品牌"平常心"的核心品牌态度。

2. 代言内容的道地特质。道地生产区域、道地生产者、道地生产工艺等等，都是消费者在消费地理标志农产品品牌时最看重的要素，因此，代言内容当充分体现其"道地"及其独特价值。

3. 代言表述的区域特征。好的代言表述能够强化品牌的特质，营造更佳的独特性效果。一个地理标志农产品品牌，如果采用当地人、当地景、当地方言进行代言，将显示出非常浓重的区域特征、区域风格。所以，代言表述需要平衡好区域特征与消费者认知的关系，让品牌代言既具区域风格特征，同时又能够让受众觉得可信、亲切，具有区域场景、文化、生活方式等的独特表现力。

（四）品牌代言策略的现代化应用

这是一个数智时代，也是一个互联网时代，更是神话重述时代。因此，地理标志农产品品牌的代言策略应用，必定要借助现代化，才能接近现代消费者。

1. 代言者的原型特征与现代化可能。代言者既要有原型特征，但又是具有现代化提升或转型可能的，如此，才能链接地理标志农产品品牌的历史人文价值，又能让现代人接受。如人们对"英雄"原型的理解，在当代与未来已经有较大的不同，如何寻找并凸显出"英雄"的现代特质，便是非常值得研究的。如游戏《黑神话·悟空》这一"英雄"形象已经风靡国际，便是在延续原有的英雄"悟空"与创造当代的英雄"悟空"之间，实现了最佳的现代化路径。

2. 代言技术应用的数智化可能。截至目前，地理标志农产品品牌的虚拟代言者创造，基本限于二维世界，未来，应当接入现代技术特别是 3D 技术、全息技术等，进一步实现数智化，创造更逼真、可感的虚拟代言，以提升代言效果。

3. 代言传播渠道的网络化可能。在实有场景中，以吉祥物为代表的品牌代言传播在广泛应用，但进一步在互联网虚拟世界适用的虚拟品牌代言者极少。由于消费者的数字化生存，地理标志农产品品牌必定需要占领虚拟世界，因此，要加大进入互联网虚拟世界代言并活化的进度。

4. 代言者的文创化可能。以真实代言者为基础的周边产品的研发与产业链延伸和以虚拟代言者为基础的文创产品的系列开发，是地理标志农产品品牌的品牌延伸与产业延伸价值，值得大力开发。

## 第十四章

# 地理标志农产品品牌的特色传播模式

上一章"地理标志农产品品牌代言者选择",阐述了基于地理标志农产品特征的品牌代言者选择、代言者设计、代言策略要求等内容。品牌代言传播策略,是品牌传播中的一种有效的传播策略。品牌传播,是品牌得以接近消费者的必要路径。唯有通过品牌传播,品牌才能够到达消费者的眼里、心里,才能够产生品牌认知、品牌偏好、品牌消费行为。因此,品牌传播决定了地理标志农产品区域公用品牌与消费者的关系质量。

地理标志农产品品牌,因其基于区域生态与人文因素的独特基础,在品牌传播源、品牌传播方式、品牌传播策略重点等方面,均与其他类别的品牌有着重大差异。笔者将延续上一章的内容,并进一步构建其特色传播模式。

## 第一节　地理标志农产品品牌的独特信息源

地理标志农产品品牌拥有独特的信息源,这些信息源能够从各个视角构成品牌的独特信息圈层结构。依据这一信息结构,品牌传播具有充分的信息源泉,并可以选择最佳的信息元素进行有效传播。

## 一、独特信息源的构成结构

### (一)地理标志专用标志

地理标志专用标志,说明该农产品生产企业或合作社、农户等,拥有地理标志专用标志的使用权。该使用权表明,其生产的农产品,具有特定的地理标志农产品标准、品种、品质特征,且受专用标志使用权的自律、他律体系保障与监督使用。该专用标志是地理标志农产品信息源中属于背书型的信息内容。

### (二)地理标志证明(集体)商标标识

地理标志证明商标标识,说明该农产品生产企业及产品拥有了商标所有者的商标使用授权,且该商标受商标法相关法规保护,能够起到知识产权保护作用。地理标志证明商标可起到证明性的背书效果,地理标志集体商标说明该农产品生产企业或合作社、农户等的共同利益。受到法律保护的商标,可以抵御假冒伪劣产品的冒犯。

### (三)授权使用者自有的商标标识

授权使用者自有的商标标识,指的是地理标志专用标志、地理标志证明(集体)商标标识的授权使用者自己的企业、合作社等的商标标识,该商标标识拥有私权保护意义。每一个企业、合作社及其生产的产品,注册了企业商标、产品(服务)商标之后,便拥有了商标权,企业的权益、自己生产的产品的利益、独有的品牌价值、品牌资产都能够得到法律保护。

上述三类信息源,是地理标志农产品区域公用品牌传播中必备且必须展示的信息。只有这三个标识符号,才能够证明一个农产品的地理标志身份、商标保护身份、商标共享身份。

### (四)区域特色元素

区域特色元素是获得地理标志专用标志、地理标志证明(集体)商标标识的基础元素,即特定区域的特定生态元素、特定文化元素以及特定的区域声誉等。如我国的汉中,被称为"汉人老家",是作为地理标志证明商标的"汉中仙毫"茶叶区域公用品牌的区域特色元素背书。

### (五)产业特色元素

产业特色元素指的是一个地理标志农产品区域公用品牌的产业属性,如属于茶叶还是大米,不同的产业分类,界定了一个地理标志农产品区域公用品牌的产业品类属性。我国的地理标志农产品区域公用品牌的产业划分,囊括了种植业、养殖业及农产品加工,如"涪陵榨菜",属于农产品加工的地理标志农产品区域公用品牌。

（六）产品特色元素

产品特色元素指的是一个获得地理标志专用标志或地理标志证明（集体）商标的农产品的产品元素。该元素由产地、品种、工艺、产品的色香味形等构成不同的产品特色元素,如甘肃庆阳苹果的"瑞雪",因其品种特色,使得该产品具有独特而清新的黄绿色、鲜爽的口感,这是其超越其他"富士"系列品种的重要产品特色。

（七）品牌文化特色元素

品牌文化及其象征元素指的是一个地理标志农产品区域公用品牌长期以来累积而成的品牌文化特色元素、具有象征意义的文化元素。一个品牌从其诞生开始,便开始了品牌文化的积累。品牌文化是一个品牌的灵魂,包括其品牌历史、品牌调性、品牌态度、品牌价值观等。因此,地理标志农产品区域公用品牌的品牌文化元素,是形成品牌灵魂、形成文化赋能、创新品牌价值的重要元素,如"西湖龙井"茶的品牌文化,元素丰富,具有卓绝价值。

（八）品牌特色象征元素

品牌特色象征元素指的是由品牌所存在的区域地理、区域文化、产品历史、品种特色、产品工艺、品牌态度等形成独特的象征意义的元素。如"竹叶青"茶产自峨眉山,"大佛龙井"茶产自深山而非城郊,这些产地特征,都具有独特的象征意义。

## 二、不同信息源的传播价值

（一）专用标志与商标标识的背书价值

地理标志专用标志具有背书价值,该背书让一个土特产成为一个具有独特的、不可替代的品牌品质、品味的产品代表。通过地理标志专用标志,能够得到中国国家知识产权局的背书与保护,如果加入"中欧地标贸易协定",则能够得到中欧两方的背书,在中欧市场得到权威背书与市场铺垫。商标标识也具有相关的背书作用,且能够得到法制化保护。如果是国内注册商标,则得到国家知识产权相关法规保护,如果是国际上其他国家的商标注册,则可以得到相应国的商标保护。可以说,品牌与消费者之间的信用关系、法律保护关系、消费者权益保护等，均源自地理标志专用标志与相关商标标识。因此，在地理标志农产品区域公用品牌的所有露出机会中，均应当规范表达这两个标志或标识，以传播品牌的背书，构建品牌与消费者之间的信用关系，强调品牌的被保护权益。特别是在新品发布会、产品包装、品牌广告传播等场景中，应当以最醒目的、基本固定的位置，表达专用标志或商标标识（见图 14-1）。

图 14-1　区域公用品牌的地理标志证明商标标识与企业品牌的商标标识联袂表达①

（二）区域特色元素的差异化价值

区域特色元素体现的是一个地理标志农产品区域公用品牌的区域属性以及由其生态、文化等独特性带来的特色元素，这些元素是一个地标农产品品牌的差异化价值的充分体现。如"龙井茶"地理标志证明商标，证明的是其在浙江省内 18 个县区的龙井茶生产产品，而这 18 个县区虽然种植的茶是龙井茶品种系列，工艺是龙井茶的十大手法，但其所处的区域不同，带来了生态、文化、生活方式、管理机制等的众多差异化。这些差异化便给不同的龙井茶带来了表达差异化龙井茶的机会，以满足消费者品尝不同产区的龙井茶的期待。

产区的差异化是现实存在的，如何将区域的差异化更显著、更具特色地表达，这是品牌传播的创造性工作。首先，要寻找到区域的各种相关特色差异，然后精准而有吸引力地表达其差异，让受众与消费者接收到该差异化的价值，达到品牌传播的目标。

---

① 作品来源于浙江芒种品牌管理集团。

　　同样是龙井茶,西湖龙井、大佛龙井、越乡龙井,这三个地理标志农产品区域公用品牌,虽然均在浙江省境内,但其区域位置不同。西湖龙井产地在浙江杭州西湖边的西湖区与西湖风景区,处于繁华的城市界区;大佛龙井产地在浙江新昌;越乡龙井在浙江嵊州。同为"龙井茶",其标准品种为龙井群体种、龙井43等,其标准炒制工艺也一致,但三个区域的生态环境完全不同。西湖龙井生长于城市边缘,其品牌的文化底蕴深远独特;大佛龙井生长于深山之间,大佛寺钟声悠远;越乡龙井生长于高山之中,炒制工艺口碑好。因此,为了体现区域特色元素的差异化价值,我们在进行西湖龙井、大佛龙井、越乡龙井的品牌传播口号提炼时,便提出了不同的方案。西湖龙井"真香灵味,自然不同"(源自宋徽宗《大观茶论》,与杭州的宋韵文化形成互动相关关系);大佛龙井"居深山,心自在",表达大佛龙井茶居于深山,而心自在的品牌生命形态;越乡龙井"高山藏深香,龙井在越乡",表达越乡龙井茶藏于高山之中,有着深厚的香气。区域特色赋予了地理标志农产品区域公用品牌的差异化价值。

　　中国米食味大赛是中国大米行业的最高赛事,在进行赛事徽标、奖杯、包装设计时,设计师便抓住了我国良渚稻作文明的区域特色元素,进行了既源自我国稻作文明发源地良渚的特色元素,又能够展现其赛事特征的组合设计(见图14-2、14-3、14-4、14-5、14-6、14-7)。

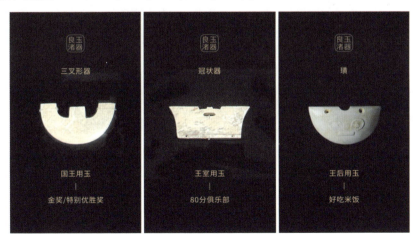

图14-2　良渚文明中的器物等级设计

图 14-3  良渚文明中的神徽线条与大米的稻田、稻穗元素联合利用

图 14-4  良渚文明中有关"金奖、优秀奖、80 分、米"的契刻文字

# 金奖

稲田　　　　　　　稲穗　　　　　　　金　　　　　　三叉形玉

图 14-5　中国"米食味"大赛的金奖奖牌设计元素

图 14-6　中国"米食味"大赛金奖、优秀奖、80 分俱乐部、好吃米饭奖的奖牌色彩选取

图 14-7　中国"米食味"大赛金奖、优秀奖、80 分俱乐部、好吃米饭奖的奖牌①

———————

① 作品来源于浙江芒种品牌管理集团。

（三）产业特色元素的品类差异价值

不同产业的特色元素，赋予其异于其他产业类别的差异性特征，比如苹果，其红色的色调、圆润的形状、鲜甜的口感、温润的香气、饱满的触感，都是非常具有品类的共性差异的。这些品类的共性差异构成了地理标志农产品区域公用品牌不同产业类别差异，对属于产业平台品牌的地理标志农产品区域公用品牌，具有举足轻重的品类差异价值。更细致分类的话，还可以分解出更详细的产业类别特征，可以提取这些类别特征，向消费者传递差异性消费价值。如羊产业中，又可分为山羊、绵羊、草原羊等，不同的细分类别可以创造不同的细分市场。

大米品牌与大田之间有着密切的产业特色元素关系，如广袤的东北平原，由于地势平坦开阔，是我国农业机械化程度较高的地区，位于东北的庆安大米稻田，也因此呈现条块分明、连接开朗的景象。"庆安大米"带给大众的直观印象便是那整齐无垠的广袤农田，农田里的稻香伴随阵阵秋风拂鼻沁心，这是"庆安大米"品牌 LOGO 创意的印象基础。

中国汉字因其笔笔画画均能在方寸天地内施展，又被称为方块字。每一个学写汉字的人，均是从米字格或田字格开始，这是中国汉字的古老象征，是每一个中国人孩提时候的淳真记忆，也是"庆安大米"品牌 LOGO 创意的天然链接与符号象征。

将以上印象基础与符号象征进行整合，"庆安大米"确定了其品牌LOGO（见图 14-8）。

图 14-8 "庆安大米"地理标志农产品区域公用品牌标识①

"庆安大米"品牌 LOGO 以品牌名称为基础进行演绎，将"庆安大米"四

---

① 作品来源于浙江大学 CARD 中国农业品牌研究中心"庆安大米"品牌规划课题组，本书作者为课题主持人。

个汉字融入米字格内,以米字格的淳朴风格体现庆安大米的淳正品质,同时也是对庆安辽阔稻田禾海的直观表现,使消费者产生画面感。品牌 LOGO 在色彩搭配上以大红色为主,增强"庆安"的喜庆吉祥之意。

（四）产品特色元素的体验性价值

地理标志农产品区域公用品牌的产品,是通过种植业、养殖业、农产品加工等形成的产品,不同的植物具有不同的色香味形触的可感性特征,不同的动物具有不同的动物性格、肉质等体验性特征,不同的农产品加工品具有其不同的可感性、体验性特征。这些体验性特征能够塑造出地理标志农产品区域公用品牌的体验性价值,并能够通过品牌表达、品牌传播,让消费者共同感知、共同发现其体验性价值。如茶叶地理标志产品品牌,因其产区、品种、工艺的不同,会拥有千差万别的滋味、香气、色泽、形状等风味特征,将这些风味特征进行细致区分,并在品牌传播中提炼出体验性价值、内容,并进行体验性表达,会起到较强的体验性效果。如茶叶风味轮（见图 14-9）[①]中的体验性内容,均可以通过品牌传播,形成消费者体验性认知、体验性价值发现。

（五）品牌文化元素的品牌文化差异价值

每一个品牌都有其独特的品牌文化及其文化表达元素、表达特征,这些品牌文化元素是每一个品牌超越同类产品的物理价值,体现其独有的文化价值的重要内容。品牌文化是品牌灵魂,因此,发现、提取、重述品牌文化,能够产生品牌文化的差异价值。如同样是苹果,阿克苏苹果品牌文化的热情奔放、异域风情,烟台苹果品牌文化的大气开放、辽阔渺远,万荣苹果品牌文化的快乐奔放、幽默乐生,庆阳苹果的清新活力、大塬气象,昭通苹果的冷凉高地文化特色等,都能够凸显品牌文化差异,超越地理标志农产品区域公用品牌的物理属性与功能,创造独特的品牌文化价值。

如"灞桥樱桃",与其他樱桃不同,它产自陈忠实《白鹿原》中的"白鹿原"。自《白鹿原》小说问世以来,"寻踪白鹿原"便蔚然成风。白鹿原自古就有"灞上"称谓,随着白鹿仓景区的落成,白鹿原与灞桥区产生了更为深厚的联结。白鹿原的名称源自一个美好的传说,相传周平王迁都洛阳途中曾

---

① 张颖彬,鲁成银,等.中国茶叶感官审评术语基元语素研究与风味轮构建[J].茶叶科学,2019,39(4):474-483.

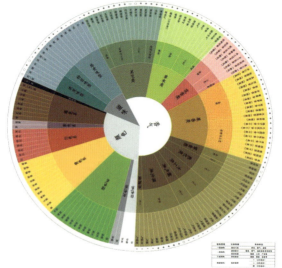

**茶叶感官风味轮** （2023版）

中国农业科学院茶叶研究所、中国茶叶学会、农业农村部茶叶质量监督检验测试中心、浙江大学、福建农林大学
中国标准化研究院、湖南农业大学、安徽农业大学、云南农业大学、中国茶叶股份有限公司　　　　　　联合发布

**图 14-9　茶叶感官风味轮（四图）①**

见原上有白鹿游弋，因此将其命名为"白鹿原"。在中国古代，白鹿是智慧和祥瑞的代表，被认为是来自自然、与植物共生、充满仙气的精灵。因此，品牌设计者将品牌主形象（见图 14-10）、品牌口号进行如下创意。

如上所述，"灞桥樱桃"的主产区白鹿原是一个寄托了美好想象、洋溢着传奇色彩、更拥有出众生态的区域，"灞桥樱桃"生长于此，便成为凝结着美

①　张颖彬,鲁成银,等.中国茶叶感官审评术语基元语素研究与风味轮构建[J].茶叶科学,2019,39(4):474-483.

图 14-10　灞桥樱桃的品牌主形象设计①

好、传奇和生态的地理标志农产品区域公用品牌。提炼出鹿和樱桃这两个符号元素,将其巧妙融合,形成"灞桥樱桃"的品牌主形象。主形象整体上是一只跃动的鹿,象征着白鹿原主产区,也彰显出"灞桥樱桃"不断进步、不断超越的品牌精神;鹿的身体中藏着两颗樱桃,意指"灞桥樱桃"产自白鹿原。主形象的颜色选取上,以樱桃的红色和新叶的绿色为基础,表现出"灞桥樱桃"原生自然的品质特点。鹿身为绿色,樱桃为红色,也寓意"灞桥樱桃"产自绿色生态的白鹿原,为消费者带来健康自然的甜蜜滋味。与主形象相匹配的品牌口号,自然而然地出来了——"寻物白鹿原,此物醉红颜"。该口号赋予"灞桥樱桃"与白鹿共生的美好想象,也让其与"凡俗"的其他樱桃产生了区别,体现了白鹿原的文化特征。

（六）品牌象征元素的象征意义价值

品牌象征元素具有由产地、产品、品类、工艺、精神特质等带来的象征意义,这些象征意义有的已经约定俗成,有的需要品牌传播者去发现、去提炼。如苹果的圆满如意、梨子的秋润意象、橘子的吉祥预兆、火龙果的红火气象等,可以借此挖掘出众多的象征元素及象征意象、象征意义。同时,品牌的工艺、历史、神话传说等,都可以提炼出象征意义价值,如凤冈锌硒茶,提取了"凤"的意象进行象征元素提取、象征意象建立和象征意义表达,并以"凤冠""凤羽""凤翎"进行产品分级和包装设计表达(见图 14-11、14-12)。

---

① 作品来源于浙江芒种品牌管理集团。

图 14-11　凤岗锌硒茶的"凤冠、凤羽、凤翎"系列①

图 14-12　凤冈锌硒茶的"喜礼"设计②

---

又如陕西省安康市新创的"安康果蜜红"茶叶区域公用品牌,其发源地在安康市汉阴县。汉阴县的"凤凰茶谷"为"安康果蜜红"茶起源地的核心体验场景。在进行"凤凰茶谷"的标识及现场设计、安康果蜜红茶的联合设计时,以"凤凰"为原始图腾元素,进行了象征元素的解构与表达,呈现了"凤凰茶谷""安康果蜜红"茶自身定位、对女性消费者的核心定位(见图 14-13、14-14、14-15)。

图 14-13 凤凰图腾与凤凰茶谷的标识设计图

一芽两叶　　　凤凰　　　茶-汉字　　　绿水青山　　　朱鹮

图 14-14 "凤凰茶谷"品牌标识的元素构成

图 14-15　凤凰茶谷的品牌标识与品牌口号①

透过凤凰这一象征符号，将"凤凰茶谷"与"安康果蜜红"茶的核心人群消费者连接在一起，并将凤凰拟人化，用品牌口号诱发"翻山越岭来见你"的消费期望。而这个你，就是"秦巴秘境，凤凰茶谷"，隐藏在其后的是消费者，即使翻山越岭，也要来凤凰茶谷。

## 第二节　基于消费者洞察的"品牌八识"沟通模型

地理标志农产品区域公用品牌打造的核心目标在两端，一端是品牌价值成长与品牌溢价的产生，给当地的区域经济、老百姓带来更好的收益；另一端是满足消费者对地标农产品品牌这一类具有相对稀缺性、独特性的区域土特产精品的消费需求。因此，在进行地理标志农产品区域公用品牌的品牌传播内容建构、形式设计、表达方法选择之前，必须先对消费者进行洞察。

### 一、消费者洞察

洞察，英文表述为"insight"。根据简·卡尔宗（Jan Carlzon）的理解，"消费者洞察"（consumer insights）是通过对消费者在某个产品购买决策过程中的各种心理、行为的研究，在消费者心智中的品牌知识数据库中发掘出对其购买决策具有重要影响力的"关键时刻"。"品牌接触点传播"模式来自科学的"消费者洞察"（consumer insights）。

有关消费者洞察的理论模型与方法，在相关的书籍中都能够得到。当

---

① 凤冈锌硒茶、凤凰茶谷标识设计单位是芒种品牌管理机构，相关图片由芒种品牌管理机构提供。

我们以地理标志农产品区域公用品牌为对象进行消费者洞察时,不可否认,其品牌的十大基础特征、四大核心特征,是消费者在消费中最为关注的消费重点。从消费视角而言,地理标志农产品区域公用品牌消费的体验性特征,是对应其十大基础特征、四大核心特征的关键特征。

（一）消费者接触地标农产品品牌的"五官并用"特征

消费者接触地标农产品品牌,一般采用"五官并用"的接触方法。"五感"即通过五官感知、感受得到的体验性感觉与判断。人体五官,在医学中界定为"耳目口鼻舌",综合中国传统文化与中医学理论,五官指的是"眼耳鼻舌身",人透过五官对世界进行认知与体验,实现"五识"（眼识、耳识、鼻识、舌识、身识）,得到"五感",即"色声香味触"。

由于地理标志农产品区域公用品牌产品的体验性特征,消费者"五官并用"并得到"五感体验"。用眼睛的视觉看见,用耳朵的听觉听见,用鼻子的嗅觉嗅见,用舌头的味觉品鉴,用身体皮肤的触觉感知。

比如一个苹果、一杯茶叶、一粒大米、一支竹笋,其色、香、味、形、软硬程度,都可以通过消费者的五官,多器官地进行接触体验,这在一定程度上决定了消费者可以启动五官,全方位接触地标农产品品牌产品。

地理标志农产品区域公用品牌的产品特征,对应消费者的五官,进行品牌传播的特色传播模式创建时,必须整合利用、创新开发消费者的五官感受,使其得到整合的品牌体验、品牌感受。

利用五官接触、体验、感受品牌,是消费者整合认知一个地理标志农产品区域公用品牌的过程。

1. 用眼睛达到眼识。消费者的眼睛是视觉器官,能够捕捉光线,并将其转化为信号,向大脑传递图像信息,而大脑则对图像进行识别和理解,以达到"眼识"。人们通过眼睛可以得到绝大多数的信息,并感受到世界丰富多样的迷人色彩。

2. 用耳朵达到耳识。消费者的耳朵是听觉器官,能够接收声波并将其转化为信号,使自己能够听到声音、理解语言、感受音乐与音效,以达到"耳识"。人们通过"耳识"听见世界不同的声音,感受、理解世界,并可以与世界进行交互。

3. 用鼻子达到鼻识。鼻子是嗅觉的器官,消费者通过鼻子能够感知气味,并将气味作为信息传递给大脑进行处理。鼻子产生的嗅觉与舌头产生的味觉紧密相连,共同影响消费者对香气、食物等的感受与认知、体验,以达到"鼻识"。人们通过"鼻识",能够闻见不同农产品的不同香味。

4. 用舌头达到舌识。舌头是味觉的器官,其表面布满味蕾,能够让人们感知到甜、酸、苦、辣、咸等基本滋味而产生"舌识"。味蕾发达的舌头,可以感知更复杂的风味组合。舌头还参与语言发音和食物的咀嚼、吞咽过程。

5. 用身体达到身识。身体不是一个具体的感官器官,指的是覆盖在身体上的皮肤及触觉感受器。皮肤是人体最大面积的器官,透过皮肤,人们可以感知温度、压力、软硬等多种触觉刺激,达到"身识"。

由于地理标志农产品的产品特征,消费者常常运用甚至整合调动全部的五官,对其进行接触与识别、消费与体验。因此,地理标志农产品区域公用品牌的传播,必须努力整合"五感"的对话通路,全方位启动消费者的"五感",并使其达到"五识"。

美国马丁·林斯特龙(Martin Lindstrom)在其《感官品牌》中阐述道,从前,所有的传播都只会利用视觉和听觉两种感官,但只用视觉与听觉而塑造的品牌是平庸的。作为人类,只有整合运用五官,才能将事物的接受程度达到最大化。把所有的感官整合起来,才是品牌应当达到的目标。品牌要创造出全新的"五维"感官世界——以"色"悦人、以"声"动人、以"味"诱人、以"情"感人,让消费者对品牌始终保持忠诚度。[1] 这说明,针对消费者对地理标志农产品区域公用品牌的"五感消费"习惯,建构"消费五识行为沟通"模式,同时可以保持消费者对品牌的忠诚度(见图14-16)。

图 14-16　消费者接触地理标志农产品品牌的"五感五识"特征图示[2]

---

① 马丁·林斯特龙.感官品牌[M].赵萌萌,译.天津:天津教育出版社,2011.

② 胡晓云.品牌言说[M].杭州:浙江大学出版社,2023:275.

（2）消费者消费地标农产品品牌"八识并举"特征

消费者通过"五感"接触了品牌的"五觉"（品牌方有关视觉、听觉、味觉、嗅觉、触觉的内容设计与品牌传播），形成"五识"，但并不仅仅停留在"五识"，而是自觉地整合来自"五感"的感受得到的认识，形成对一个品牌整体的认知与判断，并基于自身的学识、经历、经验等，从中体味到其超越于物理功能之外的其他社会性的、文化性的、象征性的含义。同时，考量该品牌与自己的关系，能够给自己带来什么、与自己的匹配度等，形成"我识"。"我识"的形成过程，与其"藏识"有着密切的关联，可以说，是"藏识"决定了消费者对品牌的"意识""我识"的形成。

1. 整合"五识"产生"意识"。意识是消费者对外界的觉察、感知与关注程度。消费者遇见一个地理标志农产品区域公用品牌，通过"五感"而形成"五识"，并形成整体的对该品牌的觉察、感知与不同程度的关注。其觉察是否入微，不仅取决于消费者的"藏识"，即价值观，同时也取决于消费者的"五识"能力、"意识"形成能力，同时也取决于品牌方在品牌传播时是否充分利用、开发了"五感"，并促进其进行有效的信息整合，达到理想的"意识"状态。

2. 整合"六识"产生"我识"。"我识"即佛学中的"末那识"，是第七识，其梵文音译为"manas"，意译为"意"，具有"思量"之义。它以其"恒审思量"的特性而著称。[①] 从消费洞察而言，"我识"即是消费者的自我意识与审视评价。消费者根据"藏识"中的消费价值观，对前面经由"六识"而感知的品牌进行评估，并形成相关的品牌评价。该品牌评价包括对品牌的系列价值的评价以及与自身可能形成的关系的理解。

3. "藏识"是构成"品牌八识"的灵魂所在。藏识即佛学中的阿赖耶识（Alayavijnana），它被认为是人类一切心理、生理活动的根本，包含过去、现在和未来的种种因果结果，是轮回的主体和解脱的依据。阿赖耶识被视为一种根本意识，是一切众生的基础和根源，它记录和保存着个体的种种行为、思想和经验。[②] 在消费者认知品牌的关系中，"藏识"即是消费者的价值观及其一切行为的灵魂所在。消费者依凭其消费价值观，透过"五感"得到"六识"，并进一步对应自己的"我识"，形成品牌与消费者自身的独特关系。因此，消费者消费地理标志农产品区域公用品牌时，是"八识并举"的（见图 14-17）。

---

①② 朱清时.量子灵魂——末那识和阿赖耶识[R].南怀瑾学术研究会,2024 年 10 月 24 日.

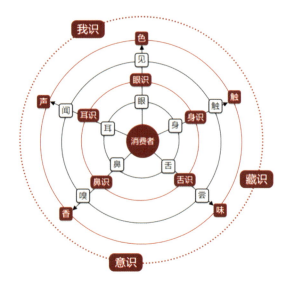

图 14-17　消费者消费地理标志农产品品牌"八识并举"特征图示①

消费者接触、认知、感觉地理标志农产品品牌的"五官并用""八识并举"的特征，要求地理标志农产品区域公用品牌在进行品牌传播时，要摒弃过去长期以来只采用视觉设备、听觉设备"双通道"传播的模式，进行全方位的整合品牌传播。

过去，有关整合品牌传播，更多地运用美国学者丹·舒尔茨的"IBC"理论②，整合品牌传播指的是以品牌为核心，进行媒体整合传播，以有效打造品牌。

根据上述有关消费者与地理标志农产品品牌接触、消费的"五官并用""八识并举"的特征，应当构建与之对应的整合的、富有特色的地理标志农产品特色品牌传播模式。

## 二、"品牌八识"消费者沟通模型

如果将消费者"五官并用""八识并举"的品牌接触、感受、消费特征用"消费八识"进行界定的话，那么，品牌方应当提供与之对应的"品牌八识"消费者沟通模型。

---

① 胡晓云.品牌言说[M].杭州：浙江大学出版社，2023：275.
② 胡晓云，张健康.现代广告学[M].2版.杭州：浙江大学出版社，2022：363-369.

（一）"品牌八识"消费者沟通模型

"品牌八识"消费者沟通模型，与消费者接触、感知、消费地理标志农产品品牌的"消费八识"之间，形成一一对应关系（见图 14-18）。

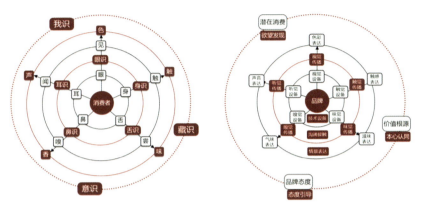

图 14-18　消费者"消费八识"与地理标志农产品区域公用品牌
的"品牌八识"沟通模式①

1. 借助消费者视觉或视觉设备实现视觉传播，达到以色彩、构图、意象为表现的视觉识别对应。比如，设计商标标识、进行产品包装、展示陈列产品、布置特定场景等，均是对应消费者"眼识"的过程。消费者的视觉能够看到众多的视像信息，也很容易被具有冲击力、吸引人的视觉画面所吸引。因此，建构地理标志农产品区域公用品牌具有视觉冲击力和吸引力的构图、色彩、画面等，是至关重要的。

2. 借助消费者听觉或听觉设备实现听觉传播，使消费者能够因为听觉得到的愉悦、动听的声音，而改变心情、产生愉悦的身体感应、心境对应。这一过程，是通过听觉将品牌信息的动人之处传递、渗透入消费者身心的过程。过去，品牌传播除了人声，较少利用模拟音效、音乐等来加强声音的感染力、渗透力，而作为体验性极强的地理标志农产品区域公用品牌产品本身，就具有"声音穿透力"，如烹饪的声音、花开的声音、动物的叫声等。

3. 借助消费者嗅觉或嗅觉设备实现嗅觉传播，使得消费者能够通过嗅觉得到地理标志农产品区域公用品牌独特的香气。甚至可以以香为引，找

---

① 胡晓云.品牌言说［M］.杭州：浙江大学出版社，2023：275.

到与品牌产品相关的回忆与故事、感人的人物与事件。"嗅觉,激发情感触动。"①

4. 借助消费者味觉或味觉设备实现味觉传播,使得消费者能够通过味觉得到地理标志农产品区域公用品牌的独特滋味感受。口味与口感,是最能够让消费者陶醉的感觉。味觉与嗅觉传播要形成联动效果,一般先借助或刺激消费者的嗅觉,才能更好地形成味觉的联动效果。

5. 借助消费者触觉或触觉设备实现触觉传播,使得消费者能够通过皮肤感知获得产品的不同质感判断与品质感受。"触觉,是检验质感的利器。"②

具体进行地理标志农产品品牌传播时,可以首先寻出令消费者更感兴趣、更能够激发消费欲望的感官对应特征,进行单一但富有强大冲击力或诉求效果的传播;更可以整合诉求五官,达到全方位的整合传播效果。如图 14-19 所示,进行品牌方"五感沟通"模式与消费者"五感消费"的有效链接。

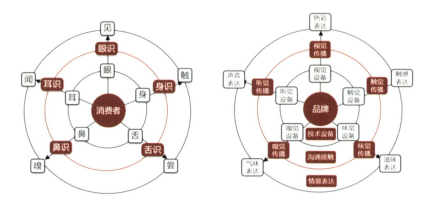

图 14-19　消费者的"五感消费"与品牌方的"五感沟通"相对应模式③

6. 利用态度引导,整合消费者感官感受,并形成"品牌意识"。品牌意识指的是消费者对品牌的认知、感受、评价及其与自我的关系评估。对品牌与自我关系的意识,会令消费者形成品牌态度,即品牌偏好或品牌厌恶等情绪、品牌放弃或品牌购买等选择。品牌方在此节点,需要对消费者进行品牌

---

①② 马丁·林斯特龙.感官品牌[M].赵萌萌,译.天津:天津教育出版社,2011:39.

③ 胡晓云.品牌言说[M].杭州:浙江大学出版社,2023:275.

态度引导,激发其感官感受的正面意识形成。

7. 引导消费者发现欲望,开拓潜在消费可能,形成"我识"中的自我意识与品牌意识的无缝对接。唯有自我意识与品牌意识实现无缝对接,才能够摒弃其他干扰因素,选择消费目标品牌。

8. 发现品牌价值观与消费价值观的共通之处,创造品牌与消费者的价值观同构关系。消费者的五感评价、品牌意识形成、自我意识与品牌意识的协同,均因为其消费价值观的作用力,因此,价值观是根本。塑造品牌价值观并匹配消费价值观,是必要的,但并非一味地迎合,而是寻找共通之处,甚至原型价值。

(二)"品牌八识"消费者沟通模式的具体应用

"品牌八识"消费者沟通模式的具体应用,首先需要发现并抓住地理标志农产品区域公用品牌的感性要素,并进行有效的表达转化。

1. 加大视觉元素的传播冲击力。品牌的视觉元素及其视觉传播,是一个品牌连接消费者的最重要的元素与传播方式。根据相关研究,80%以上的信息是通过视觉元素进行传播到达消费者的。所以,地理标志农产品要构建独特的视觉元素体系,包括品牌标志(LOGO)、色彩、字体、导视牌、插画、漫画等图像系统,以及与节庆、展会、店面等空间视觉相关的体系;同时,通过视觉传播媒介进行传播。视觉元素及符号可以应用于各种各样的媒介载体,线下的产品包装、实体店、广告牌、宣传册、标识牌、建筑外观装饰、各种不同的场景等,线上的网站、社交媒体平台、直播间等,通过视觉元素的有效传播,达到视觉认知。

视觉元素及其视觉传播要求有强大的传播冲击力,特别是在当下信息纷呈的时代,品牌要通过视觉冲击力诱导、吸引消费者的关注与认同。因此,视觉元素的选择与设计,需要提供别具一格的独特性,以加强区隔度和冲击力。华与华公司所倡导的"超级符号",是实现视觉冲击力的有效方法。如"烟台苹果"的大拇指设计(见图 14-20)、"梁平柚"的大脸盘设计、"武功猕猴桃"的"武功小子"视觉元素高驻地(见图 14-21)、"盐池滩羊"的卷毛羊设计(见图 14-22),都是加强地理标志农产品区域公用品牌视觉冲击力的有效尝试。

图 14-20　地理标志农产品区域公用品牌"烟台苹果"的大拇指视觉元素设计

图 14-21　地理标志农产品区域公用品牌"武功猕猴桃"的"武功小子"视觉元素设计

图 14-22　地理标志农产品区域公用品牌"盐池滩羊"的"卷毛羊"视觉元素设计①

———————————

① 以上作品均由本书作者胡晓云团队创意设计而成。

　　要加大品牌的视觉传播冲击力,首先要具有发现、挖掘、创造性表达地理标志农产品独特的视觉元素能力,这是相关人员的必修之课。如地理标志农产品区域公用品牌"安吉竹林鸡",其特征是生长在竹林之间,能够在竹林里自由生活甚至自由飞翔,异常健康。进行品牌形象片拍摄时,发现、挖掘并创造性地将其"飞翔于竹林"的视觉元素进行呈现,文案将其拟人化,"乐游林下,蓦然乘风",充分渲染了安吉竹林鸡自由、健康的生活环境和生活方式,让人对其的健康、美味充满向往(见图 14-23)。其次,要利用视觉媒体,将视觉元素进行充分展现,才能达到提升视觉传播冲击力的效果。

图 14-23　地理标志农产品区域公用品牌"安吉竹林鸡"
"乐游林下,蓦然乘风"视觉表达①

　　2. 加强听觉元素的传播震撼力。听觉元素在过去的品牌传播中应用不多,但因为地理标志农产品区域公用品牌的感官对应性特征,品牌传播可以利用其天然优势,并进行听觉元素的符号化传播。由燧人影像创意、拍摄的地理标志农产品区域公用品牌的品牌形象片"万荣苹果",利用消费者吃苹果时的"朗朗笑声",营造了"一个快乐的苹果"的品牌定位与个性。不同年龄、不同身份的消费者吃到万荣苹果后由衷的笑声,极富感染力,对万荣苹果的品牌传播起到了重要作用。而在创意、拍摄地理标志农产品区域公用品牌"运城苹果"的品牌形象片时,拍摄团队抓住了运城苹果"脆"的特征,表现了一批健康、开朗、有着红扑扑笑脸的儿童们,在吃运城苹果时发出的"嘎嘣嘎嘣"脆响声。"嘎嘣嘎嘣"的脆响声与儿童们朗朗的笑声交相辉映,

①　作品来自"安吉竹林鸡"拍摄单位燧人影像。

放大了运城苹果的脆甜特质,具有巨大的传播震撼力。

要加强听觉元素的传播震撼力,首先要善于发现地理标志农产品独特的听觉元素,并进行创造性表达。每一个地理标志农产品都有其在独特生长环境、独特生长过程、独特产品形成、独特产品消费过程中的听觉元素,关键是品牌传播内容的设计者、制作者,一定要能够发现其独特性,并创造性地将独特性放大,形成具有震撼力的超级听觉符号。

3. 增强嗅觉元素的传播渗透力。地理标志农产品的嗅觉元素是异常丰富、独特的,如不同的米香、板栗香、茶香、果香等原材料的香,还有在烹饪过程中可以闻见的各种不同的香。这些香气有的扑鼻而香,有的隐然渗香,都具有极强的渗透力。首先要发现这些香,然后要创造性地表达这些香,进行有效的传播渗透,在影响消费者感官体验的同时,影响其消费选择。

如地理标志农产品区域公用品牌"庆安大米",因其采用的独特大米品种和呼兰河的水系灌溉,拥有别于"稻花香""长粒香"的品种香气,散发出一种特有的米香。品牌传播内容设计时,便将该香气作为"庆安大米"的独特嗅觉元素,喊出"有一种米香,叫庆安香"的品牌口号,进行"另一种米香"的传播渗透(见图 14-24)。如今,庆安大米作为我国大米中的前列品牌,其品牌地位越来越稳固。

图 14-24　地理标志农产品区域公用品牌"庆安大米"的嗅觉传播渗透①

因为气味的无形变化特征,使得嗅觉元素表达比较困难,所以,也可以将嗅觉元素进行视觉化呈现,通过通感实现嗅觉元素的传播。如我国江南有许多香榧地理标志产品,香榧的最重要特征是香,如何表达更有效?"嵊

---

① 作品来自浙江大学 CARD 中国农业品牌研究中心"庆安大米"品牌规划设计课题组。课题负责人:胡晓云。

州香榧"地理标志区域公用品牌做了如下表达设计"嵊州香榧,脆响一声越千年",用双指叩响香榧眼的图示,表现了打开的方式以及打开瞬间的香气(见图14-25)。

图14-25　地理标志农产品区域公用品牌"嵊州香榧"的嗅觉元素视觉化传播①

4. 渲染味觉元素的传播愉悦度。味觉不像视觉、听觉、嗅觉那般容易外显表达,因此,以往的表达多是在消费者吃产品的过程中通过视觉传达进行夸张表达,达到一定的渲染效果。而地理标志农产品区域公用品牌"象山红美人"的"橘生山海间,味道自然甜"这一诉求,没有夸张表达,而是水到渠成,将主观的味觉感受用理性表达,但拥有极强的暗示性、说服力。而"嵊州桃形李"则另辟蹊径,在其主诉口号为"一口脆甜,妙不可言"的同时,表达了"夏日小欢喜",将味觉元素融合在甜蜜的场景中,以场景映衬、渲染味觉元素的愉悦度(见图14-26)。

图14-26　地理标志农产品区域公用品牌"嵊州桃形李"的味觉元素场景化传播

---

① 作品来自浙江芒种品牌管理集团。

5. 提升触觉元素的传播感受力。触觉元素,过去在地理标志农产品品牌传播中很难看到,但触觉元素是消费者与产品之间非常具有私密性、感受性、亲和力的交互性按钮,如果使用得当,能够极大地提升消费者对产品的质感感受力。因此,寻找富有质感的产品,表达其触觉元素的价值,提升触觉元素的传播感受力,可以有效传播品牌的质感。西藏富有独特地理文化特色的区域公用品牌"西藏羊绒",其品牌口号为"天上羊绒 温暖相拥"(见图 14-27)。"温暖"这一触觉感受表达、"相拥"这一动作姿态的亲密程度,都让人感受到了通过触觉诉求的品牌产品的质感与功能。

图 14-27 西藏羊绒品牌"西藏羊绒"的触觉元素场景化传播①

除了上述基于五官的感官元素发现与创造性传播之外,在感官诉求、感官品牌传播的前提下,还应当提高层级,实现超越单一感官的诉求,实现更高层级的意识偏好、自我融合、价值观诉求,达到整合感官、意识、自我关联、价值观等各层级整合的品牌传播。

6. 整合品牌意识,引导消费偏好。如上所述,第六识"意识"是整合了上述感官互动之后的品牌意识,在具体的传播应用中,应当基于整合,提出品牌概念,引发消费认同。如地理标志农产品区域公用品牌"径山茶"的"唐宋风雅,一叶真传",将径山茶的核心价值"风雅"进行溯源,强调了自唐宋以来的风雅特色,由径山茶一脉相承的史实,引发消费者对其的消费偏好与品牌内涵的关注,并链接径山茶长期以来的诉求"真"。该诉求对应了消费者人生价值观中相对应的偏好,并爱屋及乌,产生产品消费。

7. 对应消费者自我意识,强调品牌的对应关系。消费者对自我的感知与判断、觉悟,是消费行动的重要前提。在地理标志农产品区域公用品牌传

---

① 作品来自浙江芒种品牌管理集团。

播中,可进一步加强品牌生态、品牌文化、品牌特色与消费者自我意识之间的同构关系。如地理标志农产品区域公用品牌"都江堰猕猴桃",直接利用都江堰独特的山水生态,向消费者进行诉求,同时引发消费者发自内心的认同。"山水印记,自然欢喜",这一诉求似乎是消费者内心深处的自我对话,可产生直面自我意识的诉求效果。

8. 直面"藏识"深处,创造价值观的一致性。前述所有的"五感"接触、"五感"消费以及对一个地理标志农产品区域公用品牌的"意识"形成、自我意识对应,都基于"藏识"。

直面"藏识",从价值观入手进行诉求,是直击灵魂的诉求策略。该特色诉求可以直接筛选出消费人群,并进行灵魂交流。如安吉白茶的"纯粹好茶,安吉白茶",借助安吉白茶"脉绿叶白"的纯粹形象特征,进行隐喻式表达,提出"纯粹"概念,直接将产品特征与品德评价进行关联,以"纯粹"吸引认同"纯粹"的消费者。又如"武功猕猴桃"的品牌口号"下功夫,成好果",既基于品牌的独特生产管理模式,又诉求了价值倾向,在令消费者赞同其价值主张的同时引发消费。

"品牌八识"沟通模式是最适合于地理标志农产品品牌的特色品牌传播模式,能够在各个视角应对消费者在地理标志农产品品牌接触、消费、选择时的"消费八识",达到品牌精准诉求、有效传播,提升品牌的感官价值、情绪价值甚至深层次价值观价值的品牌沟通模式。

## 第十五章

# 地理标志农产品品牌的声誉缔造[①]

　　传统的品牌理论,侧重对品牌资产、品牌价值的研究。随着品牌逐渐从战术走向战略,从产品品牌走向企业品牌、区域品牌,品牌所能够承载的内涵越来愈丰富,品牌的物理功能价值渐渐成为品牌的基本功能价值,而一个品牌的声誉研究逐渐浮出海面。从1961年开始,便有学者引导性地提出了"声誉"概念,到1990年明确提出"品牌声誉"概念,相关研究逐渐增多,并落到应用层面。直至2019年10月12日,美国营销大师菲利普·科特勒在北京的一次演讲中提出"新市场营销的主要特征",并断言:未来的品牌,以品牌声誉取胜[②],进一步强调了品牌声誉对于品牌竞争、品牌发展、品牌生命的重要性。WTO在《与贸易有关的知识产权协议》中指明,地理标志是鉴别原产于一成员国领土或该领土的一个地区或一地点的产品的标志,但标志产品的质量、声誉或其他确定的特性应主要决定于其原产地。因此,"声誉"是地理标志农产品品牌与质量相提并论的核心要素。那么,一个地理标志农产品品牌如何加强品牌声誉? 品牌声誉又如何可以科学测定呢?

---

　　① 本章的文献研究由胡晓云、陈清爽完成,模型研究由胡晓云、魏春丽、李闯完成,本章由胡晓云、魏春丽执笔。

　　② 菲利普·科特勒.下一个是什么? 营销的未来[EB/OL].(2019-10-12)[2024-12-11].https://www.agency.adtchina.cn.jrggArticles/3015.html.

# 第一节　声誉与品牌声誉

## 一、声誉概念及其相关研究

根据基于知网的相关文献研究,声誉概念最早出自 1961 年的 Stigler。他提出,声誉代表企业对品质的坚持,声誉可使消费者搜寻过程更经济,可获得较高的价格溢价利益。之后,有关声誉的定义陆续出现(见表 15-1)。

表 15-1　有关声誉的概念提出与相关研究

| Stigler, 1961 | 声誉代表企业对品质的坚持,声誉可使消费者搜寻过程更经济,可获得较高的价格溢价利益。 |
|---|---|
| Levitt, 1965 | 声誉来自消费者的认知,包含企业知名的程度、可靠度、名声好与坏或可信赖度。 |
| Shrun & wuhnow, 1988<br>Fombrun & Shanley, 1990 | 声誉是一种社会记忆,由企业过去的经验、过去所生产的产品以及管理绩效等多种因素构成。经由这些项目所组成的社会记忆,形成好的、不好的、优等的或模糊的声誉评价。 |
| Fombrun & Shanley, 1990 | 声誉是消费者对企业表现所积累的看法,是组织通过大量且具有象征性活动所建立的社会看法,亦即外界对于组织的行为及成就所做的长期、可靠及共同性的评价。 |
| Herbig et al. 1994 | 声誉是一个历史概念,基于对实体过去行为的总和之上。声誉在本质上是动态的,有随着时间改变的倾向且是时间的函数。 |
| Herbig & Milewicz, 1995 | 声誉是一个历史的概念,是对于企业在活动中重复表现的意愿及能力之相关评估,并对企业活动长期的一致性有所要求。 |
| Fombrun,C. J. , 1995 | 声誉是一个公司与其他领先的竞争对手相比,一个公司凭借过去的行为和未来的前景对所有的关键利益相关者产生的吸引力在认知层面的表达。 |

续表

| | |
|---|---|
| Fombrun, 1996 | 声誉是指调和利害关系人心中多重形象的快速影像,亦即随着时间累积的印象之具体化。 |
| Balmer, 1998 | 声誉为消费者或最终使用者之认知和看法所形成的态度。 |
| Gray & Balmer, 1998 | 声誉是指一段长时间内,社会大众对企业的各项所作的价值评价,并通过有效的沟通渠道,以强化其一致的特质及未来发展,将企业长期累积的经营绩效传达给大众。 |
| Fombrun, C. J., 2001 | 企业声誉是依据利益相关者对企业的情感反应来表达的。 |

资料来源:基于知网的文献研究整理,胡晓云、陈清爽,2016。

由上可知,在学者们看来,声誉指的是长时间里消费者对一个品牌所积累的评价和情感反应。

## 二、品牌声誉概念及其相关理论模型

历史到了 1990 年,关于声誉的研究不仅仅局限于企业范畴,更偏向了品牌的范畴。有关"品牌声誉"的相关研究先后出现,并着力在品牌声誉的评价指标及其构成等方面提供了众多研究成果(见表 15-2)。

表 15-2  有关品牌声誉的概念提出与相关研究

| | |
|---|---|
| Aaker & Keller, 1990 | 品牌声誉是消费者对某特定产品质量的感知。 |
| Westbrook & Oliver, 1991 | 品牌声誉是消费者对某品牌更为长期、更为全面的评价。 |
| Aaker, 1991 | 一旦失去品牌声誉,也就失去了消费者对品牌的忠诚。 |
| Richardson, Dick, & Jaim, 1996 | 品牌声誉越好的产品,其总体评价也会越高,消费者对产品的知觉品质也越高。 |
| Boyd, Walker, & Larreche, 1995 | 品牌名称通过品牌声誉可传达高阶层的抽象知觉品质。 |
| Blackett, 1991; Freeman, Beek, & Randal; Interbrand Group, 1989 | 品牌声誉评价的指标:市场领导力(领导品牌)、国际化程度(国际品牌,国际营销能力与市场拓展)、品牌稳定力(悠久品牌,历史悠久与产品经营的稳定性)。 |

续表

| | |
|---|---|
| Herbig & Milewicz，1997 | 品牌声誉是有价值的资产,拥有较高品牌声誉的产品,消费者愿意支付较多的溢价购买,进而使企业拥有较佳的利润。 |
| Selnes，1993<br>Steenkamp，2001 | 品牌声誉的直接衡量方式:信赖度(对品牌的信任)、好感预测(别人对某品牌的好感度)、好感度(自己的好感印象)、竞争强度知觉(与竞争品牌的好感度评判比较)。 |
| Harrisand & de Chernatony，2001 | 品牌声誉可以呈现一个品牌过去的活动与成果,并可以传达其价值给消费者与关系利害人。品牌声誉通过持续花费时间来建立一个品牌的成果;比品牌形象更稳定,能描述长时间下对于整体形象的精粹部分。 |
| Chaudhuri，2002 | 声誉会对企业产生直接和回馈两个效果。<br>品牌声誉是企业品牌过去以往表现成果的综合,是消费者信赖的基础,是建立消费者忠诚与信任的来源。品牌声誉对企业能够产生巨大的价值。<br>品牌声誉对品牌权益有相当的关联性,品牌声誉会影响到品牌在市场中的销售量、占有率以及相对价格。高且优越的品牌声誉可增强品牌权益。 |
| Ariun，2002 | 具有品牌声誉的品牌:市场地位;知名品牌;广受欢迎。 |
| Spiros & Vlasis，2004 | 品牌声誉对消费者产生忠诚意向有促进作用。 |
| 李国峰、邹鹏、陈涛,2008 | 品牌声誉测量指标<br>1. 产品表现(一级指标)<br>测量指标(二级指标)高质量、性价比高、创新能力<br>2. 服务表现(一级指标)<br>测量指标(二级指标)服务速度、服务能力与态度、售后服务保障<br>3. 市场表现(一级指标)<br>测量指标(二级指标)市场价值、行业的市场占有率、高成长能力<br>4. 品牌形象(一级指标)<br>测量指标(二级指标)产品实用性、产品设计、产品功能优越、产品的象征性、品牌个性乐观度、安全性 |

**续表**

| 余明阳、刘春章,2009 | 品牌声誉(品牌知名度、品牌认知度、品牌体验反馈、品牌实力与形象的一致性) |
|---|---|

资料来源:基于知网的文献研究整理,胡晓云、陈清爽,2016。

由上可知,品牌声誉是指消费者长期以来对一个品牌的质量感知、心理评价和情感反应。品牌声誉能够令一个品牌因为好的声誉而得到消费者的满意度、忠诚度,继而获得更好的品牌溢价。国内外关于品牌声誉的评价体系研究已经不少,但能够将其实际运用并进行长期评价的指标体系却几乎没有。

文献研究同时可见,国际上同时有品牌信息一致性三角模型、企业声誉商数(RQ)模型、Manfred 的企业声誉测量模型、财富声誉指数模型等几种常用的模型,有过一些实际评测。品牌信息一致性三角模型由美国科罗拉多大学的 Tom Duncan 教授于 1999 年提出,他认为,品牌所说、品牌所做、品牌确认这三个要素的三角合一,才能形成统一的品牌声誉与价值。企业声誉商数(RQ)测量模型于 2001 年发布,并持续了多年的实际测评,该模型采用 Fombrun-Harris 的理论框架,其一级指标包含社会责任感、品牌吸引力、产品及服务、工作环境、品牌愿景、领导力和财务表现等六大维度。Manfred 企业声誉测量模型则选用了品牌的市场竞争力、品牌的全球知名度、企业的经营能力三项指标。财富声誉指数模型的评价指标则包括创新能力、管理质量、长期投资价值、社会与环境责任、吸引人才和留住人才的能力等九项一级指标。

国内关于品牌声誉测量的相关模型有李国峰等提出的品牌声誉测量指标、余明阳和刘春章的品牌声誉构成指标、中国最受尊敬企业的评价体系等。李国峰等人提出的指标包括产品表现、服务表现、市场表现、品牌形象等四要素,余明阳和刘春章则建议将品牌知名度、品牌认知度、品牌体验反馈、品牌实力与形象一致性四个指标作为构成品牌声誉的四个指标,但这两个模型均未经过论证和评估应用。

在互联网时代,如何测评网络中的品牌声誉? 此问题也得到了研究者的关切。学者潘勇在 2003 年指出,声誉是一种特殊的资本,需要企业进行长期投资,其管理实际上是一个对"声誉链"进行管理的过程。对于企业来说,要进行在线声誉的管理,需要花费更大的成本、充分利用网络技术的优势而不仅仅局限在传统市场的思维模式中，更重要的是要实施声誉转移的战略，实现由实物市场向虚拟市场的声誉转移。

2014年，ISO成立了TC 290 Online Reputation，同年10月，中国标准化研究院召开ISO/TC 290在线信誉（Online Reputation）工作项目和战略业务规划专家研讨会，界定了TC的范围。至今，消费品在线信誉评测的等级划分方法[①]发布。

但是，之前有关"声誉""品牌声誉"的研究，均指向"企业"及其"企业品牌"，所有研究并未指向地理标志农产品品牌这种具有"准公共品"特征的区域公用品牌。

2019年，本书作者为了了解中国地标农产品品牌的声誉现状，并科学引导相关品牌进行品牌声誉的提升工作，便基于以往对"声誉""品牌声誉"的相关文献研究，开始进行"中国地理标志农产品品牌声誉"研究。

## 第二节　地理标志农产品品牌的声誉评价指标

### 一、地理标志农产品的品牌声誉评价指标形成

有关地理标志农产品品牌声誉的评价指标构成，重点参考了美国科罗拉多大学汤姆·邓肯（Tom Duncan）的品牌信息一致性三角模型（见图15-1），品牌声誉与价值由品牌所说、品牌所做、品牌确认等三方面要素的三角合一构成。[②] 在评估指标上，主要采用曼弗雷德（Manfred）提出的二维结构模型（见表15-3）。该模型认为，声誉是一个由认知（构成竞争力）和情感（构成感召力）两部分组成的态度结构。[③]

---

① 国家市场监督管理总局 国家标准化管理委员会.消费品在线信誉 等级划分方法［S］.北京：中国标准出版社，2022.

② 汤姆·邓肯，等.品牌至尊：利用整合影响创造终极价值［M］.廖宜怡，译.北京：华夏出版社，2000：137.

③ Manfred Schwaiger. Components and parameters of corporate reputation：An empirical study［J］. Schmalenbach Business Review，2004，56（1），46-71.

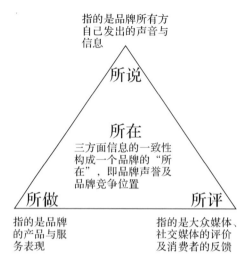

图 15-1　品牌信息一致性三角模型

**表 15-3　曼弗雷德（Manfred）的品牌声誉二维结构模型**

| 曼弗雷德（Manfred）的品牌声誉二维结构模型 | |
| --- | --- |
| 认知（构成竞争力） | 情感（构成感召力） |

在"中国地理标志农产品品牌声誉评价"模型中，品牌声誉由品牌感知力和品牌感召力两项一级指标构成。品牌感知力由品牌能见率和品牌认知行动率两项二级指标构成，品牌感召力由品牌好感评价率和品牌消费体验评价率两项二级指标构成。其中，品牌能见率是指品牌在互联网环境下的大众传媒、网络信息平台、社交媒体、短视频平台和电商零售平台上的曝光程度；品牌认知行动率是指消费者通过品牌传播信息对品牌的认知程度，并由此产生的购买、体验等消费行动力；品牌好感评价率和消费体验评价率，通过对互联网大数据环境的消费者的"自然言语"解析（即利用数据抓取技术，对客观、实有的消费者自然言语进行抓取和专业分析的"自然言语解析法"），综合考察品牌在大众媒体、社交媒体、短视频平台和电商零售平台上的正负面信息和实际消费体验评价。

对该评价指标及其模型，20 位专家进行了德尔菲法专家意见征询，获得了各层级指标及权重赋分，如表 15-4 和图 15-2 所示。

表 15-4 中国地理标志农产品品牌声誉评价指标权重

| 一级指标 | 权重1 | 二级指标 | 权重2 | 三级指标 | 权重3 | 指标说明 | 数据采集 |
|---|---|---|---|---|---|---|---|
| 品牌声誉 | | | | | | | |
| 感知力 | 50% | 能见率 | 50% | 网络信息平台覆盖度 | 36.187% | 指网络信息平台上该品牌的曝光频次 | 百度搜索和360搜索、搜狗检索、短视频、微信公众号文章、新浪微博文章、今日头条 |
| | | | | 大众传媒覆盖度 | 31.517% | 指在大众传媒中该品牌的曝光频次 | 搜狗新闻和中国搜索新闻、百度资讯 |
| | | | | 电商零售平台覆盖度 | 32.296% | 指在电商零售平台上该品牌产品的曝光频次 | 淘宝、天猫、京东、拼多多 |
| | | 认知的行动率 | 50% | 大众传媒关联度 | 32.075% | 指大众传媒对该品牌及产品的相关报道量 | 搜狗新闻和中国搜索新闻、百度资讯、今日头条、百度指数、搜狗指数、360关注趋势 |
| | | | | 社交媒体关联度 | 35.850% | 指社交媒体用户对该品牌及产品的主动认知量 | 微信公众号文章、微信指数和新浪微博 |
| | | | | 短视频平台关联度 | 32.075% | 指短视频平台用户消费者对该品牌的浏览量 | 抖音、快手用户和话题 |

续表

| 一级指标 | 权重1 | 二级指标 | 权重2 | 三级指标 | 权重3 | 指标说明 | 数据采集 |
|---|---|---|---|---|---|---|---|
| 品牌声誉 | 感知力 50% | 好感评价率 | 66.02% | 大众传媒评价 | 43.620% | 指大众传媒对该品牌及产品的新闻报道，包括正面报道、中立报道及负面报道比例 | 搜狗新闻和中国搜索新闻、百度资讯、今日头条 |
| | | | | 社交媒体用户评价 | 56.380% | 指社交媒体用户、短视频用户对该品牌及产品的评价，包括正面、中立及负面评价 | 新浪微博、微信文章，抖音、快手作品数量和点赞、转发 |
| | | 消费体验评价率 | 33.98% | 电商零售平台消费者评价 | 100.000% | 指在电商零售平台购买该品牌产品的消费者评价，包括正面、中立及负面评价 | 天猫、淘宝、京东、拼多多等平台消费者正负面评价 |

图15-2　中国农业品牌声誉评价模型

## 二、地理标志农产品品牌声誉的评价应用

2019 年，我们选取了 1089 个获得中国农业农村部及原农业部、国家知识产权局（包括原工商局商标局、原质监局）两个及以上部门登记（或注册商标）保护的地理标志农产品，作为首次评价对象进行品牌声誉评价，涉及区域遍布全国 31 个省（市、自治区），产品包含茶叶、畜禽、果品、花卉、粮油、食用菌、蔬菜、水产、中药材、其他等十大品类。

2021、2022、2023 年，我们在前期研究的基础上，分别选取了 1471、1568、4471 个获得中国农业农村部及原农业部、国家知识产权局（原工商局商标局、原质监局）两个及以上部门登记（或注册商标）保护的地理标志农产品品牌（下文简称为地标品牌），开展第二、三、四轮的"中国地理标志农产品品牌声誉评价"研究。

据不完全统计，截至 2022 年 12 月，我国已注册为地理标志证明商标（集体商标），或此前已获得地理标志农产品、中国地理标志产品登记和保护的品牌，现已正式注册商标的农产品地标品牌，总计 4471 个。

为了体现法制化保护的重要性，2023 年，课题组选取该 4471 个具有商标法保护的中国地理标志农产品品牌作为研究对象。评价通过由浙江芒种品牌管理机构开发的"基于互联网的中国农产品品牌消费者评价信息搜集系统""基于互联网的中国农业品牌信息搜集系统"，对互联网信息平台、大众传媒、社交媒体、短视频平台和电商零售平台等海量数据进行搜集，并依据"中国地理标志农产品品牌声誉评价模型"对各项数据进行分析并换算处理，最终形成品牌声誉评价结果。

（一）数据概况

获得 2023 年有效评价的 4471 个中国地标品牌，遍布全国 32 个省（自治区、直辖市）。获评地标品牌总数较 2022 年度增加了 2903 个，其中品牌数量超过 200 个的省份有山东（648）、福建（370）、湖北（352）、四川（344）、云南（277）、江苏（237）、重庆（230）和浙江（222），共 8 个省份，台湾省此次也有 1 个茶叶地标品牌（北埔膨风茶）进入评价范围。产品品类覆盖果品、蔬菜、畜牧、粮油、水产、茶、中药材、加工食品以及花卉、香料等其他特色农产品。

从表 15-5 的统计数据可见，本次评价中，果品地标品牌数量达 1097 个，占品牌总量的 24.53%；蔬菜、畜牧和粮油地标品牌数量均超过 500 个，

分别占获评地标品牌总量的 15.99％、14.35％和 11.74％。

表 15-5　获评地标品牌的行政区划和品类分布统计

| 省份 | 果品 | 蔬菜 | 畜牧 | 粮油 | 水产 | 茶 | 中药材 | 加工食品 | 其他 | 合计 |
|---|---|---|---|---|---|---|---|---|---|---|
| 山东 | 201 | 132 | 59 | 57 | 109 | 21 | 26 | 21 | 22 | 648 |
| 福建 | 84 | 55 | 27 | 24 | 64 | 58 | 16 | 22 | 20 | 370 |
| 湖北 | 45 | 80 | 35 | 49 | 30 | 41 | 37 | 25 | 10 | 352 |
| 四川 | 90 | 52 | 78 | 33 | 14 | 23 | 18 | 21 | 15 | 344 |
| 云南 | 77 | 32 | 55 | 23 | 3 | 24 | 30 | 11 | 22 | 277 |
| 江苏 | 32 | 50 | 19 | 34 | 66 | 12 | 4 | 12 | 8 | 237 |
| 重庆 | 52 | 38 | 49 | 25 | 3 | 11 | 24 | 13 | 15 | 230 |
| 浙江 | 64 | 36 | 15 | 4 | 30 | 41 | 18 | 8 | 6 | 222 |
| 湖南 | 19 | 25 | 22 | 14 | 13 | 28 | 16 | 18 | 2 | 157 |
| 河北 | 59 | 31 | 11 | 26 | 4 | 1 | 9 | 2 | 8 | 151 |
| 安徽 | 22 | 23 | 28 | 20 | 12 | 23 | 16 | 4 | 2 | 150 |
| 辽宁 | 33 | 13 | 10 | 19 | 19 | — | 13 | 1 | 3 | 111 |
| 甘肃 | 24 | 15 | 31 | 10 | — | 2 | 16 | 2 | 6 | 106 |
| 陕西 | 48 | 6 | 10 | 8 | 2 | 10 | 6 | 10 | 4 | 104 |
| 内蒙古 | 4 | 6 | 35 | 31 | 2 | — | 4 | 6 | 5 | 93 |
| 江西 | 16 | 19 | 13 | 10 | 8 | 12 | 5 | 6 | 2 | 91 |
| 新疆 | 50 | 5 | 17 | 5 | — | 1 | 5 | — | 6 | 89 |
| 山西 | 27 | 6 | 9 | 10 | — | 3 | 15 | 9 | 3 | 82 |
| 广东 | 31 | 10 | 7 | 6 | 3 | 6 | 10 | 4 | 4 | 81 |
| 河南 | 15 | 18 | 13 | 10 | 2 | 5 | 10 | 2 | 5 | 80 |
| 贵州 | 12 | 12 | 14 | 9 | | 18 | 7 | 4 | 1 | 77 |
| 广西 | 26 | 8 | 17 | 3 | — | 6 | 3 | 4 | 5 | 72 |
| 吉林 | 7 | 7 | 12 | 27 | 4 | — | 9 | 3 | — | 69 |
| 海南 | 23 | 5 | 14 | 5 | 5 | 2 | 1 | 1 | 2 | 58 |
| 黑龙江 | 4 | 4 | 5 | 37 | — | — | 4 | — | 1 | 55 |
| 西藏 | 6 | 8 | 17 | 6 | 2 | 2 | 4 | — | 1 | 46 |
| 青海 | 4 | 6 | 12 | 10 | | 1 | 6 | 2 | 2 | 43 |

续表

| 省份 | 果品 | 蔬菜 | 畜牧 | 粮油 | 水产 | 茶 | 中药材 | 加工食品 | 其他 | 合计 |
|---|---|---|---|---|---|---|---|---|---|---|
| 宁夏 | 4 | 5 | 5 | 4 | — | — | 3 | — | — | 21 |
| 天津 | 3 | 5 | — | 2 | 10 | — | — | 1 | — | 21 |
| 北京 | 10 | — | 3 | 1 | — | — | 2 | — | 1 | 17 |
| 上海 | 5 | 3 | 1 | 3 | 2 | — | — | — | 2 | 16 |
| 台湾 | — | — | — | — | — | 1 | — | — | — | 1 |
| 合计 | 1097 | 715 | 643 | 525 | 407 | 352 | 337 | 212 | 183 | 4471 |

从各省地标品牌的农产品品类分布来看,北京、新疆、陕西、海南、河北、广东、广西、山西、上海和山东等10个省份的果品地标品牌数量占本地地标品牌总量的30%以上,另有辽宁、浙江、云南、四川、福建、重庆和甘肃等7个省份的果品地标品牌数量占本地地标品牌总量的20%以上,可见半数省份的果品地标品牌数量比重均较高;山东、湖北、江苏、河北、江西、河南、宁夏和天津等8个省份的蔬菜地标品牌数量占本地地标品牌总量的20%以上;内蒙古和西藏的畜牧地标品牌数量占本地地标品牌总量的30%以上,另有甘肃、青海、海南、宁夏、广西、四川和重庆等7个省份的畜牧地标品牌数量占本地地标品牌总量的20%以上;黑龙江、吉林和内蒙古3个省份的粮油地标品牌分别占本地地标品牌总量的67.27%、39.13%和33.33%,是名副其实的"东北粮仓",另青海省的粮油地标品牌数量也占本地地标品牌总量的23.26%;天津市的获评地标品牌总数虽仅有21个,但其中10个为水产地标品牌,江苏省的水产地标品牌数量达66件,占本地地标品牌总量的27.85%;贵州省是唯一一个茶叶地标品牌数量占本地地标品牌总量20%以上的省份,台湾省仅有1个茶叶地标品牌获评。

因本次获评地标品牌数量众多,课题组将指标分值从原有的百分制调整为千分制。获评的4471个中国地标品牌,平均品牌声誉为749.98,其中品牌声誉最高值达922.07。如图15-3所示,品牌声誉高于900的品牌数量仅6个;品牌声誉介于800至900之间的品牌共计984个,占本次获评地标品牌总量的22.01%;品牌声誉介于750至800的品牌共计1021个,占本次获评地标品牌总量的22.84%;2460个品牌的品牌声誉低于750,占本次获评地标品牌总量的65.02%,其中品牌声誉不足700的品牌有1012个。可见,高品牌声誉的品牌极为稀少。

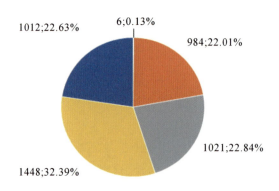

图 15-3　品牌声誉大小区间分布

表 15-6 是本次评价中品牌声誉位于前 10 位的品牌。由表可见,茶叶地标品牌的品牌声誉表现强劲,在前 10 位中共占 4 席,分别为普洱茶、龙井茶、福鼎白茶和西湖龙井。其中,普洱茶以 922.07 的品牌声誉高居榜首,且与位列第 2 的阳澄湖大闸蟹相比具有较大优势;果品和中药材地标品牌各占 2 席,分别为哈密瓜、赣南脐橙和新会陈皮、宁夏枸杞;水产和加工食品地标品牌均为 1 席,分别为阳澄湖大闸蟹和柳州螺蛳粉。

表 15-6　品牌声誉居前 10 的中国地标品牌

| 排序 | 省份 | 品牌名称 | 品类 | 品牌声誉 |
| --- | --- | --- | --- | --- |
| 1 | 云南 | 普洱茶 | 茶 | 922.07 |
| 2 | 江苏 | 阳澄湖大闸蟹 | 水产 | 906.44 |
| 3 | 浙江 | 龙井茶 | 茶 | 904.67 |
| 4 | 福建 | 福鼎白茶 | 茶 | 904.59 |
| 5 | 广西 | 柳州螺蛳粉 | 加工食品 | 901.96 |
| 6 | 新疆 | 哈密瓜 | 果品 | 901.55 |
| 7 | 广东 | 新会陈皮 | 中药材 | 896.10 |
| 8 | 宁夏 | 宁夏枸杞 | 中药材 | 892.53 |
| 9 | 浙江 | 西湖龙井 | 茶 | 890.63 |
| 10 | 江西 | 赣南脐橙 | 果品 | 889.16 |

本次评价的 4471 个中国地标品牌,品牌感知力平均值为 705.12,其中普洱茶的品牌感知力达 965.73,比位列第二的龙井茶(933.10)高出 32.63;五常大米以 929.57 的品牌感知力排第三。由表 15-7 可见,在品牌感知力位于前 10 的地标品牌中,茶叶地标品牌占了一半,其余 5 个席位分属粮油、果品、水产、中药材和加工食品等五大品类。

表 15-7　品牌感知力居前 10 的中国地标品牌

| 排序 | 省份 | 品牌名称 | 品类 | 感知力 |
|---|---|---|---|---|
| 1 | 云南 | 普洱茶 | 茶 | 965.73 |
| 2 | 浙江 | 龙井茶 | 茶 | 933.10 |
| 3 | 黑龙江 | 五常大米 | 粮油 | 929.57 |
| 4 | 新疆 | 哈密瓜 | 果品 | 927.00 |
| 5 | 福建 | 福鼎白茶 | 茶 | 924.03 |
| 6 | 江苏 | 阳澄湖大闸蟹 | 水产 | 923.33 |
| 7 | 广东 | 新会陈皮 | 中药材 | 922.25 |
| 8 | 广西 | 柳州螺蛳粉 | 加工食品 | 912.40 |
| 9 | 河南 | 信阳毛尖 | 茶 | 904.54 |
| 10 | 浙江 | 西湖龙井 | 茶 | 904.24 |

本次评价的 4471 个中国地标品牌,其品牌感召力平均值为 794.85,同样是一级指标,品牌感召力比品牌感知力平均值高了 89.73。其中,大荔冬枣、若羌红枣和太平猴魁分别以 935.64、918.14 和 916.53 位列前三强。由表 15-8 可见,在品牌感召力前 10 位中,茶叶地标品牌仍占 5 席,果品地标品牌占 4 席,另有 1 个粮油地标品牌——台山大米。

表 15-8　品牌感召力居前 10 的中国地标品牌

| 排序 | 省份 | 品牌名称 | 品类 | 感召力 |
|---|---|---|---|---|
| 1 | 陕西 | 大荔冬枣 | 果品 | 935.64 |
| 2 | 新疆 | 若羌红枣 | 果品 | 918.14 |
| 3 | 安徽 | 太平猴魁 | 茶 | 916.53 |
| 4 | 浙江 | 径山茶 | 茶 | 914.49 |
| 5 | 海南 | 万宁鹧鸪茶 | 茶 | 910.12 |
| 6 | 西藏 | 林芝茶叶 | 茶 | 907.60 |

续表

| 排序 | 省份 | 品牌名称 | 品类 | 感召力 |
|------|------|----------|------|--------|
| 7 | 河北 | 怀来葡萄 | 果品 | 906.02 |
| 8 | 江西 | 浮梁茶 | 茶 | 905.97 |
| 9 | 重庆 | 奉节脐橙 | 果品 | 904.00 |
| 10 | 广东 | 台山大米 | 粮油 | 903.12 |

图 15-4 是本次评价 4471 个中国地标品牌在品牌能见率、认知行动率、好感评价率和消费体验评价率上的平均值和最高值比较。由图可见，从平均值比较，品牌好感评价率平均值为 830.90，远高于其他 3 个二级指标；而认知行动率平均值仅为 693.33，是唯一一个平均值不足 700 的指标。从最高值比较，品牌能见率最高值达 983.28，品牌认知行动率最高值为 948.18，该两项最高值均由普洱茶创造；品牌好感评价率最高值属大荔冬枣（950.35），品牌消费体验评价率最高值是柳州螺蛳粉（929.59）。

由图 15-4 可见，品牌声誉 4 项二级指标平均值和最高值的差值分别表现为品牌能见率 266.36、认知行动率 254.86、好感评价率 119.45 和消费体验评价率 204.79。相对而言，构成品牌感知力的能见率和认知行动率，各品牌之间的差异较为显著，是品牌声誉拉开距离的主要指标；而构成品牌感

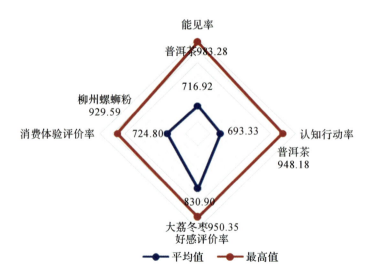

图 15-4 品牌声誉 4 项二级指标的平均值和最高值比较

召力的好感评价率和消费体验评价率,各品牌之间的差异相对较低,尤其是好感评价率,获评的4471个中国地标品牌的好感评价率普遍较佳,平均值与最高值之间的差距也较小。

以上数据说明,我国地标品牌覆盖面广,产品品类丰富;不同品牌在互联网信息平台上的品牌能见率和认知行动率差异显著,在电商零售平台上的消费体验评价率也同样存在一定差异,而以大众传媒、社交媒体等媒体平台上的好感评价率则整体表现较佳。

(二)品类比较

下文根据不同的农产品品类,对4471个中国地标品牌的品牌声誉评价数据进行比较分析。如图15-5所示,各类获评地标品牌的平均品牌声誉均高于730,其中,平均值在750以上的有茶叶、加工食品和果品等3类地标品牌,分别为788.95、778.46和755.25;表现相对较低的是蔬菜、中药材和水产等3类地标品牌,平均品牌声誉分别为738.12、738.46和739.82。从品牌感知力比较,茶叶、加工食品、果品和畜牧等4类地标品牌的平均品牌感知力在700以上,分别为748.06、731.61、713.55和700.85;从品牌感召力比较,茶叶和加工食品地标品牌的平均品牌感召力为829.83和825.31,是两个平均品牌感召力高于800的品类;其次是果品和畜牧地标品牌,平均值为796.95和790.91;蔬菜、粮油、水产、中药材和其他地标品牌的平均值则均在780至790之间。

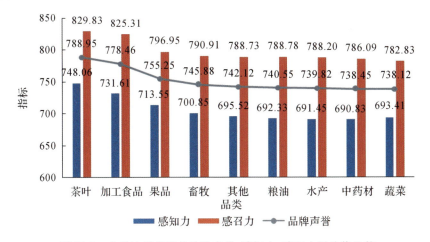

图15-5 各类地标品牌的品牌声誉、感知力、感召力平均值比较

　　由数据可见，中国地标品牌目前的品牌感知力整体处于中低水平，品牌感召力则相对较高，处于中上水平。茶叶地标品牌的各项指标表现较佳，也从一定程度上反映出，茶叶地标品牌更重视对品牌感知力、感召力的培养以及对品牌声誉的维护。

　　统计品牌声誉位于前100的地标品牌品类分布，如图15-6所示。茶叶地标品牌表现突出，共计36个品牌名列品牌声誉百强，是唯一一个获评百强与获评品牌总量占比超10％的品类；百强品牌数量位于第二位的品类是果品地标品牌，共计26个，但在获评果品地标品牌总量中的比例不高，仅为2.37％；中药材、加工食品和其他等3类地标品牌分别有9个、6个和4个品牌获得百强，均占各自品类获评地标品牌总量的2％至3％之间；畜牧、水产、蔬菜和粮油等4类地标品牌的百强品牌数量分别为7个、6个、4个和2个，品类获评品牌与百强比重均在2％以下。

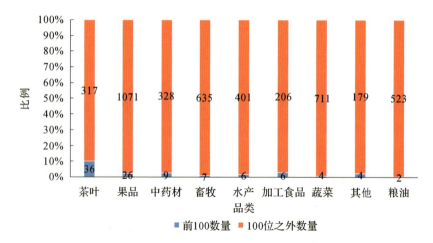

图 15-6　各类地标品牌的百强品牌量比较

　　该组数据充分表明，茶叶地标品牌的品牌声誉表现优秀，在百强名单上占据绝对数量优势，同时，在同品类高品牌声誉品牌的数量占比中也具有相对优势。

　　表 15-9 数据是本次获评的各类地标品牌的品牌声誉、品牌感知力和品牌感召力最高值的品牌。按品牌声誉最高值排序，依次为茶叶、水产、加工食品、果品、中药材、其他、畜牧、粮油和蔬菜。各类地标品牌声誉最高的品牌分别为普洱茶（922.07）、阳澄湖大闸蟹（906.44）、柳州螺蛳粉（901.96）、

哈密瓜(901.55)、新会陈皮(896.10)、洛阳牡丹(884.88)、北京鸭(876.67)、
五常大米(872.28)和通江银耳(864.92)。

表 15-9　各类地标品牌的品牌声誉、品牌感知力和品牌感召力最高值

| 品类 | 品牌感知力 | | 品牌感召力 | | 品牌声誉 | |
|------|------------|------|------------|------|----------|------|
| | 品牌名称 | 指标 | 品牌名称 | 指标 | 品牌名称 | 指标 |
| 茶叶 | 普洱茶 | 965.73 | 太平猴魁茶 | 916.53 | 普洱茶 | 922.07 |
| 水产 | 阳澄湖大闸蟹 | 923.33 | 长岛海带 | 894.33 | 阳澄湖大闸蟹 | 906.44 |
| 加工食品 | 柳州螺蛳粉 | 912.40 | 缙云爽面 | 901.42 | 柳州螺蛳粉 | 901.96 |
| 果品 | 哈密瓜 | 927.00 | 大荔冬枣 | 935.64 | 哈密瓜 | 901.55 |
| 中药材 | 新会陈皮 | 922.25 | 阿拉善锁阳 | 893.21 | 新会陈皮 | 896.10 |
| 其他 | 菏泽牡丹 | 879.10 | 洛阳牡丹 | 891.19 | 洛阳牡丹 | 884.88 |
| 畜牧 | 宣威火腿 | 881.43 | 富平羊奶粉 | 902.33 | 北京鸭 | 876.67 |
| 粮油 | 五常大米 | 929.57 | 台山大米 | 903.12 | 五常大米 | 872.28 |
| 蔬菜 | 涪陵榨菜 | 884.00 | 焉耆红辣椒 | 896.16 | 通江银耳 | 864.92 |

由表 15-9 可见,获得茶叶、水产、加工食品、果品、中药材和粮油等 6 类
地标品牌的品牌感知力最高的品牌均与获得品牌声誉最高值的品牌相同,
而蔬菜、畜牧和其他等 3 类地标品牌的品牌感知力最高值分别为涪陵榨菜
(884.00)、宣威火腿(881.43)和菏泽牡丹(879.10)。

由表 15-9 同时可见,各类地标品牌中获得品牌感召力最高值的品牌均
与获得品牌感知力最高值的品牌不同,没有一个品牌同时获得该类地标品
牌的品牌感知力和品牌感召力最高值,分别获得各品类地标品牌的品牌感
召力最高值的是:太平猴魁茶(916.53)、长岛海带(894.33)、缙云爽面
(901.42)、大荔冬枣(935.64)、阿拉善锁阳(893.21)、洛阳牡丹(891.19)、富
平羊奶粉(902.33)、台山大米(903.12)和焉耆红辣椒(896.16),其中茶叶、
加工食品、果品、畜牧和粮油等 5 类地标品牌的品牌感召力最高值在 900
以上。

进一步比较各类地标品牌的平均品牌能见率、认知行动率、好感评价率
和消费体验评价率,如图 15-7 所示,茶叶地标品牌分别以 760.51、735.61
和 850.14 的平均能见率、认知行动率和好感评价率,高于其余品类的平均
值,该 3 项二级指标平均值位于第二位的品类均为加工食品类地标品牌(分

图 15-7　各类地标品牌的品牌声誉二级指标平均值比较

别为 743.62、719.60 和 839.81);而平均消费体验评价率最高的品类是加工食品类地标品牌(797.14),位于第二位的品类是茶叶(790.37)。可见,以普洱茶、龙井茶等为代表的茶叶和以柳州螺蛳粉为代表的加工食品类地标品牌,在品牌声誉各项指标上均有较为优秀的表现。数据也反映了茶叶和加工食品类地标品牌在互联网大数据环境下具有较系统化的呈现。

(三)省份比较

下文按照各省(自治区、直辖市)行政区划对获评的 4471 个中国地标品牌进行比较分析(因台湾省仅有 1 个地标品牌获评,此处不作比较)。表 15-10 是各省份地标品牌的品牌声誉、品牌感知力和品牌感召力的平均值比较。比较品牌声誉可见,上海、广东、陕西、浙江、广西等 18 个省份地标品牌的平均品牌声誉在 750 以上,黑龙江、福建、四川、天津、江苏等 13 个省份地标品牌的平均品牌声誉在 720 至 750 之间。比较品牌感知力可见,各省份地标品牌的平均品牌感知力在 700 以上的共计有 22 个省份,其中上海和广东 2 个省份地标品牌的平均值达 750 以上,分别为 763.95 和 754.49。比较品牌感召力可见,陕西、浙江、上海、广东、新疆等 15 个省份地标品牌的平均品牌感召力在 800 以上,甘肃、山西、河南、福建、吉林等 16 个省份地标品牌的平均品牌感召力在 770 与 800 之间。

表 15-10　各省份地标品牌的品牌声誉、品牌感知力、品牌感召力平均值比较

| 省份 | 品牌感知力 | 品牌感召力 | 品牌声誉 |
|---|---|---|---|
| 北京 | 718.12 | 809.34 | 763.73 |
| 天津 | 702.12 | 787.26 | 744.69 |
| 河北 | 689.44 | 783.32 | 736.38 |
| 山西 | 717.45 | 797.37 | 757.41 |
| 内蒙古 | 702.44 | 804.63 | 753.53 |
| 辽宁 | 693.79 | 790.87 | 742.33 |
| 吉林 | 691.33 | 792.68 | 742.00 |
| 黑龙江 | 709.05 | 788.20 | 748.62 |
| 上海 | 763.95 | 821.14 | 792.54 |
| 江苏 | 701.12 | 786.00 | 743.56 |
| 浙江 | 746.10 | 822.13 | 784.11 |
| 安徽 | 719.72 | 801.08 | 760.40 |
| 福建 | 699.00 | 795.62 | 747.31 |
| 江西 | 723.28 | 806.80 | 765.04 |
| 山东 | 683.88 | 778.04 | 730.96 |
| 河南 | 714.04 | 797.32 | 755.68 |
| 湖北 | 691.70 | 784.36 | 738.03 |
| 湖南 | 728.24 | 810.97 | 769.60 |
| 广东 | 754.49 | 821.08 | 787.78 |
| 广西 | 738.10 | 812.78 | 775.44 |
| 海南 | 718.51 | 808.89 | 763.70 |
| 重庆 | 683.77 | 780.00 | 731.89 |
| 四川 | 700.81 | 792.06 | 746.43 |
| 贵州 | 726.09 | 805.23 | 765.66 |
| 云南 | 701.69 | 802.04 | 751.86 |
| 西藏 | 688.94 | 783.35 | 736.14 |
| 陕西 | 749.28 | 823.09 | 786.19 |
| 甘肃 | 719.71 | 797.86 | 758.78 |
| 青海 | 676.98 | 777.87 | 727.43 |
| 宁夏 | 726.21 | 805.89 | 766.05 |
| 新疆 | 715.97 | 815.34 | 765.66 |

比较各省份地标品牌的品牌声誉平均值与最高值之间的差值,如图 15-8 所示,上海、贵州和陕西三省份的差值相对较小,均在 100 以下,分别为 70.19、92.66 和 92.94,说明该三省份地标品牌在品牌声誉上的表现较为均衡;而云南、江苏和福建三省地标品牌的平均值和最高值之间差距较为显著,分别达 170.21、162.88 和 157.27,均超过了 150,说明该三省的地标品牌之间的品牌声誉表现差异较大。

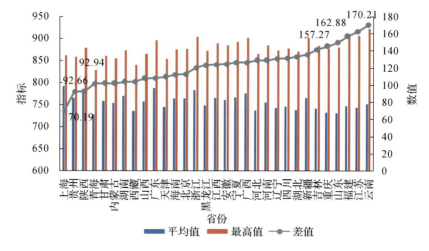

图 15-8 各省份地标品牌的品牌声誉平均值与最高值差值比较

表 15-11 是获得本次评价的各省地标品牌的品牌声誉、品牌感知力和品牌感召力最高值的品牌。按品牌声誉最高值大小排序可见,云南、江苏、浙江、福建、广西和新疆等 6 省份的品牌声誉最高值均在 900 以上,分别为普洱茶(922.07)、阳澄湖大闸蟹(906.44)、龙井茶(904.67)、福鼎白茶(904.59)、柳州螺蛳粉(901.96)和哈密瓜(901.55)。

从各省份地标品牌的品牌感知力最高值比较,云南、浙江、黑龙江、新疆、福建、江苏、广东、广西和河南等 9 省份地标品牌的品牌感知力最高值超过 900。其中,来自普洱茶的品牌感知力高达 965.73,其后依次分别为龙井茶(933.10)、五常大米(929.57)、哈密瓜(927.00)、福鼎白茶(924.03)、阳澄湖大闸蟹(923.33)、新会陈皮(922.25)、柳州螺蛳粉(912.40)和信阳毛尖(904.54);江西、湖南、宁夏等 21 个省份地标品牌的品牌感知力最高值均位于 820 至 900 之间,品牌感知力最高值唯一低于 800 的省份是青海省,其品牌感知力最高值由玉树虫草(768.99)获得。

表 15-11　各省份地标品牌的品牌声誉、品牌感知力和品牌感召力最高值

| 省份 | 品牌感知力 | | 品牌感召力 | | 品牌声誉 | |
| --- | --- | --- | --- | --- | --- | --- |
| | 品牌名称 | 指标 | 品牌名称 | 指标 | 品牌名称 | 指标 |
| 云南 | 普洱茶 | 965.73 | 香格里拉牦牛 | 895.19 | 普洱茶 | 922.07 |
| 江苏 | 阳澄湖大闸蟹 | 923.33 | 海安麻虾酱 | 893.21 | 阳澄湖大闸蟹 | 906.44 |
| 浙江 | 龙井茶 | 933.10 | 径山茶 | 914.49 | 龙井茶 | 904.67 |
| 福建 | 福鼎白茶 | 924.03 | 建阳水仙 | 897.65 | 福鼎白茶 | 904.59 |
| 广西 | 柳州螺蛳粉 | 912.40 | 柳州螺蛳粉 | 891.52 | 柳州螺蛳粉 | 901.96 |
| 新疆 | 哈密瓜 | 927.00 | 若羌红枣 | 918.14 | 哈密瓜 | 901.55 |
| 广东 | 新会陈皮 | 922.25 | 台山大米 | 903.12 | 新会陈皮 | 896.10 |
| 宁夏 | 宁夏枸杞 | 892.61 | 盐池滩羊肉 | 900.11 | 宁夏枸杞 | 892.53 |
| 江西 | 赣南脐橙 | 897.74 | 浮梁茶 | 905.97 | 赣南脐橙 | 889.16 |
| 安徽 | 祁门红茶 | 880.22 | 太平猴魁茶 | 916.53 | 黄山毛峰 | 885.20 |
| 河南 | 信阳毛尖 | 904.54 | 洛阳牡丹 | 891.19 | 洛阳牡丹 | 884.88 |
| 吉林 | 长白山人参 | 879.16 | 长白山人参 | 888.60 | 长白山人参 | 883.88 |
| 山东 | 烟台苹果 | 889.63 | 长岛海带 | 894.33 | 烟台苹果 | 880.49 |
| 陕西 | 洛川苹果 | 884.39 | 大荔冬枣 | 935.64 | 大荔冬枣 | 879.13 |
| 四川 | 郫县豆瓣 | 882.44 | 丹棱冻粑 | 893.37 | 郫县豆瓣 | 878.04 |
| 重庆 | 涪陵榨菜 | 884.00 | 奉节脐橙 | 904.00 | 奉节脐橙 | 877.48 |
| 北京 | 北京鸭 | 854.54 | 门头沟京白梨 | 900.58 | 北京鸭 | 876.67 |
| 海南 | 文昌鸡 | 870.58 | 万宁鹧鸪茶 | 910.12 | 海南沉香 | 876.01 |
| 辽宁 | 辽参 | 876.79 | 东港草莓 | 877.42 | 辽参 | 873.51 |
| 湖南 | 安化黑茶 | 895.16 | 衡阳鱼丸 | 898.64 | 安化黑茶 | 873.47 |
| 黑龙江 | 五常大米 | 929.57 | 庆安大米 | 885.30 | 五常大米 | 872.28 |
| 湖北 | 恩施玉露 | 854.86 | 赤壁青砖茶 | 897.91 | 潜江龙虾 | 871.64 |
| 河北 | 迁西板栗 | 855.07 | 怀来葡萄 | 906.02 | 迁西板栗 | 865.43 |
| 山西 | 山西老陈醋 | 867.65 | 太谷饼 | 882.60 | 太谷饼 | 865.38 |
| 上海 | 马陆葡萄 | 841.84 | 马陆葡萄 | 883.64 | 马陆葡萄 | 862.74 |
| 甘肃 | 静宁苹果 | 844.12 | 会宁苹果 | 902.43 | 静宁苹果 | 860.88 |
| 贵州 | 湄潭翠芽 | 836.17 | 都匀毛尖茶 | 884.48 | 都匀毛尖茶 | 858.33 |

续表

| 省份 | 品牌感知力 | | 品牌感召力 | | 品牌声誉 | |
|------|----------|------|----------|------|----------|------|
| | 品牌名称 | 指标 | 品牌名称 | 指标 | 品牌名称 | 指标 |
| 内蒙古 | 敖汉小米 | 826.04 | 阿拉善锁阳 | 893.21 | 敖汉小米 | 855.72 |
| 天津 | 沙窝萝卜 | 836.60 | 小站稻 | 888.16 | 小站稻 | 854.57 |
| 西藏 | 那曲虫草 | 839.13 | 林芝茶叶 | 907.60 | 那曲虫草 | 840.49 |
| 青海 | 玉树虫草 | 768.99 | 祁连牦牛 | 899.32 | 祁连牦牛 | 829.33 |

从各省市地标品牌的品牌感召力最高值比较，陕西、新疆、安徽、浙江、海南、西藏、河北、江西、重庆、广东、甘肃、北京和宁夏等 13 个省份地标品牌的品牌感召力最高值均在 900 以上，分别为大荔冬枣（935.64）、若羌红枣（918.14）、太平猴魁茶（916.53）、径山茶（914.49）、万宁鹧鸪茶（910.12）、林芝茶叶（907.60）、怀来葡萄（906.02）、浮梁茶（905.97）、奉节脐橙（904.00）、台山大米（903.12）、会宁苹果（902.43）、门头沟京白梨（900.58）和盐池滩羊肉（900.11）；青海、湖南、湖北等 18 个省份地标品牌的品牌感召力最高值均在 770 至 900 之间。

由表 15-11 同时可见，广西、吉林和上海三个省份地标品牌的品牌声誉、品牌感知力和品牌感召力最高值均由同一个地标品牌所获得，分别是柳州螺蛳粉、长白山人参和马陆葡萄，数据说明该三个品牌分别是广西、吉林和上海三省份最具代表性的地标品牌。安徽、海南和湖北三省的地标品牌的三项最高值则分别由不同的品牌所获得，数据说明各个地标品牌在品牌声誉的不同方面有不同的表现。

统计各省份地标品牌在品牌声誉前 100 位中的情况，本次获评地标品牌分属于 32 个省（自治区、直辖市），其中 27 个省份在百强地标品牌中占有一定席位。如图 15-9 所示，浙江、山东和安徽三省的地标品牌在前 100 位中占据的席位最多，分别为 11 个、9 个和 8 个。宁夏回族自治区虽仅有 3 个百强地标品牌，但百强地标品牌的数量占其获评品牌总量的 14.29%，是唯一一个百强地标品牌比例超过获评品牌总量 10% 的省份；上海和北京两市的百强地标品牌虽均仅为 1 个，但与获评品牌总量的比例与陕西省相当，高于其余省份。

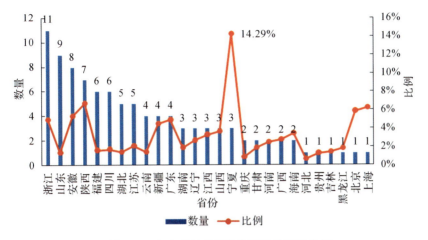

图 15-9　各省份地标品牌的百强品牌量比较

　　进一步比较各省份地标品牌在品牌声誉二级指标上的表现（见表 15-12），品牌能见率平均值达到获评地标品牌整体平均值（716.92）以上的省份共计 17 个，其中排在前 5 位的分别是上海（773.57）、广东（761.19）、陕西（757.76）、浙江（754.43）和广西（747.40）；品牌认知行动率平均值在整体平均值（693.33）之上的省份共计 16 个，排在前 5 位的省份与品牌能见率排位相同、数值不同，上海（754.32）、广东（747.79）、陕西（740.80）、浙江（737.76）、广西（728.81），品牌能见率普遍高于品牌认知行动率；品牌好感评价率平均值在获评地标品牌整体平均值（830.90）之上的省份共计 18 个，其中北京（851.72）、海南（849.51）、浙江（845.67）、上海（845.62）和广东（845.15）列前 5 位；品牌消费体验评价率平均值高于获评地标品牌整体平均水平（724.80）的省份共计 20 个，陕西（781.24）、浙江（776.39）、广东（774.32）、上海（773.59）和新疆（767.13）列前 5 位。以上可见，上海、广东和浙江三个省份的 4 项二级指标平均值均在前 5 位，整体表现出强劲的品牌声誉整合成效。

表 15-12　各省份地标品牌的品牌声誉二级指标平均值比较

| 省份 | 能见率 | 认知行动率 | 好感评价率 | 消费体验评价率 |
|---|---|---|---|---|
| 北京 | 730.36 | 705.88 | 851.72 | 727.02 |
| 天津 | 713.18 | 691.06 | 835.74 | 693.05 |

续表

| 省份 | 能见率 | 认知行动率 | 好感评价率 | 消费体验评价率 |
|---|---|---|---|---|
| 河北 | 702.09 | 676.78 | 821.17 | 709.78 |
| 山西 | 727.43 | 707.46 | 831.25 | 731.55 |
| 内蒙古 | 714.94 | 689.94 | 837.07 | 741.60 |
| 辽宁 | 708.89 | 678.70 | 824.20 | 726.11 |
| 吉林 | 704.70 | 677.96 | 826.99 | 726.00 |
| 黑龙江 | 726.13 | 691.96 | 818.48 | 729.38 |
| 上海 | 773.57 | 754.32 | 845.62 | 773.59 |
| 江苏 | 713.80 | 688.45 | 823.89 | 712.39 |
| 浙江 | 754.43 | 737.76 | 845.67 | 776.39 |
| 安徽 | 731.88 | 707.55 | 832.64 | 739.76 |
| 福建 | 708.85 | 689.16 | 834.17 | 720.72 |
| 江西 | 735.66 | 710.90 | 836.38 | 749.31 |
| 山东 | 697.09 | 670.68 | 820.85 | 694.86 |
| 河南 | 728.01 | 700.07 | 827.72 | 738.24 |
| 湖北 | 705.57 | 677.82 | 823.17 | 708.96 |
| 湖南 | 741.74 | 714.74 | 840.74 | 753.13 |
| 广东 | 761.19 | 747.79 | 845.15 | 774.32 |
| 广西 | 747.40 | 728.81 | 842.44 | 755.16 |
| 海南 | 724.79 | 712.24 | 849.51 | 729.98 |
| 重庆 | 698.54 | 669.01 | 825.73 | 691.16 |
| 四川 | 712.49 | 689.12 | 830.17 | 718.01 |
| 贵州 | 735.36 | 716.83 | 837.01 | 743.48 |
| 云南 | 711.23 | 692.15 | 837.58 | 732.99 |
| 西藏 | 699.91 | 677.97 | 826.57 | 699.37 |
| 陕西 | 757.76 | 740.80 | 844.63 | 781.24 |
| 甘肃 | 730.85 | 708.56 | 835.98 | 723.78 |
| 青海 | 689.32 | 664.65 | 825.87 | 684.62 |
| 宁夏 | 741.79 | 710.63 | 828.05 | 762.82 |
| 新疆 | 725.10 | 706.85 | 840.15 | 767.13 |

（四）新媒体活跃度比较

依据"中国地理标志农产品品牌声誉评价模型"，课题组考察了大众传媒、网络信息平台、社交媒体、短视频平台和电商零售平台等全方位的信息体量与消费评价。以一组来源于微信、新浪微博、抖音和小红书等4个典型新媒体平台上的数据比较为例，下文将对各类地标品牌在社交媒体、短视频平台上的活跃程度进行分析。

如图15-10所示，各类地标品牌建有抖音话题的品牌比例均达50％以上，其中茶叶、加工食品和果品地标品牌的数量比例分别达83.29％、78.30％和71.65％；建有公众号的品牌比例在20％以上的品类分别是茶叶（32.58％）和果品（20.60％）地标品牌；建有微博话题的品牌比例在20％以上的品类是茶叶（36.26％）、果品（31.18％）、加工食品（28.77％）和其他类（20.77％）地标品牌；建有小红书笔记的品牌比例在10％以上的品类是加工食品（24.06％）、茶叶（16.71％）和果品（14.22％）地标品牌。

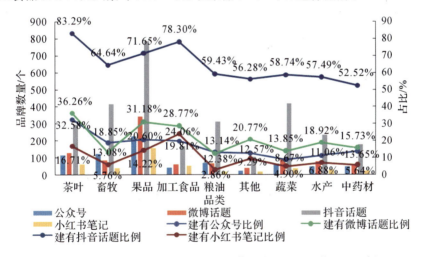

图15-10 各类地标品牌在典型新媒体平台上的品牌数量和比例

上述数据一方面反映出茶叶、加工食品和果品等3类地标品牌在微信、新浪微博、抖音和小红书等4大典型新媒体平台上的品牌露出与活跃性较强，另一方面也反映了不同品类地标品牌对不同新媒体平台的运用程度不同。各类地标品牌对于抖音平台的青睐相对高于另外3个平台，而对于拥有72％用户为90后的小红书平台的青睐程度相对不高。但有一个品类除外,即以柳州螺蛳粉为代表的加工食品类地标品牌,其小红书笔记比例达24.06%,超过了其建有公众号的品牌数量比例。

比较各品类地标品牌在4个新媒体平台上的平均活跃数据表现,包括微博话题阅读量、抖音话题播放量、小红书笔记和微信指数,如图15-11所示,微博活跃度最高的前三类地标品牌是加工食品、其他和茶叶地标品牌,微博话题阅读量平均达2162.39万次、1626.88万次和1445.71万次;抖音和小红书活跃度最高的前三类地标品牌均是茶叶、加工食品和果品,抖音话题播放量平均为4667.67万次、4342.29万次和2135.26万次,平均小红书笔记数量分别为4411.42个、1139.45个和936.70个;微信活跃度最高的前三类地标品牌是茶叶、加工食品和中药材,微信指数年平均值分别为262.94千次、170.14千次和161.91千次。数据从一定程度上反映了茶叶和加工食品等九类地标品牌在典型新媒体平台上的活跃度较高。

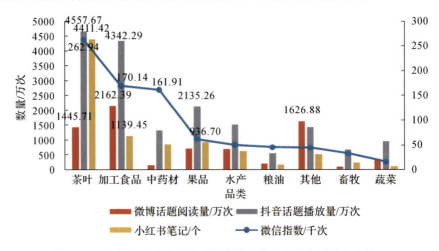

图 15-11　各类地标品牌在典型新媒体平台上的平均活跃度比较

比较各省份地标品牌在典型新媒体平台上的应用情况,如图15-12可见,各省份地标品牌对微信、新浪微博、抖音和小红书等4个典型新媒体平台的运用程度与图15-7相似,各省份建有抖音话题的品牌数量比例相对高于其余3个平台,除北京(47.06%)之外,其余省份该项占比数值均在50%以上,陕西、广东、广西、上海、贵州、新疆和浙江等7个省份的地标品牌在抖音话题创建上的品牌数量比例甚至超过了80%。上海和陕西是最为重视微信平台的省份,建有公众号的品牌数量比例均在40%左右。上海、陕西、北京、广东和浙江等5个省份对新浪微博平台运用程度较深,建有微博话题的品牌数量比例均在40%以上。广东、上海、北京和浙江等四省份对小红书平台运用程度尚高,建有小红书笔记品牌数量比例均在20%以上。

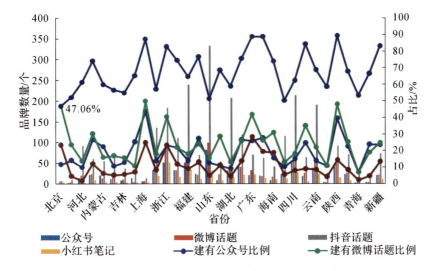

图15-12 各省份地标品牌在典型新媒体平台上的品牌数量和比例

进一步比较各省份地标品牌在4个典型新媒体平台上的活跃程度,从表15-13统计可见,广东、广西、新疆、黑龙江和江西等5省份在各典型新媒体平台的活跃度比较中露出4次,河南和云南露出3次,陕西、浙江、宁夏、北京和海南露出2次,另有山西、江苏、福建和西藏露出1次。数据显示,上述各省份的地标品牌在4个典型新媒体平台上的活跃程度较高。其中,各省份地标品牌的平均微信指数最高的三个省份分别是广东(478.46千次)、黑龙江(367.96千次)和广西(321.12千次),平均微博话题阅读量最高的是广西(5159.80万次)、北京(4444.91万次)和河南(3281.80万次);平均抖音话题播放量最高的是广西(8129.27万次)、陕西(5684.19万次)和新疆(5013.02万次);平均小红书笔记最多的三个省份则分别是新疆(5152.84个)、广东(3648.40个)和海南(3556.90个)。

表 15-13　各省份的地标品牌在典型新媒体平台的平均活跃度比较

| 排序 | 微信指数/千次 | | 微博话题阅读量/万次 | | 抖音话题播放量/万次 | | 小红书笔记/个 | |
|---|---|---|---|---|---|---|---|---|
| 1 | 广东 | 478460 | 广西 | 5159.80 | 广西 | 8129.27 | 新疆 | 5152.84 |
| 2 | 黑龙江 | 367960 | 北京 | 4444.91 | 陕西 | 5684.19 | 广东 | 3648.40 |
| 3 | 广西 | 321120 | 河南 | 3281.80 | 新疆 | 5013.02 | 海南 | 3556.90 |
| 4 | 山西 | 186340 | 新疆 | 2533.66 | 河南 | 4852.38 | 云南 | 3099.65 |
| 5 | 陕西 | 169300 | 浙江 | 1170.33 | 宁夏 | 4773.31 | 浙江 | 2118.70 |
| 6 | 云南 | 160330 | 广东 | 1015.07 | 广东 | 4661.71 | 广西 | 1831.94 |
| 7 | 江西 | 148700 | 海南 | 899.37 | 云南 | 3847.01 | 黑龙江 | 1123.65 |
| 8 | 宁夏 | 126720 | 江苏 | 781.56 | 北京 | 3782.57 | 江西 | 958.24 |
| 9 | 新疆 | 126310 | 黑龙江 | 773.69 | 江西 | 3773.28 | 福建 | 846.30 |
| 10 | 河南 | 120750 | 江西 | 695.19 | 黑龙江 | 3714.70 | 西藏 | 819.57 |

　　如表 15-14 所示，分别是微信指数、微博话题阅读总量、抖音话题播放量和小红书笔记数量排在前 10 位的地标品牌。

表 15-14　各地标品牌在典型新媒体平台上的活跃度前 10 位比较

| 排序 | 微信指数/千次 | | 微博话题阅读总量/万次 | | 抖音话题播放量/万次 | | 小红书笔记/个 | |
|---|---|---|---|---|---|---|---|---|
| 1 | 普洱茶 | 36636.22 | 柳州螺蛳粉 | 310126.40 | 普洱茶 | 857121.40 | 普洱茶 | 720000 |
| 2 | 五常大米 | 20143.84 | 洛阳牡丹 | 166515.90 | 柳州螺蛳粉 | 321188.90 | 哈密瓜 | 390000 |
| 3 | 新会陈皮 | 17936.43 | 阳澄湖大闸蟹 | 155009.76 | 赣南脐橙 | 306414.70 | 福鼎白茶 | 180000 |
| 4 | 山西老陈醋 | 14615.89 | 哈密瓜 | 106012.05 | 福鼎白茶 | 285049.80 | 新会陈皮 | 150000 |
| 5 | 赣南脐橙 | 12229.03 | 寿光蔬菜 | 85754.22 | 哈密瓜 | 284013.40 | 龙井茶 | 90000 |
| 6 | 安化黑茶 | 11574.53 | 普洱茶 | 83046.63 | 阳澄湖大闸蟹 | 280365.60 | 西湖龙井 | 90000 |
| 7 | 柳州螺蛳粉 | 11011.90 | 菏泽牡丹 | 68707.32 | 涪陵榨菜 | 277047.20 | 赣南脐橙 | 80000 |
| 8 | 化橘红 | 10221.03 | 西湖龙井 | 61393.52 | 武夷岩茶 | 227339.90 | 桂林米粉 | 80000 |
| 9 | 阳澄湖大闸蟹 | 8681.49 | 涪陵榨菜 | 59383.23 | 洛川苹果 | 214192.50 | 杭州龙井 | 80000 |
| 10 | 正山小种 | 8453.70 | 仙居杨梅 | 56300.15 | 五常大米 | 197964.00 | 阳澄湖大闸蟹 | 70000 |

普洱茶和阳澄湖大闸蟹在 4 个新媒体平台的活跃度均较高,尤其是普洱茶,其微信指数、抖音话题播放量和小红书笔记均远远高于排在第二位的地标品牌;柳州螺蛳粉、赣南脐橙和哈密瓜 3 个地标品牌同时在 3 个新媒体平台呈现出较高的活跃度,其中柳州螺蛳粉在微博话题上的阅读量达 31 亿次;五常大米、西湖龙井、新会陈皮、福鼎白茶和涪陵榨菜同时在 2 个新媒体平台上呈现较高的活跃度。

以上典型新媒体平台的相关数据反映出,茶叶、加工食品和果品三类地标品牌在新媒体平台上的活跃度相对较高,广东、广西、新疆、黑龙江和江西等 5 省份的地标品牌在典型新媒体平台上较为活跃。数据同时反映出,抖音平台是地标品牌的首要传播阵地,其活跃度较微信、微博和小红书平台高。在典型新媒体平台的活跃程度对于提高地标品牌在互联网环境下的品牌声誉具有一定的正向作用,尤其是在提高品牌能见率和品牌认知行动率上具有积极作用,是地标品牌不可忽视的传播阵地。

通过对本次 4471 个我国地标农产品品牌的总体概况分析、品类比较、省市比较以及新媒体活跃度比较,对我国地理标志农产品区域公用品牌在互联网大数据环境下的品牌声誉现状作宏观数据呈现与分析。

不同品类的地理标志农产品区域公用品牌,面对互联网大数据环境,有着自然的、不同的表现。本次获评地标品牌在品牌声誉整体表现上呈现两个具有显著差异的特征:其一,是以茶叶、果品、加工食品等品类的地标品牌,整体上在互联网的品牌能见度、品牌传播声量等相对较强,如柳州螺蛳粉等带"网红"属性的地方特色小吃,随着社交媒体、短视频平台的突飞猛进,该类地标品牌也获得了较大"流量";其二,是粮油、蔬菜、水产、畜牧和中药材等地标品牌,除却个别如五常大米、涪陵榨菜、阳澄湖大闸蟹、盐池滩羊肉、新会陈皮等本身极具话题性的地标品牌之外,大部分地标品牌在互联网上的声量不大,这一方面与产品是否具备"网红属性""电商基因"有关,另一方面与产品的消费场景相关。对于大多数需要再加工、或者直接通过大流通渠道进入市场的地标产品,多未在消费市场端露出品牌,仅作为渠道、餐饮、深加工品等背后的食材、药材等原料供应,是"产业英雄",而尚未成为"品牌英雄"。

品牌声誉是品牌生命力的市场化表现,是地标品牌从生产者地里走向消费者心里的至关重要的桥梁,是品牌未来制胜的关键要素。期待未来,那些目前已经处于品牌声誉高地的地标品牌,能够通过科学的品牌传播及其声誉管理,达到更高的品牌声誉,以决胜千万里;同时期待,那些尚处于品牌声誉"洼地"的地标品牌,在地理标志农产品区域公用品牌的战略提升、价值升维进程中,能够围绕品牌的价值内核,寻找适合自身的发声平台,提高品牌感知力,不断提升产品品质与消费体验,提高品牌感召力,从而保障品牌声誉得以持续性积累,产生整合的品牌声誉效力。品牌声誉,是地标品牌未来的法宝,也是我国各地乡村能够让农业更强、农村更美、农民更富的必经之路。

# 第十六章

# 地理标志农产品的品牌文化力指数评价

  传统的品牌理论,主要从品牌本身的价值出发进行品牌研究和品牌塑造,研究品牌具有的品牌资产价值和相应的评估方法。[①]然而,从品牌的产生和发展来看,品牌文化才是其根基所在。1997年,戴维森(Davison)提出"品牌的冰山"论,认为品牌的标识、符号等是品牌浮在水面的15%的部分,而冰山藏在水下85%的部分是品牌的价值观、智慧和文化。冰山的冲击力来自庞大的水下部分。品牌产品的物质功能是暂时性的,它很快会被消费殆尽,而品牌所承载的文化却是永恒的,它一旦与消费者内心认同的文化和价值观产生共鸣,满足了消费者的某种情感体验,其力量就显得异常强大。[②]而地理标志农产品品牌,其因为由独特的区域生态、区域文化作为特定的品牌打造前提,研究品牌文化力,摸索地理标志农产品品牌的文化力构成及其水平,对地理标志农产品品牌的品牌文化赋能、品牌价值提升、品牌溢价产生,都具有重要的意义。

---

  ① 胡晓云.品牌价值评估研究——理论模型及其开发应用[M].杭州:浙江大学出版社,2013.

  ② 格哈德·普赖尔.唐纳德·戴维森论真理·意义和精神[M].樊岳红,译.北京:科学出版社,2016.

## 第一节　品牌文化及其研究价值

### 一、概念及其内涵

（一）品牌文化

品牌文化（brand culture）指的是特定品牌在长期发展过程中逐渐形成的文化积淀，是该品牌的商标注册者、产品生产者、品牌购买者或品牌向往者之间共同拥有的，与该品牌相关的独特品牌理念、品牌价值观、品牌仪式、品牌规范、品牌传统、品牌表达等的综合。

品牌文化同时指通过赋予特定品牌深刻而丰富的文化内涵，建立鲜明的品牌定位，并充分利用整合品牌传播，形成消费者对特定的品牌理念、品牌价值观等精神上的高度认同。品牌文化可基于特定品牌对公众、媒体、银行、消费者等相关利益者的影响、聚合，产生以特定品牌为核心的亚文化现象，形成品牌新文化。

品牌文化是一个品牌的精神特质、灵魂所在及核心的内生动力，是品牌价值的重要构成部分，也是品牌差异化的重要体现。随着品牌消费的高质量发展，品牌文化将超越产品的物质层面而居于品牌的主导地位。正如戴维·兰德斯在《国富国穷》中所言的"如果经济发展给了我们启示，那就是文化成为举足轻重的因素"[①]。

当前，品牌文化力已成为品牌竞争力的重要构成因素。品牌文化力的竞争实质，是通过品牌所倡导或所体现的文化来影响公众特别是消费者的意识形态、价值观念、生活习惯，从而使公众特别是消费者接受品牌，创造品牌竞争力。

品牌文化力是品牌的巨大财富，它可以为品牌带来极高的附加值，更是克服同质化竞争的品牌内核。品牌文化的感染力与吸引力，将塑造一个品牌更大的差异化竞争优势，从而影响着消费者的选择。品牌文化力能提高消费者忠诚度，良好的品牌文化内涵能使消费者在文化与情感的熏染过程中对品牌产生心理共鸣，形成品牌依赖，进而确立对品牌的忠诚度，甚至创

---

① 戴维·S.兰德斯.国富国穷[M].门洪华,等译.北京:新华出版社,2007:1.

造品牌信仰。

（二）对象选择

作为地理标志茶产品，兼具物质产品和文化产品的双重属性；作为拥有地理标志特性的茶产业，兼具茶产业和茶文化事业的双重属性；作为以地理标志为基础的茶品牌，兼具品牌经济价值和品牌文化价值；而茶叶区域公用品牌，兼具茶、区域、准公共品、地理标志品牌、文化等多重属性。作为以地理标志为基础建构的区域公用品牌，更强调达到功能性（产业经济收益、产品消费）意义、文化性意义（物种保护、文脉传承、文化创新）、社会性意义（区域发展、茶企/茶农共富）、认知性意义（茶知识传播、茶文化体验）、情景性意义（场景营造、生活方式展示）等多重品牌经营目标。

据不完全统计，2024 年，中国茶叶生产范围已经遍及全国 1000 多个县（不包括港澳台地区），中国茶叶区域公用品牌（限于注册了地理标志证明商标＋地理标志集体商标的数量）已达 364 个。数百个茶叶区域公用品牌，都是在各区域独特的地理生态因素、历史文化因素的前提下得以生产和发展的。它们不仅具有独特的产品、工艺、产业及其经济价值，更具有独特的文化传承、文脉延续、文创发展的文化价值，以及基于茶的品类独特性、区域文化独特性、品牌文化独特性基础上的品牌文化力。

2004 年，工商总局商标局前副局长范汉云先生曾撰文指出："保护地理标志的实质是保护一种资源，保护一种自然的和文化的遗产，使之能够良好地发展和延续。也许若干年后，我们会发现，地理标志保护的文化意义会超过它的经济意义。"[①]

2020 年 5 月 21 日，习近平总书记向"国际茶日"系列活动致贺信指出，联合国设立"国际茶日"，体现了国际社会对茶叶价值的认可与重视，对振兴茶产业、弘扬茶文化很有意义。"作为茶叶生产和消费大国，中国愿同各方一道，推动全球茶产业持续健康发展，深化茶文化交融互鉴，让更多的人知茶、爱茶，共品茶香茶韵，共享美好生活。"[②]

2021 年 3 月 22 日下午，习近平在福建省南平市武夷山市星村镇燕子窠生态茶园考察时指出："要统筹做好茶文化、茶产业、茶科技这篇大文章，

---

① 范汉云. 地理标志保护需要注意的问题[J]. 工商行政管理，2004，20.

② 新华社. 习近平致信祝贺首个"国际茶日"[EB/OL].（2020-05-21）[2024-03-24]. 中华人民共和国中央人民政府官网，https://www.gov.cn/xinwen/2020-05/21content_5513456.htm.

坚持绿色发展方向,强化品牌意识,优化营销流动环境,打牢乡村振兴的产业基础。"①

2022年底,习近平总书记对非物质文化遗产保护工作作出重要指示,强调,"中国传统制茶技艺及其相关习俗"列入联合国教科文组织人类非物质文化遗产代表作名录,对于弘扬中国茶文化很有意义。要推动中华优秀传统文化创造性转化、创新性发展,不断增强中华民族凝聚力和中华文化影响力,深化文明交流互鉴,讲好中华优秀传统文化故事,推动中华文化更好走向世界。②

因此,开启以地理标志为前提的中国茶叶区域公用品牌文化力研究,势在必行;研究中国茶叶区域公用品牌的品牌文化力指数,以科学的方式体察我国茶叶区域公用品牌的品牌文化作用力,以期进一步提高中国茶叶区域公用品牌的文化力,提升品牌文化对品牌有效发展的作用力,综合提高"中国茶"的品牌文化力,显得十分重要。

2024年,作者与深耕茶叶区域品牌的研究者共同发起了中国茶叶区域公用品牌文化力指数研究课题,以展示中国地理标志农产品中最具有文化性的中国茶叶区域公用品牌的文化价值全貌。

## 二、理论模型

### (一)基本概念

本课题所指的中国茶叶区域公用品牌文化力,指的是中国各个茶叶区域公用品牌的品牌文化力。品牌文化力是指品牌文化对品牌竞争力的作用或影响力,也是品牌谋求永续生存和发展的驱动力。数百个我国茶叶区域公用品牌的品牌文化力,不仅是我国各个茶叶区域公用品牌的核心价值支撑,更是"中国茶"这一国家产业品牌的核心价值支撑。

### (二)指标体系

基于本课题组近二十年来对于中国茶叶区域公用品牌的相关研究成果,根据对国内外有关品牌、区域文化、区域文化力、品牌文化力、茶叶区域

---

① 在福建省南平市武夷山市星村镇燕子窠生态茶园现场的碑文中看到。
② 新华社.习近平对非物质文化遗产保护工作作出重要指示强调扎实做好非物质文化遗产的系统性保护 推动中华文化更好走向世界[EB/OL].(2022-12-12)[2024-05-24].中华人民共和国中央人民政府官网,https://www.xinhuanet.com/politics/2022-12-12/C_1129201621.htm.

公用品牌等方面的近百篇文献研究,重点参照了高占祥有关《文化力》①、中国人民大学有关《中国区域文化力发展指数》②、胡晓云等的"中国地理标志农产品区域公用品牌声誉"的理论模型及其研究成果,本课题组构建了"中国茶叶区域公用品牌文化力指数"指标体系,并通过德尔菲法进行指标权重的专家意见征询和层次分析法结合,最后得出"中国茶叶区域公用品牌文化力指数"的理论模型与计算方式。

课题研究的目的是建构科学评测目前我国茶叶区域公用品牌的品牌文化力的理论模型,探索其品牌文化力的成因与亟待提升的要素指标,以推动中国茶叶区域公用品牌的品牌文化力提升,扩大品牌影响力,达成品牌的多重意义。

由于本课题针对的是拥有地理标志证明商标(集体商标)的茶叶区域公用品牌,为充分体现地理标志登记及商标注册的原产地及知识产权保护的宗旨,所有有关"品牌文化生产力""品牌文化环境力"的相关数据,均必须采集于茶叶区域公用品牌的商标注册区域范畴,不涉及相关行政范畴数据。

中国茶叶区域公用品牌文化力指标体系建构如下所述。

1. 一级指标

一级指标分为:品牌文化生产力、品牌文化环境力、品牌文化消费力。

品牌文化力反映了茶叶区域公用品牌的文化"实力"和品牌受众、消费者被满足的反馈。实力是"实"和"力"的统一,"力"是打出来的拳头,是文化生产的结果;"实"是健硕的身体和出拳的技巧,是文化的环境和储备。而出拳是否有效击中对象,则是消费者的需求是否被击中的效果和反馈。评价指标则综合反映了品牌文化力的出拳、力的储备资源和出击效果的综合实力,以及其具象化、数据化结果。

(1)品牌文化生产力

品牌文化生产力是生产要素、生产投入和所实现的生产结果。茶叶区域公用品牌在茶文旅产业中的生产结果包括直接的产值、构建的实体、产生的信息、沉淀的经验成果,反映的是品牌文化的人力、财力、物力、组织力、传播力、影响力等投入和产出效能,是能提供给消费者的产品和服务的集合。

---

① 高占祥.文化力[M].北京:北京大学出版社,2007,9.

② 王琪延,王博.中国区域文化力发展指数[M].北京:中国人民大学出版社,2018,6.

（2）品牌文化环境力

品牌文化环境力指的是品牌文化产生的经济社会条件以及文化生产要素的储备。这些要素既包含了生产所需的经济和社会环境，也包含了区域品牌范围涵盖的文化素材、文化资源和无形资产，这些都是品牌文化生产的基础和保障，生产要素所反映的是孕育品牌文化力之"实"。

（3）品牌文化消费力

品牌文化消费力是指文化生产力能够满足消费者需求的结果。这些结果体现在一个区域公用品牌及相关茶文旅的产品、服务和信息是否为消费者可见可接收，是否为他们所接受并产生了积极、正面的影响，从而满足消费侧的需求，产生行动，形成品牌相关的购买行为及品牌忠诚，产生品牌溢价等商业价值，以及带来文化引导传承和正向价值观传播的社会价值。

2. 二级指标

（1）一级指标"品牌文化生产力"的二级指标为：品牌文化产业生产力、品牌文化事业生产力

生产结果体现在茶文旅产业的商业结果上，也体现在以茶为核心要素的社会公共事业上。前者提供了个性化、市场化的文化供给，后者提供了作为"准公共品"的文化供给。产业生产力以市场为导向，通过资源的市场配置解决满足个人、私人需求的供给；文化事业生产力则通过政府、协会等相关组织以茶为主题的公共或准公共文化设施和服务，调动市场无法调动的资源，提供茶文化需求的基本保障和特殊供给。两种生产力的合力才是品牌文化生产供给能力和结果的综合体现。

（2）一级指标"品牌文化环境力"的二级指标为：品牌经济社会环境力、品牌文化资源环境力

品牌文化环境是文化力的基础和支撑，其中包含了物质基础和非物质基础。品牌经济社会环境力是物质基础、是硬保障，良好的经济运转和人民收入、受教育水平，促进茶品牌文化的需求、生产和消费；品牌文化资源环境力是非物质基础、是软实力，品牌的历史、人文资源等是茶品牌文化发展的素材和文脉。

（3）一级指标"品牌文化消费力"的二级指标为：品牌文化消费感知力、品牌文化消费感召力

品牌文化消费感知力指的是品牌文化被消费者感知、接收、接受的可能

性与程度,品牌文化消费是品牌信息展示和接收的过程。品牌文化消费感召力指的是消费者感知品牌文化后的感受、行为等反馈。品牌文化消费力是品牌文化对消费者所产生的效果体现,强有力的茶品牌文化能够在消费者中产生正面评价和反馈,形成良好的品牌声誉,形成品牌感召,是品牌文化强有力的表现。

3.三级指标

(1)二级指标"品牌文化产业生产力"的三级指标

①品牌及茶文旅产业从业人数(总人数、在农业从业人数的比例,万人)

人是生产力的第一大要素,品牌注册区域的茶文旅从业者是生产力的来源和动力,其中囊括茶产业从业人员,包含种植采集环节人员、加工环节人员、科研技术人员和流通环节中品牌经营、销售和表演展示人员,以及相关深加工产业、公共服务事业从业人员,如茶农、采茶工、茶植保研究人员、茶厂管理和生产人员、茶生加工食品、日用品生产、线下及电商销售、品牌经营和运营、传播创意策划、表演和培训人员、博物馆、文化馆服务者等从业者。本课题将综合计算品牌注册区域茶文旅从业者的两方面数据进行评估,产业从业者总人数反映文化生产的从业规模,产业从业者在农业从业人数中的占比,反映从业力度和集中度。

②品牌及相关茶文旅产业专项经营投资额(万元)

文化生产力的第二大要素是生产物质条件,是品牌及相关茶文旅产业经营的专项投资额。这些投入包括对于区域品牌相关茶文旅产业的基础建设、治理规范、科研、品牌打造和传播、产销促进、茶事活动开展等多方面的投入,体现在专项、专门的茶产业生产、经营投资和扶持金额。

③品牌及相关茶文旅产业三年产值(万元)

文化生产力的第三大要素是产品和服务,是品牌文化生产力结果最直观的体现。产值涵盖了三产融合的各部分产出,包括茶产品产业链产值,茶种茶苗、茶叶鲜叶、初级茶产品、毛茶、成茶等;茶深加工产业链产值,茶类饮料、食品、保健、日用品、添加剂原材料等深加工品;茶文旅产业链产值,旅游、纪念品、茶具等旅游文创、公共事业及周边延伸产品等。本课题将取三年产值来衡量其规模,同时加入单位产量的产值,来体现"一公斤茶"背后除了茶本身外,其他所共同蕴含的茶文旅融合综合产值。

④品牌及相关茶文旅产业专利授权数(件)

品牌及茶文旅产业专利授权数是品牌文化力的成果沉淀,反映了品牌文化力的创新力和独特性。它包含茶叶种植、生产加工工艺、深加工产品、科研等各类专利,也包括茶文化周边产品的设计、生产等专利,品牌、营销、表演、培训、内容等专利,以及整个茶文旅产业产品或服务中各类流程过程所涉及的发明专利、实用新型专利、外观设计专利、图形和软件等著作权等。

⑤品牌及茶文旅产业相关示范基地(国家级、省市级、地市级、区县级,个数)

示范基地是茶文旅的直观承载,是覆盖茶产品、茶旅游、茶文化统一体验的载体,反映茶叶区域公用品牌的文化综合落地能力。示范基地(区、县、点)类型包含与茶相关的生产、科技、信息化、休闲旅游、教育等多种形式,包括但不限于农业现代化示范区、农业全产业链标准化示范基地、农业产业化示范基地、农业农村信息化示范基地、农业科技示范展示基地、现代农业产业示范区、现代农业产业园、都市型现代示范区、农业高新技术示范区、现代农业综合标准化示范区、休闲农业与乡村旅游示范县、休闲农业示范点、乡村旅游示范区、工农业旅游示范点、无公害农产品示范基地、无公害农产品出口示范基地、全国青少年农业科普示范基地等。本课题将对品牌及茶文旅产业的四级(国家级、省市级、地市级、区县级)示范基地进行综合评分。

⑥品牌及茶文旅产业农业龙头企业、合作社示范社、示范性家庭农场(国家级、省市级、地市级、区县级,个数)

茶文旅的带头企业和组织是茶品牌文化优势生产力和生产规模的体现,是茶品牌文化生产建设的有力的排头兵,也是生产建设组织力的沉淀和承载。实体包含农业龙头企业、合作社示范社、示范性家庭农场。本课题将对组织类别和级别(国家级、省市级、地市级、区县级)的数量和占比进行综合评分。

(2)二级指标"品牌文化事业生产力"的三级指标

①品牌及相关茶文旅事业的科学管理(政府专门领导组织、协会、研究机构、区域品牌经营公司机构,标准和规范,个数及体系完备情况)

品牌文化事业生产力的要素还体现在品牌及相关茶文旅事业的科学管理上,管理的有效组织和有序的管理方法及标准是生产效率及效力的体现。管理机构或组织包含政、商、研的组合和配合,包括政府专门领导组织、协会、研究机构、区域品牌经营公司机构等之间的协调。他们在政策扶持、规范建立、投入规划，生产力方法和理论的总结、改进、创新，产业的共创、品牌的运作和传播各方面形成科学组合，推动品牌文化生产力提高，从而沉淀出有效的治理体系和各类规范标准。本课题将对各类管理组织体系的完备情况以及标准规范的个数进行综合统计评分。

②品牌及相关茶文旅事业的公共空间（博物馆、图书馆、文化公园、广场地标、文化馆、公共茶文化表演和主题体验空间等，个数）

品牌及茶文旅公共空间及准公共空间，是茶品牌和文旅事业体验的实体载体，消费者可以于茶的空间、茶的时间和茶的信息层面更集中地感受到茶品牌文化的魅力。体验包括博物馆中历史、人文和实物的展示，图书馆中信息的获取以及文化馆、艺术馆等空间的表演和互动。公共空间的数量反映了区域公用品牌范畴内茶品牌文化体验和接触的供给能力。

③品牌及相关茶文旅事业的公共传播媒体（广播电视栏目、报纸、书籍、杂志期刊、网站、微博、微信公众号、微信视频号、抖音、小红书等，个数）

品牌及茶文旅相关公共及准公共性传播媒体，是品牌及茶文旅线上传播内容的生产者和分享者，以图、文、声等各种利于品牌文化表达和受众接受的形式，把区域公用品牌的茶品牌文化信息传播出去，是品牌文化力的传播力体现。其形式包括传统的电视栏目、报纸、期刊，也包括新信息、新媒体时代的网站、微博、微信、抖音、小红书等媒体承载方式。一个茶叶区域公用品牌及茶文旅的公共（准公共）传播媒体的数量，反映了品牌文化力传播内容生产的能力，可提升传播广度和力度的能力。

④品牌及相关茶文旅事业的节庆和活动（次数、规模）

品牌及相关茶文旅事业的节庆和活动是茶品牌文化鲜活生动的触点，是线下传播内容的生产和分享者，以各类文俗节庆、茶事活动、交流峰会等形式展开。线下活动能够为品牌区域营造出更好的文化氛围和品牌氛围，同时也是产品、服务和文化的综合体验场。本课题将综合统计和计算区域品牌范围近三年内的各类活动数量次数和规模进行评分。

⑤品牌及相关茶文旅事业的教育机构和师资（专业院校、茶相关院系、培训机构，专任教师、兼职教师，个数）

品牌及相关茶文旅事业的学校和培训机构为茶品牌文化的生产培养和提供专业的生产者，提升从业者技能和生产服务水平，是品牌文化生产力的造血机构。这些机构包括各类茶专业院校、茶相关的院系,以及关于茶产业各类专业知识、技能和能力的培训机构。师资力量则体现了教育的规模和力度,具体表现在专职教师和兼职教师的数量上。本课题将综合教育机构数量和师资力量对教育力度进行评分。

⑥品牌对中国茶文化作出的特殊贡献(个数)

品牌对中国茶文化的特殊贡献,反映一个茶叶区域公用品牌在中国茶文化中发源、引领、创新和传承等能力和地位。这些特殊的贡献包括茶树品种研发、种植和生产工艺的源头或独创性、各类标准制订,或是文化发源、区域特殊地位和传承上的贡献,包括茶史、茶论、茶研、茶事、茶具、茶艺、茶俗、茶传播、茶贸易等。

⑦品牌对世界茶文化作出的特殊贡献(个数)

品牌对世界茶文化的贡献,反映一个茶叶区域公用品牌在世界茶文化中的领导力与影响力。这些贡献的形式同上文,但影响范围及地位扩大至全球,是品牌文化极致影响力的体现,是"中国茶"国家品牌的体现。

(3)二级指标"品牌经济社会环境力"的三级指标

①品牌注册范畴区域的三年人均GDP(元)

经济水平是文化消费的物质环境基础,经济水平影响文化生产和消费的能力,也影响文化公共事业的投入力度。人均GDP能直接反映一个茶叶区域公用品牌所在地区的经济状况。本课题取三年平均值数据,以避免数据波动产生的不确定性。

②品牌注册范畴区域的城市化水平(城镇化率,%)

城市是区域文化发展的中心,教育、公共文化服务和设施以及产业的发展都使得城镇能提供和聚集更丰富的文化资源,有利于促进品牌和茶文旅的生产和消费。本课题以城镇化率反映品牌所在区域的城市化水平。

③品牌注册范畴区域居民的受教育水平(含大学文化程度人数比例、文盲率)

品牌和茶文旅的消费不仅仅是茶物质产品的消费,同时有茶文化类产品及服务的生产消费,更倾向于解决文化和品牌精神层面需求,因此该类生产消费也受到消费者文化素质的影响。受教育程度对于消费欲望的产生和消费层次的提升,以及对应文化生产供给水平和能力都有正向的影响。本课题将以代表上限的大学文化程度人数比例和代表下限的文盲率,综合评判区域公用品牌所在区域的文化素质水平。

④品牌注册范畴区域居民的三年平均收入水平(居民人均可支配收入)

从马斯洛需求层次来看,物质需求满足水平提升,精神文化需求也会相应提高。随着居民在衣食住行方面的需求得到更好的满足,其文化产品和服务的消费力也随之加强。收入则是消费需求和消费力的综合体现和背后的动力。本课题通过居民三年平均人均可支配收入来衡量。

(4)二级指标"品牌文化资源环境力"的三级指标

①品牌的茶文化发端时间

品牌文化发端时间反映品牌的历史和人文承载的跨度,历史越悠久,可产生的茶文旅相关的沉淀和资源就越多,与之关联的种植、加工、茶史、茶论、茶研、茶事、茶具、茶艺、茶俗等人、事、物、迹就会越丰富。本课题以茶叶区域公用品牌最早有茶文化发端记载的中国历史朝代或时间阶段作为其发端的指标评估。

②品牌的商标注册时间

品牌商标注册是品牌现代化发展的表征,也是品牌价值创新、传承及工艺、标准得以法制化保护的品牌经营意识的展现。品牌的商标注册时间越早,说明品牌经营意识越领先,品牌现代化运作的启动越早,争取到的发展和展示机会的时间越长。本课题将以区域品牌的地理标志证明商标的注册年份作为时间指标。

③品牌的文化独特性

品牌文化自身的独特性是品牌战略的本质特征,需要通过品牌表达得以显示。这种外显的表达体现在品牌的核心口号、文脉和气质三个方面。本课题将通过这三个部分的综合评分来反映品牌文化的独特性价值。品牌口号是品牌独特性的核心概括,是品牌内质和品牌区隔最直接、最直观的展现,是直接向消费者诉求的品牌文化内涵。品牌文脉是品牌文化的渊源及发展、延伸的脉络体系,也是品牌利用文化资源实现品牌文化传承、创新的源头。一个茶叶区域公用品牌的文脉是茶相关的人、事、物之间的关联传承,包括品牌相关的发展史、历史文化名人、品牌故事、典故、诗词作品、品牌代言、品牌关联的文化器物、建筑等。这些资源都可以通过图、文、视频、包装和深度体验等多维度用于品牌的传播。品牌气质则是品牌拟人化所呈现出来的气场和质感,是设计风格和调性的审美体现。独特优质的品牌文化表达,对于品牌形象、品牌好感、品牌溢价等商业价值、文脉传递和弘扬等社会价值,均有积极的意义,是品牌文化实力的强力体现。

④品牌价值观的先进性

品牌价值观是品牌文化的内核,体现一个茶叶区域公用品牌存在的价值、意义以及为之努力追求的方向,是品牌向消费者传达的核心认同,展示了品牌的文化和精神价值内质内涵,规范了品牌的态度和行为习惯。本课题将对品牌价值最核心的品牌主张、品牌态度两个部分进行综合评分,以反映一个茶叶区域公用品牌价值观的先进性。品牌主张是品牌的内核,品牌口号和各种营销行为都围绕品牌主张展开。品牌主张可以是功能上的、情感上的或价值导向上的,品牌主张需与品牌产品及文化特质相匹配,正面、积极,使之成立、有力、赢利。品牌态度是品牌价值观的体现,是在品牌主张和文化内核指引下的言行,体现在品牌意识和品牌观点表达和活动、行动等行为。先进的品牌价值观传达可引导满足消费者的精神需求,使其产生对区域品牌的好感和吸引,同时对特殊文化的追求引领、良好的生活方式的倡导、正能量的输出都有积极的意义,是对区域文化保护和安全性的体现。

⑤品牌及茶文旅相关茶艺师、评茶师数量(个数)

喝茶所涵盖的内容和形式就是茶味和茶艺,体现的"文化人"就是评茶师和茶艺师。品牌茶产品和茶文旅产品能通过评茶师和茶艺师向消费者传播,通过饮茶各种文化的亲身体验和经验分享,让消费者更懂茶、更会喝茶,也帮助茶叶区域公用品牌更好地为消费者所了解和接收。本课题将综合品牌注册区域范畴内的评茶师和茶艺师的数量、级别,实施综合评分。

⑥品牌相关茶制作、茶文化非遗传承人等级及数量(国家级、省市级、地市级、区县级,个数)

做茶所涵盖的方法和技艺、事茶所涵盖的茶文化,体现的"文化人"就是茶制作、茶文化相关的非遗传承人。非遗传承人对于技艺的传承和文化的传播起到关键作用,他们既是守护者也是布道者,是一个茶叶区域公用品牌的核心人文财富。本课题将对品牌注册区域范畴内各项茶相关的非遗传承内容对不同等级的传承人数量进行综合统计评分。

⑦品牌及茶文旅产品、产业的非物质文化遗产、农业文化遗产的数量(世界级、国家级、省市级、地市级、区县级,个)

茶产业、茶事业的文化财富,以文化遗产的方式记录、保留、保护和传承下来,主要包括非物质文化遗产和农业文化遗产。本课题将对品牌注册区域范畴内茶相关的不同等级的非遗项目和不同等级的农遗项目数量进行综合统计评分。

(5)二级指标"品牌文化消费感知力"的三级指标

①品牌及相关茶文旅产品的消费能见率

品牌和相关茶文旅产品首先要有足够的品牌内容供消费者看到。在信息化社会的今天,品牌产品及文化内容通过最新的信息技术和媒介进行传播。本课题所指的品牌能见率,是指一个茶叶区域品牌在互联网环境下的大众传媒、网络信息平台、社交媒体、短视频平台和电商零售平台上的曝光程度等,让消费者看到。本课题将通过对茶叶区域公用品牌在各类媒体的内容和曝光度进行统计并评分。

②品牌及相关茶文旅产品的消费认知行动率

品牌及相关茶文旅产品和服务能够被消费者接受和认知,品牌文化才有被传播传达出去的力度。品牌认知行动率是指消费者通过品牌传播信息对品牌的接收、认知程度,以及由此产生的购买、体验等消费行动力。本课题将通过对茶叶区域公用品牌在各类媒体的消费者关注和认知行为进行统计评分。

(6)二级指标"品牌文化消费感召力"的三级指标

①品牌及相关茶文旅产品的大众传媒好感评价率

大众传媒好感评价率是消费者对品牌及相关茶文旅产品和信息的反馈,从关注、认识、认知到感受和评价的过程,正向的品牌文化感知对于品牌喜好度和促进购买有积极的推动作用。品牌好感评价率通过对互联网大数据环境的消费者的"自然言语"进行解析,即利用数据抓取技术,对客观、实有的消费者自然言语进行专业分析的"自然言语解析法",综合考察品牌在大众媒体、社交媒体、短视频平台等媒体平台的体验评价进行分析。本课题将通过对各类媒体及消费者的正负面反馈进行统计评分。

②品牌及相关茶文旅产品的公众消费体验评价率

消费者消费品牌及相关茶文旅产品和服务后,会对满意程度进行反馈,这是对品牌产品及品牌文化综合体验的满足程度的反馈。公众消费体验评价率是茶品牌及相关茶文旅产品在电商零售平台上消费者实际体验的正负面评价信息的情况。本课题将通过对茶叶区域公用品牌及相关茶文旅产品的电商消费者评价进行统计评分。

# 第二节　指标权重与实证研究

## 一、指标权重

本课题采取层次分析法和德尔菲法的综合应用，对"中国茶叶区域公用品牌文化力指数指标体系"进行权重赋予。根据上述品牌文化力构成的要素和指标体系，搭建不同指标维度的构架，通过专家打分和数学计算来确定各指标权重赋权，收集各品牌相关茶文旅的各项数据和信息后，依据权重计算出品牌对应的指数结果。此方法的指标权重相对固定稳定，便于多年多次的延续性研究开展。

（一）建立指标层次结构体系

层次结构建立基于图 16-1 品牌文化力评估体系层级构架以及每个层级和指标背后所具有的意义和价值展开。目标层为"中国茶叶区域公用品牌文化力指数"，以评价不同茶叶区域品牌的品牌文化力，需要通过各层级的计算来得出；准则层主要为品牌文化力指标体系的一级指标，"品牌文化生产力""品牌文化环境力"和"品牌文化消费力"相加的合力得出整体的文化力指数；次准则层为各一级指标下的二级指标，是各一级指标力的合力构成；指标层则是二级指标下的三级指标，是可进行信息收集和分析的落地操作层（见图 16-2）。

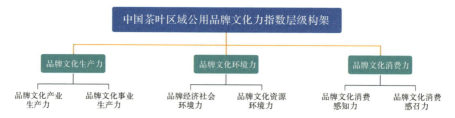

图 16-1 中国茶叶区域公用品牌文化力指数层级构架

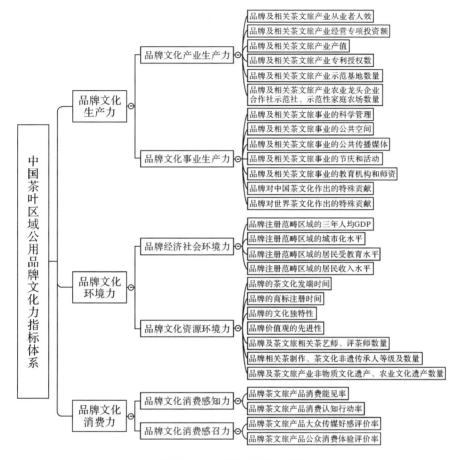

图 16-2 指标层次结构体系

(二)各层级指标判断矩阵

同层级的下辖指标构造两两比较矩阵(判断矩阵),以准确量化同级指标间的相对重要程度,计算各层级权重(见图 16-3)。以图 16-3 为例比较该层级指标之间的两两重要程度,其中为两个指标之间的相对重要性打分,以1 至 9 标度法进行,1/9 至 1 则反映两个指标之间相反的重要性关系(见表16-1)。按此方法可继续构建其他层次的判断矩阵。

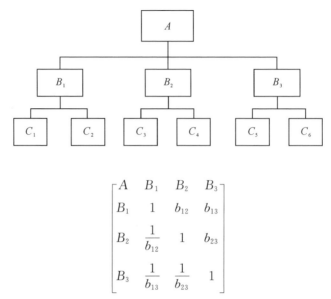

图 16-3　各层级指标判断矩阵

**表 16-1　德尔菲法打分标度**

| 标度分 | 含义 | 解释 |
| --- | --- | --- |
| 1 | 同等重要 | 两个因素相比较,具有相同重要性 |
| 3 | 比较重要 | 两个因素相比较,前者比后者稍微重要 |
| 5 | 很重要 | 两个因素相比较,前者比后者明显重要 |
| 7 | 非常重要 | 两个因素相比较,前者相较于后者来说非常重要 |
| 9 | 特别重要 | 两个因素相比较,前者与后者的差距达到最大值 |
| 2,4,6,8 | | 上述相邻判断的中间值 |

本课题进行的指标重要性两两比较的矩阵包括:一级指标 1 个,各个一级指标下的二级指标 3 个,各个二级指标下的三级指标 4 个。

(三)德尔菲法赋权

课题邀请 20 位茶品牌和茶文旅的经验专家,对指标进行研究和提出改进建议,并对各层级指标矩阵进行两两重要程度比较打分。课题组通过线上问卷系统,于 2024 年 8 月完成所有专家的评分结果数据汇总,用于赋权计算。

.

打分问卷示意见图 16-4。

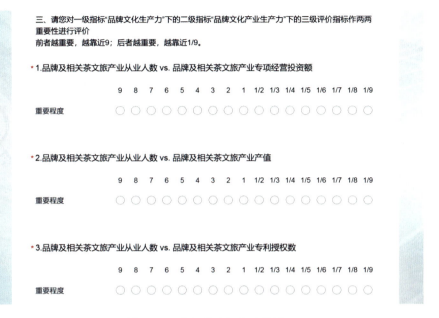

三、请您对一级指标"品牌文化生产力"下的二级指标"品牌文化产业生产力"下的三级评价指标作两两重要性进行评价

前者越重要，越靠近9；后者越重要，越靠近1/9。

*1.品牌及相关茶文旅产业从业人数 vs. 品牌及相关茶文旅产业专项经营投资额

      9  8  7  6  5  4  3  2  1  1/2 1/3 1/4 1/5 1/6 1/7 1/8 1/9

重要程度  ○○○○○○○○○○○○○○○○○

*2.品牌及相关茶文旅产业从业人数 vs. 品牌及相关茶文旅产业产值

      9  8  7  6  5  4  3  2  1  1/2 1/3 1/4 1/5 1/6 1/7 1/8 1/9

重要程度  ○○○○○○○○○○○○○○○○○

*3.品牌及相关茶文旅产业从业人数 vs. 品牌及相关茶文旅产业专利授权数

      9  8  7  6  5  4  3  2  1  1/2 1/3 1/4 1/5 1/6 1/7 1/8 1/9

重要程度  ○○○○○○○○○○○○○○○○○

图 16-4　德尔菲法打分示意图

（四）各矩阵权重计算

各判断矩阵的重要程度数据汇总完成后，通过和积法求得各个层级矩阵中不同指标的权重，计算通过 SPSS 等软件实现。

各层级权重计算结果见表 16-2。

表 16-2　中国茶叶区域公用品牌文化力指数指标体系各层级权重

| 一级指标 | 权重 1 | 二级指标 | 权重 2 | 三级指标 | 权重 3 | 归一权重 |
|---|---|---|---|---|---|---|
| 品牌文化生产力 | 41.25% | 品牌文化产业生产力 | 68.30% | 品牌及相关茶文旅产业从业人效 | 12.86% | 3.02% |
| | | | | 品牌及相关茶文旅产业经营专项投资额 | 16.29% | 4.59% |
| | | | | 品牌及相关茶文旅产业产值 | 31.81% | 8.96% |
| | | | | 品牌及相关茶文旅产业专利授权数 | 7.55% | 2.13% |
| | | | | 品牌及相关茶文旅产业示范基地数量 | 14.04% | 3.95% |
| | | | | 品牌及相关茶文旅产业的农业龙头企业、合作社示范社、示范性家庭农场数量 | 17.46% | 4.92% |
| | | 品牌文化事业生产力 | 31.70% | 品牌及相关茶文旅事业的科学管理 | 10.89% | 1.42% |
| | | | | 品牌及相关茶文旅事业的公共空间 | 11.93% | 1.56% |
| | | | | 品牌及相关茶文旅事业的公共传播媒体 | 14.52% | 1.90% |
| | | | | 品牌及相关茶文旅事业的节庆和活动 | 9.12% | 1.19% |
| | | | | 品牌及相关茶文旅事业的教育机构和师资 | 10.52% | 1.38% |
| | | | | 品牌对中国茶文化作出的特殊贡献 | 18.53% | 2.42% |
| | | | | 品牌对世界茶文化作出的特殊贡献 | 24.50% | 3.20% |
| 品牌文化环境力 | 17.68% | 品牌经济社会环境力 | 33.75% | 品牌注册范畴区域的三年人均 GDP | 19.17% | 1.14% |
| | | | | 品牌注册范畴区域的城市化水平 | 13.03% | 0.78% |
| | | | | 品牌注册范畴区域的居民受教育水平 | 33.30% | 1.99% |
| | | | | 品牌注册范畴区域的居民收入水平 | 34.50% | 2.06% |
| | | 品牌文化资源环境力 | 66.25% | 品牌的茶文化发端时间 | 6.37% | 0.75% |
| | | | | 品牌的商标注册时间 | 3.50% | 0.41% |
| | | | | 品牌的文化独特性 | 24.28% | 2.84% |
| | | | | 品牌价值观的先进性 | 27.62% | 3.24% |
| | | | | 品牌及相关茶文旅产业的茶艺师、评茶师数量 | 7.37% | 0.86% |
| | | | | 品牌及相关茶制作、茶文化非遗传承人等级及数量 | 15.06% | 1.76% |
| | | | | 品牌及茶文旅产业非物质文化遗产、农业文化遗产数量 | 15.80% | 1.85% |

续表

| 一级指标 | 权重1 | 二级指标 | 权重2 | 三级指标 | 权重3 | 归一权重 |
|---|---|---|---|---|---|---|
| 品牌文化消费力 | 41.07% | 品牌文化消费感知力 | 50.00% | 品牌及相关茶文旅产品消费能见率 | 50.00% | 10.27% |
| | | | | 品牌及相关茶文旅产品消费认知行动率 | 50.00% | 10.27% |
| | | 品牌文化消费感召力 | 50.00% | 品牌及相关茶文旅产品大众传媒好感评价率 | 66.02% | 13.56% |
| | | | | 品牌及相关茶文旅产品公众消费体验评价率 | 33.98% | 6.98% |

（五）一致性检验

由于矩阵中的指标是通过两两比较得到，可能出现一些重要度关系不一致性的情况，例如当 A、B、C 三者的重要性很接近时，两两比较可能得出重要度 A＞B、B＞C，而 C＞A 的矛盾情况。为提高判断矩阵的科学性与合理性，采用以下方法对其进行一致性检验。可通过 SPSS 等软件完成检验。

1. 计算一致性指标 CI

$$\lambda_i = \sum_{j=1}^{n} \alpha_{ij} W_j \quad , \quad \lambda_{\max} = \sum_{i=1}^{n} \frac{\lambda_i}{n \times W_i} \quad , \quad CI = \frac{\lambda_{\max} - n}{n-1}$$

若 CI＝0，表示矩阵完全一致；若 CI 趋于 0，则表示矩阵有较好的一致性。

2. 查找一致性指标 RI，以判断矩阵的一致性比率

| $n$ | 1 | 2 | 3 | 4 | 5 | 6 | 7 | 8 | 9 | 10 | 11 | 12 | 13 | 14 | 15 |
|---|---|---|---|---|---|---|---|---|---|---|---|---|---|---|---|
| RI | 0 | 0 | 0.52 | 0.89 | 1.12 | 1.26 | 1.36 | 1.41 | 1.46 | 1.49 | 1.52 | 1.54 | 1.56 | 1.58 | 1.59 |

3. 计算一致性比率 CR

$$CR = \frac{CI}{RI}$$

若 CR 小于 0.1，表示判断矩阵通过一致性检验。专家汇总数据经计算验证，通过一致性检验，赋权权重有效（二级指标均由两个指标构成，不需要一致性检验）（见表 16-3）。

表 16-3  一致性检验结果

| 一致性检验 | CR 值 | 结果 |
|---|---|---|
| 一级指标 | 0.062 | CR 值<0.1,通过 |
| "品牌文化生产力"下的二级指标 | 0 | 下辖的二级指标均为 2 项 |
| "品牌文化环境力"下的二级指标 | 0 | CR 值=0,通过 |
| "品牌文化产业生产力"下的三级指标 | 0.007 | CR 值<0.1,通过 |
| "品牌文化事业生产力"下的三级指标 | 0.012 | CR 值<0.1,通过 |
| "品牌经济社会环境力"下的三级指标 | 0.088 | CR 值<0.1,通过 |
| "品牌文化资源环境力"下的三级指标 | 0.041 | CR 值<0.1,通过 |

(六)各指标得分计算

1. 指标向量和数量归一

由于不同指标的数据单位和向量不同,因此需要通过对收集到的各指标原始数据做向量和数量的归一处理,以得到向量统一的指标值,便于展开得分归总统计。

假定原始数据矩阵 $X$ 由 $m$ 个样本、$n$ 个指标构成,$X=(X_{ij})m^*n$:

$$X=\begin{bmatrix} x_{11} & x_{12} & \cdots & x_{1n} \\ x_{21} & x_{22} & \cdots & x_{2n} \\ \vdots & \vdots & \vdots & \vdots \\ x_{m1} & x_{m2} & \cdots & x_{mn} \end{bmatrix}$$

获取单项指标样本的中位数 $M_i$,以作为向量的起始的刻度指标;获取单项指标样本最大数 max、最小数 min,并对奇异值作处理;设定指标指数基础值 $B_i$。

大于中位值指标标准化:

$$X_{ij}^1=\frac{X_{ij}-M_i}{\max(X_1;X_2;\cdots,X_{mj})}$$

小于中位值指标标准化:

$$X_{ij}^1=\frac{X_{ij}-M_i}{M_i-\min(X_{1j},X_{2j},\cdots X_{mj})}$$

计算得出指标下样本对应的指数值:

$$S_{ij}=B_i+X_{ij}^1$$

## 2. 得分加权汇总

通过分层分析法所得到的各层级权重,从最低层级得分向上一层级进行加权汇总,从而得出每一个指标层级的指数值,最终汇总出品牌文化力指标总指数 $R$。

其中对每个层级的指标值都乘以该指标值权重值并进行求和汇总,以得到这一层级的上一级指标值,以此类推。

$$S_{abc} = \sum_{c=1}^{g} T_{abc} \times W_{abc}, F_a = \sum_{b=1}^{f} S_{ab} \times W_{ab}, R = \sum_{a=1}^{e} F_a \times W_a$$

$R$ 代表品牌文化力指标总指数,$F_a$ 代表一级指标的第 $a$ 个指标指数,$e$ 代表一级指标个数,$W_a$ 代表一级指标的第 $a$ 个指标的权重,$S_{ab}$ 代表第 $a$ 个一级指标下第 $b$ 个二级指标的指数,$f$ 代表 $S_{ab}$ 这几个二级指标的个数,$g$ 代表 $T_{abc}$ 三级指标的个数,以此类推。

## 3. 指数值数量级转换

由于计算所得的结果数值 R 是一个数量级较小的值,为了更好地显示指标数的精确性以便于比较分析,对数值 R 进行放大 1000 倍的处理(相当于取 R 值的小数点后三位数值),即最终品牌的"品牌文化力(brand culture strength)"指数 BCS＝$R$×1000。

## 二、实证研究

(一)实证研究程序

选择中国(不包括港澳台地区)现有的 364 个茶叶区域公用品牌进行实证研究,由浙江大学 CARD 中国农业品牌研究中心、浙江大学茶叶研究所、浙江永续农业品牌研究院、中国国际茶文化研究会茶业品牌建设专委会四方共同设立研究团队进行调研,邀请各茶叶区域公用品牌申报,通过品牌经营方数据填报,研究团队采用的大数据调查与数据分析,形成"中国茶叶区域公用品牌文化力指数研究"结论。

(二)实证研究结论首次发布

"中国茶叶区域公用品牌文化力指数"实证研究成果,于 2024 年 12 月召开的"第二届中国茶叶品牌文化年会"上首次发布。

## 1. 数据分析

本次研究课题邀请了我国(不包括港澳台地区)130 多个茶叶区域公用

品牌为研究对象,申报评价的品牌共102个,经过对申报品牌相关数据的多方审核,课题组最终完成了98个申报品牌的有效评价。从品牌注册、地理标志登记的地域范围来看,获得本次有效评价的98个品牌覆盖全国四大茶区16个省(市、自治区)。浙江、安徽和湖北3省的品牌数量位列前三,分别为19个、13个和10个,分别占比19.38%、13.26%和10.20%,紧随其后的福建、贵州、江西均为9个,各占比9.18%。从品类来看,获得本次有效评价的98个品牌中,绿茶或以绿茶为主的品牌有65个(占本次有效评价品牌数量的66.32%),红茶或以红茶为主的品牌12个,绿茶和红茶各占一半的品牌4个,黑茶7个,乌龙茶3个,黄茶3个,白茶2个,另外还有花茶、苦丁茶各1个。

下文将依据中国茶叶区域公用品牌文化力指数研究模型的各层级指标,对本次获得有效评价的98个中国茶叶区域公用品牌进行数据分析(见图16-5)。

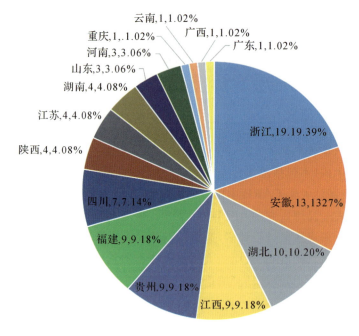

图16-5 本次获得有效评价品牌的省份分布

(1)中国茶叶区域公用品牌文化力指数高低、区域分布呈现显著差异

中国茶叶区域公用品牌文化力指数(下文简称品牌文化力指数)位于前

20 的品牌中,浙江 2 个、福建 3 个,且两省品牌在品牌文化力指数和数量上均靠前,安徽品牌数量最多,达 4 个,四川、湖北、江西均为 2 个(见表 16-4)。

　　将范围缩小到前 10 位品牌来看,浙江、福建、安徽各有 2 个,三省品牌仍在品牌文化力指数和数量上占据优势。品牌文化力指数位于前 20 的品牌,其区域分布与我国茶产业大省分布吻合(见表 16-5)。

表 16-4　2024 年品牌文化力指数评价前 20 位的品牌

| 序号 | 省份 | 品牌 | 指数 |
|------|------|------|------|
| 1 | 浙江 | 西湖龙井 | 832.03 |
| 2 | 福建 | 福鼎白茶 | 826.86 |
| 3 | 浙江 | 径山茶 | 825.93 |
| 4 | 广西 | 梧州六堡茶 | 820.50 |
| 5 | 四川 | 蒙顶山茶 | 813.20 |
| 6 | 江苏 | 洞庭山碧螺春 | 806.32 |
| 7 | 福建 | 武夷山大红袍 | 804.77 |
| 8 | 安徽 | 黄山毛峰 | 804.33 |
| 9 | 河南 | 信阳毛尖 | 804.24 |
| 10 | 安徽 | 祁门红茶 | 803.82 |
| 11 | 湖北 | 赤壁青砖茶 | 793.56 |
| 12 | 贵州 | 湄潭翠芽 | 790.63 |
| 13 | 安徽 | 六安瓜片 | 790.25 |
| 14 | 四川 | 雅安藏茶 | 786.18 |
| 15 | 江西 | 浮梁茶 | 785.64 |
| 16 | 湖北 | 恩施玉露 | 785.52 |
| 17 | 江西 | 庐山云雾茶 | 785.40 |
| 18 | 福建 | 福州茉莉花茶 | 784.93 |
| 19 | 安徽 | 太平猴魁 | 782.99 |
| 20 | 湖南 | 安化黑茶 | 782.58 |

表 16-5　2024 年品牌文化力指数的品牌省份分布

| 省份 | 位于前 20 的品牌数量 | 位于前 10 的品牌数量 |
|---|---|---|
| 福建 | 3 个 | 2 个 |
| 浙江 | 2 个 | 2 个 |
| 安徽 | 4 个 | 2 个 |
| 四川 | 2 个 | 1 个 |
| 江西 | 2 个 | / |
| 湖北 | 2 个 | / |
| 广西 | 1 个 | 1 个 |
| 江苏 | 1 个 | 1 个 |
| 河南 | 1 个 | 1 个 |
| 贵州 | 1 个 | / |
| 湖南 | 1 个 | / |

（2）品牌文化力的一级指标，反映了各品牌在品牌文化力不同层面的侧重，显示出各品牌的差异性优势

品牌文化力指数一级指标由"品牌文化生产力""品牌文化环境力"和"品牌文化消费力"组成（见表 16-6）。

表 16-6　品牌文化力指数一级指标位于前 10 的品牌

| 品牌文化生产力 | | | | 品牌文化环境力 | | | | 品牌文化消费力 | | | |
|---|---|---|---|---|---|---|---|---|---|---|---|
| 序号 | 省份 | 品牌 | 指数 | 序号 | 省份 | 品牌 | 指数 | 序号 | 省份 | 品牌 | 指数 |
| 1 | 广西 | 梧州六堡茶 | 793.47 | 1 | 浙江 | 径山茶 | 920.52 | 1 | 浙江 | 西湖龙井 | 864.70 |
| 2 | 福建 | 福鼎白茶 | 790.53 | 2 | 浙江 | 西湖龙井 | 909.52 | 2 | 福建 | 福鼎白茶 | 852.19 |
| 3 | 四川 | 蒙顶山茶 | 771.38 | 3 | 江苏 | 洞庭山碧螺春 | 857.00 | 3 | 安徽 | 黄山毛峰 | 849.26 |
| 4 | 河南 | 信阳毛尖 | 767.16 | 4 | 湖北 | 赤壁青砖茶 | 853.88 | 4 | 安徽 | 祁门红茶 | 849.03 |
| 5 | 浙江 | 西湖龙井 | 766.23 | 5 | 福建 | 福鼎白茶 | 852.63 | 5 | 浙江 | 径山茶 | 847.41 |
| 6 | 浙江 | 径山茶 | 763.94 | 6 | 福建 | 福州茉莉花茶 | 847.14 | 6 | 浙江 | 大佛龙井 | 847.36 |
| 7 | 安徽 | 黄山毛峰 | 755.79 | 7 | 浙江 | 长兴紫笋茶 | 845.84 | 7 | 四川 | 蒙顶山茶 | 847.21 |
| 8 | 福建 | 武夷山大红袍 | 753.90 | 8 | 福建 | 武夷山大红袍 | 843.80 | 8 | 安徽 | 太平猴魁 | 847.17 |
| 9 | 安徽 | 祁门红茶 | 752.93 | 9 | 浙江 | 大佛龙井 | 842.91 | 9 | 安徽 | 六安瓜片 | 846.07 |
| 10 | 江苏 | 洞庭山碧螺春 | 748.15 | 10 | 广西 | 梧州六堡茶 | 841.48 | 10 | 广东 | 英德红茶 | 845.73 |

从品牌文化力指数位于前 10 的品牌来看，在三个一级指标中均出现的

品牌是西湖龙井、福鼎白茶、径山茶，这 3 个品牌的综合文化实力强，且生产力、环境力、消费力较为均衡；在两个一级指标中位于前 10 的品牌有 6 个，分别是梧州六堡茶、蒙顶山茶、洞庭山碧螺春、黄山毛峰、武夷山大红袍、祁门红茶，这 6 个品牌都位于"品牌文化生产力"前 10 位；梧州六堡茶、洞庭山碧螺春、武夷山大红袍同时位于"品牌文化环境力"的前 10 位；黄山毛峰、祁门红茶、蒙顶山茶同时位于"品牌文化消费力"的前 10 位。

一些品牌虽未进入品牌文化力指数的前 10 位，但出现在了某个一级指标的前 10 位中，显示出这些品牌在品牌文化力某一层面的特有优势。大佛龙井在"品牌文化环境力"和"品牌文化消费力"两个一级指标中都进入了前 10 位，在品牌文化上也显示出较强的实力。在"品牌文化环境力"中，有赤壁青砖茶、长兴紫笋茶、福州茉莉花茶 3 个品牌进入前 10 位，这些品牌所在地具有较好的经济文化环境，同时，这些品牌在品牌气质等方面有着优异的表现。在"品牌文化消费力"中，太平猴魁、六安瓜片 2 个品牌进入前 10 位，两者在消费者感知和消费体验上有着上佳表现。

（3）品牌文化力各一级指标下的二级指标详解，各品牌显示出更大的品牌文化力差异性优势

"品牌文化生产力"包含"品牌文化产业生产力"和"品牌文化事业生产力"两个二级指标（见表 16-7）。

**表 16-7　一级指标"品牌文化生产力"下二级指标位于前 10 的品牌**

| 品牌文化产业生产力 | | | | 品牌文化事业生产力 | | | |
|---|---|---|---|---|---|---|---|
| 序号 | 省份 | 品牌 | 指数 | 序号 | 省份 | 品牌 | 指数 |
| 1 | 福建 | 福鼎白茶 | 840.55 | 1 | 广西 | 梧州六堡茶 | 760.13 |
| 2 | 福建 | 武夷山大红袍 | 830.90 | 2 | 浙江 | 径山茶 | 748.02 |
| 3 | 贵州 | 都匀毛尖 | 830.62 | 3 | 四川 | 蒙顶山茶 | 691.59 |
| 4 | 河南 | 信阳毛尖 | 830.51 | 4 | 福建 | 福鼎白茶 | 683.33 |
| 5 | 贵州 | 湄潭翠芽 | 825.32 | 5 | 浙江 | 西湖龙井 | 666.42 |
| 6 | 安徽 | 六安瓜片 | 816.21 | 6 | 安徽 | 祁门红茶 | 665.21 |
| 7 | 贵州 | 梵净山茶 | 815.61 | 7 | 江西 | 浮梁茶 | 644.79 |
| 8 | 广东 | 英德红茶 | 814.66 | 8 | 陕西 | 泾阳茯茶 | 644.54 |
| 9 | 安徽 | 黄山毛峰 | 813.25 | 9 | 安徽 | 黄山毛峰 | 632.50 |
| 10 | 浙江 | 西湖龙井 | 812.81 | 10 | 河南 | 信阳毛尖 | 631.22 |

在"品牌文化产业生产力"方面,福鼎白茶、武夷山大红袍位于前1与前2。两个品牌不仅在单位产值和从业者生产效率上具有很好的表现,其示范性生产主体及茶文旅示范基地等经营主体,在文化产业生产力的带动上具有更突出的优势。六安瓜片、英德红茶凭借在品牌建设资金上的大力投入,以及湄潭翠芽、梵净山茶在人效、产销的优势表现,使得这4个虽未位于品牌文化生产力一级指标前10位的品牌,位于二级指标"品牌文化产业生产力"的前10位。

在"品牌文化事业生产力"方面,梧州六堡茶、径山茶位于前1和前2。首先,两个品牌都为中国和世界茶文化作出了突出的贡献。梧州六堡茶最早研发和规模化使用了冷水渥堆技术,为中国黑茶的生产工艺提供了借鉴。通过茶船古道,梧州六堡茶将茶文化带到世界,尤其是整个东南亚地区。径山茶则在中国茶道发源地、中华抹茶发源地、陆羽著经之地等方面以及径山茶宴、茶道祖庭、茶文化输出东亚等诸多方面,为中国和世界茶文化作出了独特的贡献。其次,两个品牌在文化事业的建设上各有特点。梧州六堡茶打造了全面的标准体系矩阵,各类标准总量超过70个,涵盖了产品、繁育、种植、园区管理、加工、深加工、质量安全、仓储、编码、品饮、茶艺、比赛、旅游等方面,将品牌文化结构化,形成可复制的文化生产力。同时,其茶文化传播和茶文旅空间的建设也显示出极强的优势,充分利用了丰富的历史文脉资源和旅游资源。径山茶将禅茶文化、人类非遗"径山茶宴"、茶道祖庭等当地丰富的文化资源利用和发挥到极致,营造出产区全域式的茶文化环境空间氛围。从径山寺茶禅体验馆到各种茶文化公园、各类非遗文化馆,到十几个遍布径山文旅路线的茶文化驿站,再到融茶文化、民居生活、公园为一体的"禅茶第一村",配合大大小小的茶文化节日、节庆活动以及茶文旅体验活动,将茶文旅、茶文化与整个径山产区融为一体。浮梁茶、泾阳茯茶2个未进入品牌文化生产力一级指标前10位的品牌,基于文化空间打造和丰富的传播出版物的优势表现,进入了二级指标"品牌文化事业生产力"的前10位。

"品牌文化环境力"包含了"品牌经济社会环境力"和"品牌文化资源环境力"两个二级指标(见表16-8)。

表 16-8　一级指标"品牌文化环境力"下二级指标位于前 10 的品牌

| 品牌经济社会环境力 | | | | 品牌文化资源环境力 | | | |
|---|---|---|---|---|---|---|---|
| 序号 | 省份 | 品牌 | 指数 | 序号 | 省份 | 品牌 | 指数 |
| 1 | 浙江 | 西湖龙井 | 977.17 | 1 | 浙江 | 径山茶 | 916.52 |
| 2 | 浙江 | 径山茶 | 928.37 | 2 | 湖北 | 赤壁青砖茶 | 879.44 |
| 3 | 江苏 | 洞庭山碧螺春 | 899.88 | 3 | 浙江 | 西湖龙井 | 875.03 |
| 4 | 浙江 | 余姚瀑布仙茗 | 889.87 | 4 | 四川 | 蒙顶山茶 | 873.47 |
| 5 | 江苏 | 镇江金山翠芽 | 886.42 | 5 | 福建 | 福鼎白茶 | 872.30 |
| 6 | 浙江 | 普陀佛茶 | 880.39 | 6 | 广西 | 梧州六堡茶 | 872.00 |
| 7 | 浙江 | 大佛龙井 | 879.98 | 7 | 福建 | 武夷山大红袍 | 869.94 |
| 8 | 浙江 | 望海茶 | 879.82 | 8 | 浙江 | 长兴紫笋茶 | 857.01 |
| 9 | 福建 | 福州茉莉花茶 | 875.39 | 9 | 湖南 | 安化黑茶 | 856.91 |
| 10 | 江苏 | 金坛雀舌 | 874.77 | 10 | 安徽 | 祁门红茶 | 853.09 |

　　在"品牌经济社会环境力"方面,西湖龙井、径山茶位于前 1 与前 2。两者所处的浙江杭州,既是中国"茶都",又是全球"互联网之都",凭借其经济、文化环境优势和高精尖、互联网优质人才聚集的优势,使其具有极好的品牌发展环境和消费力优势。品牌经济社会环境力位于前 10 的品牌多在经济文化发达地区,尤其集中在江浙一带以及省会城市,这都给品牌文化的发展建设提供了良好的文化、物质基础、人口基础以及消费能力基础。

　　在"品牌文化资源环境力"方面,位于前 10 的品牌呈现出一些共有的特性。各品牌都具有悠久的文化历史和文脉,拥有丰富的非物质文化遗产,多数品牌入选全国非遗名录,有的更是进入联合国人类非遗名录。更重要的是,这些品牌在品牌形象建设,在品牌气质、主张和态度的打造上,都有不凡的表现。

　　"品牌文化消费力"包含"品牌文化消费感知力"和"品牌文化消费感召力"两个二级指标(见表 16-9)。

表 16-9  一级指标"品牌文化消费力"下二级指标位于前 10 的品牌

| 品牌文化消费感知力 | | | | 品牌文化消费感召力 | | | |
|---|---|---|---|---|---|---|---|
| 序号 | 省份 | 品牌 | 指数 | 序号 | 省份 | 品牌 | 指数 |
| 1 | 浙江 | 西湖龙井 | 872.28 | 1 | 陕西 | 安康富硒茶 | 862.21 |
| 2 | 福建 | 福鼎白茶 | 871.30 | 2 | 浙江 | 越乡龙井 | 861.32 |
| 3 | 河南 | 信阳毛尖 | 866.94 | 3 | 贵州 | 梵净山茶 | 861.28 |
| 4 | 湖南 | 安化黑茶 | 864.51 | 4 | 江西 | 浮梁茶 | 859.10 |
| 5 | 山东 | 日照绿茶 | 857.67 | 5 | 浙江 | 磐安云峰 | 857.61 |
| 6 | 安徽 | 黄山毛峰 | 857.15 | 6 | 浙江 | 西湖龙井 | 857.12 |
| 7 | 安徽 | 六安瓜片 | 857.02 | 7 | 湖北 | 赤壁青砖茶 | 856.45 |
| 8 | 安徽 | 太平猴魁 | 855.38 | 8 | 福建 | 周宁高山云雾茶 | 855.13 |
| 9 | 安徽 | 祁门红茶 | 854.88 | 9 | 浙江 | 大佛龙井 | 852.40 |
| 10 | 广东 | 英德红茶 | 853.76 | 10 | 安徽 | 歙茶 | 852.32 |

从位于"品牌文化消费感知力"前 10 位的品牌来看,各品牌在"品牌能见率"和"消费者行动率"这两个构成品牌文化消费感知力的三级指标上,同时具有双高优势。这些品牌里有不少历史传统名茶,具有良好的先天基础,但更多还是依靠品牌自身合理、有力的营销传播投入来扩大覆盖面、收获人气,取得很好的品牌能见率和转化效果,大部分品牌在品牌建设上都有较大的投入。

从位于"品牌文化消费感召力"前 10 的品牌来看,各品牌在"好感评价率"和"消费体验评价率"这两个构成品牌文化消费感召力的三级指标上各有侧重。安康富硒茶、梵净山茶、周宁高山云雾茶、磐安云峰、歙茶在"好感评价率"方面均位于前 10,表现突出,具有很好的用户正向评论口碑。西湖龙井、浮梁茶、越乡龙井则在"消费体验评价率"上表现突出,位于前 10,具备很好的用户体验口碑。赤壁青砖茶、大佛龙井在"好感评价率"和"消费体验评价率"表现都很优秀,相对均衡,也具有品牌文化消费感召力的优异的综合表现。

2. 研究启示

(1)小产区也能打造"小而美"、极具文化特征和价值效能的强势(Strong Brand)品牌在如今的市场经济环境下,各行业都面临着激烈的竞争,有的品牌可以通过规模优势在"红海"杀出一条血路;有些品牌可以通过品牌文化的打造和产品特色的加持,形成差异化竞争力,在"蓝海"脱颖而出。我们能在化妆品行业见到"欧莱雅"这样的巨无霸,也能看到"花西子"这样极富鲜明中国文化韵味的网红品牌;我们能看到规模化的"雀巢"咖啡,也能看到主打文化空间价值、实现产品溢价的"星巴克";我们还能看到"无印良品"这样塑造极致简约生活文化方式的精致品牌。

回看中国茶叶区域公用品牌文化力指数前 20 位的品牌,西湖龙井、径山茶、洞庭山碧螺春、祁门红茶、赤壁青砖茶、恩施玉露、福州茉莉花、太平猴魁,这些品牌的产量或种植面积并不算大,只能位于本次参评品牌的后40%,但这些品牌的单吨位产值或从业者单人产值位于本次参评品牌的前30%。通过品牌文化的有力建设和打造,文化资源丰富的小产区也有机会形成强劲的品牌文化力和品牌力,赋能和推动品牌实现茶产业的高效率收益。

据不完全统计,目前,中国茶叶生产范围已经遍及全国 1000 多个县(不包括港澳台地区),中国茶叶区域公用品牌(限于注册了地理标志证明商标＋地理标志集体商标的数量)已达 364 个左右。在茶产业如此激烈的竞争环境中,中国茶叶区域公用品牌更需要通过提升品牌文化力,形成差异化的品牌竞争优势,在中国市场乃至国际市场,不仅仅获得初级产品的规模性收益,更赢得品牌文化带来的高价值收益,输出中国茶强大的文化价值。

(2)充分挖掘利用文化资源,激活文化因子,提升品牌气质,打造品牌差异性竞争优势

在本次获得有效评价的近百个品牌中,我们看到,众多文化资源应用到位、品牌气质突出的优秀品牌,如梧州六堡茶"茶船古道"、赤壁青砖茶"欧亚万里茶道"的历史,泾阳茯茶"千年古泾阳,一品茯茶香"、径山茶"唐宋风雅"的古韵、峨眉山茶"茶全禅性,禅全茶德"、大佛龙井"居深山,心自在"的心境等,都是品牌文化气质打造的优秀案例。

中国文化博大精深,一方水土孕育一方特有的文化。中国茶叶区域公用品牌所在的各个茶产区一定不会缺乏文化资源,只是在丰富度上有所差异,关键是品牌运营者要重视对文脉的研究、梳理和构建,捕捉、应用和拓展核心文脉。因此,在文脉的梳理和应用上,除了茶文化本身的文化资源外,

茶产区当地的名人、名胜、民俗、建筑、艺术、美食、医药等众多文化元素都是可以被挖掘利用。这些文脉资源需要被品牌化并融入品牌,构成传播内容的基础要素。统一的口号、VI(视觉识别系统,包含 LOGO、主视觉、标准色、象征形及相关应用品构成的视觉系统)、BI(行为识别系统,包含工作流程、服务流程、销售及售后流程等行为系统)、文化卖点及背书等都需要进行系统性的有效构建。但在本次研究的品牌中,仍有不少品牌在文化挖掘和形象气质的展示上还比较初级。在这个讲究品牌和产品颜值消费和文化消费的时代,品牌气质的基础建设刻不容缓。

丰富的文脉资源需要被有效激活,采取适合的、多样的现代品牌营销方式进行推广,才能让消费者更有效地感知和接受品牌。一方面,文化内容的传播不能局限于传统话语体系和思维方式,需要以现代营销的方式展现,例如讲故事、立 IP、创建流行符号、种草推荐等。另一方面,现代化的传播形式和渠道也是品牌文化被有效接收、接受的必要条件。例如广告、书籍出版物、影视剧植入、短视频、长视频、推文、直播、线下活动和展会等各种内容承载方式,例如微信公众号、视频号、微博、抖音、快手、小红书、知乎、B 站等各种现代传播渠道。在本次研究的品牌中,我们看到了电视剧《我们的队伍向太阳》里毛主席夸赞推荐君山银针、电视剧《那年花开月正圆》中孙俪扮演的老板娘经营泾阳茯茶、《梦华录》主角刘亦菲用径山茶斗茶,也看到了梧州六堡茶各大茶厂董事长亲自直播讲茶、带货等传播形式。中国茶叶区域公用品牌要充分利用好当下的话题经济、流量经济,传播扩散品牌文化。

品牌文化的塑造也不是一朝一夕的事,需要持续地坚持和品牌全视角地投入,文化创意无处不在。一饼画有龙凤呈祥图案、印有美文金句的茶饼,一个拥有宋韵建筑环境、汉服古装茶艺师雅致演绎的茶馆,一个设计精巧的茶具套装,一个文化 IP 联名的纪念茶⋯⋯都是品牌气质养成的累积。

内容与形式的有机组合,才能充分积累与创造品牌的文化资源价值,形成优质的品牌气质,展现有力的品牌文化主张,表达品牌态度。中国茶叶区域公用品牌要着力塑造超越物理功能、具有独特文化差异性竞争优势的品牌文化,从而推动消费者选择,提高消费者忠诚度,提升品牌溢价。

(3)茶文旅产业融合,提升品牌传播力,提升茶产业综合产值和产业效能

在品牌文化力指数位于前 20 的品牌中,有 11 个品牌的茶产业三产比

重位于所有品牌的前 30%。茶文旅为品牌文化力的打造提供了双向带动的作用。

文脉资源和文化元素可物化到茶文旅产业，品牌文脉的挖掘和品牌文化的打造，可推动茶文旅产业的开发和拓展。例如，西湖龙井有"十八棵御茶"公园，梧州六堡茶有"茶船古道"码头，勐海茶有"茶马古道"公园，雅安藏茶有"吴理真广场"，径山茶有"陆羽泉"公园等各类将茶文化相关历史、典故、名人物化为茶文旅的景点。利用特色茶文化打造主题场景、景区，例如长兴紫笋茶有"大唐贡茶院"、雅安藏茶有"藏茶世界"、湄潭翠芽有"天下第一壶"茶文化景区、泾阳茯茶有"茯茶镇"，还有品牌文化融入的各类非遗空间、茶文化空间等。文化资源可化为丰富的茶事体验活动，例如磐安云峰有"赶茶场""祭茶神"、恩施玉露有土家族情人节、径山茶有"径山茶宴"人类非遗重现体验、武夷山大红袍有"印象大红袍"文化大秀、泾阳茯茶有大型话剧《国茯》，以及各类开茶节、民俗文化节、制茶体验、茶艺体验、大型表演等。

丰富的茶文旅体验也带动了品牌文化相关的海量内容的生产和传播。全国互联网传播和互联网经济日益发展，内容经济和文化消费成为时代特征。互联网传播分享的核心是内容，"内容为王"是互联网文娱行业和品牌营销的制胜法则。茶文旅产业将吸引茶客和游客旅游打卡、体验消费、种草推荐，产生大量的分享内容，在朋友圈、抖音、小红书等平台传播，形成蚂蚁雄兵式的内容口碑效应。品牌也可吸引或利用网红、行业大咖、流量明星等意见领袖消费群体，系统性地产出茶文旅体验的精品内容素材，打造互联网话题和爆文，最终达成茶叶区域品牌和茶文旅品牌的综合营销传播效果。

中国茶叶区域公用品牌要利用文化资源推动茶文旅发展，把文化展现出来，把人引进来，把茶带出去，把内容影响出去，将品牌和文化传递给更多人，形成茶产品、茶文旅、茶文化的正向循环带动，提升茶产业综合收益和产业效能。

地理标志农产品的登记与相关商标注册，均基于地域生态与人文因素。随着消费者对品牌文化的重视，对品牌价值向品牌价值观的趋势性关注，地理标志农产品的品牌文化力指数势必越来越重要，因此，相关研究显得尤为重要。

# 附录一

## 中华人民共和国商标法(2019年修正)

2019-07-31

(1982年8月23日第五届全国人民代表大会常务委员会第二十四次会议通过;根据1993年2月22日第七届全国人民代表大会常务委员会第三十次会议《关于修改〈中华人民共和国商标法〉的决定》第一次修正;根据2001年10月27日第九届全国人民代表大会常务委员会第二十四次会议《关于修改〈中华人民共和国商标法〉的决定》第二次修正;根据2013年8月30日第十二届全国人民代表大会常务委员会第四次会议《关于修改〈中华人民共和国商标法〉的决定》第三次修正;根据2019年4月23日第十三届全国人民代表大会常务委员会第十次会议《关于修改〈中华人民共和国建筑法〉等八部法律的决定》第四次修正)

## 第一章 总 则

第一条 为了加强商标管理,保护商标专用权,促使生产、经营者保证商品和服务质量,维护商标信誉,以保障消费者和生产、经营者的利益,促进社会主义市场经济的发展,特制定本法。

第二条 国务院工商行政管理部门商标局主管全国商标注册和管理的工作。

国务院工商行政管理部门设立商标评审委员会,负责处理商标争议事宜。

第三条 经商标局核准注册的商标为注册商标,包括商品商标、服务商标和集体商标、证明商标;商标注册人享有商标专用权,受法律保护。

本法所称集体商标,是指以团体、协会或者其他组织名义注册,供该组织成员在商事活动中使用,以表明使用者在该组织中的成员资格的标志。

本法所称证明商标,是指由对某种商品或者服务具有监督能力的组织所控制,而由该组织以外的单位或者个人使用于其商品或者服务,用以证明该商品或者服务的原产地、原料、制造方法、质量或者其他特定品质的标志。

集体商标、证明商标注册和管理的特殊事项,由国务院工商行政管理部门规定。

第四条 自然人、法人或者其他组织在生产经营活动中,对其商品或者服务需要取得商标专用权的,应当向商标局申请商标注册。不以使用为目的的恶意商标注册申请,应当予以驳回。

本法有关商品商标的规定,适用于服务商标。

第五条 两个以上的自然人、法人或者其他组织可以共同向商标局申请注册同一商标,共同享有和行使该商标专用权。

第六条 法律、行政法规规定必须使用注册商标的商品,必须申请商标注册,未经核准注册的,不得在市场销售。

第七条 申请注册和使用商标,应当遵循诚实信用原则。

商标使用人应当对其使用商标的商品质量负责。各级工商行政管理部门应当通过商标管理,制止欺骗消费者的行为。

第八条 任何能够将自然人、法人或者其他组织的商品与他人的商品区别开的标志,包括文字、图形、字母、数字、三维标志、颜色组合和声音等,以及上述要素的组合,均可以作为商标申请注册。

第九条 申请注册的商标,应当有显著特征,便于识别,并不得与他人在先取得的合法权利相冲突。

商标注册人有权标明"注册商标"或者注册标记。

第十条　下列标志不得作为商标使用：

（一）同中华人民共和国的国家名称、国旗、国徽、国歌、军旗、军徽、军歌、勋章等相同或者近似的，以及同中央国家机关的名称、标志、所在地特定地点的名称或者标志性建筑物的名称、图形相同的；

（二）同外国的国家名称、国旗、国徽、军旗等相同或者近似的，但经该国政府同意的除外；

（三）同政府间国际组织的名称、旗帜、徽记等相同或者近似的，但经该组织同意或者不易误导公众的除外；

（四）与表明实施控制、予以保证的官方标志、检验印记相同或者近似的，但经授权的除外；

（五）同"红十字""红新月"的名称、标志相同或者近似的；

（六）带有民族歧视性的；

（七）带有欺骗性，容易使公众对商品的质量等特点或者产地产生误认的；

（八）有害于社会主义道德风尚或者有其他不良影响的。

县级以上行政区划的地名或者公众知晓的外国地名，不得作为商标。但是，地名具有其他含义或者作为集体商标、证明商标组成部分的除外；已经注册的使用地名的商标继续有效。

第十一条　下列标志不得作为商标注册：

（一）仅有本商品的通用名称、图形、型号的；

（二）仅直接表示商品的质量、主要原料、功能、用途、重量、数量及其他特点的；

（三）其他缺乏显著特征的。

前款所列标志经过使用取得显著特征，并便于识别的，可以作为商标注册。

第十二条　以三维标志申请注册商标的，仅由商品自身的性质产生的形状、为获得技术效果而需有的商品形状或者使商品具有实质性价值的形状，不得注册。

第十三条　为相关公众所熟知的商标，持有人认为其权利受到侵害时，可以依照本法规定请求驰名商标保护。

就相同或者类似商品申请注册的商标是复制、模仿或者翻译他人未在中国注册的驰名商标,容易导致混淆的,不予注册并禁止使用。

就不相同或者不相类似商品申请注册的商标是复制、模仿或者翻译他人已经在中国注册的驰名商标,误导公众,致使该驰名商标注册人的利益可能受到损害的,不予注册并禁止使用。

第十四条 驰名商标应当根据当事人的请求,作为处理涉及商标案件需要认定的事实进行认定。认定驰名商标应当考虑下列因素:

(一)相关公众对该商标的知晓程度;

(二)该商标使用的持续时间;

(三)该商标的任何宣传工作的持续时间、程度和地理范围;

(四)该商标作为驰名商标受保护的记录;

(五)该商标驰名的其他因素。

在商标注册审查、工商行政管理部门查处商标违法案件过程中,当事人依照本法第十三条规定主张权利的,商标局根据审查、处理案件的需要,可以对商标驰名情况作出认定。

在商标争议处理过程中,当事人依照本法第十三条规定主张权利的,商标评审委员会根据处理案件的需要,可以对商标驰名情况作出认定。

在商标民事、行政案件审理过程中,当事人依照本法第十三条规定主张权利的,最高人民法院指定的人民法院根据审理案件的需要,可以对商标驰名情况作出认定。

生产、经营者不得将"驰名商标"字样用于商品、商品包装或者容器上,或者用于广告宣传、展览以及其他商业活动中。

第十五条 未经授权,代理人或者代表人以自己的名义将被代理人或者被代表人的商标进行注册,被代理人或者被代表人提出异议的,不予注册并禁止使用。

就同一种商品或者类似商品申请注册的商标与他人在先使用的未注册商标相同或者近似,申请人与该他人具有前款规定以外的合同、业务往来关系或者其他关系而明知该他人商标存在,该他人提出异议的,不予注册。

第十六条 商标中有商品的地理标志,而该商品并非来源于该标志所标示的地区,误导公众的,不予注册并禁止使用;但是,已经善意取得注册的继续有效。

前款所称地理标志,是指标示某商品来源于某地区,该商品的特定质量、信誉或者其他特征,主要由该地区的自然因素或者人文因素所决定的标志。

第十七条 外国人或者外国企业在中国申请商标注册的,应当按其所属国和中华人民共和国签订的协议或者共同参加的国际条约办理,或者按对等原则办理。

第十八条 申请商标注册或者办理其他商标事宜,可以自行办理,也可以委托依法设立的商标代理机构办理。

外国人或者外国企业在中国申请商标注册和办理其他商标事宜的,应当委托依法设立的商标代理机构办理。

第十九条 商标代理机构应当遵循诚实信用原则,遵守法律、行政法规,按照被代理人的委托办理商标注册申请或者其他商标事宜;对在代理过程中知悉的被代理人的商业秘密,负有保密义务。

委托人申请注册的商标可能存在本法规定不得注册情形的,商标代理机构应当明确告知委托人。

商标代理机构知道或者应当知道委托人申请注册的商标属于本法第四条、第十五条和第三十二条规定情形的,不得接受其委托。

商标代理机构除对其代理服务申请商标注册外,不得申请注册其他商标。

第二十条 商标代理行业组织应当按照章程规定,严格执行吸纳会员的条件,对违反行业自律规范的会员实行惩戒。商标代理行业组织对其吸纳的会员和对会员的惩戒情况,应当及时向社会公布。

第二十一条 商标国际注册遵循中华人民共和国缔结或者参加的有关国际条约确立的制度,具体办法由国务院规定。

# 第二章　商标注册的申请

第二十二条 商标注册申请人应当按规定的商品分类表填报使用商标的商品类别和商品名称,提出注册申请。

商标注册申请人可以通过一份申请就多个类别的商品申请注册同一商标。

商标注册申请等有关文件,可以以书面方式或者数据电文方式提出。

第二十三条　注册商标需要在核定使用范围之外的商品上取得商标专用权的,应当另行提出注册申请。

第二十四条　注册商标需要改变其标志的,应当重新提出注册申请。

第二十五条　商标注册申请人自其商标在外国第一次提出商标注册申请之日起六个月内,又在中国就相同商品以同一商标提出商标注册申请的,依照该外国同中国签订的协议或者共同参加的国际条约,或者按照相互承认优先权的原则,可以享有优先权。

依照前款要求优先权的,应当在提出商标注册申请的时候提出书面声明,并且在三个月内提交第一次提出的商标注册申请文件的副本;未提出书面声明或者逾期未提交商标注册申请文件副本的,视为未要求优先权。

第二十六条　商标在中国政府主办的或者承认的国际展览会展出的商品上首次使用的,自该商品展出之日起六个月内,该商标的注册申请人可以享有优先权。

依照前款要求优先权的,应当在提出商标注册申请的时候提出书面声明,并且在三个月内提交展出其商品的展览会名称、在展出商品上使用该商标的证据、展出日期等证明文件;未提出书面声明或者逾期未提交证明文件的,视为未要求优先权。

第二十七条　为申请商标注册所申报的事项和所提供的材料应当真实、准确、完整。

## 第三章　商标注册的审查和核准

第二十八条　对申请注册的商标,商标局应当自收到商标注册申请文件之日起九个月内审查完毕,符合本法有关规定的,予以初步审定公告。

第二十九条　在审查过程中,商标局认为商标注册申请内容需要说明或者修正的,可以要求申请人做出说明或者修正。申请人未做出说明或者修正的,不影响商标局做出审查决定。

第三十条　申请注册的商标,凡不符合本法有关规定或者同他人在同一种商品或者类似商品上已经注册的或者初步审定的商标相同或者近似的,由商标局驳回申请,不予公告。

第三十一条　两个或者两个以上的商标注册申请人,在同一种商品或者类似商品上,以相同或者近似的商标申请注册的,初步审定并公告申请在先的商标;同一天申请的,初步审定并公告使用在先的商标,驳回其他人的申请,不予公告。

第三十二条 申请商标注册不得损害他人现有的在先权利,也不得以不正当手段抢先注册他人已经使用并有一定影响的商标。

第三十三条 对初步审定公告的商标,自公告之日起三个月内,在先权利人、利害关系人认为违反本法第十三条第二款和第三款、第十五条、第十六条第一款、第三十条、第三十一条、第三十二条规定的,或者任何人认为违反本法第四条、第十条、第十一条、第十二条、第十九条第四款规定的,可以向商标局提出异议。公告期满无异议的,予以核准注册,发给商标注册证,并予公告。

第三十四条 对驳回申请、不予公告的商标,商标局应当书面通知商标注册申请人。商标注册申请人不服的,可以自收到通知之日起十五日内向商标评审委员会申请复审。商标评审委员会应当自收到申请之日起九个月内做出决定,并书面通知申请人。有特殊情况需要延长的,经国务院工商行政管理部门批准,可以延长三个月。当事人对商标评审委员会的决定不服的,可以自收到通知之日起三十日内向人民法院起诉。

第三十五条 对初步审定公告的商标提出异议的,商标局应当听取异议人和被异议人陈述事实和理由,经调查核实后,自公告期满之日起十二个月内做出是否准予注册的决定,并书面通知异议人和被异议人。有特殊情况需要延长的,经国务院工商行政管理部门批准,可以延长六个月。

商标局做出准予注册决定的,发给商标注册证,并予公告。异议人不服的,可以依照本法第四十四条、第四十五条的规定向商标评审委员会请求宣告该注册商标无效。

商标局做出不予注册决定,被异议人不服的,可以自收到通知之日起十五日内向商标评审委员会申请复审。商标评审委员会应当自收到申请之日起十二个月内做出复审决定,并书面通知异议人和被异议人。有特殊情况需要延长的,经国务院工商行政管理部门批准,可以延长六个月。被异议人对商标评审委员会的决定不服的,可以自收到通知之日起三十日内向人民法院起诉。人民法院应当通知异议人作为第三人参加诉讼。

商标评审委员会在依照前款规定进行复审的过程中,所涉及的在先权利的确定必须以人民法院正在审理或者行政机关正在处理的另一案件的结果为依据的,可以中止审查。中止原因消除后,应当恢复审查程序。

第三十六条 法定期限届满,当事人对商标局做出的驳回申请决定、不予注册决定不申请复审或者对商标评审委员会做出的复审决定不向人民法院起诉的,驳回申请决定、不予注册决定或者复审决定生效。

经审查异议不成立而准予注册的商标,商标注册申请人取得商标专用权的时间自初步审定公告三个月期满之日起计算。自该商标公告期满之日起至准予注册决定做出前,对他人在同一种或者类似商品上使用与该商标相同或者近似的标志的行为不具有追溯力;但是,因该使用人的恶意给商标注册人造成的损失,应当给予赔偿。

第三十七条 对商标注册申请和商标复审申请应当及时进行审查。

第三十八条 商标注册申请人或者注册人发现商标申请文件或者注册文件有明显错误的,可以申请更正。商标局依法在其职权范围内做出更正,并通知当事人。

前款所称更正错误不涉及商标申请文件或者注册文件的实质性内容。

## 第四章 注册商标的续展、变更、转让和使用许可

第三十九条 注册商标的有效期为十年,自核准注册之日起计算。

第四十条 注册商标有效期满,需要继续使用的,商标注册人应当在期满前十二个月内按照规定办理续展手续;在此期间未能办理的,可以给予六个月的宽展期。每次续展注册的有效期为十年,自该商标上一届有效期满次日起计算。期满未办理续展手续的,注销其注册商标。

商标局应当对续展注册的商标予以公告。

第四十一条 注册商标需要变更注册人的名义、地址或者其他注册事项的,应当提出变更申请。

第四十二条 转让注册商标的,转让人和受让人应当签订转让协议,并共同向商标局提出申请。受让人应当保证使用该注册商标的商品质量。

转让注册商标的,商标注册人对其在同一种商品上注册的近似的商标,或者在类似商品上注册的相同或者近似的商标,应当一并转让。

对容易导致混淆或者有其他不良影响的转让,商标局不予核准,书面通

知申请人并说明理由。

转让注册商标经核准后，予以公告。受让人自公告之日起享有商标专用权。

第四十三条　商标注册人可以通过签订商标使用许可合同，许可他人使用其注册商标。许可人应当监督被许可人使用其注册商标的商品质量。被许可人应当保证使用该注册商标的商品质量。

经许可使用他人注册商标的，必须在使用该注册商标的商品上标明被许可人的名称和商品产地。

许可他人使用其注册商标的，许可人应当将其商标使用许可报商标局备案，由商标局公告。商标使用许可未经备案不得对抗善意第三人。

# 第五章　注册商标的无效宣告

第四十四条　已经注册的商标，违反本法第四条、第十条、第十一条、第十二条、第十九条第四款规定的，或者是以欺骗手段或者其他不正当手段取得注册的，由商标局宣告该注册商标无效；其他单位或者个人可以请求商标评审委员会宣告该注册商标无效。

商标局做出宣告注册商标无效的决定，应当书面通知当事人。当事人对商标局的决定不服的，可以自收到通知之日起十五日内向商标评审委员会申请复审。商标评审委员会应当自收到申请之日起九个月内做出决定，并书面通知当事人。有特殊情况需要延长的，经国务院工商行政管理部门批准，可以延长三个月。当事人对商标评审委员会的决定不服的，可以自收到通知之日起三十日内向人民法院起诉。

其他单位或者个人请求商标评审委员会宣告注册商标无效的，商标评审委员会收到申请后，应当书面通知有关当事人，并限期提出答辩。商标评审委员会应当自收到申请之日起九个月内做出维持注册商标或者宣告注册商标无效的裁定，并书面通知当事人。有特殊情况需要延长的，经国务院工商行政管理部门批准，可以延长三个月。当事人对商标评审委员会的裁定不服的，可以自收到通知之日起三十日内向人民法院起诉。人民法院应当通知商标裁定程序的对方当事人作为第三人参加诉讼。

第四十五条　已经注册的商标，违反本法第十三条第二款和第三款、第十五条、第十六条第一款、第三十条、第三十一条、第三十二条规定的,自商标注册之日起五年内,在先权利人或者利害关系人可以请求商标评审委员会宣告该注册商标无效。对恶意注册的,驰名商标所有人不受五年的时间限制。

商标评审委员会收到宣告注册商标无效的申请后,应当书面通知有关当事人,并限期提出答辩。商标评审委员会应当自收到申请之日起十二个月内做出维持注册商标或者宣告注册商标无效的裁定,并书面通知当事人。有特殊情况需要延长的,经国务院工商行政管理部门批准,可以延长六个月。当事人对商标评审委员会的裁定不服的,可以自收到通知之日起三十日内向人民法院起诉。人民法院应当通知商标裁定程序的对方当事人作为第三人参加诉讼。

商标评审委员会在依照前款规定对无效宣告请求进行审查的过程中,所涉及的在先权利的确定必须以人民法院正在审理或者行政机关正在处理的另一案件的结果为依据的,可以中止审查。中止原因消除后,应当恢复审查程序。

第四十六条 法定期限届满,当事人对商标局宣告注册商标无效的决定不申请复审或者对商标评审委员会的复审决定、维持注册商标或者宣告注册商标无效的裁定不向人民法院起诉的,商标局的决定或者商标评审委员会的复审决定、裁定生效。

第四十七条 依照本法第四十四条、第四十五条的规定宣告无效的注册商标,由商标局予以公告,该注册商标专用权视为自始即不存在。

宣告注册商标无效的决定或者裁定,对宣告无效前人民法院做出并已执行的商标侵权案件的判决、裁定、调解书和工商行政管理部门做出并已执行的商标侵权案件的处理决定以及已经履行的商标转让或者使用许可合同不具有追溯力。但是,因商标注册人的恶意给他人造成的损失,应当给予赔偿。

依照前款规定不返还商标侵权赔偿金、商标转让费、商标使用费,明显违反公平原则的,应当全部或者部分返还。

## 第六章 商标使用的管理

第四十八条 本法所称商标的使用,是指将商标用于商品、商品包装或者容器以及商品交易文书上，或者将商标用于广告宣传、展览以及其他商业活动中，用于识别商品来源的行为。

第四十九条 商标注册人在使用注册商标的过程中，自行改变注册商标、注册人名义、地址或者其他注册事项的，由地方工商行政管理部门责令限期改正；期满不改正的，由商标局撤销其注册商标。

注册商标成为其核定使用的商品的通用名称或者没有正当理由连续三年不使用的，任何单位或者个人可以向商标局申请撤销该注册商标。商标局应当自收到申请之日起九个月内做出决定。有特殊情况需要延长的，经国务院工商行政管理部门批准，可以延长三个月。

第五十条 注册商标被撤销、被宣告无效或者期满不再续展的，自撤销、宣告无效或者注销之日起一年内，商标局对与该商标相同或者近似的商标注册申请，不予核准。

第五十一条 违反本法第六条规定的，由地方工商行政管理部门责令限期申请注册，违法经营额五万元以上的，可以处违法经营额百分之二十以下的罚款，没有违法经营额或者违法经营额不足五万元的，可以处一万元以下的罚款。

第五十二条 将未注册商标冒充注册商标使用的，或者使用未注册商标违反本法第十条规定的，由地方工商行政管理部门予以制止，限期改正，并可以予以通报，违法经营额五万元以上的，可以处违法经营额百分之二十以下的罚款，没有违法经营额或者违法经营额不足五万元的，可以处一万元以下的罚款。

第五十三条 违反本法第十四条第五款规定的，由地方工商行政管理部门责令改正，处十万元罚款。

第五十四条 对商标局撤销或者不予撤销注册商标的决定，当事人不服的，可以自收到通知之日起十五日内向商标评审委员会申请复审。商标评审委员会应当自收到申请之日起九个月内做出决定，并书面通知当事人。有特殊情况需要延长的，经国务院工商行政管理部门批准，可以延长三个月。当事人对商标评审委员会的决定不服的，可以自收到通知之日起三十日内向人民法院起诉。

第五十五条 法定期限届满，当事人对商标局做出的撤销注册商标的决定不申请复审或者对商标评审委员会做出的复审决定不向人民法院起诉的,撤销注册商标的决定、复审决定生效。

被撤销的注册商标,由商标局予以公告,该注册商标专用权自公告之日起终止。

# 第七章 注册商标专用权的保护

第五十六条 注册商标的专用权,以核准注册的商标和核定使用的商品为限。

第五十七条 有下列行为之一的,均属侵犯注册商标专用权:

(一)未经商标注册人的许可,在同一种商品上使用与其注册商标相同的商标的;

(二)未经商标注册人的许可,在同一种商品上使用与其注册商标近似的商标,或者在类似商品上使用与其注册商标相同或者近似的商标,容易导致混淆的;

(三)销售侵犯注册商标专用权的商品的;

(四)伪造、擅自制造他人注册商标标识或者销售伪造、擅自制造的注册商标标识的;

(五)未经商标注册人同意,更换其注册商标并将该更换商标的商品又投入市场的;

(六)故意为侵犯他人商标专用权行为提供便利条件,帮助他人实施侵犯商标专用权行为的;

(七)给他人的注册商标专用权造成其他损害的。

第五十八条 将他人注册商标、未注册的驰名商标作为企业名称中的字号使用,误导公众,构成不正当竞争行为的,依照《中华人民共和国反不正当竞争法》处理。

第五十九条 注册商标中含有的本商品的通用名称、图形、型号,或者直接表示商品的质量、主要原料、功能、用途、重量、数量及其他特点,或者含有的地名,注册商标专用权人无权禁止他人正当使用。

三维标志注册商标中含有的商品自身的性质产生的形状、为获得技术效果而需有的商品形状或者使商品具有实质性价值的形状,注册商标专用权人无权禁止他人正当使用。

商标注册人申请商标注册前，他人已经在同一种商品或者类似商品上先于商标注册人使用与注册商标相同或者近似并有一定影响的商标的，注册商标专用权人无权禁止该使用人在原使用范围内继续使用该商标，但可以要求其附加适当区别标识。

第六十条　有本法第五十七条所列侵犯注册商标专用权行为之一，引起纠纷的，由当事人协商解决；不愿协商或者协商不成的，商标注册人或者利害关系人可以向人民法院起诉，也可以请求工商行政管理部门处理。

工商行政管理部门处理时，认定侵权行为成立的，责令立即停止侵权行为，没收、销毁侵权商品和主要用于制造侵权商品、伪造注册商标标识的工具，违法经营额五万元以上的，可以处违法经营额五倍以下的罚款，没有违法经营额或者违法经营额不足五万元的，可以处二十五万元以下的罚款。对五年内实施两次以上商标侵权行为或者有其他严重情节的，应当从重处罚。销售不知道是侵犯注册商标专用权的商品，能证明该商品是自己合法取得并说明提供者的，由工商行政管理部门责令停止销售。

对侵犯商标专用权的赔偿数额的争议，当事人可以请求进行处理的工商行政管理部门调解，也可以依照《中华人民共和国民事诉讼法》向人民法院起诉。经工商行政管理部门调解，当事人未达成协议或者调解书生效后不履行的，当事人可以依照《中华人民共和国民事诉讼法》向人民法院起诉。

第六十一条　对侵犯注册商标专用权的行为，工商行政管理部门有权依法查处；涉嫌犯罪的，应当及时移送司法机关依法处理。

第六十二条　县级以上工商行政管理部门根据已经取得的违法嫌疑证据或者举报，对涉嫌侵犯他人注册商标专用权的行为进行查处时，可以行使下列职权：

（一）询问有关当事人，调查与侵犯他人注册商标专用权有关的情况；

（二）查阅、复制当事人与侵权活动有关的合同、发票、账簿以及其他有关资料；

（三）对当事人涉嫌从事侵犯他人注册商标专用权活动的场所实施现场检查；

（四）检查与侵权活动有关的物品；对有证据证明是侵犯他人注册商标专用权的物品，可以查封或者扣押。

工商行政管理部门依法行使前款规定的职权时，当事人应当予以协助、配合,不得拒绝、阻挠。

在查处商标侵权案件过程中,对商标权属存在争议或者权利人同时向人民法院提起商标侵权诉讼的,工商行政管理部门可以中止案件的查处。中止原因消除后,应当恢复或者终结案件查处程序。

第六十三条 侵犯商标专用权的赔偿数额,按照权利人因被侵权所受到的实际损失确定;实际损失难以确定的,可以按照侵权人因侵权所获得的利益确定;权利人的损失或者侵权人获得的利益难以确定的,参照该商标许可使用费的倍数合理确定。对恶意侵犯商标专用权,情节严重的,可以在按照上述方法确定数额的一倍以上五倍以下确定赔偿数额。赔偿数额应当包括权利人为制止侵权行为所支付的合理开支。

人民法院为确定赔偿数额,在权利人已经尽力举证,而与侵权行为相关的账簿、资料主要由侵权人掌握的情况下,可以责令侵权人提供与侵权行为相关的账簿、资料;侵权人不提供或者提供虚假的账簿、资料的,人民法院可以参考权利人的主张和提供的证据判定赔偿数额。

权利人因被侵权所受到的实际损失、侵权人因侵权所获得的利益、注册商标许可使用费难以确定的,由人民法院根据侵权行为的情节判决给予五百万元以下的赔偿。

人民法院审理商标纠纷案件,应权利人请求,对属于假冒注册商标的商品,除特殊情况外,责令销毁;对主要用于制造假冒注册商标的商品的材料、工具,责令销毁,且不予补偿;或者在特殊情况下,责令禁止前述材料、工具进入商业渠道,且不予补偿。

假冒注册商标的商品不得在仅去除假冒注册商标后进入商业渠道。

第六十四条 注册商标专用权人请求赔偿,被控侵权人以注册商标专用权人未使用注册商标提出抗辩的,人民法院可以要求注册商标专用权人提供此前三年内实际使用该注册商标的证据。注册商标专用权人不能证明此前三年内实际使用过该注册商标,也不能证明因侵权行为受到其他损失的,被控侵权人不承担赔偿责任。

销售不知道是侵犯注册商标专用权的商品,能证明该商品是自己合法取得并说明提供者的,不承担赔偿责任。

第六十五条 商标注册人或者利害关系人有证据证明他人正在实施或者即将实施侵犯其注册商标专用权的行为,如不及时制止将会使其合法权益受到难以弥补的损害的,可以依法在起诉前向人民法院申请采取责令停止有关行为和财产保全的措施。

第六十六条 为制止侵权行为,在证据可能灭失或者以后难以取得的情况下,商标注册人或者利害关系人可以依法在起诉前向人民法院申请保全证据。

第六十七条 未经商标注册人许可,在同一种商品上使用与其注册商标相同的商标,构成犯罪的,除赔偿被侵权人的损失外,依法追究刑事责任。

伪造、擅自制造他人注册商标标识或者销售伪造、擅自制造的注册商标标识,构成犯罪的,除赔偿被侵权人的损失外,依法追究刑事责任。

销售明知是假冒注册商标的商品,构成犯罪的,除赔偿被侵权人的损失外,依法追究刑事责任。

第六十八条 商标代理机构有下列行为之一的,由工商行政管理部门责令限期改正,给予警告,处一万元以上十万元以下的罚款;对直接负责的主管人员和其他直接责任人员给予警告,处五千元以上五万元以下的罚款;构成犯罪的,依法追究刑事责任:

(一)办理商标事宜过程中,伪造、变造或者使用伪造、变造的法律文件、印章、签名的;

(二)以诋毁其他商标代理机构等手段招徕商标代理业务或者以其他不正当手段扰乱商标代理市场秩序的;

(三)违反本法第四条、第十九条第三款和第四款规定的。

商标代理机构有前款规定行为的,由工商行政管理部门记入信用档案;情节严重的,商标局、商标评审委员会并可以决定停止受理其办理商标代理业务,予以公告。

商标代理机构违反诚实信用原则,侵害委托人合法利益的,应当依法承担民事责任,并由商标代理行业组织按照章程规定予以惩戒。

对恶意申请商标注册的,根据情节给予警告、罚款等行政处罚;对恶意提起商标诉讼的,由人民法院依法给予处罚。

第六十九条 从事商标注册、管理和复审工作的国家机关工作人员必须秉公执法,廉洁自律,忠于职守,文明服务。

商标局、商标评审委员会以及从事商标注册、管理和复审工作的国家机关工作人员不得从事商标代理业务和商品生产经营活动。

第七十条 工商行政管理部门应当建立健全内部监督制度,对负责商标注册、管理和复审工作的国家机关工作人员执行法律、行政法规和遵守纪律的情况,进行监督检查。

第七十一条 从事商标注册、管理和复审工作的国家机关工作人员玩忽职守、滥用职权、徇私舞弊,违法办理商标注册、管理和复审事项,收受当事人财物,牟取不正当利益,构成犯罪的,依法追究刑事责任;尚不构成犯罪的,依法给予处分。

# 第八章 附 则

第七十二条 申请商标注册和办理其他商标事宜的,应当缴纳费用,具体收费标准另定。

第七十三条 本法自 1983 年 3 月 1 日起施行。1963 年 4 月 10 日国务院公布的《商标管理条例》同时废止;其他有关商标管理的规定,凡与本法抵触的,同时失效。

本法施行前已经注册的商标继续有效。

# 附录二

## 关于发布《地理标志专用标志使用管理办法（试行）》的公告（第354号）

### 国家知识产权局公告

第三五四号

为加强我国地理标志保护，统一和规范地理标志专用标志使用，制定《地理标志专用标志使用管理办法（试行）》。现予发布，自发布之日起施行。

特此公告。

国家知识产权局

2020年4月3日

## 地理标志专用标志使用管理办法

### （试行）

第一条　为加强我国地理标志保护，统一和规范地理标志专用标志使用，依据《中华人民共和国民法总则》《中华人民共和国商标法》《中华人民共和国产品质量法》《中华人民共和国标准化法》《中华人民共和国商标法实施条例》《地理标志产品保护规定》《集体商标、证明商标注册和管理办法》《国外地理标志产品保护办法》,制定本办法。

第二条　本办法所称的地理标志专用标志,是指适用在按照相关标准、管理规范或者使用管理规则组织生产的地理标志产品上的官方标志。

第三条　国家知识产权局负责统一制定发布地理标志专用标志使用管理要求,组织实施地理标志专用标志使用监督管理。地方知识产权管理部门负责地理标志专用标志使用的日常监管。

第四条　地理标志专用标志合法使用人应当遵循诚实信用原则,履行如下义务:

(一)按照相关标准、管理规范和使用管理规则组织生产地理标志产品;

(二)按照地理标志专用标志的使用要求,规范标示地理标志专用标志;

(三)及时向社会公开并定期向所在地知识产权管理部门报送地理标志专用标志使用情况。

第五条　地理标志专用标志的合法使用人包括下列主体:

(一)经公告核准使用地理标志产品专用标志的生产者;

(二)经公告地理标志已作为集体商标注册的注册人的集体成员;

(三)经公告备案的已作为证明商标注册的地理标志的被许可人;

(四)经国家知识产权局登记备案的其他使用人。

第六条　地理标志专用标志的使用要求如下:

(一)地理标志保护产品和作为集体商标、证明商标注册的地理标志使用地理标志专用标志的,应在地理标志专用标志的指定位置标注统一社会信用代码。国外地理标志保护产品使用地理标志专用标志的,应在地理标志专用标志的指定位置标注经销商统一社会信用代码;

(二)地理标志保护产品使用地理标志专用标志的,应同时使用地理标志专用标志和地理标志名称,并在产品标签或包装物上标注所执行的地理标志标准代号或批准公告号;

(三)作为集体商标、证明商标注册的地理标志使用地理标志专用标志的,应同时使用地理标志专用标志和该集体商标或证明商标,并加注商标注册号。

第七条　地理标志专用标志合法使用人可在国家知识产权局官方网站下载基本图案矢量图。地理标志专用标志矢量图可按比例缩放,标注应清晰可识,不得更改专用标志的图案形状、构成、文字字体、图文比例、色值等。

第八条 地理标志专用标志合法使用人可采用的地理标志专用标志标示方法有:

(一)采取直接贴附、刻印、烙印或者编织等方式将地理标志专用标志附着在产品本身、产品包装、容器、标签等上;

(二)使用在产品附加标牌、产品说明书、介绍手册等上;

(三)使用在广播、电视、公开发行的出版物等媒体上,包括以广告牌、邮寄广告或者其他广告方式为地理标志进行的广告宣传;

(四)使用在展览会、博览会上,包括在展览会、博览会上提供的使用地理标志专用标志的印刷品及其他资料;

(五)将地理标志专用标志使用于电子商务网站、微信、微信公众号、微博、二维码、手机应用程序等互联网载体上;

(六)其他合乎法律法规规定的标示方法。

第九条 地理标志专用标志合法使用人未按相应标准、管理规范或相关使用管理规则组织生产的,或者在 2 年内未在地理标志保护产品上使用专用标志的,知识产权管理部门停止其地理标志专用标志使用资格。

第十条 对于未经公告擅自使用或伪造地理标志专用标志的;或者使用与地理标志专用标志相近、易产生误解的名称或标识及可能误导消费者的文字或图案标志,使消费者将该产品误认为地理标志的行为,知识产权管理部门及相关执法部门依照法律法规和相关规定进行调查处理。

第十一条 省级知识产权管理部门应加强本辖区地理标志专用标志使用日常监管,定期向国家知识产权局报送上一年使用和监管信息。鼓励地理标志专用标志使用和日常监管信息通过地理标志保护信息平台向社会公开。

第十二条 原相关地理标志专用标志使用过渡期至 2020 年 12 月 31 日。在 2020 年 12 月 31 日前生产的使用原标志的产品可以继续在市场流通。

第十三条 本办法由国家知识产权局负责解释。

第十四条 本办法自发布之日起实施。

# 附录三

国家知识产权局办公室关于印发
《国家地理标志产品保护示范区建设管理办法(试行)》的通知

各省、自治区、直辖市及新疆生产建设兵团知识产权局,四川省知识产权服务促进中心,广东省知识产权保护中心:

为深入贯彻落实中共中央、国务院关于全面加强知识产权保护工作的决策部署,强化地理标志保护,深化地理标志管理改革,推进国家地理标志产品保护示范区建设,推动地理标志高水平保护、高标准管理、高质量发展,制定《国家地理标志产品保护示范区建设管理办法(试行)》。现予印发,请认真贯彻落实。

特此通知。

国家知识产权局办公室

2021 年 2 月 10 日

# 国家地理标志产品保护示范区建设管理办法(试行)

## 第一章 总 则

第一条 为全面加强知识产权保护工作,强化地理标志保护,深化地理标志管理改革,推进国家地理标志产品保护示范区(以下简称示范区)建设,激励保护积极性,推广和保护管理经验,服务经济社会高质量发展,制定本办法。

第二条 本办法所称示范区是指以国家知识产权局认定的地理标志为对象,具有较大产业规模、较显著社会经济效益、较高保护水平,制度健全、机制完善、管理规范,产品特色鲜明、知名度高,对国内地理标志保护起示范、引领、推广作用的保护地域。示范区可以示范一个或多个地理标志保护。

第三条 国家知识产权局负责制定发布示范区建设管理办法,组织实施建设规划、筹建验收和指导管理。省级知识产权局负责示范区建设的组织协调、日常管理和推荐报送,受国家知识产权局委托对示范区工作情况进行筹建验收。

第四条 示范区建设工作主要遵循以下原则:

(一)坚持高标准建设。在经国家知识产权局认定的地理标志中遴选典型代表,加强地理标志保护制度机制建设,提升地理标志保护能力,形成特色鲜明的地理标志保护体系。

(二)坚持高水平保护。示范区建设原则上以地理标志保护地域所在行政区划为单位,在地方人民政府的统一领导下,统筹地理标志保护工作,强化严保护导向,突出部门协同配合,构建社会共治、协调联动的地理标志保护格局。

(三)坚持高质量发展。树立叫得响的国家地理标志保护示范精品,提供可复制、可推广的保护经验,发挥示范区引领带动作用,提高地理标志产品知名度和市场影响力。

# 第二章　申报与审核

第五条　示范区建设要以保护当地优势特色和经深加工附加值高的地理标志为主,优先选择传承历史文化技艺并预期可取得较大经济、社会和生态效益的地理标志。

第六条　示范区申报应当具备下列条件:

(一)经过地理标志认定。示范区内经批准获得地理标志产品保护或者地理标志作为集体商标、证明商标注册时间在 3 年以上;

(二)具有产业优势。知名度高,具有较大产业规模,较高年销售额或出口额,地理标志专用标志使用者数量达区域内生产者总数的 60% 以上,使用地理标志专用标志企业产值达区域内相关产业产值的 60% 以上;

(三)规范诚信守法。示范区内相关地理标志产品生产企业规范、诚信、守法,3 年内未发生重大产品质量、安全健康、环境保护等责任事故,未受到监管执法等相关部门通报、处分和媒体曝光;

(四)持续政策保障。示范区保护对象所属领域应为政府发展规划鼓励或重点支持范围,出台明确的地理标志保护工作保障政策、工作机制、督促考核和激励措施等。

第七条　国家知识产权局发布示范区申报通知,每年组织 1 次示范区建设申报评定工作。县级以上人民政府作为申报单位,填写《国家地理标志产品保护示范区建设申报书》(附件 1),并报省级知识产权局。申请材料应真实有效,对提供虚假材料的,一经核实将取消其示范区申请资格且 5 年内不得再次申报。

第八条　省级知识产权局接收示范区建设申请后,应当依照本办法有关规定提出意见。符合条件的,由省级知识产权局汇总后推荐报送国家知识产权局。

第九条　国家知识产权局组织对申报的示范区建设申请进行综合评审,择优确定示范区建设名单。名单应当向社会公示,公示期不低于 30 天(日历日)。经公示无异议的,由国家知识产权局公布筹建示范区名称和承担单位。

# 第三章　建设与管理

第十条　示范区的主要任务：

（一）夯实保护制度，引领协同推进。健全社会共治的地理标志保护制度体系，加强区域资源整合和制度衔接，出台协调配套的保护和管理政策，制定具体工作计划和保障措施；

（二）健全工作体系，引领特色质量。建立健全地理标志保护标准体系、检验检测体系和质量管理体系，制定系列标准，提高检测能力，规范生产过程，保证地理标志产品质量特色突出；

（三）加大保护力度，引领水平提升。开展地理标志保护专项行动，加强地理标志领域行政执法和协同保护，公开有社会影响力的典型案例，强化地理标志专用标志使用监督管理，综合运用法律、行政、经济、技术、社会治理等手段提高地理标志保护水平，营造良好营商环境；

（四）强化保护宣传，引领意识提升。加强地理标志保护政策宣贯和舆论引导，开展地理标志保护进企业、进市场、进社区、进学校、进网络等活动，不断提升生产者、经营者、消费者保护意识，加强地理标志保护专业人才队伍建设；

（五）加强合作共赢，引领市场开拓。健全涉外地理标志保护机制，积极参与地理标志互认互保国际合作，有组织地通过各类国际交流合作平台，拓展海外市场，推动中国地理标志产品"走出去"。

第十一条　示范区筹建期为3年。筹建期间，承担单位应制定实施方案，落实建设责任要求，有序推进各项工作任务。省级知识产权局加强示范区建设的日常管理，国家知识产权局加强检查抽查，推动示范区建设任务落实。

第十二条　筹建期满前2个月，承担单位应对照实施方案进行自查。完成建设目标和工作任务的，承担单位提交《国家地理标志产品保护示范区筹建验收申请书》（附件2），由省知识产权局提出意见，汇总后报送国家知识产权局。

第十三条　国家知识产权局制定验收标准，引入第三方评价，统一组织筹建验收，可以委托省级知识产权局组织实施筹建验收。筹建验收主要内容包括:示范区建设的组织管理,建设工作任务完成情况,取得的经验成效等。

第十四条 国家知识产权局根据验收意见,确定结果并公布。对通过筹建验收的示范区,及时总结经验并加以推广,建立长效机制,加强后续管理;对示范效果不明显、工作开展不力的,限期整改;对整改后仍不能达到要求的,取消示范区资格。

第十五条 在示范区建设过程中,承担单位应及时向国家知识产权局和省级知识产权局报送工作动态。每年 12 月底前承担单位应当向省级知识产权局报送示范区年度总结,省级知识产权局于次年 1 月 31 日前汇总报送国家知识产权局备案。

## 第四章 附 则

第十六条 省级知识产权局可依据本办法制定加强示范区管理工作文件,并可参照本办法确定省级地理标志产品保护示范区。

第十七条 示范区承担单位可以多渠道争取财政支持,确保示范区建设有效实施,符合国家相关规定,专款专用。

第十八条 本办法由国家知识产权局负责解释。

# 附录四

## 集体商标、证明商标注册和管理规定
### （2024 年 2 月 1 日执行）

第一条　为了规范集体商标、证明商标的注册和使用管理，加强商标权益保护，维护社会公共利益，促进特色产业发展，根据《中华人民共和国商标法》（以下简称商标法）、《中华人民共和国商标法实施条例》（以下简称实施条例）的规定，制定本规定。

第二条　本规定有关商品的规定，适用于服务。

第三条　申请集体商标注册的，应当附送主体资格证明文件、集体成员的名称、地址和使用管理规则。申请以地理标志作为集体商标注册的团体、协会或者其他组织，其成员应当来自该地理标志标示的地区范围内。

第四条　申请证明商标注册的，应当附送主体资格证明文件、使用管理规则和证明其具有的或者其委托机构具有的专业技术人员、专业检测设备等情况的证明材料，以表明其具有监督该证明商标所证明的特定商品品质的能力。

第五条　申请以地理标志作为证明商标、集体商标注册的，应当附送管辖该地理标志所标示地区的县级以上人民政府或者主管部门的批准文件。

以地理标志作为证明商标、集体商标注册的，应当在申请书件中说明下列内容：

（一）该地理标志所标示的商品的特定质量、信誉或者其他特征；

（二）该商品的特定质量、信誉或者其他特征主要由该地理标志所标示地区的自然因素或者人文因素所决定；

（三）该地理标志所标示的地区的范围。

申请以地理标志作为证明商标、集体商标注册的应当提交具有的或者其委托机构具有的专业技术人员、专业检测设备等情况的证明材料。

外国人或者外国企业申请以地理标志作为证明商标、集体商标注册的，申请人应当提供该地理标志以其名义在其原属国受法律保护的证明。

第六条　集体商标、证明商标的使用管理规则应当依法制定，对注册人、集体成员和使用人具有约束力，并包括下列内容：

（一）使用该集体商标或者证明商标的宗旨；

（二）使用该集体商标的商品的品质或者使用该证明商标证明的商品的原产地、原料、制造方法、质量或者其他特定品质等；

（三）使用该集体商标或者证明商标的手续；

（四）使用该集体商标或者证明商标的权利、义务；

（五）集体商标的集体成员或者证明商标的使用人违反其使用管理规则应当承担的责任；

（六）注册人对使用该集体商标或者证明商标商品的检验监督制度。

证明商标的使用管理规则还应当包括使用该证明商标的条件。

集体商标、证明商标使用管理规则应当进行公告。注册人修改使用管理规则的，应当提出变更申请，经国家知识产权局审查核准，并自公告之日起生效。

第七条　以地理标志作为证明商标、集体商标注册的，可以是该地理标志标示地区的名称，也可以是能够标示某商品来源于该地区的其他标志。

前款所称地区无需与该地区的现行行政区划名称、范围完全一致。

第八条　多个葡萄酒地理标志构成同音字或者同形字，但能够彼此区分且不误导公众的，每个地理标志都可以作为证明商标或者集体商标申请注册。

使用他人作为证明商标、集体商标注册的葡萄酒、烈性酒地理标志标示并非来源于该地理标志所标示地区的葡萄酒、烈性酒，即使同时标出了商品的真正来源地，或者使用的是翻译文字，或者伴有"种""型""式""类"以及其他类似表述的，适用商标法第十六条的规定。

第九条　县级以上行政区划的地名或者公众知晓的地名作为组成部分申请注册集体商标、证明商标的，标志应当具有显著特征，便于识别；标志中含有商品名称的，指定商品应当与商标中的商品名称一致或者密切相关；商品的信誉与地名密切关联。但是损害社会公共利益的标志，不得注册。

地理标志作为证明商标、集体商标注册的，还应当依据本规定的有关规定办理。

第十条　申请人在其申请注册的集体商标、证明商标核准注册前，可以向国家知识产权局申请撤回该集体商标、证明商标的注册申请。

申请人撤回集体商标、证明商标注册申请的，应当注明申请人和商标注册申请号。经审查符合规定的，准予撤回。申请人名称不一致，或者商标注册申请已核准注册，或者已作出不予受理、驳回或者不予注册决定的，撤回申请不予核准。

第十一条　集体商标、证明商标注册人应当实施下列行为，履行商标管理职责，保证商品品质：

（一）按照使用管理规则准许集体成员使用集体商标，许可他人使用证明商标；

（二）及时公开集体成员、使用人信息、使用管理规则；

（三）检查集体成员、使用人的使用行为是否符合使用管理规则；

（四）检查使用集体商标、证明商标的商品是否符合使用管理规则的品质要求；

（五）及时取消不符合使用管理规则的集体成员、使用人的集体商标、证明商标使用资格，并履行变更、备案手续。

第十二条　为管理和运用集体商标、证明商标的需要，注册人可以向集体成员、使用人收取合理费用，收费金额、缴纳方式、缴纳期限应当基于公平合理原则协商确定并予以公开。

第十三条　集体商标注册人的成员发生变化的，注册人应当在3个月内向国家知识产权局申请变更注册事项，并由国家知识产权局公告。

证明商标注册人准许他人使用其商标的，注册人应当在许可后3个月内报国家知识产权局备案，并由国家知识产权局公告。

第十四条　申请转让集体商标、证明商标的，受让人应当具备相应的主体资格,并符合商标法、实施条例和本规定的规定。集体商标、证明商标发生移转的,权利继受人应当具备相应的主体资格,并符合商标法、实施条例和本规定的规定。

第十五条　集体商标注册人的集体成员,在履行该集体商标使用管理规则规定的手续后,可以使用该集体商标。集体成员不得在不符合使用管理规则的商品上使用该集体商标。

集体商标注册人不得将该集体商标许可给非集体成员使用。

第十六条　凡符合证明商标使用管理规则规定条件的,在履行该证明商标使用管理规则规定的手续后,可以使用该证明商标,注册人不得拒绝办理手续。使用人不得在不符合使用管理规则的商品上使用该证明商标。

证明商标注册人不得在自己提供的商品上使用该证明商标。

第十七条　集体成员、使用人使用集体商标、证明商标时,应当保证使用的商品符合使用管理规则的品质要求。集体成员、使用人可以将集体商标、证明商标与自己的注册商标同时使用。

地域范围外生产的商品不得使用作为证明商标、集体商标注册的地理标志。

第十八条　集体商标、证明商标注册人应当促进和规范商标使用,提升商标价值,维护商标信誉,推动特色产业发展。

第十九条　集体商标、证明商标注册人、集体成员、使用人应当加强品牌建设,履行下列职责:

(一)加强自律,建立产品溯源和监测机制,制定风险控制预案,维护商标品牌形象和信誉;

(二)鼓励采用或者制定满足市场需求的先进标准,树立良好的商标品牌形象;

(三)结合地方特色资源,挖掘商标品牌文化内涵,制定商标品牌建设发展计划,开展宣传推广,提升商标品牌价值。

第二十条　地方人民政府或者行业主管部门应当根据地方经济发展需要,合理配置公共资源,通过集体商标、证明商标加强区域品牌建设,促进相关市场主体协同发展。

地方知识产权管理部门应当支持区域品牌获得法律保护,指导集体商标、证明商标注册,加强使用管理,实行严格保护,提供公共服务,促进高质量发展。

第二十一条　国家知识产权局应当完整、准确、及时公布集体商标、证明商标注册信息，向社会公众提供信息查询服务。

第二十二条　对下列正当使用集体商标、证明商标中含有的地名的行为，注册商标专用权人无权禁止：

（一）在企业名称字号中使用；

（二）在配料表、包装袋等使用表明产品及其原料的产地；

（三）在商品上使用表明产地或者地域来源；

（四）在互联网平台或者店铺的商品详情、商品属性中客观表明地域来源；

（五）其他正当使用地名的行为。

前款所述正当使用集体商标、证明商标中含有的地名，应当以事实描述为目的且符合商业惯例，不得违反其他法律规定。

第二十三条　他人以事实描述方式在特色小吃、菜肴、菜单、橱窗展示、互联网商品详情展示等使用涉及餐饮类的集体商标、证明商标中的地名、商品名称等文字的，并且未导致误导公众的，属于正当使用行为，注册商标专用权人无权禁止。

第二十四条　实施条例第四条第二款中的正当使用该地理标志是指正当使用作为集体商标注册的地理标志中的地名、商品名称或者商品的通用名称，但不得擅自使用该集体商标。

第二十五条　有本规定第二十二条至第二十四条所述正当使用行为的，行为人不得恶意或者贬损集体商标、证明商标的信誉，扰乱市场竞争秩序，损害其注册人合法权益。

第二十六条　注册人怠于行使权利导致集体商标、证明商标成为核定使用的商品的通用名称或者没有正当理由连续 3 年不使用的，任何人可以根据商标法第四十九条申请撤销该注册商标。

第二十七条　对从事集体商标、证明商标注册和管理工作的人员以及其他依法履行公职的人员玩忽职守、滥用职权、徇私舞弊、弄虚作假、违法违纪办理商标注册、管理、保护等事项，收受当事人财物，牟取不正当利益，依法依纪给予处分；构成犯罪的，依法追究刑事责任。

第二十八条　本规定自 2024 年 2 月 1 日起施行。

# 附录五

《集体商标、证明商标注册和管理规定》制定说明[①]

发布时间:2024 年 1 月 2 日

发布单位:国家知识产权局

为贯彻习近平总书记关于提高知识产权保护工作法治化水平,加快完善相关法律法规的重要指示,落实《知识产权强国建设纲要(2021—2035 年)》总体要求,充分发挥集体商标、证明商标在推动地方特色经济发展、提升集群产业发展效益等方面的重大作用,全面提升集体商标、证明商标注册、运用、管理和服务水平,平衡好注册商标专用权与社会公共利益的关系,保持规范有序的商标注册秩序和公平竞争的市场环境,根据《中华人民共和国商标法》(以下简称商标法)、《中华人民共和国商标法实施条例》的规定,制定《集体商标、证明商标注册和管理规定》。

## 一、制定背景及必要性

商标法及其实施条例颁布实施以来,集体商标、证明商标在促

---

① 国家知识产权局.《集体商标、证明商标注册和管理规定》制定说明[EB/OL].(2024-01-02)[2024-08-20].https://www.cnipa.gov.cn—.

进区域经济发展、助力乡村振兴等方面发挥重要作用，取得社会良好效果。但是，随着我国经济社会快速发展，集体商标、证明商标制度在运行中也暴露出了一些问题：一是与民生息息相关的餐饮类含地名集体商标、证明商标因使用不当导致舆情事件频发，引起社会广泛关注，亟需明确其注册要求和权利行使边界，并增强注册人的管理职责；二是不能满足特色产业集群式发展的实际需要，需进一步健全完善集体商标、证明商标管理制度，促进产业发展，提升保护水平。

此外，商标法及其实施条例在 2014 年进行了全面修改，商标法在 2019 年又进行了个别条款的修改，相关规定应当进行适应性调整。因此，为有效解决现实问题，完善商标制度，加强管理和有效引导，有必要就集体商标、证明商标注册和管理的相关内容进行规定，并为商标法进一步修改先行探索，积累经验。

## 二、制定原则及主要思路

《集体商标、证明商标注册和管理规定》从规范集体商标、证明商标的注册和使用，维护公平竞争市场秩序的角度出发，引导集体商标、证明商标注册人注册有德、行权有度、维权有效；明晰权利边界，兼顾商标依法使用与他人正当使用；推动行政机关管促结合，综合施策，助力地方产业发展。

在制定思路上，主要着眼于以下三点：一是以问题为导向，完善含地名集体商标、证明商标的注册和使用要求；二是结合集体商标、证明商标特点，细化管理规则，明确注册人管理义务，规范使用人使用行为；三是采取有力措施，强化运用，便利当事人，规范集体商标、证明商标的注册、管理、运用。

## 三、制定过程

2022 年 6 月 7 日至 7 月 21 日，《集体商标、证明商标管理和保护规定》（征求意见稿）面向社会公开征求意见。其间广泛征求相关部委、地方负责知识产权工作部门的意见，组织召开征求意见会，听取行政机关、专家学者、代理机构、行业协会、企业等主体的意见建议。对各方意见进行充分研究和吸收采纳，进一步完善条款内容，形成《集体商标、证明商标注册和管理规定（送审稿）》，经国家知识产权局局务会审议通过后，于 2023 年 12 月 29 日国家知识产权局令第七十九号公布，自 2024 年 2 月 1 日起施行。

## 四、主要内容

《集体商标、证明商标注册和管理规定》共 28 条。主要内容如下：

（一）明确立法宗旨

为凸显集体商标、证明商标推动地方特色产业发展所发挥的重要作用，将规范集体商标、证明商标注册和使用管理，加强商标权益保护，维护社会公共利益，促进特色产业发展作为立法目的予以明确（第一条）。

（二）强化对注册人和使用人的管理要求

考虑到集体商标、证明商标的使用人与注册人不是同一主体，且一般为多个主体，为维护良好商标注册和使用秩序，需要进一步强化注册人的管理义务和使用人的使用要求：一方面注册人应当按照使用管理规则实施日常管理，包括准许成员、他人使用集体商标、证明商标，及时公开集体成员、使用人信息以及使用管理规则，检查他人的使用行为是否符合使用管理规则要求和使用商标的商品是否满足品质要求，及时取消不符合使用管理规则的使用人的使用资格等（第十一条）。集体商标注册人不能许可非集体成员使用该集体商标（第十五条）。证明商标注册人不能在自己提供的商品上使用该证明商标（第十六条）。同时为管理和运用集体商标、证明商标的需要，注册人可以基于公平合理的原则收取合理费用，协商确定收费金额、缴纳方式、缴纳期限等事项（第十二条）。另一方面使用人履行使用管理规则规定的手续后，可以使用集体商标、证明商标，而且应当保证使用集体商标、证明商标的商品符合使用管理规则的品质要求。使用人可以将集体商标、证明商标与自己的注册商标同时使用。地域范围外生产的商品不得使用作为证明商标、集体商标注册的地理标志（第十七条）。

（三）增加含地名商标的注册和正当使用规定

为贯彻落实《"十四五"知识产权运用和保护规划》发展区域品牌的要求，满足地方特色产业集群发展需要，增加了含地名集体商标、证明商标的注册要求，明确标志应当具有显著特征，便于识别；考虑到地名属于公共资源，规定含地名集体商标、证明商标不得损害社会公共利益（第九条）。聚焦人民群众关切，根据商标法第五十九条规定细化他人正当使用商标中含有地名的情形，包括在企业名称字号中使用，在配料表、包装袋等使用表明产品及其原料的产地等使用方式，并明确应当以事实描述为目的且符合商业惯例，不得违反其他法律规定等原则性要求（第二十二条）。对于他人在特色小吃、菜肴、互联网商品详情展示等以事实描述方式使用集体商标、证明商标中的地名、商品名称且未导致误导公众的，也属于正当使用情形（第二十三条）。完善正当使用作为集体商标注册的地理标志中的地名、商品名称或者商品的通用名称的要求（第二十四条）。同时规定行为人实施正当使用行为时，均不得恶意或者贬损商标信誉，扰乱市场竞争秩序，损害商标注册人合法权益，以维护注册人权益（第二十五条）。

（四）促进商标运用提升公共服务水平

为充分发挥集体商标、证明商标在产业发展中的重要作用，推动商标运用，推进品牌建设，明确要求注册人应当加强品牌建设，促进和规范商标使用，提升商标价值，维护商业信誉，推动地方特色产业发展（第十八条）。地方政府或者行业主管部门根据当地经济发展需要合理配置公共资源，加强区域品牌建设；知识产权管理部门应当支持区域品牌获得法律保护，指导集体商标、证明商标注册、管理、保护等工作，促进经济高质量发展（第二十条）。国家知识产权局应该加强集体商标、证明商标信息公开，提供公共查询服务，地方知识产权管理部门应当加强集体商标、证明商标信息传播和开放共享，便利当事人查询和获取相关信息（第二十一条）。

此外，鉴于本规章与原国家工商行政管理总局局令（第6号）发布的《集体商标、证明商标注册和管理办法》存在部分内容交叉，为便于公众清楚地识别和适用，规章名称定为《集体商标、证明商标注册和管理规定》，以与原规章进行区分。在具体适用时，根据新规定优于旧规定的原则，对于集体商标、证明商标注册、管理、运用等内容，两个规章不一致的，适用新规章；涉及集体商标、证明商标行政执法内容的，继续按照原规章相关条款执行。

# 参考文献

1. Akerlof G A. The market for "lemons": Quality uncertainty and the market mhechanism[J]. The Quarterly Journal of Economics, 1970, 84(3): 488-500.

2. Ali H H, Nauges C. The pricing of experience goods: The example of en primeur wine[J]. American Journal of Agricultural Economics, 2007, 89(1): 91-103.

3. Allaire G, Casabianca F, Thevenod-Mottet E. Geographical origin: A complex feature of agro-food products[C]//Barham E, Sylvander B. Labels of Origin for Food: Local Development, Global Recognition. Wallingford, UK: CABI, 2011: 1-12.

4. Andersson F. Pooling reputations[J]. International Journal of Industrial Organization, 2002, 20(5): 715-730.

5. Babcock B A, Clemens R. Geographical indications and property rights: Protecting value-added agricultural products [J]. Center for Agricultural and Rural Development, 2003, 9 (4): 1-3.

6. Barham E. Translating terroir: The global challenge of French AOC labeling[J]. Journal of Rural Studies, 2003, 19 (1): 127-138.

7. Barjolle D, Sylvander B. Some factors of success for origin labelled products in agri-food supply chains in Europe: Market, internal resources and institutions[C]//Sylvander B, Barjolle D, Arfini F. The Socio-economics of Origin Labelled Products in Agri-food Supply Chains: Spatial, Institutional and Co-ordination Aspects. 67th EAAE Seminar, Le Mans, 1999. Paris: Institut national de la recherche agronomique(INRA), Actes et Communications, 2000: 45-72.

8. Beebe B, Hemphill C S. The scope of strong marks: Should trademark law protect the strong more than the weak? [J]. New York University Law Review, 2017, 92(5): 1339-1398.

9. Belletti G. Origin labelled products, reputation and heterogeneity of firms[C]//Sylvander B, Barjolle D, Arfini F. The Socio-economics of Origin Labelled Products: Spatial, Institutional and Co-ordination Aspects. 67th EAAE Seminar, Le Mans, 1999. Paris: Institut national de la recherche agronomique(INRA), Actes et Communications, 2000: 239-260.

10. Belletti G, Marescotti A, Scaramuzzi S. Paths of rural development based on typical products: A comparison between alternative strategies[C]//5th IFSA Symposium: Farming and Rural System, Research and Extension, Local Identities and Globalization, Florence, Italy. 2002: 384-395.

11. Belletti G, Burgassi T, Manco E, et al. The roles of geographical indications (PDO and PGI) on the internationalisation process of agro-food products[C]//105th EAAE Seminar: International Marketing and International Trade of Quality Food Products, Bologna, Italy. 2007: 517-539.

12. Belletti G, Marescotti A. Origin products, geographical indications and rural development[C]//Barham E, Sylvander B. Labels of Origin for Food: Local Development, Global Recognition. Wallingford, UK: CABI, 2011: 76-77.

13. Belletti G, Marescotti A, Paus M, et al. The Effects of Protecting Geographical Indications: Ways and Means of Their Evaluation[M]. Berna: Swiss Federal Institute of Intellectual Property, 2011.

14. Belletti G，Marescotti A，Allaire G，et al. SINER-GI Strengthening International Research on Geographical Indications：From Research Foundation to Consistent Policy. Instrument：Specific Targeted Research or Innovation Project. Thematic Priority：Priority 8. 1. Policy-oriented Research（SSP）. D12-GI Strategies and Policy Recommendations［R/OL］. ［2022-02-25］. https：//hal. inrae. fr/hal-02821770.

15. Belletti G，Marescotti A，Sanz-Cañada J，et al. Linking protection of geographical indications to the environment：Evidence from the European Union olive-oil sector［J］. Land Use Policy，2015，48：94-106.

16. Belletti G，Marescotti A，Touzard J M. Geographical indications，public goods，and sustainable development：The roles of actors' strategies and public policies［J］. World Development，2017，98：45-57.

17. Benjamin B A，Podolny J M. Status，quality，and social order in the California wine industry［J］. Administrative Science Quarterly，1999，44：563-589.

18. BérardL，Marchenay P. Local products and geographical indications：Taking account of local knowledge and biodiversity［J］. International Social Science Journal，2006，58(187)：109-116.

19. BérardL，Marchenay P. From localized products to geographical indications：Awareness and action［M］. Bourge-en-Bresse，France：Centre national de la recherche scientifique(CNRS)，2008.

20. Beresford L. Geographical indications：The current landscape［J］. Fordham Intellectual Property Media & Entertainment Law Journal，2007，17(4)：979-997.

21. Bertozzi L. Designation of origin：Quality and specification［J］. Food Quality and Preference，1995，6(3)：143-147.

22. Bhattacharjee P，Singhal R S，Kulkarni P R. Basmati rice：A review［J］. International Journal of Food Science & Technology，2002，37(1)：1-12.

23. Bicknell K B，Macdonald I A. Regional reputation and expert opinion in the domestic market for New Zealand wine［J］. Journal of Wine

Research,2012,23(2):172-184.

24. Biénabe E,Marie-Vivien D. Institutionalizing geographical indications in southern countries:lessons learned from Basmati and Rooibos[J]. World Development,2017,98:58-67.

25. B? rzel T A. Organizing Babylon-On different conceptions of policy networks[J]. Public Administration,1998,76(2):253-273.

26. Bowbrick P. The Economics of Quality Grades and Brands[M]. London:Routledge,1992.

27. Bowen S,Zapata A V. Geographical indications,terroir,and socioeconomic and ecological sustainability:The case of tequila[J]. Journal of Rural Studies,2009,25(1):108-119.

28. Bowen S. Development from within? The potential for geographical indications in the global south[J]. The Journal of World Intellectual Property,2010,13(2):231-252.

29. Bowen S. The importance of place:Re-territorialising embeddedness[J]. Sociologia Ruralis,2011,51(4):325-348.

30. Boyazoglu J. Genetically modified organisms (GMOs) and specific quality products (PDO,PGI,etc. ),with special reference to Europe and the Mediterranean basin[J]. Medit,1999,4:4-7.

31. Bramley C,Kirsten J F. Exploring the economic rationale for protecting geographical indicators in agriculture[J]. Agrekon,2007,46(1):69-93.

32. Bramley C,Biénabe E,Kirsten J. The Economics of geographical indications:Towards a conceptual framework for geographical indication research in developing countries[J]. The Economics of Intellectual Property,2009,1:109-141.

33. Bramley C. A review of the socio-economic impact of geographical indications:Considerations for the developing world[C]//WIPO Worldwide Symposium on Geographical Indications,Lima,Peru,2011,22:1-22.

34. Brian,Ilbery,and,et al. Producer constructions of quality in re-

gional speciality food production: A case study from south west England [J]. Journal of Rural Studies, 2000, 16(2): 217-230.

35. Buchanan J M. An economic theory of clubs[J]. Economica, 1965, 32(125): 1-14.

36. Bureau J C, Valceschini E. European food-labelling policy: Successes and limitation[J]. Journal of Food Distribution Research, 2003, 34 (3): 70-76.

37. Cabral L M B. Stretching firm and brand reputation[J]. RAND Journal of Economics, 2000, 31(4): 658-673.

38. Carl S. Consumer information, product quality, and seller reputation[J]. The Bell Journal of Economics, 1982, 13(1): 20-35.

39. Carl S. Premiums for high quality products as returns to reputations[J]. Quarterly Journal of Economics, 1983, 98(4): 659-679.

40. Casabianca F, Sylvander B, Noël Y, et al. Terroir et typicité: deux concepts-clés des appellations d'origine contrôlées, Essai de définitions scientifiques et opérationnelles[C]//INRA-PSDR, Symposium international: Territoires et enjeux du dévelopement régional, Lyon, France, 2005: 9-11.

41. Castriota S, Delmastro M. The economics of collective reputation: Evidence from the wine industry[J]. American Journal of Agricultural Economics, Agricultural and Applied Economics Association, 2015, 97(2): 469-489.

42. Chavan R S. Legal protection of geographical indications: National and international perspective[J]. Journal of Experimental Biology, 2013, 210(16): 2912-22.

43. Chiffoleau Y, Touzard J M. Understanding local agri-food systems through advice network analysis[J]. Agriculture & Human Values, 2014, 31(1): 19-32.

44. Clarkson, M E. A stakeholder framework for analyzing and evaluating corporate social performance[J]. Academy of Management Review, 1995, 20(1):92-117.

45. Coase R H. The nature of the firm: Meaning[J]. Journal of Law, Economics & Organization, 1988, 4(1): 19-32.

46. Das K. International protection of India's geographical indications with special reference to "Darjeeling" tea[J]. Journal of World Intellectual Property, 2006, 9(5): 459-495.

47. Das K. Socioeconomic implications of protecting geographical indications in India[J/OL]. (2009-08-01) [2022-02-25]. https://papers.ssrn.com/sol3/papers.cfm? abstract_id=1587352.

48. Deselnicu O C, Costanigro M, Souza-Monteiro D M, et al. A meta-analysis of geographical indication food valuation studies: What drives the premium for origin-based labels? [J]. Journal of Agricultural and Resource Economics, 2013, 38(2): 204-219.

49. Dogan B, Gokovali U. Geographical indications: The aspects of rural development and marketing through the traditional products[J]. Procedia-Social and Behavioral Sciences, 2012, 62: 761-765.

50. Donaldson T, Preston L E. The stakeholder theory of the corporation: Concepts, evidence, and implications[J]. Academy of Management Review, 1995, 20(1):65-91.

51. Eberl M, Schwaiger M. Corporate reputation: Disentangling the effects on financial performance[J]. European Journal of Marketing, 2005, 39(7/8): 838-854.

52. Evans Jr L E. A primer on trademarks and service marks[J]. St. Mary's Law Journal, 1986, 18(1): 137-162.

53. Freeman, R E. Strategic Management: A Stakeholder Approach [M]. Boston: Pitman Publishing Inc, 1984.

54. Freeman R E, McVea J. A stakeholder approach to strategic management[R/OL]. (2001-03-16) [2022-02-25]. http://myweb.facstaff.wwu.edu/dunnc3/rprnts.stakeholderapproach.pdf.

55. Galtier F, Belletti G, Marescotti A. Factors constraining building effective and fair geographical indications for coffee: Insights from a Dominican case study[J]. Development Policy Review, 2013, 31(5): 597-615.

56. Gangjee D. Quibbling siblings: Conflicts between trademarks and geographical indications[J]. Chicago-Kent Law Review, 2007, 82(3): 1253-1291.

57. Gangjee D S. Proving provenance? Geographical indications certification and its ambiguities[J]. World Development, 2017, 98: 12-24.

58. Gergaud O, Livat F. Team versus individual reputations: A model of interaction and some empirical evidence[J/OL]. (2004-02-17) [2022-02-25]. https://halshs. archives-ouvertes. fr/halshs-03280777.

59. Goodman D, Watts M. Globalizing food: Agrarian questions and global restructuring[M]. London: Routledge, 1997.

60. Granovetter M. Economic action and social structure: The problem of embeddedness[J]. American Journal of Sociology, 1985, 91(3): 481-510.

61. Guilarte M, Marin B, Mayntz R. Policy networks: Empirical evidence and theoretical considerations[J]. American Political Science Review, 1993, 87(3): 295-530.

62. Hatch M J, Schultz M. Toward a theory of brand co-creation with implications for brandgovernance[J]. Journal of Brand Management, 2010, 17(8): 590-604.

63. Heclo H. Issue networks and the executive establishment[C]// Young R, Binns C, Burch M, et al. Introducing Government: A reader. Manchester: Manchester University Press, 1993:204-212.

64. Ilbert H, Petit M. Are geographical indications a valid property right? Global trends and challenges[J]. Development Policy Review, 2009, 27(5): 503-528.

65. Ind N, Bjerke R. Branding Governance: A Participatory Approach to the Brand Building Process[M]. Chichester, UK: John Wiley & Sons, 2007.

66. Jay T, Taylor M. A case of Champagne: A study of geographical indications[J]. Corporate Governance eJournal, 2013, 29: 1-31.

67. Jensen M C, Meckling W H. Theory of the firm: Managerial be-

havior, agency costs and ownership structure[J]. Journal of Financial Economics, 1976, 3(4): 305-360.

68. Jenkins-Smith H C, Sabatier P A. Evaluating the advocacy coalition framework[J]. Journal of Public Policy, 1994, 14(2): 175-203.

69. Jones C, Hesterly W S, Borgatti S P. A general theory of network governance: Exchange conditions and social mechanisms[J]. Academy of Management Review, 1997, 22(4): 911-945.

70. Jordan G, Schubert K. A preliminary ordering of policy network labels[J]. European Journal of Political Research, 1992, 21(1-2): 7-27.

71. Josling T. What's in a Name? The economics, law and politics of Geographical Indications forfoods and beverages[R/OL]. (2005-11-11) [2022-02-25]. https://www.tcd.ie/triss/assets/PDFs/iiis/iiisdp109.pdf.

72. Josling T. The war on terroir: Geographical indications as a transatlantic trade conflict[J]. Journal of Agricultural Economics, 2006, 57(3): 337-363.

73. Kenis P, Schneider V. Policy networks and policy analysis: Scrutinizing a new analytical toolbox[C]//Marin B, Mayntz R. Policy Networks: Empirical Evidence and Theoretical Considerations. Frankfurt: Campus Verlag, 1991: 25-59.

74. Klein B, Leffler K B. The role of market forces in assuring contractual performance[J]. Journal of Political Economy, 1981, 89(4): 615-641.

75. Klijn E H. Analyzing and managing policy processes in complex networks: A theoretical examination of the concept policy network and its problems[J]. Administration & Society, 1996, 28(1): 90-119.

76. Klijn E H, Skelcher C. Democracy and network governance: Compatible or not[J]. Public Administration, 2007, 85(3): 587-608.

77. Krishniah K, Rani N S. New avenues for augmenting and sustaining rice exports from India[J]. International Rice Commission Newsletter, 2000, 49: 42-51.

78. Landon S，Smith C E. The use of quality and reputation indicators by consumers：The case of Bordeaux wine[J]. Journal of Consumer Policy，1997，20(3)：289-323.

79. Landon S，Smith C E. Quality expectations，reputation，and price[J]. Southern Economic Journal,1998,64(3):628-647.

80. La Porta R，Lopez-de-Silanes F，Shleifer A. Corporate ownership around the world[J]. The Journal of Finance，1999，54(2)：471-517.

81. Larrimore，Ouellette，Lisa. The Google shortcut to trademark law[J]. California Law Review，2014，102(2):351-407.

82. Lassaut B，Sylvander B. Producer-consumer relationships in typical products supply chains：Where are the theoretical differences with standard products？[C]//Arfini F，MoraC. Typical and Traditional Productions：Rural Effect and Agro-industrial Problems. 52nd EAAESeminar，Parma，Italy，1997. Parma：Istituto di economia agraria e forestale，Facoltà di economia，Università di Parma，1998：239-255.

83. Lindahl E. Die Gerechtigkeit der Besteuerung：Eine Analyse der Steuerprinzipien auf Grundlage der Grenznutzentheorie[J]//translated to English as "Just taxation-a positive solution" by Henderson E and reprinted in Musgrave RA，Peacock A T(Eds.)：Classics in the Theory of Public Finance. London：Palgrave Macmillan，1958：168-176.

84. Lindquist L A. Champagne or Champagne? An examination of U. S. failure to comply with the geographical provisions of the TRIPS agreement[J]. Georgia Journal of International & Comparative Law，1999，27(2)：309-344.

85. Livat F. Individual and collective reputations in the wine industry [C]//Ugaglia A A，Cardebat J M，Corsi A. The Palgrave Handbook of Wine Industry Economics. Cham，Switzerland：Palgrave Macmillan，2019：463-485.

86. Loconto A M. Voluntary standards：Impacting small holders'market participation [C]//Meybeck A，Redfern S. Voluntary standards for sustainable food systems：Challenges and opportunities.

Rome：Food and Agriculture Organization of the United Nations（FAO）& United Nations Environment Programme（UNEP），2014：77-92.

87. Lockie S，Carpenter D. Agriculture，biodiversity and markets［C］//Lockie S，Carpenter D. Agriculture，Biodiversity and Markets：Livelihoods and Agroecology in Comparative Perspective. London：Earthscan，2010：3.

88. Lorvellec L. You've got to fight for your right to party：A response to professor Jim Chen［J］. Minn. J. Global Trade，1996，5：65-80.

89. Loureiro M L，McCluskey J J. Assessing consumer response to protected geographical identification labeling［J］. Agribusiness：An International Journal，2000，16(3)：309-320.

90. Loureiro M L. Rethinking new wines：Implications of local and environmentally friendly labels［J］. Food Policy，2003，28(5-6)：547-560.

91. Lowi T J. American business，public policy，case-studies，and political theory［J］. World Politics，1964，16(4)：677-715.

92. Marie-Vivien D. The role of the State in the protection of Geographical Indications：From disengagement in France/Europe to significant involvement in India［J］. The Journal of World Intellectual Property，2010，13(2)：121-147.

93. Marie-Vivien D，Biénabe E. The multifaceted role of the state in the protection of Geographical Indications：A worldwide review［J］. World Development，2017，98：1-11.

94. Marsh D，Smith M. Understanding policy networks：Towards a dialectical approach［J］. Political Studies，2000，48(1)：4-21.

95. Marty F. Which are the ways of innovation in PDO and PGI products?［C］// Arfini F，Mora C. Typical and Traditional Productions：Rural Effect and Agro-industrial Problems. 52nd EAAE Seminar，Parma，Italy，1997. Parma：Istituto di economia agraria e forestale，Facoltà di economia，Università di Parma，1998：41-58.

96. McCluskey J J，Loureiro M L. Consumer preferences and willing-

ness to pay for food labeling: A discussion of empirical studies[J]. Journal of Food Distribution Research, 2003, 34(3): 95-102.

97. Menapace L, Moschini G C. Quality certification by geographical indications, trademarks and firm reputation[J]. European Review of Agricultural Economics, 2012, 39(4): 539-566.

98. Merz M A, Yi H, Vargo S L. The evolving brand logic: A service-dominant logic perspective[J]. Journal of the Academy of Marketing Science, 2009, 37(3): 328-344.

99. Mulik K, Crespi J M. Geographical indications and the Trade Related Intellectual Property Rights Agreement (TRIPs): A case study of Basmati rice exports [J]. Journal of Agricultural & Food Industrial Organization, 2011, 9(1): 1-19.

100. Murdoch J, Marsden T, Banks J. Quality, nature, and embeddedness: Some theoretical considerations in the context of the food sector [J]. Economic Geography, 2000, 76(2): 107-125.

101. Nelson P. Information and consumer behavior[J]. Journal of Political Economy, 1970, 78(2): 311-329.

102. Oana D, Costanigro M, Souza Monteiro D M, et al. What determines the success of a Geographical Indication? A price-based meta-analysis for GIs in food products[R]. The Agricultural & Applied Economics Association's 2011 AAEA & NAREA Joint Annual Meeting, 2011.

103. O'Connor B. Sui generis protection of geographical indications [J]. Drake Journal of Agricultural Law, 2004, 9: 359-387.

104. O'Connor B. The law of geographical indications[J]. Economic & Political Weekly, 2013, 40(42): 4545-4550.

105. Osborne S P. The New Public Governance? Emerging Perspectives on the Theory and Practice of Public Governance[M]. Abingdon, UK: Routledge, 2010.

106. Pacciani A, Belletti G, Marescotti A, et al. The role of typical products in fostering rural development and the effects of regulation (EEC) 2081/92[C]//73rd EAAE Seminar: Policy Experiences with Rural

Development in A Diversified Europe，ANCONA，2001:1-17.

107. Paus M，Réviron S. Crystallisation of collective action in the emergence of a geographical indication system[C]//116th EAAE Seminar: Spatial Dynamics in Agrifoodsystems: Implications for Sustainability and Consumer Welfare，Parma，Italy,2010:1-18.

108. Peñalver E M. Land virtues[J]. Cornell Law Review，2009，94 (4): 821-888.

109. Perrouty J P，d'Hauteville F，Lockshin L. The influence of wine attributes on region of origin equity: An analysis of the moderating effect of consumer's perceived expertise [J]. Agribusiness，2006，22 (3): 323-341.

110. Pickhardt M. Some remarks on self-interest，the historical schools and the evolution of the theory of public goods[J]. Journal of Economic Studies, 2005, 32(3): 275-293.

111. Podolny J M. A status-based model of market competition[J]. American Journal of Sociology, 1993, 98(4): 829-872.

112. Poppo L，Zenger T. Do formal contracts and relational governance function as substitutes or complements? [J]. Strategic Management Journal，2002，23(8): 707-725.

113. Powell W W. Neither market nor hierarchy: Network forms of organization[J]. Research in Organizational Behavior，1990，12: 295-336.

114. Prahalad C K，Ramaswamy V. The Future of Competition: Creating Unique Value with Customers[M]. Boston: Harvard Business School Press，2004.

115. Quiñones-Ruiz X F，Penker M，Belletti G，et al. Why early collective action pays off: Evidence from setting Protected Geographical Indications[J]. Renewable Agriculture and Food Systems，2016，1(2): 1-14.

116. Radcliffe-Brown A R. On social structure[J]. The Journal of the Royal Anthropological Institute of Great Britain and Ireland，1940，70 (1): 1-12.

117. Rangnekar D. The socio-economics of geographical indications

[J]. UNCTAD-ICTSD Project on IPRs and Sustainable Development, Issue Paper, 2004, 8: 13-15.

118. Rangnekar D. The law and economics of Geographical Indications: Introduction to special issue of the journal of world intellectual property[J]. Journal of World Intellectual Property, 2010, 13(2):77-80.

119. Rangnekar D. Remaking place: The social construction of a geographical indication for Feni[J]. Environment and Planning, 2011, 43 (9): 2043-2059.

120. Rangnekar D. Demanding stronger protection for geographical indications: The relationship between local knowledge, information and reputation[J/OL]. [2022-02-25]. https://www.merit.unu.edu/publications/discussion-papers/2004-11.pdf.

121. Reviron S, Thevenod-Mottet E, El Benni N. Geographical indications: Creation and distribution of economic value in developing countries[R]. NCCR Trade Working Paper, 2009.

122. Rhodes R A W. Policy Networks: A British perspective[J]. Journal of Theoretical Politics, 1990, 2(3): 293-317.

123. Rhodes R A W, Marsh D. New directions in the study of policy networks[J]. European Journal of Political Research, 1992, 21(1-2): 181-205.

124. Rhodes R A W. The new governance: Governing without government[J]. Political Studies, 1996, 44(4): 652-667.

125. Ripley R B, Franklin G A. Congress, the Bureaucracy, and Public Policy[M]. Homewood, Illinois: Dorsey Press, 1980.

126. Roberts P W, Dowling G R. Corporate reputation and sustained superior financial performance[J]. Strategic Management Journal, 2002, 23(12): 1077-1093.

127. Rogerson W P. Reputation and product quality[J]. The Bell Journal of Economics, 1983, 14(2): 508-516.

128. Rogers E S. Some historical matter concerning trade-marks[J]. Michigan Law Review, 1910, 9(1): 29-43.

129. Rose C M. The several futures of property: Of cyberspace and folk tales, emission trades and ecosystems[J]. Minnesota Law Review, 1998, 83(1): 129-182.

130. Samuelson P A. The pure theory of public expenditure[J]. The Review of Economics and Statistics, 1954, 36(4): 387-389.

131. Schamel G, Anderson K. Wine quality and varietal, regional and winery reputations: Hedonic prices for Australia and New Zealand[J]. The Economic Record, 2003, 79(246): 357-369.

132. Shull M C. Biting the hand that feeds: How trademark protection might threaten school spirit[J]. Marquette Sports Law Review, 2011, 21(2): 641-665.

133. Skuras D, Vakrou A. Consumers' willingness to pay for origin labeled wine: A Greek case study[J]. British Food Journal, 2002, 104 (11): 898-912.

134. Snidal D. Public goods, property rights, and political organizations[J]. International Studies Quarterly, 1979, 23(4): 532-566.

135. Stigler, G. J. The economics of information [J]. Journal of Political Economy, 1961, 69(3): 213-225.

136. Tauber R, Anders S, Langinier C. The economics of geographical indications: Welfare implications[R]. Structure and Performance of Agriculture and Agri-products Industry (SPAA), 2011.

137. Teuber R. Consumers' and producers' expectations towards geographical indications: Empirical evidence for a German case study[J]. British Food Journal, 2011, 113(7): 900-918.

138. Thévenod-Mottet E. Geographical indications and biodiversity [C]//Lockie S, Carpenter D. Agriculture, Biodiversity and Markets: Livelihoods and Agroecology in Comparative Perspective. London: Earthscan, 2010: 207.

139. Thiedig F, Sylvander B. Welcome to the club? An economical approach to geographical indications in the European Union[J]. Agrarwirtschaft, 2000, 49(12): 428-437.

140. Tirole J. A theory of collective reputations (with applications to the persistence of corruption and to firm quality [J]. The Review of Economic Studies, 1996, 63(1): 1-22.

141. Tregear A, Arfini F, Belletti G, et al. Regional foods and rural development: The role of product qualification[J]. Journal of Rural Studies, 2007, 23(1):12-22.

142. Tregear A, Ness M. Discriminant analysis of consumer interest in buying locally produced foods[J]. Journal of Marketing Management, 2005, 21(1-2): 19-35.

143. UNCTAD-ICTSD. Resource Book on TRIPS and Development [M]. New York: Cambridge University Press, 2005.

144. Van de Kop P, Sautier D, Gerz A. Origin-based Products: Lessons for Pro-poor Market Development [M]. Amsterdam: The Royal Tropical Institute-KIT, 2006.

145. Vecchio R, Annunziata A. The role of PDO/PGI labelling in Italian consumers'food choices[J]. Agricultural Economics Review, 2011, 12(2): 80-98.

146. Wellman B, Berkowitz S D. Social Structures: A Network Approach[M]. Cambridge: Cambridge University Press, 1988.

147. Wicksell K. Ein neues Prinzip der gerechten Besteuerung. Finanztheoretische Untersuchungen[J]//translated to English as "a new principle of just taxation" by Buchanan J Mand reprinted in Musgrave RA, Peacock A T(Eds.): Classics in the Theory of Public Finance. London: Palgrave Macmillan, 1958: 72-118.

148. Wiesel F, Modell S. From new public management to new public governance? Hybridization and implications for public sector consumerism [J]. Financial Accountability & Management, 2014, 30(2): 175-205.

149. Williamson O E. The Economic Institutions of Capitalism: Firms, Markets, Relational Contracting [M]. New York: The Free Press, 1985.

150. Winfree J A, Mccluskey J J. Collective reputation and quality

[J]. American Journal of Agricultural Economics，2005，87(1)：206-213.

151. Williams R M. Do geographical indications promote sustainable rural development? Two UK case studies and implications for New Zealand rural development policy[D]. Lincoln：Lincoln University，2007.

152. Zografos D. Geographical indications and socio-economic development[R]. IQsensato Working Paper No. 3，2010.


**中文参考文献**

1. 陈仕华,郑文全.公司治理理论的最新进展:一个新的分析框架[J].管理世界,2010(02):156-166.

2. 陈宏辉,贾生华.利益相关者理论与企业伦理管理的新发展[J].社会科学,2002(06):53-57.

3. 陈宏辉,贾生华.企业社会责任观的演进与发展:基于综合性社会契约的理解[J].中国工业经济,2003(12):85-92.

4. 陈振明.公共管理学[M].北京:中国人民大学出版社,2005.

5. 陈振明,薛澜.中国公共管理理论研究的重点领域和主题[J].中国社会科学,2007(03):140-152+206.

6. 陈剩勇,于兰兰.网络化治理:一种新的公共治理模式[J].政治学研究,2012(02):108-119.

7. 蔡海龙.农业产业化经营组织形式及其创新路径[J].中国农村经济,2013(11):4-11.

8. 董炳和.地理标志知识产权制度研究:构建以利益分享为基础的权利体系[M].北京:中国政法大学出版社,2005.

9. 戴维·S.兰德斯.国富国穷[M].门洪华,等译.北京:新华出版社,2007.

10. 傅余.法国原产地名称保护制度及借鉴[J].安徽农业科学,2008(16):6966-6968+6972.

11. 符国群,佟学英.品牌、价格和原产地如何影响消费者的购买选择[J].管理科学学报,2003(06):79-84.

12. 高卢麟.对关贸总协定乌拉圭回合关于与贸易有关的知识产权谈判的初析[J].知识产权,1993(01):74-82.

13.高秉雄,张江涛.公共治理:理论缘起与模式变迁[J].社会主义研究,2010(06):107-112.

14.郭玉军,唐海清.论非物质文化遗产知识产权保护制度的新突破——以地理标志为视角[J].海南大学学报(人文社会科学版),2010,28(03):48-54.

15.郭晓鸣,廖祖君,付娆.龙头企业带动型、中介组织联动型和合作社一体化三种农业产业化模式的比较——基于制度经济学视角的分析[J].中国农村经济,2007(04):40-47.

16.关鑫,高闯.公司治理演进轨迹与问题把脉:基于"两权分离"与"两权偏离"[J].改革,2014(12):107-117.

17.侯军岐.论农业产业化的组织形式与农民利益的保护[J].农业经济问题,2003(02):51-54+80.

18.胡晓云.品牌代言传播研究[M].杭州:浙江大学出版社,2012.

19.胡晓云.品牌价值评估研究[M].杭州:浙江大学出版社,2013.

20.胡晓云.中国农业品牌论[M].杭州:浙江大学出版社,2021.

21.胡晓云,张健康.现代广告学[M].杭州:浙江大学出版社,2022.

22.胡晓云.品牌言说[M].杭州:浙江大学出版社,2023.

23.胡铭.基于产业集群理论的农产品地理标志保护与发展[J].农业经济问题,2008(05):26-31.

24.胡祥.近年来治理理论研究综述[J].毛泽东邓小平理论研究,2005(03):25-30.

25.胡伟,石凯.理解公共政策:"政策网络"的途径[J].上海交通大学学报(哲学社会科学版),2006(04):17-24.

26.霍尔.荣格心理学入门[M].冯川,译.北京:生活·读书·新知三联书店,1987.

27.韩兆柱,翟文康.西方公共治理前沿理论述评[J].甘肃行政学院学报,2016(04):23-39+126-127.

28.I.M.戴斯勒.美国贸易政治[M].4版.王恩冕,于少蔚,译.北京:中国市场出版社,2006.

29.姬志恒,王兴元."中国地理标志"品牌治理模式的多案例研究[J].现代经济探讨,2013(12):87-90.

30.卡尔·古斯塔夫·荣格.心理学与文学[M].冯川,等译.上海:生活·读书·新知三联书店,1987.

31.卡尔·古斯塔夫·荣格.荣格文集:原型与集体无意识[M].徐德林,译.北京:国际文化出版社,2011.

32.李扬.商标法中在先权利的知识产权法解释[J].法律科学·西北政法学院学报,2006,24(5):41-50.

33.李祖明.传统知识视野下的地理标志保护研究[J].知识产权,2009(01):10-15.

34.李忠.法国原产地名称保护制度及借鉴[J].海峡科技与产业,2005(06):5-9.

35.李维安,周建.网络治理:内涵、结构、机制与价值创造[J].天津社会科学,2005(05):61-65.

36.李维安.公司治理学[M].2版.北京:高等教育出版社,2009.

37.李维安,林润辉,范建红.网络治理研究前沿与述评[J].南开管理评论,2014,17(5):42-53.

38.刘波,王力立,姚引良.整体性治理与网络治理的比较研究[J].经济社会体制比较,2011(05):140-146.

39.陆杉.农产品供应链成员信任机制的建立与完善——基于博弈理论的分析[J].管理世界,2012(07):172-173.

40.蓝志勇,陈国权.当代西方公共管理前沿理论述评[J].公共管理学报,2007(03):1-12+121.

41.林润辉,李维安.网络组织——更具环境适应能力的新型组织模式[J].南开管理评论,2000(03):4-7.

42.马丁·林斯特龙.感官品牌[M].赵萌萌,译.天津:天津教育出版社,2011.

43.梅术文.FTA知识产权国际保护体制探析[J].现代经济探讨,2015(04):20-24.

44.玛格丽特·马克,卡罗·S.皮尔森.很久很久以前……以神话原型打造深植人心的品牌[M].许晋亨,等译.汕头:汕头大学出版社,2003.

45.那力,魏德才.论FTA中的地理标志与中国的选择[J].江淮论坛,2013(04):120-125.

46.潘劲.农产品行业协会发展中的政府行为分析[J].中国农村观察,2004(06):55-65+81.

47.潘劲.农产品行业协会的治理机制分析[J].中国农村观察,2005(05):41-52+81.

48.潘劲.农产品行业协会:现状、问题与发展思路[J].中国农村经济,2007(04):53-59.

49.彭学龙.商标显著性传统理论评析[J].电子知识产权,2006(02):20-23.

50.彭正银.网络治理理论探析[J].中国软科学,2002(03):51-55.

51.全裕吉.从科层治理到网络治理:治理理论完整框架探寻[J].现代财经·天津财经学院学报,2004(08):44-47.

52.王笑冰.印度对地理标志的保护[J].中华商标,2004(04):42-44.

53.王笑冰.地理标志的经济分析[J].知识产权,2005(05):20-26.

54.王笑冰.时间在先,权利在先? ——论地理标志与商标的冲突及其解决途径[J].电子知识产权,2006(01):23-28.

55.王笑冰.法国对地理标志的法律保护[J].电子知识产权,2006(04):16-21.

56.王春梅.我国地理标志私权保护与模式选择[J].北方法学,2009,3(05):95-102.

57.王肃.集体专有与个体共有:地理标志制度的权利配置[J].商场现代化,2009(04):293-294.

58.王连峰.地理标志与地名商标的冲突及法律适用[J].河南省政法管理干部学院学报,2004(01):103-106.

59.王彦勇,徐向艺.国外品牌治理研究述评与展望[J].外国经济与管理,2013,35(01):29-36.

60.王彦勇,苏奕婷.供给侧改革背景下的品牌治理研究[J].山东社会科学,2018(02):135-140.

61.王爱学,赵定涛.西方公共产品理论回顾与前瞻[J].江淮论坛,2007(04):38-43.

62.王夏洁,刘红丽.基于社会网络理论的知识链分析[J].情报杂志,2007(02):18-21.

63.王兴元,朱强.原产地品牌塑造及治理博弈模型分析——公共品牌效应视角[J].经济管理,2017,39(08):133-145.

64.王晔,谢晓燕.论政策网络治理过程中信任机制的构建途径[J].生产力研究,2009(18):188-190.

65.吴彬,刘珊.法国地理标志法律保护制度及对中国的启示[J].华中农业大学学报(社会科学版),2013(06):121-126.

66.吴元元.信息基础、声誉机制与执法优化——食品安全治理的新视野[J].中国社会科学,2012(06):116-134+208-209.

67.苏平.与地理标志相关的法律术语语境考辨[J].重庆工学院学报(社会科学版),2007(01):94-98+123.

68.孙国强.网络组织的内涵、特征与构成要素[J].南开管理评论,2001(04):38-40.

69.孙国强.网络组织的治理机制[J].经济管理,2003(04):39-43.

70.孙健,张智瀛.网络化治理:研究视角及进路[J].中国行政管理,2014(08):72-75.

71.孙智.地理标志国际保护新发展的路径分歧及我国选择[J].知识产权,2019,215(01):89-97.

72.孙敏洁.商标的早期历史追溯[J].求索,2012(03):246-248.

73.孙柏瑛,李卓青.政策网络治理:公共治理的新途径[J].中国行政管理,2008(05):106-109.

74.斯蒂芬·戈德史密斯,威廉·D.埃格斯.网络化治理:公共部门的新形态[M].孙迎春,译.北京:北京大学出版社,2008.

75.田华文.从政策网络到网络化治理:一组概念辨析[J].北京行政学院学报,2017(02):49-56.

76.汤姆·邓肯.品牌至尊:利用整合影响创造终极价值[M].廖宜怡,译.北京:华夏出版社,2000.

77.谢云挺."金华"火腿商标纷争的是是非非[J].中国质量万里行,2000(02):28-30.

78.严永和.论传统知识的地理标志保护[J].科技与法律,2005(02):107-110.

79.严若森,贾伟娟.人性假设与公司治理:"治理人"假设的提出[J].人文杂志,2015(01):45-51.

80.杨鹏程,周应恒.农产品地理标志的声誉衰退及治理策略[J].现代经济探讨,2014(03):47-51.

81.姚云,于换军.国外公司治理研究的回顾:国家、市场和公司的视角[J].金融评论,2019,11(03):92-109＋126.

82.郁益奋.网络治理:公共管理的新框架[J].公共管理学报,2007(01):89-96＋126.

83.燕继荣.协同治理:社会管理创新之道——基于国家与社会关系的理论思考[J].中国行政管理,2013(02):58-61.

84.朱清时.量子灵魂——末那识和阿赖耶识[R].南怀瑾学术研究会,2024:10.

85.朱国城.从帕尔马火腿看意大利的原产地域保护[J].中国质量技术监督,2002(04):14.

86.朱济义.世界主要葡萄酒产区及分级制度简介[J].中外葡萄与葡萄酒,2015(01):73-75.

87.朱亚鹏.西方政策网络分析:源流、发展与理论构建[J].公共管理研究,2006(01):204-222.

88.周元春,高芳,张梦飞,等.论欧盟农产品地理标志质量控制制度及政策建议[J].世界农业,2014(02):前插1,1-5.

89.周立群,曹利群.农村经济组织形态的演变与创新——山东省莱阳市农业产业化调查报告[J].经济研究,2001(01):69-75＋83-94.

90.郑成思.商标与商标保护的历史[J].中国工商管理研究,1998(02):17-18.

91.郑成思.从"入世"与知识产权保护说到民商法的现代化[C]//中国法学会世界贸易组织法研究会.《WTO法与中国论坛》文集——中国法学会世界贸易组织法研究会年会论文集(一).北京:当代中国出版社,2002:279-303.

92.詹姆斯·N.罗西瑙.世界政治中的治理、秩序和变革[C]//詹姆斯·N.罗西瑙.没有政府的治理:世界政治中的秩序与变革.张胜军,刘小林,等译.南昌:江西人民出版社,2001.

93.张乃根.TRIPs协定:理论和实践[M].上海:上海人民出版

社,2005.

94.张海柱.知识治理:公共事务治理的第四种叙事[J].上海行政学院学报,2015(04):63-70.

95.张宏军.西方公共产品理论溯源与前瞻——兼论我国公共产品供给的制度设计[J].贵州社会科学,2010(06):120-124.

96.张康之,程倩.网络治理理论及其实践[J].新视野,2010(06):36-39.

# 后　记

　　本书从选题到写作到付印,前后延续了 4 年。这其中的因由,一则因为我总是希望书出版后能够不留遗憾;二则因为我还希望用更多亲身实践的案例来检验自己的理论建构。

　　有关地理标志农产品的品牌化发展,虽然在具体的实践方面,国内外都已有一定的经验积累,但是,如果说从理论上进行相关建构,并形成相对系统化的理论建设与表述,这还是十分缺乏的。2021 年,我决定写作出版这本书,基于三大原因:其一,地理标志农产品及其地理标志商标是"土特产"中的佼佼者,是中国农产品品牌化的优势潜力。只要地理标志农产品能够真正品牌化,中国农业的品牌化就有了足够的集群品牌的底气。其二,从 2004 年开始,我与团队有关农业品牌的研究对象中,有相当部分是地理标志产品及其地理标志商标。如 2010 年开始至今已持续了 16 年的"中国茶叶区域公用品牌价值评估研究"中,对研究对象的界定,便是获得"农产品地理标志""地理标志产品"登记或已经注册为地理标志证明商标(集体商标)的品牌对象;如 2019 年开始至今已持续了 5 年的"中国地理标志农产品区域公用品牌声誉评价研究"中,对研究对象的界定,直接就是中国地理标志产品、农产品地理标志、地理标志证明商标(集体商标)。其三,从 2004 年开始,我与团队从地理标志品牌黄岩蜜橘开始,已经规划、设计了近百个中国地理标志农产品区域公用品牌。这些品牌,许多已经在消费市场上获得了良好口碑，或成为本品类的佼佼者。

地理标志农产品，因其独特的生态、人文因素与声誉而获得有关登记与商标注册，但要获得长期的成长、更好的消费评价、更高的品牌溢价，需要根据其原生特色，解决文脉传承与发展、原型发现与创新表达、品牌利益的现代化转型、品牌文化的独特性与包容性创造、品牌管理与保护的制度建设与因地制宜的方法论实践等问题，并对之进行系统研究与实践验证。也因此，本书的完稿过程因为研究的新发现、实践的新突破而被屡屡推后。

2022年，我们许多年来针对中国地标品牌所做的实践案例选集由浙江大学出版社出版（《价值升维——中国农产品地理标志的品牌化个案研究》）；2023年底，我与团队启动了"中国茶叶品牌文化力指数研究"，并向社会公布了研究成果，得到了很好的反响；2024年，在完善了有关"品牌文化力指数"的理论架构、指标体系、权重等关键要素前提下，进行了第二次应用研究的成果发布。这时候，我觉得本书已经可以定稿并出版了。

感谢这一路上陪伴、支持我们前行的所有朋友、所有相关单位。希望本书协同《价值升维——中国农产品地理标志的品牌化个案研究》，联袂为中国地标品牌解决相关理论及其实践问题，让我们引以为傲的特色产品、特色文化乃至特色生活方式、精神特质，均能够在消费市场获得更好的回应，让中国的乡村因为地标品牌而向世界提供美好的消费、真与善的想象。